Ripley's
Einfach unglaublich!

W0416054

Ripley's
Einfach unglaublich!

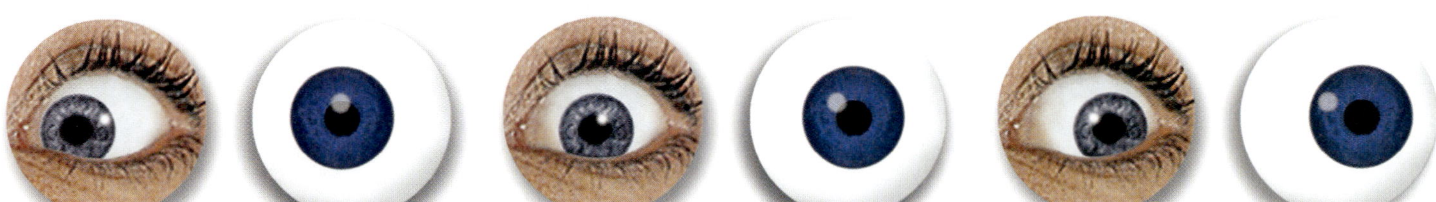

UNBEGREIFLICHES

9-37

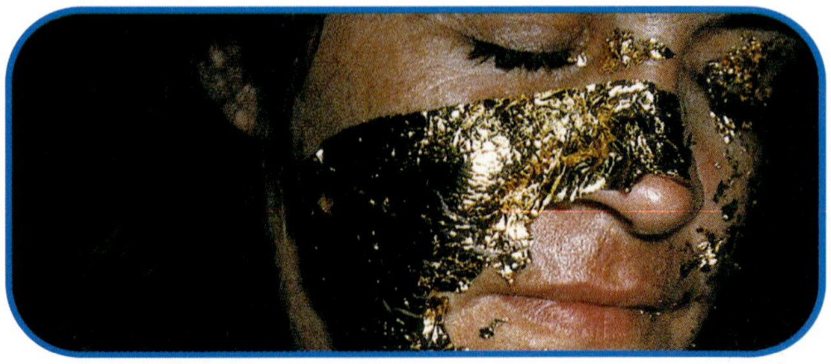

ERSTAUNLICHE ERDE

38-67

UNGEWÖHNLICHE TIERE

68-97

KÖRPER & GEIST

98-127

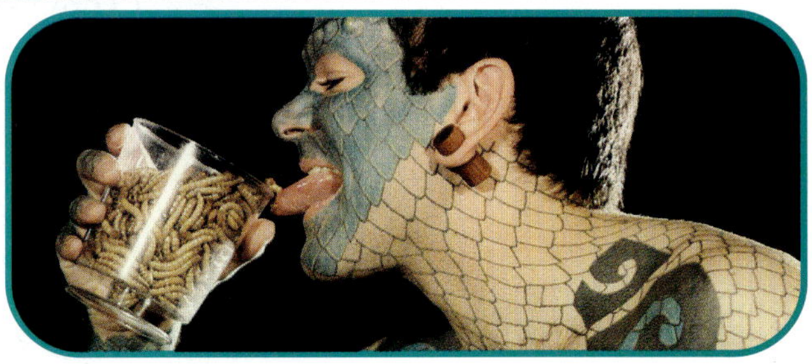

WUNDER DER WISSENSCHAFT

128-157

Ripley's Einfach unglaublich!

INHALTSVERZEICHNIS

KUNST & UNTERHALTUNG 158-187

SPIEL & SPASS 188-217

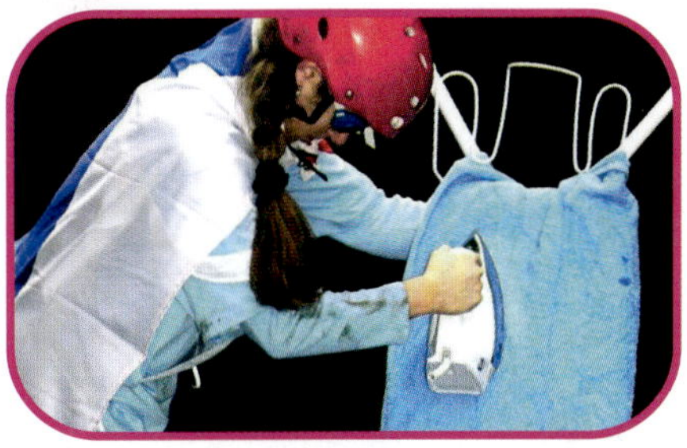

UNGLAUBLICHES 218-247

SPECIAL: 248-257

DIE AUSSERGEWÖHNLICHSTEN PHÄNOMENE AUS DEUTSCHLAND, ÖSTERREICH UND DER SCHWEIZ

Ripley's

Robert Ripley stellte seine erste Sammlung skurriler Fakten zusammen, als er im Dezember 1918 für den New York Globe als Sportreporter arbeitete. Er reichte seine Cartoonzeichnungen, die von ungewöhnlichen athletischen Leistungen inspiriert waren, unter dem Titel „Sieger und Nieten" ein, aber der Herausgeber wollte einen Titel, der den ungewöhnlichen Inhalt mehr hervorhob. Also änderte Ripley nach einigem Kopfzerbrechen den Titel in: Believe It or Not! (deutsch: unglaublich, aber wahr). Die Cartoonserie hatte sofort Erfolg und der Satz „believe it or not" wurde bald zum geflügelten Wort.

Die ersten „Believe It or Not!"-Zeichnungen von Robert Ripley wurden 1918 veröffentlicht.

Ripley reiste leidenschaftlich gern: Bis 1940 hatte er sage und schreibe 201 Länder besucht. Überall fahndete er nach seltsamen Phänomenen, die er in seine Cartoons aufnehmen konnte. Diese erschienen inzwischen weltweit in vielen Zeitungen; sie wurden in 17 Sprachen übersetzt und von 80 Millionen Menschen gelesen. Auf einer seiner Reisen durchquerte er zwei Kontinente und reiste über 39.000 km weit von New York nach Kairo und zurück, in der Hoffnung seinen Hunger auf das Außergewöhnliche zu stillen.

„In Chicago fielen täglich 100 Menschen in Ohnmacht und wir brauchten sechs Betten. Hier haben wir nur drei Betten und fast niemand wurde ohnmächtig."

ROBERT RIPLEY VERGLEICHT SEIN 1940 IN NEW YORK ERBAUTES „ODDITORIUM" MIT DEM URSPRÜNGLICHEN CHICAGOER „ODDITORIUM" VON 1933.

Auf einer seiner Reisen legte Ripley 24.000 km in der Luft, 13.000 km per Schiff und über 1.600 km auf Kamelen, Pferden und Eseln zurück!

Sie haben ein ungewöhnliches Phänomen entdeckt oder selbst eine außergewöhnliche Fähigkeit oder ein besonderes Hobby?

Dann besuchen Sie die Ripleys-Webseite: www.ripleys.de

Ripley's
MUSEEN

Atlantic City, New Jersey, U.S.A.

Grand Prairie, Texas, U.S.A.

Pattaya, Thailand

Orlando, Florida, U.S.A.

Seit 1933 das erste „Odditorium" in Chicago erbaut wurde, in dem unter anderem echte Schrumpfköpfe und ein Gemälde des Abendmahls auf einem 10-Cent-Stück ausgestellt wurden, hat sich diese bemerkenswerte Sammlung bis heute in 27 Museen in 9 Ländern etabliert.

Die Ripley's Fernsehserie wird weltweit ausgestrahlt.

RIPLEYS VERMÄCHTNIS

OBWOHL ROBERT RIPLEY SCHON 1949 AM DREHORT SEINER WÖCHENTLICHEN FERNSEHSENDUNG ZUSAMMENBRACH UND KURZ DARAUF STARB, ERSCHEINEN NOCH HEUTE TÄGLICH NEUE „BELIEVE IT OR NOT!"- ZEICHNUNGEN. DIE CARTOONSERIE GIBT ES SEIT 1918 UND IST SOMIT DIE LANGLEBIGSTE DER WELT. KÜHNE FORSCHER TRETEN IN DIE FUSSSTAPFEN DES UNBESTRITTENEN KÖNIGS DES SELTSAMEN UND UNGLAUBLICHEN UND DURCHKÄMMEN UNERMÜDLICH DIE GANZE WELT. MIT EINER RIESIGEN DATENBANK, IN DER AUßERGEWÖHNLICHE FAKTEN, MENSCHEN UND GESCHEHNISSE GESAMMELT WERDEN, EINEM GEWALTIGEN FOTOARCHIV UND EINEM LAGERHAUS VOLLER EINZIGARTIGER EXPONATE WÜRDIGT RIPLEY'S DIE ERSTAUNLICHE VIELFALT UNSERER ERDE. VON ANFANG AN ERMUTIGTE ROBERT RIPLEY SEINE TREUEN LESER DAZU, FOTOS UND MATERIAL EINZUREICHEN – EINE TRADITION, DIE BIS HEUTE BESTEHT. WÖCHENTLICH GEHEN OFT ÜBER 170.000 BRIEFE BEI RIPLEY´S EIN! DEM MANN, DER ALL DIES ERMÖGLICHTE, WURDE IN SEINER HEIMATSTADT, DEM KALIFORNISCHEN SANTA ROSA, EIN EINZIGARTIGES DENKMAL GESETZT: EINE KIRCHE, DIE AUS EINEM EINZIGEN MAMMUTBAUM GEZIMMERT WURDE…

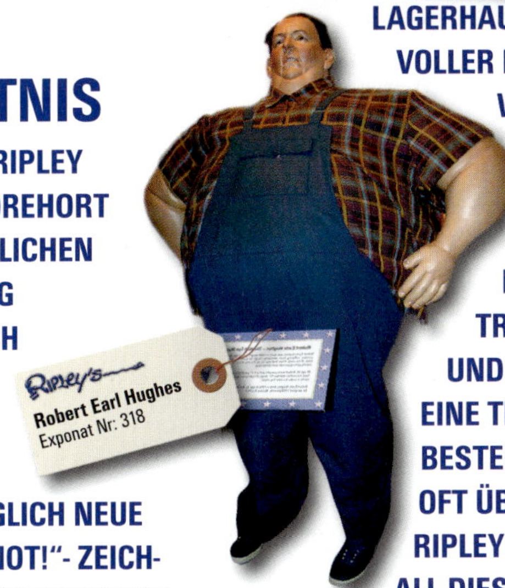

Einfach unglaublich!

Besuchen Sie **www.ripleys.de**
oder schreiben Sie an:

Ripley Entertainment Inc., 7576 Kingspointe Parkway, #188, Orlando, Florida, 32819, U.S.A.

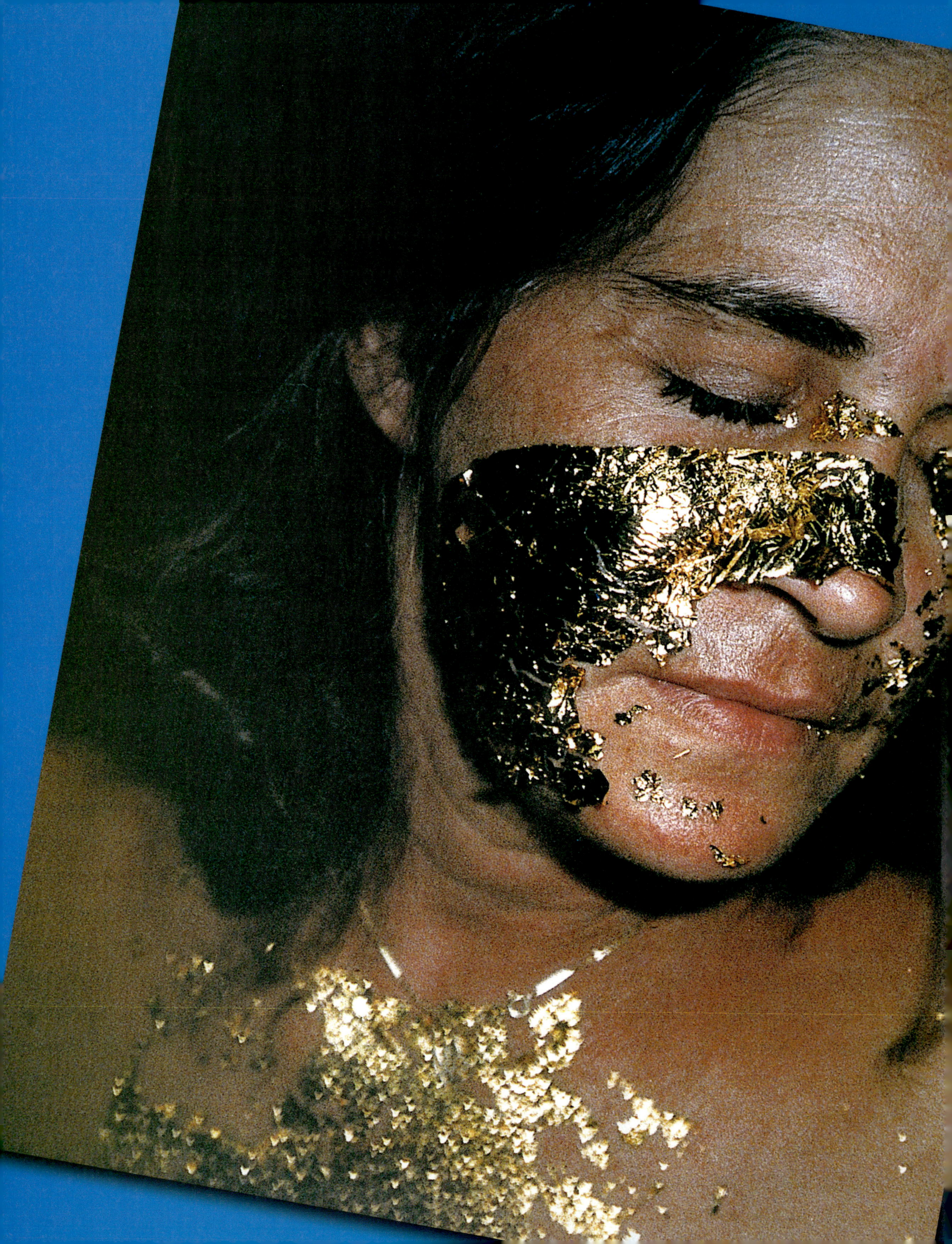

Ripley's

Einfach unglaublich!

UNBEGREIFLICHES

NACHTLICHT DER ERDE

Hätte es in der Frühzeit schon Menschen gegeben, dann hätten sie äußerst finstere Nächte erlebt, denn es gab damals überhaupt kein Mondlicht.

Es gab nämlich noch gar keinen Mond. Erstaunlicherweise wurde der Mond nicht gleichzeitig mit der Erde geboren, sondern danach. Wissenschaftler vermuten, dass der Mond entstand, als ein anderer kleiner Planet mit solcher Wucht gegen die neugeborene Erde prallte, dass er gleich darauf schmolz. Es wird angenommen, dass durch den Aufprall Fragmente des geschmolzenen Planeten zurück in den Weltraum geschleudert wurden. Als sie abkühlten, bildeten sie einen Klumpen: den zukünftigen Mond.

MONDFAKTEN

- Da die Schwerkraft auf dem Mond nur 1/6 so stark ist wie auf der Erde, könnte ein Mensch dort 4 m hoch springen – zum Beispiel auf das Dach eines Doppeldeckers!
- Auf der Sonnenseite des Mondes scheint die Sonne bis zu 360 Stunden lang und die Temperatur kann 127°C erreichen.
- Der Mond sieht zwar genauso groß aus wie die Sonne, doch mit ihrem ungeheuren Umfang von 1,4 Millionen km ist die Sonne 400-mal so groß wie der Mond, der nur einen Umfang von 3.500 km hat. Die Sonne ist 150 Millionen km von uns entfernt und somit etwa 400-mal so weit wie der Mond, der nur 384.000 km von uns entfernt ist.

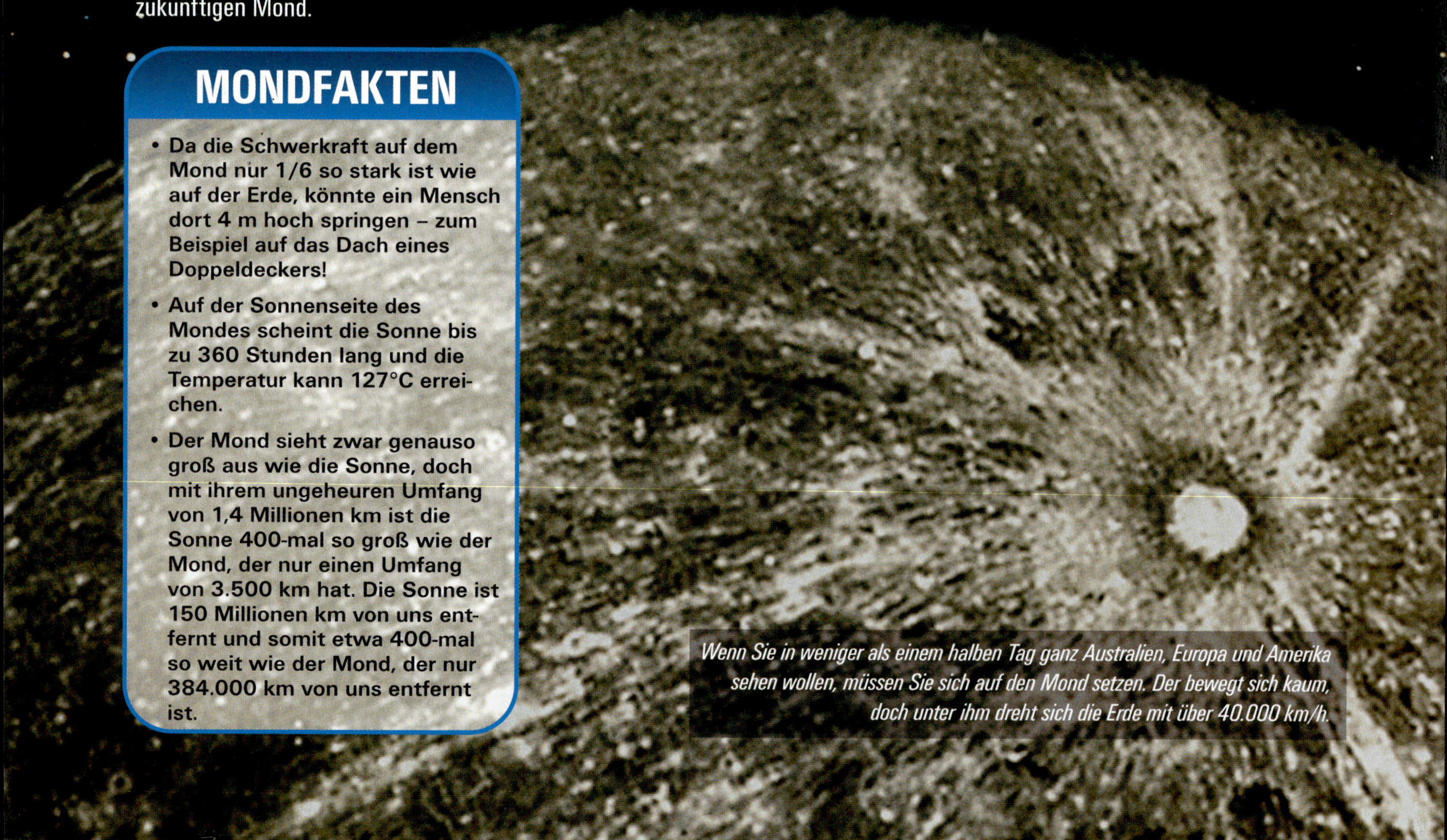

Wenn Sie in weniger als einem halben Tag ganz Australien, Europa und Amerika sehen wollen, müssen Sie sich auf den Mond setzen. Der bewegt sich kaum, doch unter ihm dreht sich die Erde mit über 40.000 km/h.

Die Fußabdrücke, die die Apollo-Astronauten Neil Armstrong und Edwin „Buzz" Aldrin vor über 30 Jahren hinterließen, sind immer noch so deutlich zu sehen, als seien sie erst gestern entstanden, da sie weder durch Wind noch durch Regen verwischt werden können. Wahrscheinlich bleiben sie für immer erhalten.

KNOCHENTROCKEN

Der Mond ist mit „Seen" übersät, doch sie enthielten niemals auch nur einen Tropfen Wasser. Für die frühen Astronomen der Erde sahen sie nur wie Seen aus. Die erste bemannte Expedition zum Mond landete im knochentrockenen Meer der Stille (Mare Tranquillitatis).

ERSTE MONDLANDUNG? Einer chinesischen Überlieferung zufolge landeten vor über 4.000 Jahren ein Mann und eine Frau auf dem Mond. Der Ingenieur Hou-Yih und seine Frau Chang Ngo flogen auf einem himmlischen Vogel zum Mond. Ihre Beschreibungen der Mondbeschaffenheit waren erstaunlich präzise. War ihre Reise das Produkt einer lebhaften Fantasie, oder haben sie den Mond mit Hilfe einer Technologie, die der Menschheit später verloren ging, tatsächlich besucht?

WEITSICHT Eine Schiffsreise zum Mond wurde im 2. Jahrhundert n. Chr. in einem Roman des Syrers Lucian von Samasota beschrieben.

DER MOND IM FENSTER Im Buntglasfenster der Kathedrale von Washington befindet sich ein Stück Mondgestein im Glasmosaik.

AZTEKISCHE ASTRONOMIE Ein radförmiger Kalender der alten Azteken Mexikos enthielt die komplizierten Umlaufbahnen der Erde und des Mondes und konnte Mondfinsternisse präzise vorhersagen.

ERSCHÜTTERND Nachdem die Mannschaft der Apollo 12 1969 auf dem Mond gelandet war, vibrierte die Mondoberfläche fast eine Stunde lang nach.

EURE HOHLHEIT 1976 behaupteten zwei russische Wissenschaftler, dass der Mond kein natürlicher Satellit der Erde sei, sondern ein ausgehöhlter Planetoid, der einst von einer technologisch hoch entwickelten Zivilisation umgestaltet wurde. Diese künstliche Welt, die angeblich auf der Innenseite bewohnt war, soll vor einer Ewigkeit in eine Erdumlaufbahn gelenkt worden sein.

WETTEN, DASS...? Bei der ersten bemannten Mondlandung gewann David Trelfall 10.000 Pfund. Er hatte 1964 gewettet, dass noch vor dem 1. Januar 1971 ein Mensch seinen Fuß auf den Mond setzen würde.

„Über 450 Astronauten sind bereits in den Weltraum geflogen."

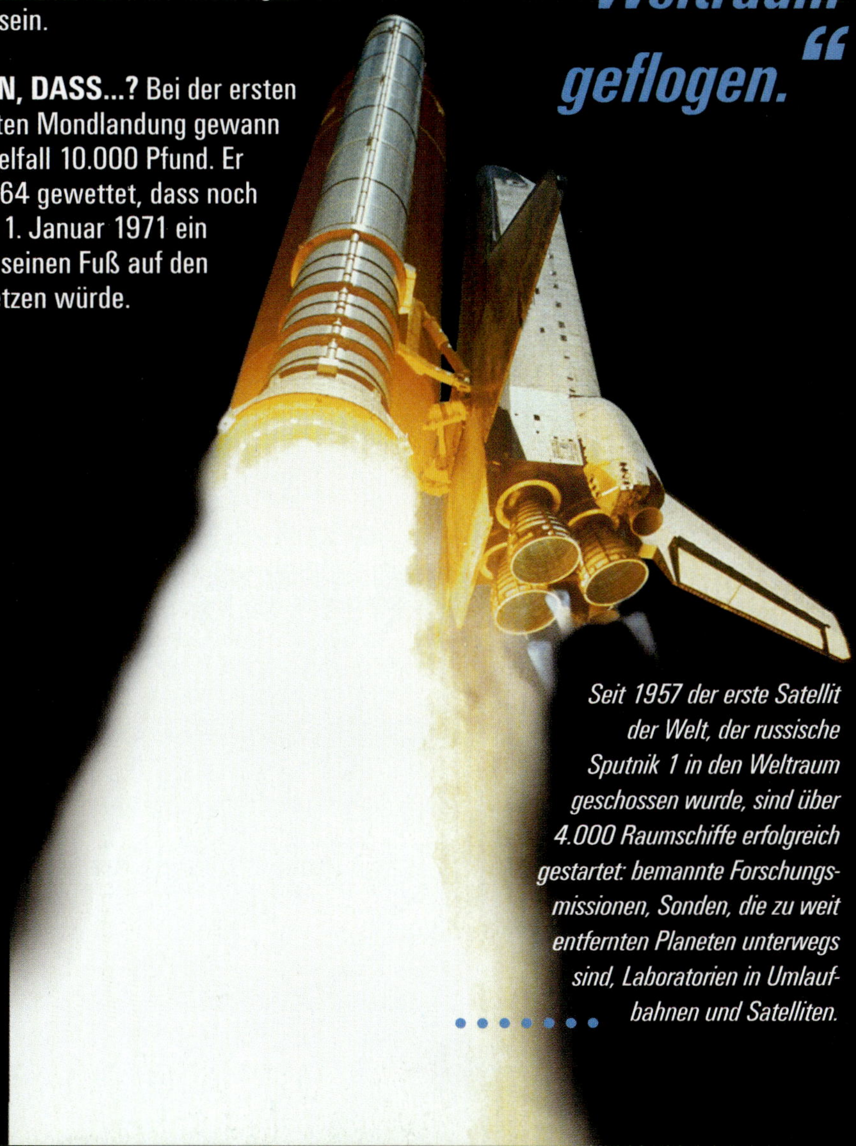

Seit 1957 der erste Satellit der Welt, der russische Sputnik 1 in den Weltraum geschossen wurde, sind über 4.000 Raumschiffe erfolgreich gestartet: bemannte Forschungsmissionen, Sonden, die zu weit entfernten Planeten unterwegs sind, Laboratorien in Umlaufbahnen und Satelliten.

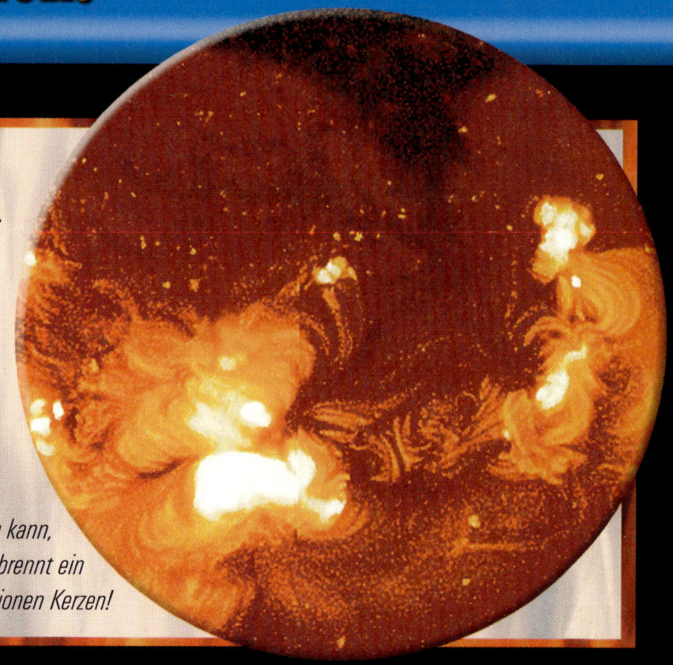

FEUERKRAFT

Jede Sekunde entlässt die Sonne genügend Energie, um den Energiebedarf der ganzen Vereinigten Staaten für 50 Millionen Jahre zu decken! Dabei verbrennt sie jeweils vier Millionen Tonnen ihrer Masse. Es wird jedoch etwa fünf Milliarden Jahre dauern, bis ihre ganze Materie verfeuert ist, also brauchen wir uns darüber zunächst keine Sorgen zu machen. Die Sonne wiegt 332.946-mal mehr als die Erde und verbrennt etwa 33 Milliarden Tonnen Wasserstoff pro Jahr.

Die Sonne brennt so hell, dass sie die Erde mit Tageslicht versorgen kann, obwohl sie 150 Millionen km von ihr entfernt ist. Tatsächlich brennt ein briefmarkengroßer Teil ihrer Oberfläche mit der Helligkeit von 1,5 Millionen Kerzen!

NASEWEIS Der dänische Astronom Tycho Brahe hatte eine künstliche Nase aus Metall. Seine echte Nase wurde 1566 in einem Duell abgeschnitten, als er 20 Jahre alt war.

RUNDUMSICHT Der erste Mensch, der der Ansicht war, dass die Erde rund und nicht flach sei, war der griechische Philosoph Philolaus von Tarent im Jahr 450 v. Chr.

KNAPP VORBEI Unsere Welt wurde 1976 fast von einem Asteroiden zerstört. Der Asteroid, der um die Sonne kreiste, war nur 1,2 Millionen km von uns entfernt. Astronomisch betrachtet war das erschreckend nah!

IMPLOSION Wird die Schwerkraft eines Sterns zu groß, fällt er in sich zusammen. Wird dieses Stadium erreicht, nennt man es ein „Schwarzes Loch".

GEHEIME FLECKEN

Als der Jesuitenpater Schreiner 1650 die ersten Sonnenflecken beobachtete, musste er seine Entdeckung geheim halten. Es wäre blasphemisch gewesen, sie anzuerkennen, denn die Sonne wurde als reinstes Symbol himmlischer Unverderblichkeit betrachtet.

FEUER AM HIMMEL Feuerbälle wurden schon zu Urzeiten beobachtet. Wissenschaftler nennen sie „Kugelblitze", doch niemand weiß genau, was sie sind oder wie sie entstehen. Manche verursachen Schäden, die aber meistens harmlos sind und durch feste Gegenstände zu dringen scheinen, ohne diese zu beschädigen.

STERNCHEN Nicht alle Sterne leuchten und nicht alle sind Giganten. Tatsächlich gibt es Sterne, die vollkommen dunkel und kleiner als der Mond sind. Manche haben nur einen Durchmesser von 27 bis 37 km und sind nicht größer als eine Großstadt. Man nennt sie Neutronensterne, weil sie weitgehend aus subatomaren Partikeln bestehen, die Neutronen heißen.

LICHTGESCHWINDIGKEIT Das Licht der Sonne benötigt 8 Minuten, um die Erde zu erreichen.

WAHRE GRÖSSE Der Stern Sirius ist 25-mal größer als unsere Sonne.

GANZ SCHÖN ALT Das Universum ist zwischen 12 und 15 Milliarden Jahre alt.

RIESENKRATER Der größte bekannte Meteorkrater, der Chixulub-Krater in Mexiko, hat einen Durchmesser von 180 km!

Der Barringer Krater in Arizona wurde von einem Meteor verursacht, der vor 25.000 Jahren auf die Erde prallte! Der Krater hat einen Durchmesser von 800 m und ist 200 m tief.

Kometen, die über den Himmel rasen, verstand man einst als göttliche Warnungen vor Krieg, Seuche, Hungersnot oder Tod. Falls solche Ereignisse im Jahr des Erscheinens eines Kometen eintraten, betrachtete man das als Beweis – obwohl oft Schlimmeres in den Jahren geschah, in denen kein Komet gesichtet worden war.

LANGE WARTEZEIT Der Delavan-Komet kehrt nur alle 24 Millionen Jahre in unser Sonnensystem zurück!

WUNDERDIÄT Falls Sie wirklich abnehmen wollen, sollten Sie auf den Planeten Pluto ziehen. Der Pluto ist so klein und seine Schwerkraft so gering, dass Sie lediglich 2/3 Ihres irdischen Gewichts auf die Waage bringen würden. Auf dem Jupiter würden Sie dagegen 23-mal so viel wiegen!

STERNE IM TASCHENFORMAT Mit nur 16 km Umfang – so groß wie eine Kleinstadt – sind die erst 2002 entdeckten Quarksterne die kleinsten aller Sterne. Sie bestehen ausschließlich aus Quarks, den winzigsten aller subatomaren Partikel.

SCHUPPIGE ASTRONAUTEN Südamerikanische Guppies waren die ersten Fische im Weltraum.

DIE ERSTEN ATOME Atome wurden zum ersten Mal vor über 2.000 Jahren von dem griechischen Gelehrten Demokrit von Abdera beschrieben.

DIE UHR GEHT VOR Falls Sie es eilig haben, den Schulabschluss zu machen oder Ihre Rente zu beziehen, sollten Sie auf den Merkur umsiedeln. Weil er der Sonne am nächsten ist, dauert sein Jahr lediglich drei Erdenmonate. Wer also jetzt auf der Erde 12 Jahre alt ist, wäre auf dem Merkur 50!

DICHT HALTEN Neutronensterne sind so dicht, dass sie ein Zehntel der ursprünglichen Masse des implodierten Riesensterns zu einem Ball zusammenpressen, der 1,5 Millionen Mal kleiner ist als vorher.

SCHWERER ZUCKER Neutronensterne sind so dicht, dass ein Fragment von der Größe eines Zuckerwürfels mehr wiegt als alle Menschen der Erde zusammen.

DER KREIS SCHLIESST SICH

Um 250 v. Chr. berechnete der griechische Philosoph Eratosthenes von Kyrene den Umfang der Erde anhand von Schatten! Er beobachtete, dass zwei von der Sonne geworfene Schatten an zwei 800 km voneinander entfernten Orten um sieben Grad variierten. Aufgrund dieser Erkenntnis berechnete er: Wenn die Erde kugelförmig ist und der Unterschied von sieben Grad 800 km ausmacht, muss der Erdumfang ca. 40.230 km und der Durchmesser ca. 12.975 km betragen. Das war erstaunlich präzise, denn wir wissen heute, dass der Erdumfang 40.075 km misst und der durchschnittliche Durchmesser (die Erde ist keine perfekte Kugel)
12.740 km beträgt.

GEBALLTE LADUNG Ein durchschnittlich großer Neutronenstern (mit 32 km Durchmesser) enthält ein Zehntel der Menge der Materie unserer Sonne auf nur einem Milliardstel des Raumes.

HEISSE SCHEIBE Bei einer Drehgeschwindigkeit von 1.000 U/Sek. sind manche Neutronensterne zehnmal so schnell wie eine CD.

SONNIGE JAHRE Unser Sonnensystem ist ungefähr 4,6 Milliarden Jahre alt.

Zwei verdutzte russische Bäuerinnen, Anna Takhtarowa und ihre Enkelin Rita, waren die ersten Menschen, die Juri Gagarin nach dem ersten bemannten Raumflug der Welt im April 1961 aus seinem Landefahrzeug (siehe Foto) aussteigen sahen.

COLUMBUS DER MAGIER

Die Entdeckung Nordamerikas wäre ohne eine Mondfinsternis vielleicht niemals bekannt geworden. Columbus wusste, dass eine Mondfinsternis bevorstand und kündigte den Eingeborenen von Jamaika an, dass er „dem Mond das Licht rauben würde“. Als dies tatsächlich geschah, ließen die Eingeborenen ihn ungehindert nach Europa zurücksegeln, wo er von seinen Entdeckungen berichtete.

ANZIEHUNGSKRAFT Neutronensterne, auch „Magnetsterne“ genannt, sind zwar eine Million Mal kleiner als die Erde, haben aber Billionen Mal mehr magnetische Kraft!

AUF HIMMELSSTREIFE Pulsare sind Neutronensterne, die – ähnlich wie die Blaulichter auf Polizeiautos – regelmäßig pulsierende Signale aussenden, weil sie mit hoher Geschwindigkeit rotieren.

ASTRONAUTENFRÜHSTÜCK Bevor er am 12. April 1961 in das Raumschiff „Wostok 1“ einstieg, aß Juri Gagarin Hackfleisch und Brombeermarmelade und trank Kaffee zum Frühstück.

HAPPY BIRTHDAY Dieses Lied wurde im Weltall zum ersten Mal am 8. März 1969 von den Astronauten der „Apollo 9“ gesungen.

BLITZBESUCH Der erste bemannte amerikanische Raumflug dauerte nur 15 Minuten und 22 Sekunden. Der Flug in 483 km Höhe gelang dem Astronauten Alan B. Shepherd an Bord des Mercury Raumschiffes „Freedom 7“ am 5. Mai 1961.

SPUCKTÜTE GEFÄLLIG? Die für die amerikanische „Skylab“-Mannschaft bestimmten Erste-Hilfe-Koffer enthielten u. a. auch Tabletten gegen Reisekrankheit.

HOCHTRABENDE GRÜSSE „Capriadno was vidit“ waren die ersten Worte, die ein Amerikaner zu einem Russen sagte, als die beiden sich 1975 zum ersten Mal im Weltraum begegneten. Die Worte bedeuten „wie nett, Sie wieder zu sehen“ und waren der Gruß des US-Generals Tom Stafford an den russischen Oberst Alexei Leonow, als ein „Apollo“- Raumschiff an ein „Sojus“- Raumschiff andockte.

Valentina Tereschkowa, ehemals Arbeiterin in einer Reifenfabrik, war die erste Frau im Weltraum. In den späten 50er Jahren lernte sie Fallschirmspringen und wurde 1960 zur Raumfahrtausbildung zugelassen. Nur zwei Jahre später bereiste sie als erste Frau das Weltall.

SCHWIMMTÜCHTIG

Weil er ausschließlich aus Gasen wie Helium und Wasserstoff besteht, ist der Saturn so leicht, dass er schwimmen würde – falls es ein Schwimmbecken gäbe, das groß genug wäre! Der Saturn ist 1.000-mal größer als die Erde, wiegt aber nur 100-mal mehr. Er ist der am weitesten von uns entfernte Planet, den wir gelegentlich mit bloßem Auge sehen können. Obwohl wir auch andere Planeten von der Erde aus sehen können, strahlen diese kein Licht aus. Was wir sehen, ist das reflektierte Sonnenlicht. Je weiter das Licht durch unser Sonnensystem reist, desto schwächer wird es und deshalb sind die Planeten jenseits des Saturns mit bloßem Auge nicht mehr sichtbar.

Berichten zufolge hieß der Saturn bei den Pygmäen des Ituri-Waldes in Zentralafrika „Stern der neun Monde“ – lange, bevor Wissenschaftler etwas von den Saturn-Monden wussten!

BEGEGNUNGEN DER DRITTEN ART!

Ein kurzer Ausflug im US-Bundesstadt New Hampshire raubte 1961 zwei Menschen sieben Stunden ihres Lebens!

AUSSERIRDISCHE PANIK

Eine Invasion der Erde durch Außerirdische verursachte am 30. Oktober 1936 in den ganzen USA eine Panik. Die Telefonleitungen brachen zusammen, als die Menschen Krankenhäuser, die Polizei, Zeitungen, Freunde und Verwandte verzweifelt um Rat bitten oder die Nachrichten, die sie gerade im Radio hörten, weitergeben wollten. Die betreffende Radiosendung hatte zwar dieselbe Form wie eine aktuelle Berichterstattung, war aber ein Hörspiel nach H. G. Wells' Roman „Krieg der Welten" – inszeniert von dem Schauspieler Orson Wells.

Ein kurzer Ausflug im US-Bundesstadt New Hampshire raubte 1961 zwei Menschen sieben Stunden ihres Lebens! Betty und Barney Hill verstanden nicht, warum es so lange gedauert hatte, ihr Reiseziel zu erreichen. Erst zwei Jahre später wandten sie sich wegen ihrer wiederholten und seltsam übereinstimmenden Albträume an den Psychiater Dr. Benjamin Simon. Unter Hypnose berichteten beide, dass sie von seltsamen Wesen aus ihrem Auto gezerrt und einer gründlichen medizinischen Untersuchung unterzogen worden waren. Betty erzählte in der hypnotischen Trance, die Heimat der Außerirdischen sei das Zeta-Reticuli-Sternensystem – das erst 1969 entdeckt wurde!

Betty und Barney Hill sprachen als erste in der Öffentlichkeit über ihre Begegnung mit Außerirdischen. Seitdem haben viele andere „Entführte" ebenfalls von ihren Erfahrungen berichtet.

FLIEGENDE PFANNKUCHEN Joe Simonton erzählte, er habe 1961 Außerirdische kennen gelernt, die ihm salzfreie Pfannkuchen gaben. Danach nannte man ihn „Pfannkuchen-Joe".

REISEGESELLSCHAFT George Adamski, Würstchenverkäufer am Mount-Palomar-Observatorium im kalifornischen San Diego, behauptete, vielen Außerirdischen begegnet zu sein und sogar Flüge durch unser Sonnensystem mit ihnen gemacht zu haben. Seine erste Begegnung fand angeblich am 20. November 1952 bei Desert Center in Arizona statt.

TOTE SPRACHE Die marsianische Schriftsprache wurde erstmals von der Schweizerin Catherine Müller aus Genf schriftlich festgehalten. Sie behauptete, sie während einer Seance von einem verstorbenen Kollegen gelernt zu haben.

Dieses eigenartige Wesen wurde 1998 im Norden Israels entdeckt. Es ist 10 bis 12 cm groß und scheint einen Kopf, zwei Arme, Finger und Beine zu haben. Viele glauben, dass dieses seltsame Wesen ein Außerirdischer war.

AUGENZEUGEN Über 50 Menschen bestätigten, ein fliegendes Objekt gesehen zu haben, das am 16. Januar 1958 über der südpazifischen Insel Trinidad kreiste. Sowohl die Mannschaft des brasilianischen hydrographischen Navigationsschiffes Alminante Saldanha, als auch ein an Bord befindliches Taucherteam behaupteten, sie hätten das Objekt gesehen.

STATISTIKEN LÜGEN NICHT Laut einer Umfrage glauben 92 % aller Amerikaner, dass Außerirdische unter uns leben.

BRIEF UND SIEGEL Äquatorialguinea war das erste Land, das auf Briefmarken fliegende Untertassen abbildete.

HEISSER OFEN Carl Fallow fuhr am 6. November 1967 zwischen Avon und Sopley in Großbritannien einen Lastwagen, als seine Scheinwerfer erloschen. Ein ovales Objekt schwebte über die Straße, flog davon und verschwand. Die Polizei entdeckte später, dass es die Erde verbrannt und den Asphalt geschmolzen hatte.

NACHRICHT VOM MARS Als eine Viking-Raumsonde 1976 Bilder der Marsoberfläche zur Erde übertrug, war der Buchstabe „B“ auf der Seite eines Marsfelsens deutlich erkennbar. Das Pasadena Space Center wurde mit Telefonanrufen von Menschen überschüttet, die mehr über dieses angebliche Indiz des Lebens auf dem Mars wissen wollten.

DAS UFO WAR SCHULD Der amerikanische Pilot Hauptmann Thomas Mantell jagte am 7. Januar 1948 beim Godmann-Luftwaffenstützpunkt in Kentucky ein UFO. Während der Verfolgung explodierte Mantells Flugzeug und man fand die Wrackteile 145 km vom Unfallort entfernt. Laut einer offiziellen Erklärung hatte der Pilot den Planeten Venus mit einem UFO verwechselt, doch später wurde bewiesen, dass die Venus zu der Zeit gar nicht sichtbar war.

FLUGUNTAUGLICHE UNTERTASSEN

Kurz vor 1960 finanzierte die kanadische Regierung ein Projekt zum Bau einer „fliegenden Untertasse“. Die Scheibe mit Düsenantrieb sollte 2.414 km/h schnell werden und vertikal starten und landen können. Das Projekt wurde jedoch so teuer, dass es zur Weiterentwicklung an die USA verkauft wurde. Das Raumfahrzeug erwies sich leider als instabil, sobald die Geschwindigkeit 48 km/h überschritt, und es konnte nicht höher als 1,21 m fliegen, ohne gefährlich zu kippen.

Dies sind die Überreste der „Fliegenden Scheibe“, die im Juli 1947 bei Roswell landete. Viele halten sie allerdings für Teile eines Wetterballons.

DAS GEHEIMNIS VON ROSWELL?

Im Juli 1947 stürzte ein geheimnisvolles Objekt über einem abgelegenen Gebiet in New Mexiko ab. Ein Viehzüchter aus Roswell erzählte dem Sheriff, er habe Wrackteile einer „fliegenden Untertasse“ gefunden. Der Sheriff gab den Bericht an den nahen Militärstützpunkt weiter und ein Team wurde ausgesendet, um die Wrackteile zu untersuchen. Bald versetzte der offizielle Bericht über den Fund von Überresten einer „Fliegenden Scheibe“ die Welt in Staunen. Am nächsten Tag stritten die Militärs den Fund jedoch ab und behaupteten, es handele sich lediglich um Teile eines Wetterballons. Die Wrackteile bestanden aus glänzendem, metallischem Kunststoff, scheinen aber inzwischen verschwunden zu sein. Seit damals wird hitzig darüber debattiert, was tatsächlich hinter der Sache steckte.

Paul Villa glaubt fest an die Existenz außerirdischen Lebens. Er hat Jahre damit zugebracht, angebliche UFOs zu fotografieren. Er schickt seine Fotos an wichtige Staatsoberhäupter und verteilt in der Öffentlichkeit Abzüge. Er ist fest entschlossen, eines Tages ein Foto von einem UFO zu knipsen, das eindeutig beweist, dass UFOs und damit auch Außerirdische existieren! Vorerst halten allerdings alle Leute seine Fotos für Fälschungen – einschließlich dieses in Albuquerque, New Mexiko, aufgenommenen Bildes.

NAZI-GEHEIMWAFFE Im Jahr 1959 wurde gemunkelt, dass das Nazireich geheimnisvolle fliegende Scheiben entwickelt hatte, die angeblich phänomenale Flugeigenschaften besaßen und von den Wissenschaftlern Schreiver, Miethe, Bellonzo und Habermohl entwickelt wurden. Man hat dafür nie Beweise gefunden und keiner dieser Wissenschaftler konnte nach dem Krieg aufgespürt werden. Eine fliegende Scheibe existierte dennoch. Sie wurde von dem deutschen Bauern Arthur Sack entworfen und 1944 von Luftwaffenpiloten getestet. Doch sie hob nicht vom Boden ab und das Projekt wurde verworfen!

TELLERAUGEN Als er am 24. Juni 1947 über das Cascade-Gebirge im Bundesstaat Washington flog, sah der Pilot Kenneth Arnold Lichter, die wie Flugkörper mit Fledermausflügeln aussahen. Er beschrieb ihre Fortbewegung „wie Untertassen, die über Wasser hüpfen". Diese Aussage prägte den Begriff „fliegende Untertasse".

LEUCHTRAD 1906 sahen Männer an Bord eines britischen Dampfers im Persischen Golf ein gigantisches Rad aus Licht, das größer als der ganze Dampfer war und sich unter Wasser drehte. Von dem Rad gingen Strahlen aus und fuhren durch das Schiff hindurch, verursachten jedoch weder dem Schiff noch der Mannschaft Schaden.

NEUE WELT? Der Entdecker Christoph Columbus sah angeblich in der Nacht vor seiner Entdeckung der Neuen Welt ein UFO.

„UFO hinterließ gitterförmiges Punktmuster auf der Brust eines Amerikaners."

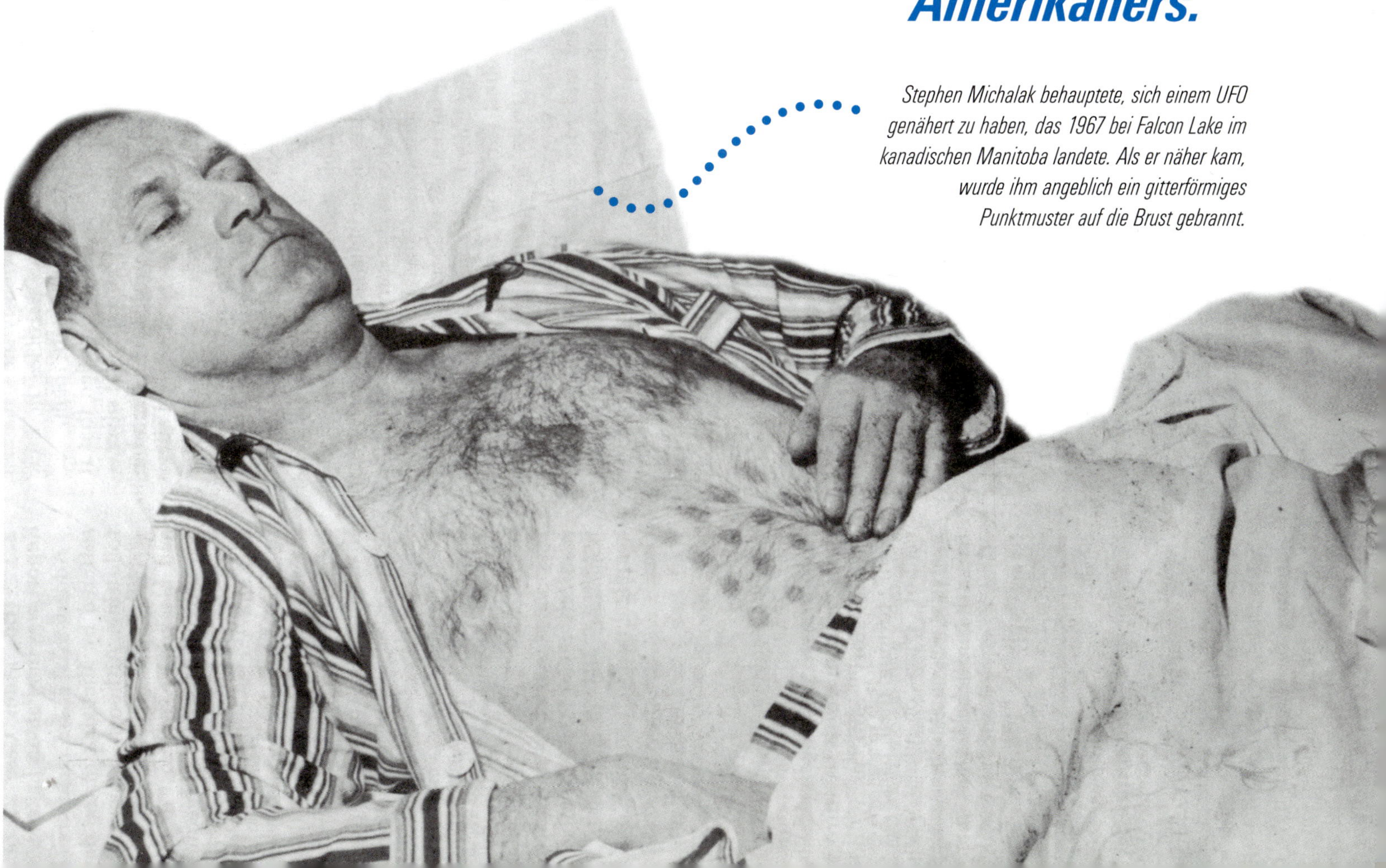

Stephen Michalak behauptete, sich einem UFO genähert zu haben, das 1967 bei Falcon Lake im kanadischen Manitoba landete. Als er näher kam, wurde ihm angeblich ein gitterförmiges Punktmuster auf die Brust gebrannt.

WAS GESCHIEHT IM „AREAL 51"?

An jedem Arbeitstag werden im US-Bundesstaat Nevada mindestens 500 Menschen zu einem geheimnisvollen Stützpunkt geflogen, der offiziell gar nicht existiert, um dort zu arbeiten. Der Ort trägt den Namen „Areal 51" und gehört zum Groom-Lake-Waffenstützpunkt, wo das Spionageflugzeug U2 unter völliger Geheimhaltung erstmals getestet wurde. Angeblich werden hier immer noch neue Spionage-Flugzeugtypen getestet. Strenge Sicherheitsvorkehrungen halten Neugierige fern, doch es kursieren Gerüchte über außerirdische Raumschiffe, die im „Areal 51" angeblich zu Forschungs- und Testzwecken für neue Projekte benutzt werden. Es wurde sogar von einem toten Außerirdischen berichtet, der auf diesem geheimen Stützpunkt seziert, erforscht und aufbewahrt wurde.

WINKE, WINKE! Zahlreiche Zeugen sahen ein merkwürdiges Flugobjekt, das im Juni 1959 über eine anglikanische Missionskirche in Papua Neuguinea flog. Pater Gill, das Personal der Mission und die ganze Gemeinde sahen ein rundes Objekt mit einer Reling „wie bei einer Schiffskommandobrücke". Eine vierköpfige Mannschaft beugte sich über die Reling und als ihr die Menschen auf dem Boden zuwinkten, winkte sie zurück!

AUF WIEDERSEHEN? Nach der Begegnung mit einem Außerirdischen im Februar 1954 verschwand Cedric Allingham. Die Begegnung fand bei Lossimouth in Schottland statt; Allingham schrieb ein Buch darüber – und ward nie mehr gesehen!

LEUCHTBÄLLE Im Zweiten Weltkrieg sah der kanadische Gefreite Lance Carson Yorke in der Nähe des belgischen Antwerpen einen Ball aus Licht in der Luft schweben. Vier weitere Lichtbälle kamen hinzu. Bis heute konnte niemand das Phänomen erklären.

Dieses Foto soll einen Außerirdischen zeigen, den man 1950 bei New Mexiko aus einem abgestürzten UFO zog. Der „Außerirdische" wurde angeblich zur Untersuchung nach Deutschland geschickt, doch der „Fund" gilt als Fälschung.

LICHT AUS! Ein rotes Flugobjekt schaltete die Lampen, das Radio und den Motor eines Autos aus, das ein Lehrer in Cochrane, Wisconsin, am 3. April 1968 fuhr.

Angeblich wurden 1989 UFOs im Flug über Russland gesichtet.

Diese umgestürzten Möbel im Wohnzimmer des Hauses der Familie Webster sind angeblich das Werk eines Poltergeistes. Der Spuk in diesem Häuschen im englischen Chester begann Ende 1984 und dauerte zwei Jahre lang an. Die Bewohner identifizierten den Poltergeist als Thomas Harden, einen Mann, der im 16. Jahrhundert auf demselben Grundstück gelebt hatte. Die Eheleute vermuten, ihre Renovierungsarbeiten hätten den Poltergeist gestört.

GESPENSTER POLTERN DURCH DIE NACHT

Weltweit gibt es zahlreiche Berichte von Poltergeistern, die Familien mit ihren Streichen erschrecken.

1973 untersuchten Erforscher des Übersinnlichen ein gewöhnliches Haus im Nordlondoner Vorort Enfield, in dem angeblich ein Poltergeist die geschiedene Peggy Parker und ihre vier Kinder schikanierte. Die Kinderbetten hüpften auf und nieder, und Gegenstände flogen herum. Die Polizei wurde gerufen und ein Polizist berichtete, er habe einen Stuhl in der Luft schweben sehen. Danach schwebten angeblich sogar die Kinder. Die Poltergeistvorfälle hörten erst 1979 auf, etwa zu der Zeit, als eines der Mädchen in die Pubertät kam.

Ken Webster besaß einen Heim-PC, was im Jahr 1985 noch sehr selten war. Häufig fand er auf seinem Bildschirm Nachrichten von einem gewissen Thomas Harden vor. Die Botschaften waren immer in Altenglisch geschrieben und mussten übersetzt werden. Anscheinend genügten Harden die Nachrichten auf dem Computer nicht, denn oft schrieb er auch auf den Boden des Häuschens. Zwischen 1984 und 1987 erhielten die Websters an die 300 Nachrichten von ihrem Poltergeist!

ZAUBERWORT Früher glaubte man, das Wort „Abrakadabra" habe die Macht, Fieber zu heilen.

KOPF IN DEN WOLKEN Der viktorianische Spiritualist David Douglas Home konnte schweben! Viele Beobachter behaupteten zwar, es sei nur ein Trick, aber niemand konnte es erklären.

KLOPFZEICHEN Die Familie Fox aus Hydesville bei Rochester im Staat New York hörte im Dezember 1847 in den Wänden ihres Hauses Klopfgeräusche. Sie entdeckten, dass die Klopfzeichen Fragen beantworten konnten. Darauf organisierten Kate und Margaretta Fox öffentliche Veranstaltungen, aus denen sich die amerikanische Spiritistenbewegung entwickelte.

JENSEITIGE ROMANE Patience Worth schrieb 150 Jahre nach ihrem Tod noch Romane! Im Juli 1913 empfing Mrs. Curran mit Hilfe eines Ouijabretts Nachrichten von ihr. Während der folgenden 15 Jahre schrieb Patience Worth durch Mrs. Curran vier Romane und zahlreiche Gedichte.

Im Alter von 2 Jahren sagte Greg Sheldon Maxwell oft „die Uroma ist da" und deutete irgendwohin in die Luft. Als dieses Foto entwickelt wurde, vermutete man, dass der Nebel vor Greg tatsächlich der Geist seiner Urgroßmutter war!

TERMITEN LÜGEN NICHT Der afrikanische Azande-Stamm lässt sich von Termiten Fragen über die Zukunft beantworten.

NEUES AUS DER VERGANGENHEIT Charlotte Anne Moberley und Eleanore Jourdin sahen im Park des Schlosses von Versailles am 10. August 1901 ganze Gespensterscharen: geisterhafte Gärtner, einen verschwindenden Mann, eine zeichnende Frau und eine Hochzeit aus dem 18. Jahrhundert. Fünf Monate später kamen die Damen wieder in den Park, aber die Orte, an denen sie spazieren gegangen waren, existierten gar nicht. Sie waren anscheinend in die Zeit zurückgereist und hatten Geister der Vergangenheit gesehen.

BULLENGESPENSTER Henry Bull und seine Familie hörten regelmäßig Geisterschritte, eine Glocke, geheimnisvolles Klopfen und seltsame Stimmen, als sie im Pfarrhaus von Borley im englischen Essex lebten. 1892, als Henrys Sohn das Haus übernahm, stand eine Geisterkutsche in der Auffahrt und ein kopfloser Mann spazierte durch den Garten. Spätere Hausbewohner beobachteten angeblich, wie gekritzelte Nachrichten auf den Wänden erschienen.

GHOSTWRITER 1998 kündigten drei kubanische Museumsangestellte in Havanna, nachdem sie den Geist des Autors Ernest Hemingway gesehen hatten.

RÜCKFLUG AUS DEM JENSEITS Sowohl Kapitän Bob Loft als auch sein Zweiter Offizier Don Repo wurden von anderen Piloten in anderen Flugzeugen gesehen – nachdem sie am 29. Dezember 1972 bei einem Absturz über den Everglades in Florida tödlich verunglückt waren.

Dieses kopflose Hundegespenst wurde 1916 im englischen Buckinghamshire fotografiert. Der Polizeidetektiv, der das Foto geknipst hatte, konnte sich jedoch nicht daran erinnern, das Gespenst gesehen zu haben!

GAUNERMAGIE

Die Familie Muret aus Thionville in Frankreich bezahlte einem Zauberer 50.000 Pfund, (ca. 70.550 Euro), um den Erfolg ihres Sohnes bei seinem Examen zu sichern. Die Familie wurde angewiesen, allerlei obskure Handlungen auszuführen: unter anderem sollten sie Tinte trinken und Eier auf dem Kopf balancieren. Der Zauber versagte jedoch und ihr Sohn fiel durch!

MÖRDERISCHE ZITRONEN Hexen verwendeten Zitronen, um Menschen umzubringen. Man schrieb den Namen seines Feindes auf ein Stück Papier und befestigte es an einer Zitrone. Dadurch wurde der- oder diejenige krank, wahnsinnig oder starb sogar.

HARTE JUSTIZ Im 17. Jahrhundert wurden häufig Frauen ertränkt, um zu beweisen, dass sie keine Hexen waren. Eine Verdächtige wurde gefesselt und ins Wasser geworfen. Schwamm sie oben, war sie als Hexe „überführt", wenn sie jedoch versank, galt sie als unschuldig.

WAHRSAGEREI

- **Molesophie – das Vorhersagen eines Schicksals durch „Lesen“ der Warzen auf dem Körper des Betreffenden.**
- **Geomantie – das Vorhersagen des Schicksals aus einer Handvoll Erde oder den Gestaltungsformen der Erdoberfläche.**
- **Axinomantie – Zukunftsdeutung mittels einer Axt.**
- **Pessomantie – Deutung der zufälligen Muster geworfener Steinchen.**
- **Scapulomantie – das Vorhersagen eines Schicksals durch „Knochenlesen“.**

FLÜCHTIGER EHEMANN Sieben Menschen sahen Hauptmann Towns im Mai 1873 in seinem Haus im australischen Sydney. Der Hauptmann war allerdings sechs Wochen davor gestorben. Als Mrs. Towns auf die Erscheinung zuging, verschwand diese und ward nie wieder gesehen.

ANSTÄNDIG GEKLEIDET Die Baronesse von Orczy sah an einer Londoner U-Bahn-Haltestelle das Gespenst eines Gecken aus dem 18. Jahrhundert. Dies inspirierte sie dazu, ihre „Scarlet-Pimpernel“-Abenteuergeschichten zu schreiben.

HEXENANGRIFF

Im Dezember 1691 hatten drei junge Mädchen in Salem, Massachusetts heftige Tobsuchtsanfälle, nachdem sie mit einem „Orakel“ gespielt hatten. Später sahen sie „Geisterfiguren“, die sie schlugen und kratzten. Die Mädchen gaben drei Frauen aus dem Ort die Schuld für ihre Qualen. Dies war der Anlass für die berüchtigtste Hexenjagd in der amerikanischen Geschichte.

SCHREIENDER SCHÄDEL
Geisterhaftes Stöhnen und andere erschreckende Geräusche konnte man in Burton Agnes Hall im englischen Bridlington des 17. Jahrhunderts hören, nachdem Ann Griffin, die Besitzerin des Hauses, gestorben war. Sie hatte den Wunsch geäußert, ihren Kopf im Haus aufzubewahren, doch man erfüllte ihn ihr nicht. Als die Geräusche unerträglich wurden, öffnete man ihren Sarg und entdeckte, dass der Kopf bereits vom Körper abgetrennt war. Der Schädel wurde in den Saal gebracht und die Geräusche hörten auf!

SPUKINSEL Schenkt man den Geschichten Glauben, so kommen in Großbritannien mehr Gespenster auf einen Quadratkilometer als überall sonst auf der Welt!

Ein der Hexerei bezichtigter Eingeborener Kenias wurde gezwungen, einen lebenden Frosch im Mund zu halten. Schlüpfte das Tier seine Kehle hinunter, galt er als schuldig, wenn nicht, als unschuldig.

Aleister Crowley wurde „der böseste Mann der Welt“ genannt, weil er behauptete, dem Teufel seine Seele verkauft zu haben. Crowley nannte sich auch gern „das Ungeheuer der Apokalypse“ und gab zu, an okkulten Riten teilgenommen und geheime Naturkräfte studiert zu haben.

MAGIE IM EISBLOCK

David Blaine aus New York ist als Illusionist und Zauberkünstler zum Anfassen ein modernes Phänomen.

Ruhm erlangte er, als er in verschiedenen Städten der USA auf der Straße für die Passanten unglaubliche Zauberstücke zum Anfassen aufführte, die das Fernsehen übertrug. Seitdem sind ihm allerlei Kunststücke gelungen: er verharrte stundenlang in einem Eisblock, ließ sich in eine frei hängende Kiste einsperren und eine Woche lang lebendig begraben. Aufgrund seiner phänomenalen Fähigkeiten als Magier glauben viele jedoch, dass es sich bei diesen Heldentaten um reine Vorspiegelungen handelt!

Im November 2000 stand David Blaine in einem 6 Tonnen schweren Eisblock auf dem Times Square in New York! Über 60 Stunden harrte er aus, während die Zuschauer das Eis umkreisten und ihn anstarrten. Er kam mit geschwollenen Beinen, doch ansonsten unverletzt wieder zum Vorschein.

Im Jahr 2002 stand David Blaine 35 Stunden lang auf einem 24 m hohen Mast im New Yorker Bryant Park! Nachdem er dem Wind, der nächtlichen Dunkelheit und dem ständigen Gaffen der Menge auf dem Boden standgehalten hatte, sprang er schließlich in einen Stapel Kartons, den sein Team neben dem Mast aufgetürmt hatte.

STRASSENZAUBER

David Blaine hat Menschen auf der ganzen Welt mit seiner Straßenmagie verzaubert. Er hat vor aller Augen einem Huhn den Kopf abgerissen und wieder angesetzt, ohne dem Tier Schaden zuzufügen. Einmal griff er durch die Schaufensterscheibe eines Juweliers und zog eine Uhr heraus, ein andermal zog er eine Schnur aus seinem Magen!

„44 Tage lang nur Wasser trinken und dabei ständig angestarrt werden“

ONKEL DOKTOR Mit 16 Jahren schwebte David Blaine vor seinem Arzt, der ihn einer sofortigen Untersuchung unterzog!

MAGISCHER CODE Angeblich enthält David Blaines Buch *Mysterious Stranger* einen Code, der zu verborgenen Schätzen führt, wenn man ihn entziffert!

Harry Houdinis Idee inspirierte David Blaine zu einem Bravourstück, das er 1999 in New York aufführte. Blaine ließ sich in einen Glaskasten sperren, der in die Erde versenkt wurde. Eine Woche lang blieb er lebendig begraben und lebte von vier Esslöffeln Wasser pro Tag.

Der Engländer Noah Kelly äffte David Blaines Eiskunststück nach, indem er sich 48 Stunden lang in einem Einkaufszentrum in Weston-Super-Mare in Käseblöcke einmauerte!

Im Oktober 2003 bewies David Blaine sein Durchhaltevermögen erneut: er verbrachte 44 Tage in einem Glaskasten, der von der Londoner Towerbridge herabhing. Er durfte in dieser Zeit nur Wasser trinken und wurde ständig von der Menschenmenge unter ihm beobachtet. Als er nach 44 Tagen den Kasten wieder verließ, hatte er fast 25 kg abgenommen und musste sich in den folgenden Wochen an ein striktes Ernährungsprogramm halten, um wieder zu Kräften zu kommen.

Die Siebenteufelstraße im deutschen Jever heißt so, weil drei Männer und vier Frauen, die hier gewohnt hatten, als Hexen verbrannt wurden.

FREI SCHWEBEND Im Jahr 1936 schwebte der Inder Subbayah Pullavar vor 150 Zuschauern! Pullavar goss zunächst Wasser um ein Zelt, das er anschließend betrat, so dass die Zuschauer ihn mehrere Minuten lang nicht sehen konnten. Als das Zelt entfernt wurde, sahen die perplexen Zuschauer, wie er, offenbar in Trance, etwa einen Meter hoch horizontal in der Luft schwebte. Einige Zuschauer schoben Gegenstände unter ihm hin und her und fanden keinerlei Hinweis auf eine Stützvorrichtung. Als das Zelt wieder um ihn herum aufgebaut worden war, sahen einige Zuschauer, wie er, immer noch in horizontaler Lage, wieder zu Boden schwebte!

MAGISCHER NAME Der walisische Zauberkünstler Richard Valentine Pitchford war unter den Namen „Valentine Professor Thomas" und „Val Raymond" unbekannt und mittellos, doch als er sich in „Cardini" umbenannte, hatte er Riesenerfolg!

TEUFLISCHE NACHBARN In der Nähe des Vatikans in Rom gibt es ein Museum, das ausschließlich dem Teufel gewidmet ist.

DURCH WÄNDE GEHEN 1986 sorgte der amerikanische Magier David Copperfield für eine Sensation, als er während einer Fernsehshow einen massiven Abschnitt der Großen Mauer von China durchschritt. Dies war jedoch nicht das erste derartige Kunststück, denn der englische Magier P. T. Selbit war schon 1914 auf der Bühne durch eine Ziegelmauer gelaufen.

HEXENKUNST Früher glaubte man, dass Hexen in leeren Eierschalen fliegen konnten. Wahrscheinlich zerbrechen deshalb heute noch so viele Leute die Schale, nachdem sie ein Ei verzehrt haben.

Dieser abgeschlagene Kopf mag überzeugend aussehen, ist aber eine optische Täuschung! Sie entsteht durch zwei vertikale Spiegel, die unter dem Tisch stehen, auf dem der Kopf ruht.

GRUSELIGE SEILSCHAFT

Beim indischen Seiltrick wirft ein Jaduwallah (Zauberkünstler) ein Seil in die Luft, wo es vertikal hängen bleibt. Ein kleiner Junge klettert hinauf und verschwindet. Der Zauberer befiehlt dem Jungen zurückzukommen, erhält aber keine Antwort und klettert schließlich mit einen Dolch zwischen den Zähnen ebenfalls hinauf. Auch er verschwindet! Laute Schreie schallen vom Himmel und die zerstückelten Körperteile des Jungen fallen einzeln herunter. Der Zauberer erscheint wieder und klettert am Seil herunter, das daraufhin schlaff zusammenfällt. Die Gliedmaßen des Jungen werden in einen großen Sack gesteckt und der Junge steigt unversehrt wieder aus dem Sack, scheinbar völlig unberührt von seinem schrecklichen Erlebnis. Dies gehört zu den erstaunlichsten Zauberkunststücken und nur sehr wenige Menschen wissen, wie es funktioniert!

1935 zeigten Karachi und sein Sohn Khydar ihre Version des indischen Seiltricks.

GEISTERSTROM 1995 beschwerte sich eine Engländerin, weil ein Gespenst die Küchengeräte ihres Ferienhauses auf der englischen Insel Wight eingeschaltet hatte! Laut der Stromgesellschaft wurde hier zum ersten Mal einem Gespenst die Schuld an einer hohen Stromrechnung gegeben.

ENGELSGEDULD Sankt Kevin, ein irischer Heiliger des 6. Jahrhunderts, wurde heilig gesprochen, weil er mit dem Geist einer von ihm ermordeten Frau friedlich zusammenlebte!

GEISTERSTADT IN ENGLAND

Das Dörfchen Pluckley gilt als spukreichster Ort Großbritanniens. Dort gibt es mindestens 11 Gespenster:

- Lady Deering aus dem 12. Jahrhundert sucht den Friedhof heim.
- Ein schreiender Arbeiter – er erstickte unter einer Fuhre Lehm, die auf einer Baustelle aus einem Container fiel.
- Ein Straßenräuber, der an der Fright Corner (Schreckensecke) mit einem Speer an einen Baum genagelt wurde.
- Eine geheimnisvolle Dame in Weiß.
- Ein gespenstischer Mönch, der den Garten eines bestimmten Hauses heimsucht.
- Eine Geisterkutsche mit vier Pferdegespenstern.
- Der schwarze Geist der alten Mühlenruine.
- Eine Zigeunerin, die lebendig verbrannt wurde.
- Eine Dame, die Selbstmord beging, indem sie den Saft giftiger Beeren trank.
- Ein Schulmeister, der sich im Dorf aufhängte.
- Ein Oberst, der sich im Wald aufhängte.

Eddie Coxton schoss dieses Foto während eines Blumenfestivals in einer Kirche im englischen Staffordshire. Er war ganz sicher, dass sich niemand vor der Kamera befand, und doch ist diese gespenstische Gestalt auf dem Foto zu sehen!

„Eine menschliche Gestalt erscheint im Foto einer menschenleeren Kirche“

LEBENDIGE TOTE Im Oktober 1963 sah Coleen Butterbaugh in einem Zimmer der Wesleyan Universität von Nebraska eine Frau verschwinden! Als sie den Behörden den Vorfall beschrieb, zeigte man ihr ein Foto der Dame, die sie gesehen hatte: Clarissa Mills, die 1936 in diesem Zimmer gestorben war.

KEINE SCHMUSEDECKE Als Mrs. Dora Monroe 1972 in ein Haus in Wisconsin zog, fand sie dort eine spukende Bettdecke! Leute, die sich mit ihr zudeckten, erzählten, dass sie zu ihnen sprach, das Bett verließ und sogar unter Möbel kroch!

SCHEITERHAUFEN Zwischen 1621 und 1640 wurden 30.000 Frauen der Hexerei angeklagt und auf dem Scheiterhaufen verbrannt.

LINCOLN SPUKT IM WEISSEN HAUS

Als Franklin D. Roosevelt Präsident war, berichtete die niederländische Königin Wilhelmina, sie habe den Geist Abraham Lincolns im Weißen Haus gesehen. Auch die Präsidenten Theodore Roosevelt, Harry S. Truman und Dwight Eisenhower sowie Lady Bird Johnson behaupteten, dieses Gespenst gesehen zu haben.

DER FLUCH DER GRABRÄUBER

Als das Grab Tutanchamuns am 17. Februar 1923 zum ersten Mal nach 3.000 Jahren geöffnet wurde, ignorierten die anwesenden Archäologen die warnende Inschrift über dem Grab, die Eindringlingen drohte:

„Wer den Schlaf des Pharao stört, der wird den Tod finden"

Howard Carter und sein Archäologenteam öffneten das ägyptische Grab Tutanchamuns im Jahr 1922. Sie ahnten nicht, dass über dem Eingang eine Todesdrohung stand.

Lord Carnarvon, der Sponsor der Expedition, starb 47 Tage nachdem er das Grab betreten hatte, und mehrere andere Expeditionsteilnehmer starben kurz nach ihrer Rückkehr nach England. Sechs Jahre später waren 12 der Expeditionsteilnehmer gestorben und nach weiteren sieben Jahren lebten nur noch zwei der Ausgräber. Von allen Teammitgliedern starb nur Howard Carter an Altersschwäche.

WEISSAGUNGEN DES NOSTRADAMUS

- **Das Londoner Parlament wird seinen König töten – Charles I. wurde 1649 in London hingerichtet.**
- **London wird im Jahr dreimal zwanzig plus sechs im Feuer verbrennen – das Große Feuer von London im Jahr 1666.**
- **Bei Italien wird ein Kaiser zur Welt kommen, der 14 Jahre lang als Diktator regieren wird – Napoleon kam auf Korsika, einer Insel vor der italienischen Küste, zur Welt und regierte von 1799 bis 1814.**
- **Der schreckliche Krieg wird im Westen vorbereitet und im folgenden Jahr kommt die Pestilenz – auf den Ersten Weltkrieg folgte eine weltweite Grippeepidemie.**
- **Der König der Inseln wird zur Flucht gezwungen, weil er nicht bereit ist, sich scheiden zu lassen – König Edward VIII. wurde zur Abdankung gezwungen, weil er darauf bestand, die geschiedene Mrs. Simpson zu heiraten.**

SEHR WAHRSCHEINLICH

Wussten Sie, dass in einer Gruppe von 23 Menschen mit 50% -iger Wahrscheinlichkeit zwei am selben Tag Geburtstag haben? Dies hat nichts mit höherer Fügung zu tun, sondern nur mit Statistik.

ROMAN MIT EIGENLEBEN Als dem Schauspieler Anthony Hopkins 1974 die männliche Hauptrolle in „Das Mädchen von Petrovka" angeboten wurde, suchte er vergeblich nach dem Roman von George Feifer, auf dem der Film basierte. Als er auf seinen Zug nach Hause wartete, entdeckte er auf einer Bank ein Buch. Es war „Das Mädchen von Petrovka". Während der Dreharbeiten in Wien lernte er den Autor kennen. Es stellte sich heraus, dass Feifer sein persönliches Exemplar einem Freund geliehen hatte, der es in London verlor. Hopkins zeigte Feifer das Buch, das er gefunden hatte. Es war Feifers persönliches Exemplar!

VERBLÜFFENDE FRÜCHTCHEN

Der französische Dichter Emile Deschamps aß einst am selben Tisch wie Monsieur de Fortgibu. Dieser liebte Früchtebrot und überredete den Dichter, es zu kosten. Jahre später sah Deschamps Früchtebrot in einem Restaurant und bestellte ein Stück, doch man sagte ihm, ein anderer Gast habe es bereits vorbestellt. Es war niemand anders als Fortgibu! Einige Jahre danach war Deschamps auf einer Party, auf der Früchtebrot gereicht wurde. Er erzählte von den seltsamen Zufällen und alle scherzten, dass Fortgibu nun sicher auch gleich kommen werde. Er kam tatsächlich. Er war zu einer anderen Party eingeladen worden und hatte sich verirrt! „Dreimal im Leben habe ich Früchtebrot gegessen", sagte Deschamps, „und alle drei Male sah ich Monsieur de Fortgibu".

WILLKÜRLICHE WORTE Kurz vor der Einnahme der Normandie im Zweiten Weltkrieg enthielten Kreuzworträtsel in englischen Zeitungen die Lösungsworte Omaha, Utah, Mulberry und Neptun. Das waren die Codenamen der Landungen. Ein weiteres Lösungswort war Overlord, der Codename der gesamten Offensive. Der Verfasser der Kreuzworträtsel, Lehrer Leonard Dawe, wurde umgehend von Geheimdienstlern gründlich überprüft, doch wie sich herausstellte, war es nur ein erstaunlicher Zufall.

BABYFÄNGER 1975 ging Joseph Figlock an einem 14-stöckigen Gebäude in Detroit vorbei, als ein Baby aus einem Fenster fiel und auf ihm landete. Ein Jahr später fiel wieder ein Baby aus demselben Haus und überlebte den Sturz – denn es landete auf Joseph Figlock!

ZIMMERSERVICE 1953 reiste der amerikanische Journalist Irving Kupcinet von Paris nach Großbritannien. In seinem Hotelzimmer fand er ein paar Gegenstände, die seinem Freund, dem Basketballspieler Harry Hannin gehörten. Zwei Tage später erhielt Kupcinet einen Brief von Hannin aus Paris. Darin stand: „Du wirst es nicht glauben, aber ich fand in meinem Hotelzimmer eine Krawatte mit deinem Namen darauf".

JUNG GEFREIT Alan Redgrave und Melanie Somerville verstanden sich auf Anhieb, als sie sich in einem Supermarkt kennen lernten. Sie stellten fest, dass sie am selben Tag im selben Krankenhaus geboren worden waren und dass ihre Bettchen nebeneinander auf derselben Station gestanden hatten. Alan und Melanie heirateten im Jahr 2003.

STACHLIGE TRAUERGEMEINDE Mrs. Margaret Bell war im englischen Ludlow als Imkerin bekannt. Sie starb im Juni 1994. Während ihrer Beerdigung ließ sich ein Bienenschwarm eine Stunde lang auf ihrem Haus nieder!

Ein Astrologe versicherte Wilhelm dem Eroberer, dass er England mit einer riesigen Flotte von 900 Schiffen erobern und dabei nur einen Mann verlieren würde. Ein einziger Mann überlebte die Überfahrt nicht: der Astrologe selber!

GALGENVÖGEL Drei Männer wurden in London gehenkt, weil sie einen Mann an einem Ort namens Greenberry Hill umgebracht hatten. Ihre Nachnamen waren Green, Berry und Hill!

David Mandell behauptet, in seinen Träumen Vorahnungen zu erleben, die er anschließend skizziert. Hier sieht man ihn mit einigen seiner Bilder, die eine verblüffende Ähnlichkeit mit späteren Ereignissen aufweisen.

DIE KUPFERNE KATIE

Ein Medium namens Katie kann sich Kupfer auf der Haut wachsen lassen! Katie besitzt übersinnliche Kräfte und kann in Trance Gegenstände zum Schweben bringen, Metalle verbiegen und mittelalterliches Französisch schreiben.

Bevor Katie in Trance fiel, untersuchte Dr. Schwarz sie gründlich und fand keine Spur von Kupfer, doch häufig erschien es kurz nach Beginn der Trance auf Gesicht, Hals, Händen und Rücken. Oft tat es Katie weh, das Kupfer wieder abzupellen.

Der Parapsychologe und Forscher Dr. Berthold E. Schwarz aus Florida studierte Katie über längere Zeit und beobachtete häufig, wie das Kupfer während ihrer Trancen erschien. Es tauchte auch an Gegenständen auf, die Katie bei sich trug, oder an Leuten, die sie berührte. Eine Untersuchung des Metalls ergab eine Zusammensetzung von 98 % Kupfer und 2 % Zink. Man nimmt an, dass es sich um eine übersinnliche Nebenwirkung handelt, ähnlich wie bei anderen Medien, die während einer Trance angeblich Ektoplasma im Mund erzeugen können.

TELEPATHISCHE FLUCHT

1942 rettete die Telepathie dem britischen Premierminister Winston Churchill das Leben. Er sollte am 13. April an einer Militärübung teilnehmen, beschloss aber aufgrund einer Vorahnung, nicht hinzugehen. Während der Übung wurden 27 Menschen versehentlich erschossen und 68 schwer verletzt. Brigadier Grant Taylor, der Churchill an jenem schicksalhaften Tag vertrat, wurde getötet. Hätte Churchill nicht abgesagt, wäre die Geschichte Großbritanniens womöglich ganz anders verlaufen.

BRIEF UND SIEGEL Die erste wissenschaftliche Untersuchung der außersinnlichen Wahrnehmung führte Professor Rhine von der Duke-Universität in North Carolina durch. Zahlreiche Menschen wurden über einen Zeitraum von 40 Jahren getestet und Rhine kam zu dem Schluss, dass außersinnliche Wahrnehmung und/oder irgendeine Form der Telepathie tatsächlich existieren.

WÜNSCHELRUTE 1952 schickte die englische Armee Oberst Harry Grattan von den Royal Engineers (königliche Ingenieure) nach Deutschland, um dort nach Quellen zu suchen. Als erfahrener Rutengänger gelang es ihm, viele Orte aufzuspüren, an denen es Wasseradern gab.

ÖLPENDEL 1943 schickte die Chicagoer Fox Brewing Company Ace Gotowski auf die Suche nach Öl. Mithilfe eines Pendels spürte Gotowski eine geeignete Stelle auf; als die Firma dort zu bohren begann, stellte sich heraus, dass er das größte Ölfeld jener Zeit entdeckt hatte.

Anscheinend haben manche Menschen magnetische Fähigkeiten. 1994 demonstrierte der Russe Edward Naumow aus Moskau seine Fähigkeit, einem anderen Mann Metallgegenstände anzuhängen. Obwohl der Betreffende sich bemühte, die Gegenstände abzuwehren, konnte er nicht verhindern, dass Naumows „Energie" sie anheftete, und zwar ohne dass Naumow sie berührte!

TELEPATHISCHES RADIO Sydney und Lesley Piddington verblüfften 1949 die englischen Radiohörer durch ihre Gedankenlesekunst. Angeblich schickten sie mittels Telepathie auch Nachrichten der BBC an eine Tauchglocke unter Wasser.

LANGSTRECKENTELEPATHIE 1966 erhielt der Russe Karl Nikolatev im Rahmen einer wissenschaftlichen Testreihe eine willkürlich aus identischen Kartons ausgewählte, versiegelte Schachtel. Nikolatevs Freund Juri Kamensky war 2.900 km weit entfernt. Während Nikolatev die Schachtel öffnete, beschrieb Kamensky den Inhalt ganz genau. Beide Männer wurden von Wissenschaftlern überwacht, um zu gewährleisten, dass es sich nicht um einen Trick handelte.

VORHERGESAGTE TRAGÖDIE Am 20. Oktober 1966 erzählte eine Frau im englischen Plymouth ihrer Kirchengemeinde, dass sie in einer Vision eine Steinkohlenlawine in Südwales gesehen hatte. Am nächsten Tag rutschte eine riesige Menge Kohle von einem Kohleberg auf das walisische Dorf Aberfan und tötete über 100 Kinder und viele Erwachsene.

GLÜCKLICHE HEIMKEHR 1960 verschwand die Tochter eines amerikanischen Professors. Zwei Monate später rief der Professor in seiner Verzweiflung den berühmten holländischen Hellseher Gerard Croiset an, der schon öfter bei polizeilichen Ermittlungen geholfen hatte. Er versicherte dem Vater, er werde in sechs Tagen von seiner Tochter hören. Als der Vater sechs Tage später zum Frühstück kam, saß seine Tochter gesund und munter im Wohnzimmer!

MENTALES MACHTWORT Nelya Michailewa konnte Gegenstände mit der Kraft ihrer Gedanken bewegen! 1968 wurde sie von russischen Wissenschaftlern dabei gefilmt, wie sie ein Stück Brot und ein Weinglas bewegte und das Pendel einer Uhr anhielt und wieder anschob, ohne irgendetwas zu berühren.

Uri Geller, das israelische Medium, beschrieb 1973 in einer britischen Radiosendung seine Fähigkeit, Schlüssel in weiter Entfernung zu verbiegen. Minuten später wurde der Sender von Anrufern überschwemmt, die alle von spontan verbogenen Schlüsseln, Gabeln, Löffeln und Nägeln berichteten. Außerdem funktionierten Uhren, die vor Jahren stehen geblieben waren, plötzlich wieder.

DIE FÜSSE IM FEUER

In Indien und auf Fidschi gibt es Menschen, zu deren religiösen Ritualen das Laufen über glühende Kohlen gehört. Sie tun dies ohne sich dabei zu verletzen! Auf Fidschi wird diese ehemals religiöse Zeremonie regelmäßig Touristen vorgeführt. In Indien und anderen südostasiatischen Ländern gehört dieser Ritus jedoch noch immer zur Religion und die Teilnehmer müssen sich geistlich darauf vorbereiten. Viele Menschen aus dem Westen können ebenfalls problemlos auf dem Feuer gehen, obwohl die Kohlen so heiß sind, dass Holz darauf sofort Feuer fängt. Anscheinend wird niemand dabei verletzt, weil man nicht auf den brennenden Kohlen oder dem Holz selbst läuft, sondern auf der heißen Asche, und weil die Hitze das Wasser in der Haut verdampft und so einen Schutzfilm erzeugt.

Feuerlaufen gehört zum jährlichen Vegetarier-Festival in Phuket, Südthailand. Fromme Buddhisten unterziehen sich dem Ritus, um alles Böse aus ihren Körpern zu vertreiben und sich zukünftiges Glück zu sichern.

SELBST-ENTZÜNDUNG

Die verkohlten Überreste Dr. Bentleys aus Coudersport in Pennsylvania gaben den Augenzeugen, die ihn am 5. Dezember 1966 in seinem Badezimmer fanden, Rätsel auf.

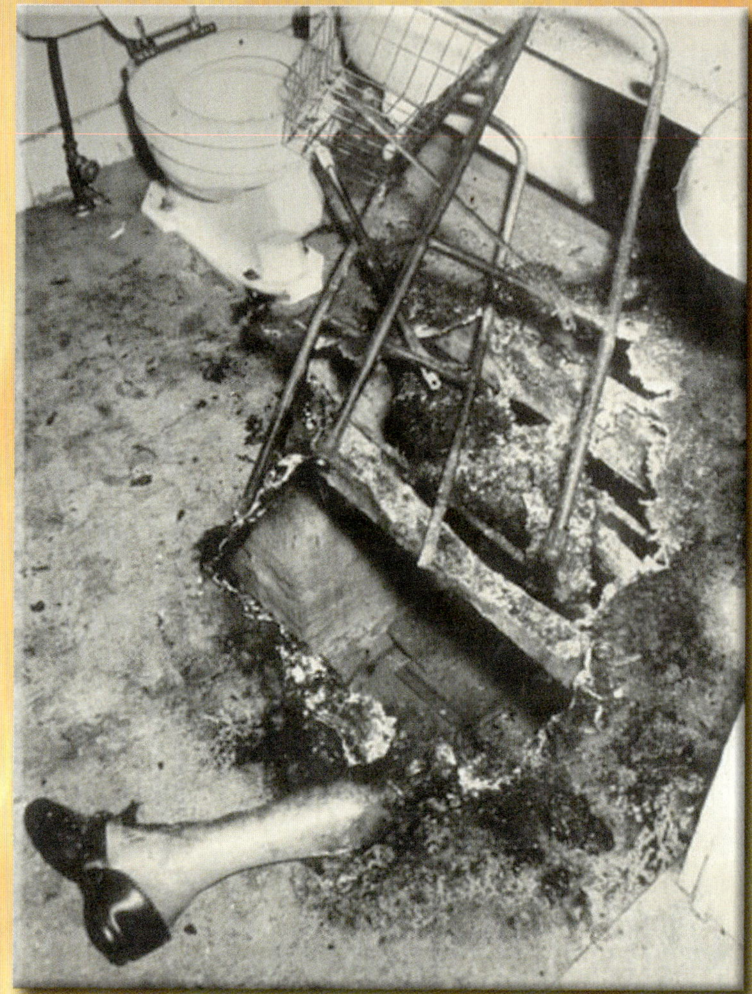

Nur ein Haufen Asche und ein halbes Bein blieben von Dr. Bentley übrig. Extreme Hitze hatte seinen Körper verzehrt und ein Loch in den Boden gebrannt, doch sonst war kaum etwas beschädigt.

Schon oft wurde von Menschen berichtet, die spontan in Flammen aufgehen (menschliche Selbstentzündung) und es gibt für dieses Phänomen anscheinend keine logische Erklärung. Oft findet man die teils verbrannte Leiche in einem verschlossenen Raum voller Ruß- und Fettpartikel. Immer ist der Körper nur teilweise verbrannt, und häufig sind leicht brennbare Gegenstände in der Nähe völlig unbeschädigt. Früher meinte man, Selbstentzündung sei eine extreme Folge von zuviel Brandy oder gewaltigem Zorn! Besonders erstaunlich ist, dass selbst in einem Krematorium, wo die Temperaturen 1.000 °C erreichen können, Knochen oft nicht völlig verbrennen, bei der Selbstentzündung jedoch schon.

BLITZFEUER

- Frau Mary Reezer – Florida, 1951. Weder die Wand hinter ihrem Stuhl noch ein naher Zeitungsstapel waren verbrannt.
- Billy Peterson – Detroit, 1959. Aufgrund der Hitze im Auto war sogar das Armaturenbrett teils geschmolzen, doch Billys Kleider waren unversehrt!
- Paul Hayes – London, 1985. Auf einem Spaziergang in Stepney Green war er plötzlich von Flammen umgeben, die ebenso unerwartet wieder verschwanden.

ENTSETZTE ZUSCHAUER 1880 beobachteten der berühmte Arzt Dr. B. H. Hartwell und mehrere andere Leute in Massachusetts den Tod einer Frau, die in Flammen aufging.

GEFANGEN IM AUTO 1988 saß im australischen Sydney eine ältere Frau in einem geparkten Auto. Minuten später beobachteten Passanten, dass Rauch aus dem Wagen drang. Darauf folgte eine Explosion. Das Opfer konnte lebendig geborgen werden, starb jedoch eine Woche später. Laut der Untersuchungsbeamten war weder Benzin noch ein Kurzschluss oder sonst ein Fehler in der Elektrik der Auslöser – der Fall bleibt ein Rätsel.

INTAKTE SCHEUNE 1888 fand man die Leiche eines alten Landarbeiters in einem Heuschober im schottischen Aberdeen. Er war verbrannt, doch sein Gesicht war nicht schmerzverzerrt. Der Balken, auf dem er lag, war unversehrt und die nahen Heuballen waren nicht einmal angesengt.

RÄTSEL DES BERMUDA-DREIECKS GELÖST?

Zwischen Bermuda, Florida und Puerto Rico besitzt der Ozean angeblich geheime Kräfte, denn dort sind zahlreiche Schiffe und Flugzeuge verschollen. Die Gerüchte über das Bermuda-Dreieck begannen am 5. Dezember 1945, als fünf Avenger-Bomber fünf Stunden nach ihrem Start vom Luftwaffenstützpunkt Fort Lauderdale spurlos verschwanden. Im Jahr 2000 kam man auf eine interessante mögliche Erklärung, als 150 km vor der Küste Schottlands ein 22 m langer Fischdampfer mit Stahlrumpf fast unversehrt in einem Krater auf dem Grund der Nordsee entdeckt wurde. Der Krater könnte entstanden sein, als eine große Blase Methangas entwich. Eine Untersuchung ergab, dass der Meeresgrund in dieser Gegend große Mengen einer eisartigen Substanz namens Methanhydrat enthält, aus der große Mengen Methangas plötzlich entweichen können. Es ist möglich, dass das Gas als große Blase an die Oberfläche steigt und ein großes Schiff urplötzlich versenkt. Dies könnte auch das Phänomen des Bermuda-Dreiecks erklären.

VERSCHOLLENE FLUGZEUGE UND SCHIFFE

- **Bomber flight 19 – 1945**
- **Martin Mariner – 1945**
- **City Belle - 1946**
- **Superfortress – 1947**
- **DC-3 – 1948**
- **Star Ariel – 1949**
- **Revonoc – 1958**
- **Witchcraft – 1967**

GESPÜR FÜR WASSER Anscheinend besitzen viele Leute die Fähigkeit, verborgenes Wasser zu finden. Der Rutengänger, der die unterirdischen Wasseradern aufspürt, hält einen Y-förmigen Zweig, nach altem Brauch aus Haselnussholz, der sich heftig bewegt, wenn unterirdische Wasseradern in der Nähe sind. Mit dieser und ähnlichen Methoden kann man auch Mineralvorkommen und sogar unterirdische Kabel aufspüren, doch anscheinend weiß niemand genau, wie und warum es funktioniert.

GESPENSTISCHER WASSERWERFER Als der Entdecker James Alan Rennie in Kanada einen zugefrorenen See überquerte, sah er ohne die geringste sichtbare Ursache Spuren auf dem Eis entstehen. Als die Spuren erschienen, „erstarrte ich, erfüllt von heller Panik. Die Spuren kamen immer näher, erst 45 m, dann 15 m, dann 5 m – dann zack! Ein Schwall Wasser traf mich ins Gesicht, und ich schrie. Ich fuhr herum und wischte mir das Wasser aus den Augen und sah, wie sich die Spuren über den See entfernten."

WUNDERSAME WUNDEN Im September 1983 hatte eine argentinische Hausfrau eine Vision der Jungfrau Maria und empfing die erste von 1.800 religiösen Offenbarungen. Ein Jahr später öffneten sich geheimnisvolle Wunden an ihren Handgelenken, Füßen und an ihrer Stirn – genau wie die Wunden, die Christus während seiner Kreuzigung empfing.

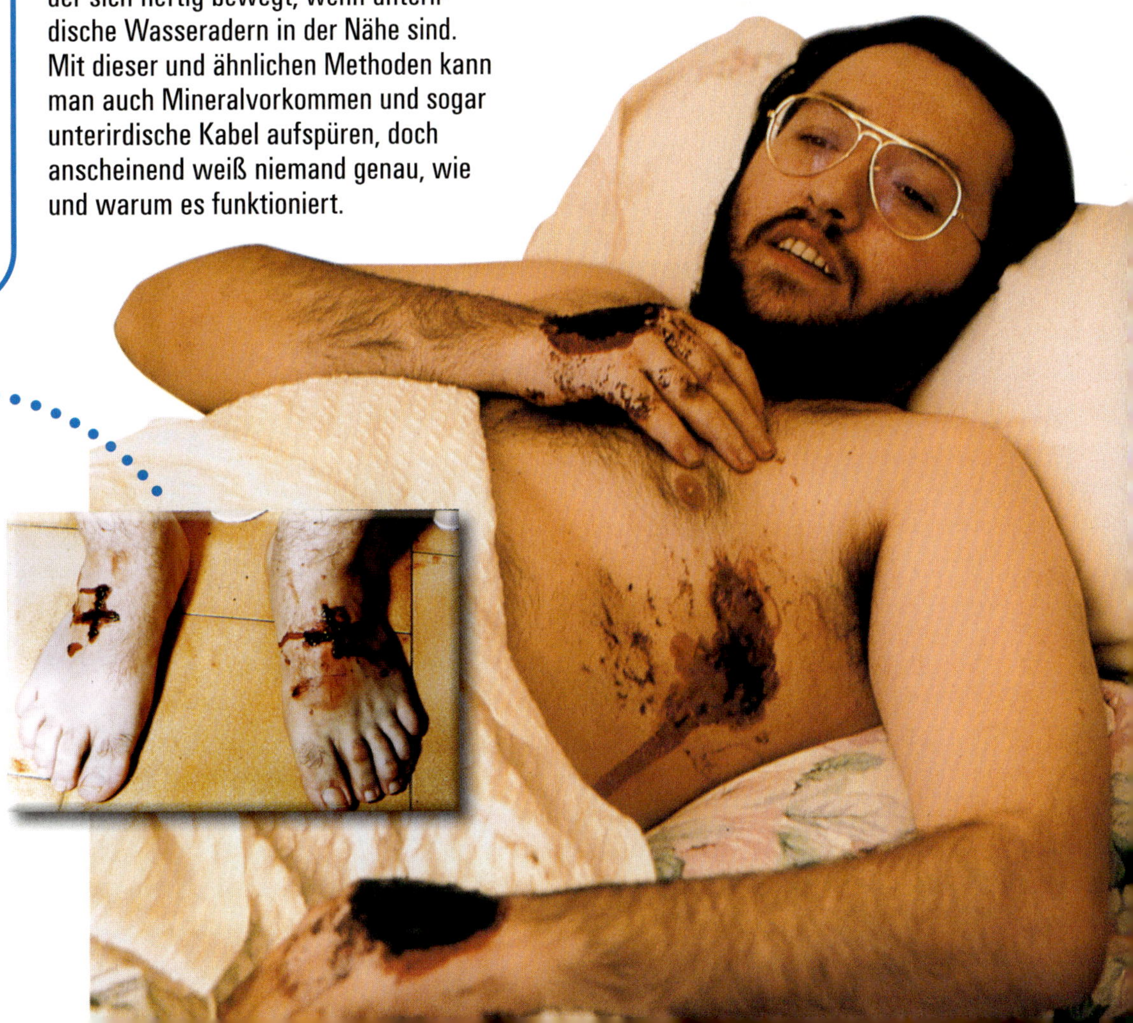

Im Lauf der Jahrhunderte haben viele besonders religiöse Menschen Stigmata empfangen, die oft mit „Wunderheilungen" verbunden sind. Der Italiener Giorgio Bongiovanni ist ein ungewöhnlicher Stigmatiker, denn er ist überhaupt nicht religiös, und doch hat ihn 1980 angeblich die Heilige Jungfrau Maria besucht und aufgefordert, nach Fatima in Portugal zu reisen. Sechs Monate nach dieser Reise empfing er die ersten Stigmata: Wunden in den Handflächen. Seitdem öffneten sich außerdem Wunden an den Füßen, an der Seite und auf der Stirn. Sie bluten jeden Tag und die Ärzte können sie nicht erklären.

INVASION DER GLOBSTER

1960 fanden zwei australische Farmarbeiter einen riesigen Kadaver, der an einem einsamen Strand Tasmaniens angespült worden war. Er war über 6 m lang und 5,5 m breit, wie eine Schildkröte geformt und mit fettigem Fell bedeckt. Sie nannten das Wesen „Globster". Ein noch größeres Exemplar wurde 1965 in Neuseeland entdeckt, ein weiteres 1970 in Tasmanien. Manche meinen, es handele sich dabei um Walspeck, doch andere sagen, es seien geheimnisvolle Wesen.

UNGLÜCKSRING Der Stummfilmstar Rudolph Valentino kaufte einen Ring, der angeblich Unglück brachte. Solange er ihn trug, floppten seine Filme. Mehrere Leute, die den Ring nach Valentinos Tod kauften, erlagen einer Krankheit oder wurden umgebracht.

FISCHIGER REGEN Am 23. Oktober 1947 regnete es in Marksville, Louisiana, Barsche und Maifische. Ein Schauer kleiner Fische, darunter Stinte und Flundern, fiel am 27. Mai 1984 vom Himmel und landete im Garten von Ron Langdon im Londoner West Ham. Im nächsten Jahr, am 8. Mai 1985, fiel ein Fischregen in den Garten von Louis Castoreno in Forth Worth, Texas.

KRESSEAUSSAAT Rowland Moody aus dem englischen Southampton befand sich am 12. Februar 1979 während eines heftigen Schneesturms in seinem Gewächshaus. Er hörte, wie etwas auf seinem Dach aufschlug und dann zu Boden fiel. Als er hinausging, fand er sowohl seinen Garten als auch die Gärten der Nachbarn mit Kressesamen bedeckt, die mit einem klebrigen Gelee überzogen waren.

In einem ausgetrockneten See im kalifornischen Death Valley gibt es Steine, die sich bewegen! Sie legen große Entfernungen zurück und hinterlassen ohne jede Fremdeinwirkung allerlei Spuren; manche sind gerade, andere gewellt oder verlaufen im Zickzack. Einige Geologen halten starke Winde für den Grund dieses Phänomens, doch andere meinen, hier seien seltsamere Kräfte am Werk!

ZEICHEN IM GETREIDEFELD

Geheimnisvolle, riesige Muster mit Durchmessern bis zu 100 m tauchen seit den 1970er Jahren in südenglischen Getreidefeldern auf. Sie bestehen aus großen Kreisen aus niedergedrückten Halmen, die alle in dieselbe Richtung weisen. Bald wurden die Muster komplizierter und tauchten auch anderswo auf der Welt auf. Waren sie Botschaften von Außerirdischen oder entstanden sie aufgrund der rätselhaften „Ionenplasma-Strudel", einem neuen wissenschaftlichen Begriff, den die selbst ernannten Cereologisten erfanden, die das Phänomen untersuchten? Oder sind sie nur eine aufwändige Form von Graffiti?

Die Hopi-Indianer Arizonas hielten Getreidekreise für eine Vorankündigung des baldigen Weltunterganges.

„Botschaften von Außerirdischen"

GETREIDESCHOCK

- **Schon im Jahr 815 n. Chr. wurde im französischen Lyon von Getreidekreisen berichtet.**
- **Ein Holzschnitt aus dem 16. Jahrhundert zeigt den Teufel, wie er Muster in ein Feld mäht.**
- **In den letzten 20 Jahren wurden über 5.000 Vorkommnisse gemeldet.**
- **Auch im Schnee von Afghanistan, in 6.100 m Höhe, wurden solche Muster entdeckt.**
- **Einmal entdeckte man ein Muster in einem überfluteten japanischen Reisfeld.**

UNGEHEUER SUCHEN ENGLAND HEIM.

Eines Morgens im Jahr 1994 entdeckte die Schauspielerin Sarah Miles bei ihrem Haus in West Sussex etwas Ungewöhnliches: eine schwarze Katze, groß wie eine Dogge und von rätselhaftem Äußeren! Daher stammt die Legende des Ungeheuers vom Bodmin Moor.

Dieser Abguss zeigt die Größe eines Pfotenabdrucks, der im englischen West Sussex gefunden wurde und angeblich den Spuren des legendären Ungeheuers vom Bodmin Moor ähnelt.

Seit den 1960er Jahren gab es ähnliche Berichte über große Katzen, die in den wilden Gebieten Großbritanniens jagen und sich manchmal in dicht besiedelte Gegenden verirren. Jede Suche war bisher vergebens, doch man hat Fotos von ihnen gemacht und Vieh gefunden, das anscheinend von einem großen Raubtier gerissen wurde. Einige Wildkatzen wurden jedoch von Bauern erschossen oder überfahren, und unter den Leichen fanden sich Pumas und Luchse sowie kleinere Urwaldkatzen, denen man seither die Schuld an den Überfällen gibt.

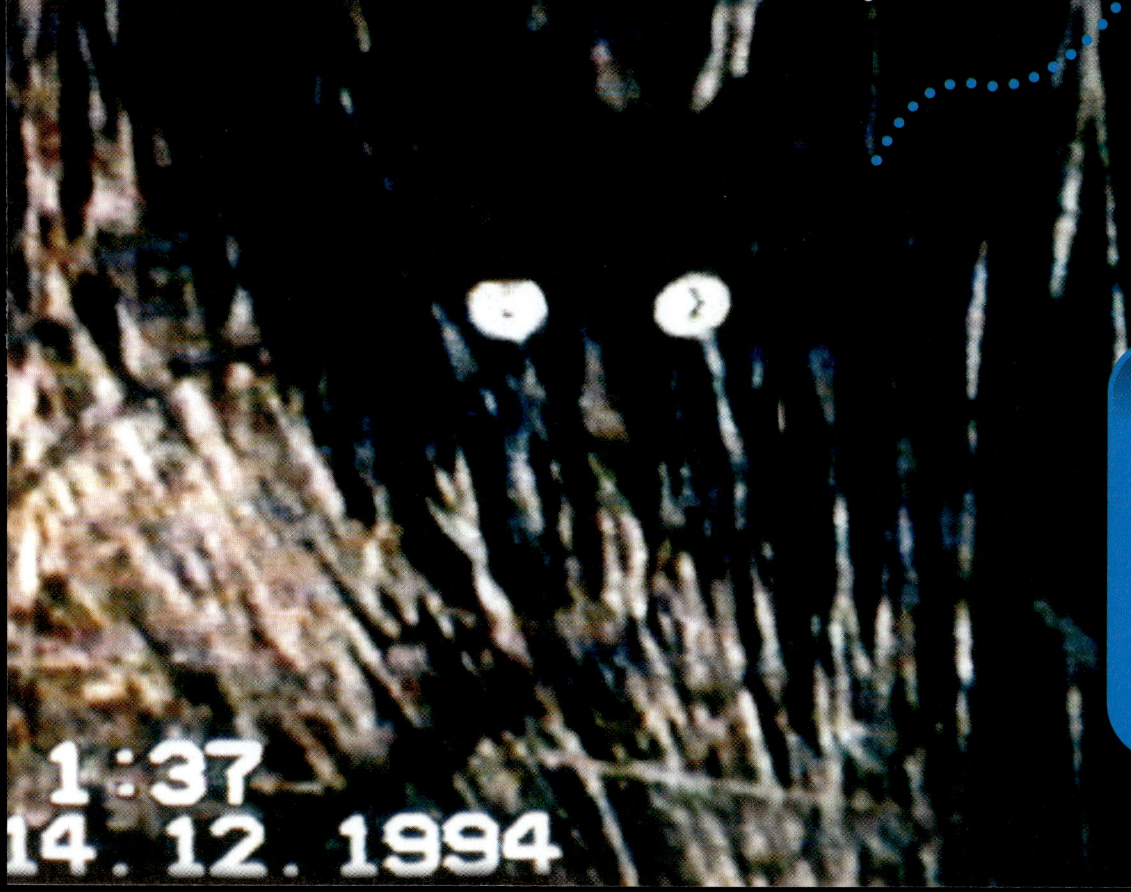

Dieses Foto wurde 1994 von Rosie Rhodes geschossen und zeigt angeblich das Ungeheuer vom Bodmin Moor. Offenbar war es viel größer als eine Hauskatze.

GEHEIMNISVOLLE WESEN

- Almas – Russland
- Orang Pendek – Sumatra
- Sasquatch – Nordamerika
- Wilder Mann von Hubei – Südchina
- Yeti – Himalaja
- Yowie – Australien

DEM GROSSFUSS AUF DER SPUR

Viele Leute berichten, in Kanada und den USA ein großes, haariges, menschenähnliches Wesen, den Sasquatch, gesehen zu haben. Der Sasquatch ist besser als Großfuß bekannt, denn der Hauptbeweis für seine Existenz sind seine riesigen Fußabdrücke. Die eindrucksvollsten wurden im Oktober 1969 in Bossburgh im Staat Washington gefunden. Jeder Fußabdruck war ca. 46 cm lang und die Spur ließ sich ca. 0,8 km weit verfolgen.

Ein Förster machte 1995 dieses Foto von „Großfuß" in der Nähe vom Mount Rainier im Staate Washington. Viele halten es allerdings für ein gefälschtes Foto.

SOLIDER FLUCH Ein Stein in der amerikanischen Stadt Augusta in Georgia hat viele Todesfälle verursacht. Ursprünglich stand er am alten Sklavenmarkt und man fesselte rebellierende Sklaven daran, um sie auszupeitschen. Die Mutter eines Mannes, der zu Tode gepeitscht wurde, verfluchte den Stein. Es heißt, dass der Stein seitdem immer, wenn man ihn verrücken wollte, zahlreiche Todesfälle bewirkte.

VERSUNKENE ZIVILISATION Laut dem griechischen Philosophen Platon war Atlantis eine Inselzivilisation, die von Erdbeben zerstört wurde und im Meer versank. Man hat oft nach der versunkenen Insel gesucht, doch bisher ohne Erfolg.

SEEUNGEHEUER

- Lake Champlain, USA (Champ)
- Chini See, Malaysia
- Khaiyr See, Russland
- Nahuel Huapi See, Argentinien
- Lake Okanagan, Kanada
- Loch Ness, Schottland (Nessie)
- Lough Rea, Irland
- Tianchitianchi See, China

TÖDLICHES GOLD Wer die Lost Dutchman Mine auf dem Superstition Mountain (Berg Aberglaube) in Arizona entdeckte, lebte anschließend nicht mehr lange. Örtliche Legenden berichten von einer besonders goldhaltigen Mine, doch die Apachen töteten jeden, der sie fand. Sie waren wütend über die Entweihung ihres Landes.

FLIEGENDER HOLLÄNDER Es gibt viele Geschichten über Geisterschiffe, doch die bekannteste erzählt die vom Fliegenden Holländer, der dazu verdammt ist, für immer und ewig um das Kap der Guten Hoffnung segeln zu müssen.

RETTENDER SCHNUPFTABAK Der Goldgräber Albert Ostmann wurde 1924 von einer Sasquatch-Familie entführt und entkam erst, als dem Männchen schlecht wurde, weil es seinen Schnupftabak verzehrt hatte!

Dieser australische Buschranger zeigt die Zeichnung eines Yowie, die er anfertigte, nachdem er angeblich eines dieser geheimnisvollen Wesen im südöstlichen Queensland gesehen hatte.

Ripley's
Chupacabra-Fußabdruck
Exponat Nr. 22451
Positiver Fußabdruck eines Chupacabra, entstanden in den späten 1990er Jahren in Puerto Rico

WESTATLANTIS Die pazifische Version von Atlantis ist das Großreich von Mu. Angeblich war Mu die Wiege der Zivilisation und versank vor über 12.000 Jahren in den Wellen des Pazifik. Niemand weiß, wo es lag.

1995 beschuldigte man in Puerto Rico ein seltsames Wesen, Vieh anzugreifen und ihm durch eine einzelne Stichwunde das Blut auszusaugen. Augenzeugen meinten, es ähnele einem Känguru, besäße jedoch scharfe Klauen, rote, lidlose Augen, Fledermausflügel und Stacheln, die am Rückgrat entlang liefen. Die Dörfler nannten das Wesen „El Chupacabras", was „Ziegensäuger" bedeutet.

Dieses Kätzchen aus dem englischen Manchester hat einen breiten, flachen Schwanz und „Flügel". Die 28 cm langen „Flügel" sind aus den Schulterknochen gewachsen.

VERSCHWUNDENE KOLONIE Als John White aus England zur Insel Roanoke in Virginia zurückkehrte, waren sämtliche Siedler, die er dort vier Jahre zuvor zurückgelassen hatte, spurlos verschwunden. Niemand weiß, was aus ihnen wurde.

TÖDLICHE MELODIE Der britische Radiosender BBC verbot das Lied „Gloomy Sunday" (düsterer Sonntag), weil es zu viele Todesfälle verursachte. Das Lied wurde 1935 von dem ungarischen Dichter Lazzlo Javor geschrieben und soll weltweit über 200 Todesfälle bewirkt haben.

WEG NACH ATLANTIS? Der amerikanische Hellseher Edgar Cayce sagte voraus, dass man Reste der Tempel von Atlantis 1968 oder 1969 im Meer vor der Küste der Bahama-Insel Bimini entdecken würde. 1968 fand man dort auf dem Meeresgrund ein langes Stück „Straßenpflaster": eine Reihe symmetrisch geformter Steine!

ALTERNDE NESSIE Seit dem 6. Jahrhundert hört man regelmäßig von Sichtungen eines Wesens, das angeblich im schottischen Loch Ness lebt. In moderner Zeit wurden oft Fotos gemacht, die angeblich das Ungeheuer zeigen, doch trotz wiederholter wissenschaftlicher Expeditionen wurde bisher kein Beweis für seine Existenz gefunden.

SPRUNGHAFTE LEGENDE

Das viktorianische England wurde von einem Wesen heimgesucht, das Menschen angriff, über Häuser sprang und dem Projektile nichts anhaben konnten! Es trug einen Helm aus Glas und Metall und einen metallartigen Anzug, aus dessen Ärmeln Krallen ragten. Aufgrund seiner erstaunlichen Fähigkeit, über Häuser zu hüpfen, nannte man es Spring-Heeled Jack (Sprungfederfuß). Von 1838 an verbreitete Jack 66 Jahre lang im ganzen Land Angst und Schrecken. Doch nach einem spektakulären Auftritt 1904 in Liverpool hat man es nie wieder gesehen, und bis heute weiß niemand, wer oder was es war.

GEISTERTROMMEL Eine Trommel, die dem berühmten englischen Seefahrer Sir Francis Drake aus dem 16. Jahrhundert gehörte, soll angeblich ohne menschliche Einwirkung erklungen sein, als der Erste Weltkrieg ausbrach.

Dies ist angeblich die Hand eines Yeti. Sie wurde in 6.100 m Höhe im Himalaja an der Grenze zwischen Tibet und Nepal entdeckt. 1951 fotografierte Eric Shipton eine lange Spur menschenähnlicher Fußabdrücke. Zwei Jahre später sah Sir Edmund Hillary während der Erstbesteigung des Mount Everest ähnliche Spuren. Man hielt sie für die Spuren des Yeti oder „schrecklichen Schneemenschen". Anscheinend existiert dieses Wesen, aber niemand weiß, was es ist. Manche glauben, es sei ein Bär, ein unbekannter Menschenaffe oder sogar der Vertreter einer primitiven Menschenrasse.

SPUKRÄTSEL

Sarah Winchester aus Kalifornien entwarf das rätselhafteste Haus der Weltgeschichte und verbrachte dann 38 Jahre damit, es zu bauen.

Türen, hinter denen nur kahle Wände sind, Treppen, die nirgendwohin führen, Falltüren, unter denen es keine Öffnung gibt und Balkone ohne Eingänge sind nur einige der faszinierenden Besonderheiten, die Sarah in ihr seltsames Haus in San Jose im kalifornischen Santa Clara Valley einbauen ließ. Von 1884 bis 1922 arbeiteten Maurer und Zimmerleute täglich daran, bis Sarah starb. Abgesehen von den Arbeitern und einigen Hausangestellten durfte zu Mrs. Winchesters Lebzeiten niemand das Haus betreten. Heute glaubt man, dass das Mystery-Haus der Winchesters von den Geistern des Ehemannes und der Tochter Sarahs heimgesucht wird.

Zu den vielen seltsamen und faszinierenden Eigenheiten des Hauses gehören mehrere Treppen, die nirgendwohin führen.

WINCHESTER-HAUS

- **950 Türen – (Schranktüren nicht mitgerechnet), von denen viele nirgendwohin führen**
- **10.000 Fenster – die meisten haben 13 Paneele**
- **47 offene Kamine – viele haben blinde Abzüge**
- **17 Schornsteine – und Hinweise auf zwei weitere**
- **160 Zimmer – insgesamt**
- **fünf Küchen – vielleicht sogar sechs**
- **40 Schlafzimmer – vielleicht auch mehr**
- **13 Bäder**
- **zwei Ballsäle – unvollendet**
- **40 Treppen – manche führen anscheinend nirgendwohin**
- **552 Oberlichter – durch manche fällt anscheinend niemals Licht**
- **sieben Stockwerke – vor dem Erdbeben von 1906, heute sind es vier**

Sarah Winchesters Haus im kalifornischen San Jose war ursprünglich sieben Stockwerke hoch! Seit es 1906 durch das berühmte Erdbeben von San Francisco beschädigt wurde, sind es nur noch vier.

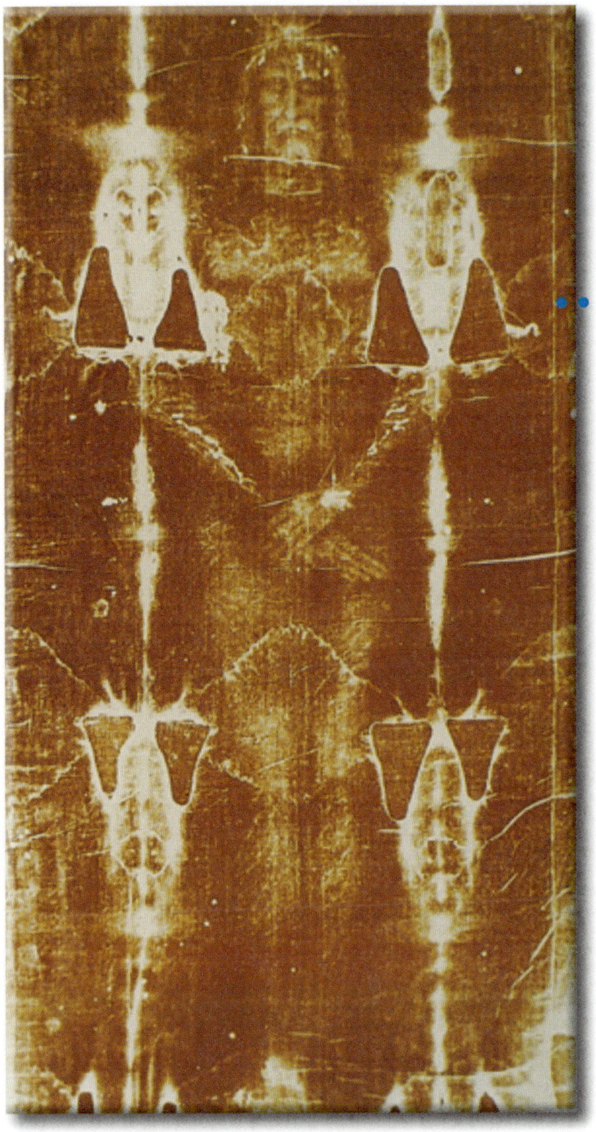

Trotz aller Versuche, den Ursprung des Turiner Grabtuchs durch wissenschaftliche Analysen wie die Kohlenstoffanalyse festzustellen, bleibt das Grabtuch ein Rätsel. Viele halten es für das Tuch, mit dem Christus begraben wurde, während andere es als mittelalterliche Fälschung betrachten.

Wenn Sie das Bild gegen den Uhrzeigersinn drehen, sehen Sie eine Ente. Betrachten Sie es von rechts, sehen Sie einen Hasen.

FRUSTRIERTER HENKER Egal, wie sehr sich die Gefängnisvorsteher auch bemühten, sie konnten John Lee nicht hängen. 1885 war der 19-Jährige wegen Mordes an seinem Arbeitgeber zum Tode verurteilt worden. Man versuchte mehrmals erfolglos, ihn zu hängen, und schließlich wurde er begnadigt.

ZÄHE LEICHE Als man 1921 die Leiche Julia Buccola Pettas ausgrub, die sieben Jahre davor im Kindbett gestorben war, befand sich der Körper in perfektem Zustand.

GUT ERHALTENER PRIESTER Als die Leiche des Geistlichen Paul von Moll am 24. Juli 1899 exhumiert wurde, war sie vollständig erhalten. Der belgische Priester war drei Jahre zuvor gestorben.

Was ist länger? Die Höhe des Zylinders oder die Hutkrempe?

Weder noch! Beide sind gleich lang.

CHAOS IN DER KRYPTA In einer Familiengruft in Bridgetown auf Barbados flogen Särge durch die Grabkammer, obwohl die Gruft versiegelt war! Acht Jahre lang fand man jedes Mal, wenn man die Gruft öffnete, um ein Familienmitglied zu begraben, die Särge in heillosem Durcheinander vor – doch offenbar hatte niemand die Gruft betreten!

GIPFELTHEATER Über 200 Steinblöcke bilden auf der drei Kilometer langen Hochebene von El Enladrillado in Chile anscheinend ein Amphitheater. Archäologen wissen weder, wozu das Bauwerk diente, noch wer die gigantischen Steinblöcke herstellte oder wie sie dorthin gebracht wurden. Man erreicht den Ort nur nach einem dreistündigen Ritt zu Pferde.

Die Ebene von Nazca in Peru ist mit seltsamen Linien bedeckt. Einige bilden Muster, andere Tierformen. Man kann sie nur aus der Luft sehen – doch die Inkas, die sie anfertigten, konnten nicht fliegen.

Ripley's

Einfach unglaublich!

ERSTAUNLICHE ERDE

KOSMISCHE BABYS

IRDISCHE FAKTEN

- Die Wassermenge auf der Erde bleibt immer gleich. Das Wasser wird ständig recycelt und bewegt sich von Ort zu Ort.
- Die Erdoberfläche ist fast 321 Millionen km^2 groß.
- Die Erde nimmt ständig zu: jährlich um etwa 3.000 Tonnen. Der Grund sind aufschlagende Meteoriten.
- Wenn die Sonne nicht mehr scheinen würde, würden wir es erst 8 Minuten später merken.
- New York ist näher am Erdmittelpunkt als an Honolulu.
- Die Erdkruste, die harte Außenschicht, ist mancherorts unter 5 km dick.

Das Leben auf der Erde begann vor 3,8 Milliarden Jahren, aber Menschen gibt es erst seit ca. 600.000 Jahren.

Wenn die Geschichte des Universums nur 24 Stunden gedauert hätte, würde sich die Erde gegen 9.40 Uhr morgens aus dem kosmischen Staub formen. Das erste irdische Leben würde gegen 16.00 Uhr nachmittags entstehen, aber die ersten Menschen gäbe es erst eine Minute vor Mitternacht!

Unser Planet ist etwa ein Drittel so alt wie das Universum: die Erde ist zwischen 4,3 und 4,55 Milliarden Jahre alt, das Universum dagegen etwa 11,2 Milliarden.

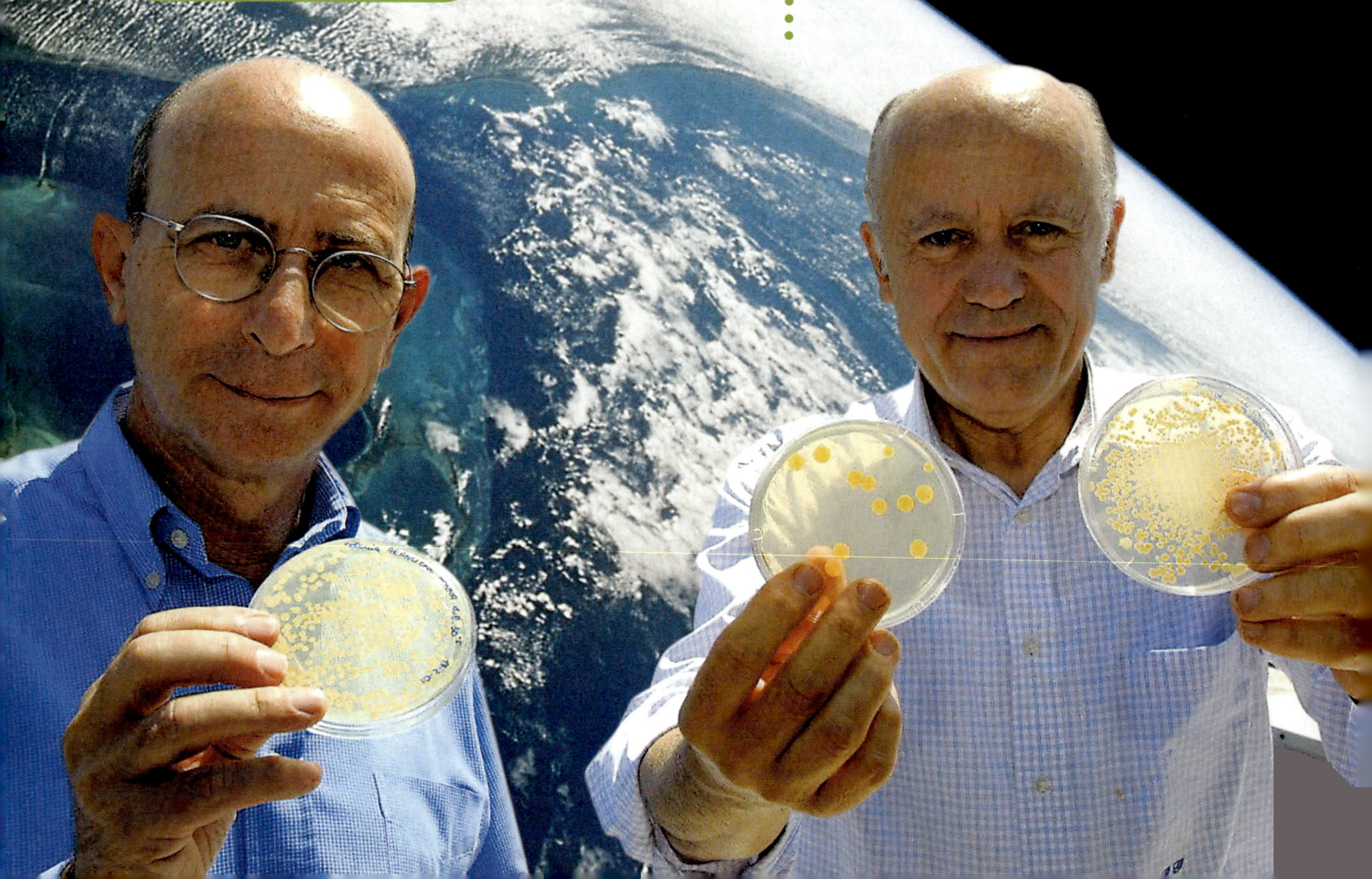

LISSABON FLACHGELEGT Eines der schlimmsten europäischen Erdbeben fand 1755 im portugiesischen Lissabon statt. Die Stadt wurde völlig zerstört und an die 60.000 Menschen starben. Der Opernsänger Antonio Morelli (1739-1814) wurde lebendig unter dem Schutt einer vom Erdbeben zerstörten Kirche begraben. Als man den 16-jährigen rettete, war sein Haar weiß geworden.

HOCHGESCHWINDIGKEITSSCHOCK Die Schockwellen eines Erdbebens können sich mit einer Geschwindigkeit von 8 km pro Sekunde fortbewegen.

FELSENFAHNEN Im Schweizer Höllenloch hängen zwei große Stalaktiten von der Felswand, die wie im Wind flatternde Fahnen aussehen.

UNERSCHÜTTERLICH In der Antarktis gibt es aktive Vulkane und junge Bergketten, aber es ist der einzige Ort der Welt, der nie von Erdbeben erschüttert wurde.

TIEFE TÖNE Die Orgelpfeifen einer Orgel in den Luray Caverns im amerikanischen Bundesstaat Virginia bestehen aus Stalaktiten.

SCHWALBENHÖHLE Diese tiefe, vertikale Höhle in Mexiko wurde nach den zehntausenden von Schwalben benannt, die darin nisten. Abenteurer erreichen den Grund der Höhle, die so tief ist wie das Empire State Building hoch, indem sie sich abseilen oder einen Fallschirm benutzen. Dabei müssen sie aufpassen, daß sie unterwegs nicht mit Schwalben zusammenprallen.

„Gosses Bluff, Asteroid, 1 km Durchmesser"

Gosses Bluff, ein Krater im australischen Northern Territory, vom Weltraum aus gesehen. Der Asteroid oder Komet, der ihn bei seinem Einschlag verursachte, hatte wahrscheinlich einen Durchmesser von 1 km und stürzte vor etwa 142 Millionen Jahren auf die Erde. Dadurch entstand ein Hügelring von ca. 4,5 km Durchmesser.

Die Professoren Giuseppe Geraci und Bruno d'Argenio aus Neapel haben in Meteoriten aus dem Weltall Lebensspuren gefunden. Hier zeigen sie ihren Fund. Sie stellten fest, dass sich die Mirkoorganismen, sobald man sie wiederbelebte, sofort bewegten und anfingen, sich rasend schnell fortzupflanzen!

USA-REKORD Als ein Mann 1912 in Manson im Bundesstaat Iowa nach Wasser bohrte, fand er auf dem Grund eines Schachtes einen ungewöhnlichen Felsen. Er war vor 70 Millionen Jahren als Asteroid auf die Erde gestürzt. Beim Aufschlag war er 2,5 km breit und der größte bekannte Meteorit, der je auf den nordamerikanischen Kontinent stürzte. Er schlug einen 5 km tiefen Krater.

GANZ SCHÖN TIEF Die East Rand Mine, ein aktives Goldbergwerk in Südafrika, ist 3.585 m tief.

KNALL AUS DEM WELTRAUM

Am 30. Juni 1908 wurden Rentierhirten im sibirischen Tunguska-Gebiet durch eine gewaltige Explosion in die Luft geschleudert. Da sie in ihren Zelten schliefen, hatten sie den kleinen Asteroiden nicht bemerkt, der auf sie zu raste. Als der Fremdkörper aus dem Weltraum in die Atmosphäre eindrang, explodierte er in ca. 6,5 km Höhe. Der Schock der Explosion schleuderte die Rentierhirten in die Luft, sie wurden ohnmächtig und einer von ihnen starb sogar. Von unten sah das geheimnisvolle Objekt aus dem Weltraum aus wie ein großer Feuerball. Auf dem Erdboden fingen die Bäume Feuer. Eine 104 km² große Waldfläche verbrannte zu Asche.

DOPPELTER EINSCHLAG Jedes Jahr schlagen etwa 20 relativ große Meteoriten auf unseren Planeten auf. Bisher wurde nur Wethersfield in Connecticut zweimal von einem großen Meteoriten getroffen – einmal im April 1971 und noch mal im November 1982.

HÖLLENSCHACHT In einem entlegenen Gebiet Russlands in der Nähe der finnischen Grenze haben Wissenschaftler einen 13 km tiefen Schacht gegraben. Der so genannte Kola-Schacht ist das tiefste Loch der Erde. Die Bohrungen dauerten von 1974 bis 1994. Auf dem Grund des Loches mit dem Spitznamen „Höllenschacht" fanden Wissenschaftler 2,7 Milliarden Jahre alte Felsen.

Der gewaltige Wackelstein auf dem italienischen Monte Cimino ist 9 m lang und wiegt 385 Tonnen. Er wackelt zwar hin und her, rollt aber niemals weg!

COOLE HÖHLENBEWOHNER

Die 4.000 Einwohner von Coober Pedy im australischen Busch leben unter der Erde, um der sengenden Hitze zu entgehen.

Über dem Erdboden steigt das Thermometer auf 49 °C, doch unten herrschen angenehm kühle 21 °C. Fast die gesamte Bevölkerung dieser australischen Stadt, in der Opale abgebaut werden, lebt unterirdisch. In den Katakomben gibt es Wohnhäuser, Kirchen, Büros, Läden und Hotels. Ein neues Fünf-Zimmer-Haus kann man sich für läppische 25.000 Euro bauen lassen. In der extrem rauen Mondlandschaft im Umland der Stadt gibt es auch einen graslosen Golfplatz. Die Golfspieler tragen eine künstliche Grassode mit sich herum, in die sie ihr Golf-Tee stecken, um den Ball abzuschlagen!

„Crocodile Harry", ein ehemaliger Krokodiljäger, in seiner unterirdischen Behausung. Die Wände sind mit Graffiti von Touristen bedeckt, die diese unterirdische Bergarbeiterstadt besuchten. Harrys Haus kam in dem 1985 gedrehten Film Mad Max: Beyond Thunderdome *vor.*

Der Priester von Coober Pedy im hinteren Teil seiner unterirdischen Katakomben-Kirche.

DIE FÜNF

SCHLIMMSTEN ERDBEBEN

1. **1.100.000 TOTE, ÖSTLICHES MITTELMEERGEBIET – JULI 1201**
2. **830.000 TOTE, SHANXI PROVINZ, CHINA – 2. FEBRUAR 1556**
3. **300.000 TOTE, KALKUTTA, INDIEN – 11. OKTOBER 1737**
4. **242.000 TOTE, TANGSHAN, CHINA – 27. JULI 1976**
5. **180.000 TOTE, GANSU PROVINZ, CHINA – 16. DEZEMBER 1920**

HÖHLENREKORD Tief unter den Mulu-Bergen im malaysischen Sarawak liegt die Sarawak-Kammer, die größte Höhle der Welt. Sie ist so groß, dass das Weiße Haus, das amerikanische Kapitol und das größte Einkaufszentrum von Washington zusammen bequem in ihr Platz hätten. Jeden Abend in der Dämmerung flattern drei Millionen Fledermäuse aus dem Eingang von Deer Cave, einer der anderen drei großen Höhlen dieses Gebiets.

FINSTERE MEILEN Das Mammut-Höhlensystem in Kentucky ist über 1.600 km lang. Hintereinander gelegt würden die Höhlentunnel von Detroit bis New York City reichen.

Seit der Entstehung des Sankt-Andreas-Grabens im heutigen Kalifornien vor ca. 15 bis 20 Millionen Jahren, haben sich die beiden Böschungen (die den Böschungen einer Straße ähneln) etwa 240 km in verschiedene Richtungen verschoben! Die Störungszone ist über 1.300 km groß und liegt mindestens 16 km tief unter der Erde.

HÖHLENTRIEB Manche Höhlen sind schwieriger zu erforschen als andere. Der amerikanische Hobby-Höhlenforscher Mike Madden weiß das besser als die meisten: 1987 begab er sich im mexikanischen Nohoch-Nah-Chuch-Höhlensystem auf eine 39 km weite Expedition durch eine Unterwasserhöhle.

MAULWURFSMÖNCHE Die Höhlen der Tausend Buddhas bei Tunhwang in China sind zehn Stockwerke hoch und 1,5 km lang. Die 500 Höhlen des Systems wurden im Lauf von 1.000 Jahren von buddhistischen Mönchen aus dem Felsen gehauen.

WACKLIGE KRUSTE Die Erdkruste ist nicht so solide wie sie aussieht: sie besteht aus sieben großen und neun kleineren Platten, die sich auf der darunter liegenden, flüssigen Lavaschicht verschieben. Hawaii wandert jedes Jahr etwa 8 cm nach Westen.

Der Spanier Justo Rosito aus Lino Bueno verbrachte 25 Jahre seines Lebens (von 1907 bis 1932) damit, sich mit einer Keilhacke eine Behausung in massiven Fels zu hauen. Das Haus hat sieben Zimmer und eine Küche. Regale, Bänke und sogar ein Kamin wurden alle direkt in die Wände gehauen. Die spanische Regierung war von dem Gebäude so beeindruckt, dass sie dem stolzen Besitzer 2 Hektar Land, eine Medaille und eine lebenslange Rente von einer Peseta pro Tag stiftete!

Josefsberg, ein Dorf im italienischen Südtirol, liegt 91 Tage pro Jahr im Schatten. Vom 3. November bis zum 2. Februar steigt die Sonne nicht über die Berggipfel.

GESCHMOLZENES GOLD Wenn der antarktische Vulkan Mount Erebus ausbricht, speit er außer vulkanischer Lava auch Gold aus.

AUFSTIEG ÜBER NACHT
Vulcan Island im Rabaul Harbor in Papua Neuguinea stieg 1870 in einer einzigen Nacht vom Meeresgrund empor. Innerhalb weniger Jahre war der Vulkan zu einem 180 m hohen Gipfel angewachsen. Die abgekühlte Lava verband Vulcan Island allmählich mit dem Festland.

BRÜCKENBAUER Früher war der japanische Sakurajima-Berg eine Insel, doch 1914 gab es einen so gewaltigen Vulkanausbruch, dass die Lava eine 300 m breite und 90 m tiefe Meerenge auffüllte. Nun ist die Insel Teil des Festlandes.

ÜBERRASCHENDE ERNTE Der mexikanische Bauer Dominic Pulido beobachtete 1943 die Geburt eines Vulkans. Als er auf seinem Feld arbeitete, entdeckte er ein Loch im Boden, aus dem Rauch, Staub und schwefelhaltige Partikel aufstiegen. Allmählich bildete sich ein winziger Vulkankegel. Inzwischen heißt der Vulkan Paricutin und hatte, als er 1952 erlosch, eine Höhe von 424 m erreicht. Robert Ripley wollte diesen Vulkan kaufen!

Viele Touristen kommen in den Lassen-Volcanic-National-Park in Nordkalifornien, um „Kaliforniens heißen Felsen" zu erklimmen. Der Felsbrocken wurde 1915 während eines Ausbruchs des 5 km entfernten Mount Lassen durch die Luft geschleudert und blieb danach noch drei Wochen lang heiß.

EXPLOSIVER ABGANG Der Krakatau, ein Vulkan in Indonesien, verschwand am 26. August 1883 vom Erdboden. Ein Ausbruch zerfetzte den Vulkan und zerstörte die komplette Insel. In der ganzen Umgebung war die Sonne verhüllt und noch 10 Tage später regnete es Aschestaub. Die Explosion war auf 10 % der Erdoberfläche zu hören.

Am 24. August im Jahr 79 n. Chr. brach gegen 4.00 Uhr morgens der Vesuv aus. Er tötete die Bewohner von Pompeji und begrub sie unter einer Ascheschicht, die sich mit der Zeit verfestigte. Das Fleisch und die Organe der Verstorbenen verfaulten, doch die versteinerten Körper blieben erhalten.

Viele Leute baden im Krater des Totuma-Vulkans in Kolumbien. Der heiße Schlamm soll Heilkräfte besitzen.

FEUER IN DER TIEFSEE Ein Vulkan in der Bismarck-See vor der Küste Papua Neuguineas liegt 12.000 m unter Wasser. Wenn er ausbricht, speit er winzige Mengen von geschmolzenem Gold und Silber.

EINER KAM DURCH Als 1902 auf der Karibik-Insel Martinique der Mont Pelé ausbrach, gab es nur einen einzigen Überlebenden. Alle Einwohner der Stadt Saint-Pierre am Fuß des Vulkanes kamen um – bis auf einen Gefangenen, der in einer Zelle mit massiven Wänden saß.

NACHGLÜHEN Beim Ausbruch des Mont Pelé entstand ein Lavaturm, der lange nachglühte. Noch Monate später erhellte er den Nachthimmel.

UNSTETE INSEL Giulia Ferdinanda, ein winziges Vulkaninselchen vor der Küste Siziliens, taucht regelmäßig aus den Wellen des Mittelmeeres auf und versinkt wieder.

„Der Totuma-Vulkan in Kolumbien schleudert Schlamm 15 m hoch in die Luft“

GIPFELWACHSTUM Der junge japanische Vulkan Showa Shinzan wächst von allen Vulkanen am schnellsten. Er entstand am 28. Dezember 1943 und brach im folgenden Jahr aus. Damals hatte er eine Höhe von 200 m erreicht, doch inzwischen ist er 732 m hoch und wächst immer noch!

SCHIFF AN LAND Der Ausbruch des Krakatau verursachte eine Flutwelle, die das holländische Schiff Berouw 3 km landeinwärts spülte.

DIE FÜNF

SCHLIMMSTEN VULKANAUSBRÜCHE

1. **NAMENLOSER VULKAN – NEUSEELAND** – ca. 130 n. Chr. Der Taupo, ein riesiger Kratersee, entstand durch eine gewaltige Explosion, die 30 Millionen Tonnen Asche in die Luft schleuderte.

2. **SANTORIN (THERA) – GRIECHENLAND** – ca. 1550 v. Chr. Der Vulkanausbruch verursachte eine Flutwelle, die vielleicht die uralte minoische Zivilisation auf Kreta auslöschte.

3. **KRAKATAU – INDONESIEN** – 1883. Diese vulkanische Explosion schleuderte Felsen und Magma 55 km hoch in die Luft.

4. **TAMBORA – INDONESIEN** – 1815. Durch die Gewalt des Ausbruchs wurde der Kegel um ca. 1.219 m abgesenkt.

5. **VESUV – ITALIEN** – 79 n. Chr. Die römischen Städte Pompeji, Herkulaneum und Stabiae wurden unter Gaswolken und Asche begraben.

Erik Weihenmayer, hier beim Überqueren einer Eisschlucht, erklomm 2001 als erster Blinder den Gipfel des Mount Everest. Er hat auch die jeweils höchsten Berge der sieben Kontinente bezwungen, außerdem den Polar Circus, einem 900 m hohen, gefrorenen Wasserfall im kanadischen Alberta.

ABSOLUTE SPITZE 1999 wurde der Mount Everest 2 m höher. Die offizielle Gipfelhöhe wurde aufgrund der neuen Satellitentechnologie des Global Positioning Systems (GPS) adjustiert.

HOCH HINAUS Fossilien von Wesen, die einst im Ozean lebten, wurden in der Nähe des Gipfels des Mount Everest gefunden.

RASANTER KLETTERER Sherpa Lhakpa Gelu bezwang den Mount Everest im Mai 2003 in einer Rekordzeit von 10 Std. 56 Min.

GIPFELSTREIT Der 6.267 m hohe Gipfel des Chimborazo in den Anden ist weiter vom Erdmittelpunkt entfernt als der höchste Berggipfel der Welt, der 8.850 m hohe Mount Everest. Der Grund: die Erde ist keine perfekte Kugel.

IRRTUM AUF HÖCHSTER EBENE Der Pico de Teide auf den Kanarischen Inseln galt einst als höchster Berg der Welt. Aufgrund von Fehlmessungen hatte man seine Höhe um über tausend Meter überschätzt.

HIGHLIFE

- **Der Sherpa Apa hat den Mount Everest 13-mal bestiegen!**
- **Im Jahr 2003 erklomm der Amerikaner Gary Guller als erster Einarmiger den Mount Everest.**
- **Im Jahr 2001 sauste Marco Siffredi auf seinem Snowboard den Mount Everest hinunter.**
- **David Karnicar machte im Jahr 2000 den Abstieg vom Mount Everest zum Skiabfahrtslauf.**
- **Der Sherpa Babu ist der einzige Mensch, der je auf dem Gipfel des Mount Everest übernachtete. 1999 verbrachte er über 21 Stunden dort.**

DÜNNE LUFT Der südtiroler Bergsteiger Reinhold Messner bestieg als Erster alle 14 welthöchsten Berggipfel – alles Achttausender –, ohne Sauerstoff zu benutzen.

70 Jahre und 222 Tage war der japanische Profiskifahrer Yuichiuro Miura (links) alt, als er 2002 den Rekord des ältesten Menschen brach, der je den Mount Everest bezwang. Hier hissen er und sein Sohn auf dem Gipfel ihre Flagge.

Über 1.100 Bergsteiger haben den Gipfel des Mount Everest erreicht. Mindestens 170 sind dabei umgekommen.

„Über 1.100 Menschen haben den Gipfel des Mount Everest bezwungen“

DER BERG RUFT Der „Brüllende Berg“ in Fallon, Nebraska, besteht aus feinem weißem Sand. Manchmal hört man ihn meilenweit entfernt rumpeln und brüllen.

SPITZENBUS Der höchste Punkt der Malediven, des tiefstliegenden Landes der Welt, ist etwa so hoch wie ein Schulbus.

SCHNEE AM ÄQUATOR Der Mount Kenia steht am Äquator im tropischen Afrika, ist aber trotzdem immer schneebedeckt.

WEITBLICK Der Vatnajökull in Island ist von den 547 km entfernten Färöer-Inseln aus sichtbar. Nirgendwo sonst auf der Welt sind die Sichtverhältnisse zwischen zwei Bergen so gut.

GEKAPPTER GIPFEL 1991 fielen die obersten 10 Meter des neuseeländischen Mount Cook einem Bergrutsch zum Opfer. Der höchste Berg dieses Landes ist nun nur noch 3.754 m hoch.

BLICK AUFS MEER Von dem 3.414 m hohen Gipfel des Izaru in Costa Rica kann man sowohl den Pazifik als auch den Atlantik sehen.

ÜBERFLUTETE BERGE Die längste Bergkette der Welt liegt unter Wasser. Vom Mittelatlantischen bis zum Ostpazifischen Rücken erstreckt sie sich 833.812 km weit unter den Wellen des Atlantik, der Antarktis, des Indischen Ozeans und des Pazifik. Sie ist fast 11-mal länger als die Anden, die längste (trockene) Bergkette der Erde.

Der Silbury Hill im englischen Wiltshire ist äußerst merkwürdig. Er wurde von prähistorischen Menschen aus 1.250.000 Tonnen Erde aufgetürmt, doch niemand weiß, warum!

TAFELBERGE Die Tepuis, die flachen Tafelberge Venezuelas, gehören zu den ungewöhnlichsten Bergen der Welt. Der flache Gipfel des höchsten Tepui, des Roraima, hat eine Fläche von 113 km² und seine Abhänge bestehen aus steilen, bis zu ca. 2.804 m hohen Klippen. Sämtliche Pflanzenarten auf diesem Tafelberg gibt es sonst nirgendwo auf der Welt.

SIEBENMAL VOM BLITZ GETROFFEN

Roy Sullivan, Aufseher im kalifornischen Yosemite National Park, hat im Lauf seines Lebens sieben Blitzschläge überlebt. Der erste versengte 1969 seine Augenbrauen.

Im nächsten Jahr erlitt er Verbrennungen an der linken Schulter. Drei weitere Blitzschläge folgten 1972 und 1973. Der erste zündete seine Haare an. Sullivan löschte die Flammen, indem er sich einen Eimer Wasser über den Kopf goss. Als sein Haar endlich nachgewachsen war, durchschlug ein weiterer Blitz seinen Hut und entzündete seine Haare erneut. Der dritte Blitz verletzte seine Fußknöchel. Vier Jahre später verbrannte ihn ein Blitz an Bauch und Brust. Zuletzt überlebte er einen Blitz, der die Stromleitung durchtrennte und ihn in sein Holzhäuschen schleuderte.

BLITZE AUS HEITEREM HIMMEL

- Im Durchschnitt ist ein Blitz 3 km lang und 8 cm breit.
- 84 % aller vom Blitz getroffenen Menschen sind Männer.
- Die Temperatur eines Blitzes kann 300.000 °C erreichen – das ist 6-mal so heiß wie die Sonnenoberfläche.
- In jedem Augenblick gibt es rund um den Globus etwa 1.800 Gewitter, die pro Minute zwischen 50 und 100 Blitzeinschläge erzeugen.
- Blitze jagen mit ca. 145.000 km pro Sekunde durch die Luft – das ist fast die halbe Lichtgeschwindigkeit.

HEISSE STADT Die Einwohner des norwegischen Küstendorfes Bremanger geben einer nahen Stromleitung die Schuld daran, dass innerhalb der letzten 35 Jahre in alle 11 Häuser des Dorfes mindestens einmal der Blitz einschlug. 1999 wurde das Haus von Klara und Kare Svarstad 4-mal getroffen.

Lee Trevio war einer von vier Golfspielern, die 1975 während des Western Open Turniers in Chicago vom Blitz getroffen wurden. Der Blitz schleuderte ihn einen halben Meter hoch in die Luft und schlug ihn bewusstlos.

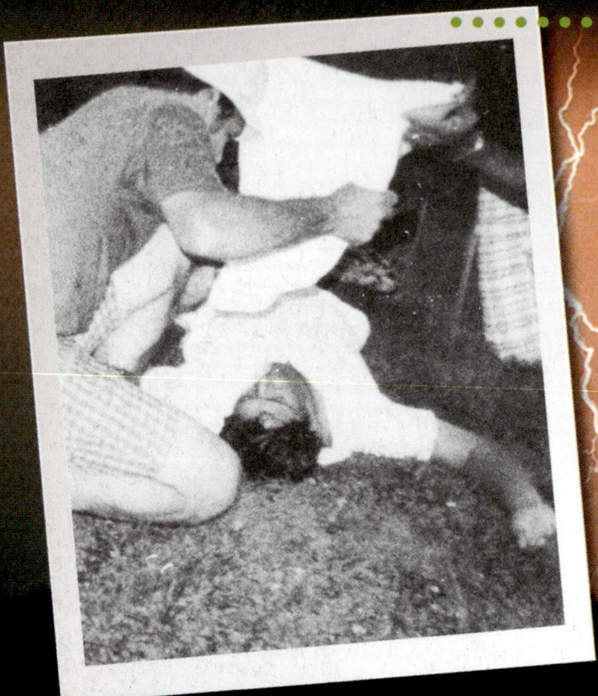

DER BLITZSTART

Im Juni 1987 aktivierte ein Blitz den Startmechanismus dreier Raketen auf der NASA-Startrampe auf Wallops Island in Virginia. Ironischerweise enthielten die Raketen Instrumente zur Erforschung von Blitzen. „Wir hatten zwar auf Blitze gehofft, aber ganz so nah hätten sie nicht einschlagen müssen", meinte Warren Gurkin, Chef der NASA-Forschungsraketenabteilung.

SCHWARZER TAG FÜR DIE HORNES Im Mai 1951 zündeten Blitze in Marianna in Florida zwei Häuser an – das eine lag an der North Green Street und gehörte C.N. Horne, das andere, an der South Green Street liegende, gehörte S.H. Horne.

RIESENGRILLFEST Am 22. Juni 1918 erschlug ein einziger Blitz im Wasnatch National Forest in Utah 504 Schafe.

WUNDERBLITZ Neun Jahre, nachdem er bei einem Unfall erblindet war, bekam der Amerikaner Edwin Robinson aus Fallmouth in Maine sein Augenlicht zurück, als ihn am 4. Juni 1980 ein Blitz traf.

BLITZKATASTROPHE Während eines Gewitters am 2. November 1994 entgleiste in der südägyptischen Stadt Drunka ein Güterzug aufgrund eines Blitzschlags. Das Öl, das der Zug geladen hatte, wurde von dem Blitz angezündet und das Feuer griff auf ein nahes Öllager über. Strömender Regen schwemmte das brennende Öl durch die ganze Stadt. Etwa 500 Menschen starben.

HIMMLISCHE BOTSCHAFT Im Juli 1984 wurde im Münster von York ein englischer Priester mit umstrittenen Ansichten zum Bischof geweiht. Drei Tage später schlug ein Blitz in die Kathedrale ein und verursachte Schäden im Wert von über £ 2 Millionen.

BLITZ-CLUB Falls Sie einen Blitzschlag überlebt haben, können Sie Mitglied im Club der Blitzschlag-Überlebenden werden. Clubmotto: „Vom Blitz getroffen? Werden Sie Mitglied."

HOHER PREIS Ein tödlicher Blitz schlug 1963 in eine Boeing 707. Das Flugzeug stürzte ab und 81 Menschen starben.

PARTEIISCHER BLITZ Während eines Fußballspiels in der Republik Kongo wurden am 25. Oktober 1998 alle 11 Mitglieder einer Mannschaft vom Blitz erschlagen. Die Mitglieder des gegnerischen Teams blieben unverletzt.

AUFGELADEN 1910 traf ein Blitz Ray Caldwell, einen Baseball-Werfer der Cleveland Indians. Er wurde ohnmächtig, spielte dann aber weiter und gewann das Spiel.

VERBRANNTE ERDE In der autonomen chinesischen Provinz Xinjian Uygur gibt es ein 100 km langes Gebiet, in dem Blitze regelmäßig Bäume in Brand stecken.

Das Empire State Building in New York und der Pariser Eiffelturm werden im Durchschnitt 20- bis 30-mal jährlich vom Blitz getroffen, weil Blitze normalerweise in die höchsten Erhebungen einschlagen.

Beim jährlichen Festival der Eis- und Schneeskulpturen im japanischen Sapporo wurden auch Thomas, die Lokomotive, und seine Freunde im Eis verewigt. An den größten Skulpturen arbeiten über 3.000 Leute mit.

FEUERFESTE HEILIGE Im August 2000 spaltete im kanadischen Ontario ein Blitz einen Baum und setzte ein leeres Dreizimmer-Häuschen in Brand. Nur ein Votivbild der Jungfrau Maria wurde später unversehrt in der Asche gefunden.

BEERDIGUNG AUF EIS GELEGT In der russischen Stadt Jakutsk in Ostsibirien ist der Boden so hart gefroren, dass man nur während des Tauwetters zwischen Mai und September Gräber ausheben kann. Die Bewohner von Jakutsk müssen alle Beerdigungen auf den Sommer verschieben.

BUNTER SCHNEE

Im Oktober 1775 fiel roter Schnee in den Schweizer Alpen, und im Juli 1935 fiel schokoladenbrauner Schnee auf Mount Hotham im australischen Victoria. Die Farbe der roten Schneeflocken stammte von einem Sandsturm in der Sahara, während der schokoladenbraune Schnee Staub aus dem trockenen Mallée-Gebiet Victorias enthielt.

VERIRRTER SCHNEE Am 6. Januar 1913 fielen im libyschen Jabal Gargaf in der Sahara 10 cm Schnee.

SKI HEIL Den meisten Schnee brachte ein einziger Schneefall lustigerweise im kalifornischen Skigebiet Mount Shasta. Vom 13. bis zum 19. Februar 1959 schneite es ununterbrochen und danach lagen 4,80 m Neuschnee.

POLARSKI Der Russe Dmitri Schparo erreichte mit sechs Teammitgliedern als erster per Ski den Nordpol. Die 1.448 km lange Reise dauerte 77 Tage.

GANZ IN WEIß Der tiefste je gemessene Schneefall war 11,50 m tief. Diese erstaunliche Schneedecke wurde am 11. März 1911 im kalifornischen Tamarac von einem einzigen Blizzard aufgetürmt.

GEGRILLTE ELEFANTEN 1997 wurden im südafrikanischen Krüger-Nationalpark sechs Elefanten von einem einzigen Blitz erschlagen.

SCHNEEMOBILREISE 1992 reisten die Brüder Andre, Carl und Denis Boucher und John Outzen in einem Schneemobil vom Pazifik bis zum Atlantik über die eisige, schneebedeckte nordamerikanische Polkappe. Für die 16.495 km von Alaska bis Nova Scotia brauchten sie 56 Tage.

Der norwegische Forscher Boerge Ousland durchquerte 1997 ganz allein in 64 Tagen die Antarktis. Er war der erste Mensch, der den eisigen Kontinent ohne Hilfe durchquerte.

Diese Hagelkörner sammelten Sturmjäger 1999 nach einem Hagelschauer bei Sitka in Kansas. Sie sind so groß wie Tennisbälle.

WÜSTENSCHNEE

Ab 2006 soll es im Emirat Dubai am Persischen Golf schneien. Dort wird in der Wüste eine 277 Millionen Dollar teure „Skikuppel" gebaut, die den Wintersport auf der arabischen Halbinsel einführen soll. Die Kuppel wird eine sich drehende Skiabfahrt auf einem künstlichen Berg enthalten und der Öffentlichkeit zugänglich sein.

EISDECKE Im August 1980 verblüffte ein Hagelgestöber, das alles unter sich begrub, die Bewohner von Orient im amerikanischen Nebraska. Danach lag der Hagel 2 m hoch.

HALTBARER HAGEL Im August 1890 fiel in Adair und in den Union Counties in Texas so viel Hagel, dass einige Hagelkörner sechs Monate lang nicht tauten.

SCHWERGEWICHT In Gopalganj in Bangladesch fielen 1986 Hagelkörner, die pro Stück über 1 kg wogen.

TÖDLICHER HAGEL Hühnereigroße Hagelkörner fielen am 19. Juli 2002 in der chinesischen Provinz Henan. Es gab 25 Tote und viele Menschen kamen mit Kopfverletzungen ins Krankenhaus. Gebäude wurden zerstört und Autoscheiben zertrümmert.

GEFRORENER RIESE Am 3. September 1970 fand die amerikanische Wissenschaftlerin Nancy Knight in Coffeyville, Kansas, ein riesiges Hagelkorn. Es war größer als ihre Handfläche.

HORRORHAGEL Der tödlichste bekannte Hagelsturm erschlug am 30. April 1888 im indischen Morabad 246 Menschen und über 1.600 Stück Vieh.

DIE FÜNF

UNGEWÖHNLICHSTEN NIEDERSCHLÄGE

Früher scherzte man: „es regnet Schusterbuben", und tatsächlich hat es gelegentlich schon sehr seltsame Niederschläge gegeben.

1. **TOTE MÄUSE** - Bergen, Norwegen, 1578
2. **LEBENDE KRÖTEN** – Lalain, Frankreich, 1794
3. **LEBENDE SCHLANGEN** – Memphis, Tennessee, USA, 1877
4. **LEBENDE MUSCHELN** – Paderborn, Deutschland, 1892
5. **LEBENDE MADEN** – Acapulco, Mexiko, 1968

„Hühnereigroße Hagelkörner erschlugen in China 25 Menschen"

Diese Kreuzung im deutschen Hitzacker wurde 2002 während eines Hochwassers vom „Festland" abgeschnitten, als die Elbe über die Ufer trat.

MUND ZU!

Frösche und Kröten regneten am 7. September 1954 auf die Bewohner von Manchester in England herab. Im Oktober 1987 regnete es in manchen Gebieten des englischen Gloucestershire winzige Frösche; ein Sturm brachte am 23. Sept. 1973 einen Froschschauer ins französische Brignoles und Sylvia Mowday und ihre Tochter wurden am 12. Juni 1954 im englischen Birmingham mit winzigen Fröschen überschüttet.

NIEDERSCHLAGSFREI In einigen Gebieten der Atacama-Wüste in Nordchile hat es seit dem Beginn der Wetterbeobachtung noch nie geregnet.

ROT GESEHEN Am 30. Juni 1968 regnete es in Großbritannien Blut. Bei näherer Untersuchung stellte sich heraus, dass roter Sand aus der 3.200 km entfernten Sahara den Regen eingefärbt hatte!

PITSCHNASS Jedes Jahr fallen im indischen Mawayram 12 m^3 Regen. Der feuchteste Ort der USA ist der Mount Waialeale auf Hawaii. Dort regnet es jährlich 11,7 m^3.

REKORD-WOLKENBRUCH Auf der Insel Réunion im Indischen Ozean schüttete 1952 der heftigste bekannte Regenguss über 7.500 Tonnen Wasser auf 0,4 Hektar.

REKORD-STURM Der stärkste Wind, der je in den USA beobachtet und über dem Erdboden gemessen wurde, war eine Bö von 372 km/h, die am 12. April 1934 über den Mount Washington in New Hampshire jagte.

FESTHALTEN! Der windigste Ort der Welt ist Commonwealth Bay in der Antarktis. Dort erreichen die Böen regelmäßig 322 km/h.

Dieser Maulesel des Bauern W. T. Perry aus Jefferson County in Kentucky kletterte im Januar 1937 auf der Flucht vor einer Flut auf einen Baum.

Ein Tornado riss die Außenwand von diesem Haus, doch das Geschirr in der Speisekammer blieb heil!

ÖLVORKOMMEN 1990 raste ein Tornado durch das kalifornische Bakersfield und wehte zwei 90 Tonnen schwere Ölfässer 183 m hoch einen Berghang hinauf.

ÜBERHOLSPUR Ein Tornado, der am 2. April 1958 durch das texanische Wichita Falls jagte, bewegte sich mit 451 km/h vorwärts.

Im Durchschnitt gibt es in den USA jährlich 140 Tornados.

TORNADO-FESTIVAL In der Nacht vom 3. auf den 4. April 1974 gab es in den USA 148 Tornados.

ENTGLEIST Am 29. Mai 1934 hob ein Tornado in Moorhead, Minnesota, einen Zug mit acht Waggons 24 m hoch über die Gleise.

FLUGHUND 1994 hob ein Tornado in Le Mars, Iowa, einen Hund samt Hundehütte vom Boden und wehte ihn mehrere Kilometer weit. Sowohl Hund als auch Hütte blieben unversehrt.

HEISSER SCHATTEN Die heißeste Schattentemperatur wurde am 13. September 1922 im libyschen Al'Aziziyah gemessen: 58°C.

BITTERKALT Die kälteste je auf der Erde gemessene Temperatur wurde am 21. Juni 1983 am Militärstützpunkt Wostok in der Antarktis gemessen: - 89° C.

SONNENBRILLEN GEFRAGT Sonnenanbeter sollten entweder nach Yuma in Arizona gehen, wo es durchschnittlich die meisten Sonnentage der Welt gibt, oder nach St. Petersburg in Florida, wo die Sonne einmal 768 Tage hintereinander schien: von Februar 1967 bis März 1969.

FLIEGENDE KUH 1878 wehte ein Tornado in Iowa eine Kuh ca. 16 km weit durch die Luft.

EIN BALL FÜR ALLE FÄLLE

Der 36jährige Amerikaner Jean Lussier aus Massachusetts ging in die Geschichte ein: statt in einem Holz- oder Stahlfass raste er die Niagarafälle in einem Gummiball hinunter und überlebte.

Lussier investierte ca. 1.500 Euro, seine gesamten Ersparnisse, in den Bau des Gummiballs, der einen Durchmesser von 1.80 m hatte und als Aufprallschutz innen mit 32 Reifenschläuchen und einem Luftkissen ausgepolstert wurde. Der Boden des Balles wurde außerdem mit 68 kg Hartgummiballast verstärkt, um die Stabilität zu sichern. Er enthielt auch Sauerstoff für 48 Stunden, falls Lussier irgendwo unter Wasser hängen bleiben würde. Am 4. Juli 1928 paddelte er in seinem Ball in die Mitte des Niagaraflusses, 3 km oberhalb des Horseshoe-Abschnittes. Noch bevor er die Böschung erreichte, riss der Ballast ab. Um 15.35 Uhr stürzte der Ball über den Rand des Wasserfalls. Drei Reifenschläuche platzten und der Rahmen des Balls wurde stark beschädigt, doch um 16.23 Uhr wurden Lussier und sein Ball von dem Touristenboot „Maid of the Mist" geborgen. Lussier hatte nur leichte Prellungen erlitten!

Nachdem er unversehrt darin die Niagarafälle hinuntergesaust war, verkaufte Lussier seinen Gummiball stückweise an Touristen. Als der Ball aufgebraucht war, verkaufte er angeblich Gummi aus einer nahen Reifenhandlung!

William Red Hill Senior 1930 in seinem Stahlfass vor seiner erfolgreichen Durchquerung der unteren Stromschnellen und Strudel der Niagarafälle. 1951 wollte sein Sohn Robert Red Hill Junior die Fahrt in einem Fass aus Gummischläuchen wiederholen und kam dabei um.

DIE TOLLKÜHNEN

Im Oktober 1829 sprang Sam Patch als Erster quer über die Niagarafälle. Er wagte den Sprung sogar noch ein zweites Mal, und zwar ohne jeden Schutz. „Das sollte sich niemand je wieder antun", meinte Annie Taylor, nachdem sie im Oktober 1901 mit 63 Jahren als erster Mensch (und bisher einzige Frau) die Niagarafälle in einem Fass hinuntergerast war. Im Juli 1920 wagte sich der Engländer Charles Stevens in einem Fass und mit einem Amboss an den Füßen die Niagarafälle hinunter. Von ihm fand man nur einen abgerissenen Arm, der noch am Fass hing. Robert Overacker stürzte 1995 in den Tod, als er die Abfahrt auf einem Jetski und mit einem Raketenantrieb im Rucksack wagte.

SINTFLUT Die größte Flut der Menschheitsgeschichte überschwemmte vor ca. 7.500 Jahren das enge Tiefland östlich des Mittelmeeres, und so entstand das Schwarze Meer. Das Wasser überflutete Städte, Dörfer und Felder. Möglicherweise war dies die Flut aus der biblischen Geschichte von Noahs Arche.

WEGGESPÜLT In den 1540er Jahren wurde die Stadt Ciudad Vieja in Guatemala zerstört, als ein Erdbeben am Fuß des Aguaberges eine riesige Flutwelle auslöste.

DER WASSERFALL RUFT 1855 entdeckte der Forscher David Livingston als erster Nicht-Afrikaner die Wasserfälle, die er „Victoria Falls" taufte. Schon aus 32 km Entfernung hörte er das donnernde Rauschen des Wassers. Die Eingeborenen nannten die Wasserfälle Mosioa-Tunya („donnernde Gewässer") – es könnte kaum einen passenderen Namen geben.

STEIF GEFROREN Am 29. März 1849 unterbrach während eines extremen Kälteeinbruchs ein Eisstau kurzzeitig die gewaltige Strömung der Niagarafälle.

REKORD-WASSERFÄLLE Jede Minute stürzen unglaubliche 370.000 Tonnen Wasser die Niagarafälle hinunter, aber selbst bei dieser Menge würde es über 2 Millionen Jahre dauern, bis alles Wasser der Erde über den Niagara geströmt wäre. Die Wasserfälle mit der größten Wassermenge der Welt sind jedoch die Buyomafälle im Kongo. Sie führen dreimal soviel Wasser wie die Niagarafälle.

HÖHENREKORD Der steilste Wasserfall der Welt ist der Angelfall am Carrao-Fluss in Venezuela. Das Wasser stürzt insgesamt 979 Meter hinab. Der höchste einzelne Wasserfall des Angelfalls ist 807 m hoch.

BUNTES WASSER Der amerikanische Cumberlandfall in Kentucky ist einer von nur zwei Wasserfällen der Welt, die einen „Mondbogen" bilden. Dieses Phänomen ähnelt einem Regenbogen, ist aber nur bei Mondlicht sichtbar. Bei Vollmond schimmert auf dem Wasser des 46 m breiten Wasserfalls der bunte Mondbogen.

Der Leukbach, ein Zufluss der Saar in Deutschland, stürzt mitten in Saarburg neben einer engen Straße einen Wasserfall hinunter.

Als im Jahr 2000 Ernten und Häuser in Mozambique von einem Hochwasser verschlungen wurden, suchte Sophia Pedro vor der steigenden Flut auf einem Baum Schutz. Hoch in den Ästen brachte sie ihre Tochter Rositha zur Welt. Eine Stunde später ließ sich der Soldat Stewart Back aus einem südafrikanischen Militärhubschrauber herunter, um Mutter und Kind zu retten.

Der Tonle-Sap-Fluss in Kambodscha fließt von Februar bis Juni nach Norden und die restliche Zeit des Jahres nach Süden.

KÜRZESTER FLUSS Der kürzeste Fluss der Welt ist der Fork Roe im amerikanischen Montana. Er ist nur 17,70 m lang.

VERBORGENER WASSERFALL Die Schweizer Trümmelbachfälle sind größtenteils unsichtbar, denn sie liegen im Inneren des Jungfraujochs.

Jean-Paul Eatlock und sein Terrier kämpfen sich schwimmend durch Strudel und Wildwasser. Der sportliche Hund betreibt mit seinem Herrchen auch Windsurfen, Kajakfahren, Steilwandklettern und Fallschirmspringen!

EISKLIPPE Ein gefrorener Wasserfall wurde an den Hängen des australischen Mount Beardmore entdeckt. Dieser ehemalige Wasserfall war früher 60-mal so hoch wie die 50 m hohen Niagarafälle und bildet nun einen über 3.084 m hohen Eisturm.

AUF UND NIEDER Der Wasserspiegel des Wakatipusees in Neuseeland ändert sich mindestens 320-mal täglich! Der 84 km lange Fluss steigt und fällt alle fünf Minuten um 7 cm.

ZWEISPURIGER STROM Der indische Baleswar-Fluss fließt in der Regenzeit sowohl nach Norden als auch nach Süden. Das Wasser an der Oberfläche fließt nach Süden, die tiefere Strömung dagegen in die entgegengesetzte Richtung.

TIEFSTES TAL Ein reißender Strom grub sich im tibetischen Yarlung-Zangbo-Tal immer tiefer ins Gestein und machte es zum tiefsten Tal der Erde. Es ist so tief, dass man 22 Freiheitsstatuen darin auftürmen könnte.

GEZEITENREGELN Flüsse fließen nicht immer ins Meer. An der tiefstliegenden Stelle des Flusses kehrt die Tide die Strömung um. Die Flutwelle, die auf dem chinesischen Qiantong-Jiang-Fluss stromaufwärts fließt, ist 8 m hoch.

Bei den Trick-Fällen im amerikanischen Glacier Nationalpark in Montana fließt ein Fluss während der einen Jahreshälfte einen hohen Wasserfall hinunter und während des anderen Halbjahrs einen niedrigeren! Der Grund: unter dem Felsvorsprung hat der darüberfließende Fluss einen unterirdischen Abfluss. In der Trockenzeit ist dieser Ausgang groß genug für die gesamte Wassermenge des Flusses und das Wasser stürzt über den unteren Wasserfall (Bild unten). Doch in der Regenzeit schwillt der Fluss so stark an, dass er den unterirdischen Fluss verbirgt, und das Wasser stürzt über den höheren Wasserfall (Bild oben).

VERSCHWINDENDER SEE

Der afrikanische Tschadsee ist heute nur noch 1.350 km² groß. Eine seit den 1960er Jahren andauernde Dürre hat seine in der Regenzeit ehemals gewaltige Größe von 26.000 km² drastisch reduziert. Kürzlich hat man am Ufer Hinweise dafür entdeckt, dass der See einst sogar über 12-mal größer war als heute.

TIEFGEKÜHLT Unter manchen Gebieten Sibiriens ist der Boden bis zu 1.400 m tief gefroren. Das entspricht der dreifachen Höhe des New Yorker Empire State Buildings!

BREITES BECKEN Das kaspische Meer ist so groß, dass die amerikanischen Staaten Missouri, Iowa, Illinois, New Hampshire und Vermont darin Platz fänden. Das kaspische Tiefland ist die größte Bodensenke der Welt.

LEBLOSE ARABISCHE EBENE Wenn man ganz Texas mit Sand zuschütten würde, hätte man eine Wüste von der Größe der arabischen Rub al-Khali („Leere Zone"), der größten Sandfläche der Welt. In der „Leeren Zone" gibt es kein Wasser und fast kein Leben.

KÖNIG DER DÜNEN Die längsten Sanddünen der Welt befinden sich in der australischen Simpsonwüste. Sie erstrecken sich parallel über eine Entfernung, die in etwa der zwischen Frankfurt/Main und Düsseldorf entspricht.

DÜSTERE WÜSTE Etwa 90 % des Sandes in der zentralasiatischen Karakum-Wüste ist schwarz.

FARBKARTE Fährtenleser finden ihren Weg durch die südafrikanische Namib-Wüste anhand der Farbe des Sandes. Die Wüste verläuft parallel zur namibischen Küste und je weiter man landeinwärts kommt, desto älter ist der Sand und wurde entsprechend länger von der Sonne rostrot gebacken.

SINGENDER SAND Der Wind über den Dünen der Wüste Gobi in der Mongolei erzeugt ständig Töne, deren Klangspektrum von einem Trommelwirbel bis zu tiefem Grollen reicht.

GEBURT EINER WÜSTE Die neueste Wüste der Welt entstand 2001. Hamoun an der Grenze zwischen dem Iran und Afghanistan ist normalerweise ein zwischen 1.035 und 2.070 km² großes Feuchtgebiet. Wenn es in den Bergen nicht regnet, trocknen die Zuflüsse des Hamoun jedoch aus und das Marsch- und Seengebiet verwandelt sich in eine Wüste. Von 1999 bis 2001 gab es in den Bergen eine längere Dürre und nun ist Hamoun eine Salzwüste. Sobald die Flüsse wieder fließen, wird Hamoun mit Wasser gefüllt.

DIE FÜNF

GRÖSSTEN WÜSTEN

1 **SAHARA, NORDAFRIKA** – 8.416.850 km²

2 **AUSTRALISCHE WÜSTE, ZENTRALAUSTRALIEN** – 1.553.880 km²

3 **ARABISCHE WÜSTE, OMAN / SAUDI-ARABIEN** – 1.294.900 km²

4 **WÜSTE GOBI, MONGOLEI / CHINA** – 1.035.920 km²

5 **KALAHARISTEPPE, BOTSWANA** – 517.960 km²

Der Aralsee war früher mit 68.000 km² der viertgrößte See der Welt; seine Fläche entsprach ganz Südkalifornien. Heute ist er um 75 % kleiner geworden – die fehlende Wassermenge entspricht der des Ontariosees und des Eriesees zusammen. Der Wasserspiegel ist um 16 Meter gesunken, so dass gestrandete Schiffe auf dem Sand liegen.

BRUTALES WÜSTENRENNEN ZUM HEISSEN ZIEL

Beim alljährlichen 160 km langen (pausenlosen!) Wüstenpokal-Rennen durch die Wüste Jordaniens und Arabiens müssen die Teilnehmer Ausrüstung und Vorräte selbst mitschleppen – nur Trinkwasser nicht.

Nach dem Start in Petra rennen die Teilnehmer zwei Tage lang durch ein kahles, ödes Wüstengebiet – nur mit kurzen Verschnaufpausen.

Die zugelassene Höchstzeit beim Non-stop-Wüstenrennen beträgt nur 60 Stunden. Die Teilnehmer rennen erst 40 km durch die Berge, dann 56 km über Wüstengestein und schließlich 72 km über Sand. Die ersten Läufer des Wettbewerbes starten so früh, dass sie die Wadi-Rum-Wüste nachts durchqueren und so die extreme Hitze vermeiden, spätere Starter müssen tagsüber bei glühendheißen 43 °C laufen. Die Regeln verbieten es, einem in Not geratenen Konkurrenten zu helfen.

SANDLAGER

Die Halbwüste nördlich und östlich des zentralafrikanischen Sees Tschad ist der größte Stauberzeuger der Erdatmosphäre. Der Winterwind wirbelt den Staub von der trockenen Wüstenoberfläche auf und verteilt ihn in der ganzen Atmosphäre.

KUNSTOASEN 75 % aller Oasen in der Sahara wurden von Menschen geschaffen. Diese künstlichen Oasen sind bewässerte Täler, in die Palmen gepflanzt wurden, um Schatten vor der sengenden Sonne zu spenden.

TOTAL FLACH Die australische Nullabor-Ebene ist ein konturloser, baumloser Landstrich und so flach, dass die Eisenbahnlinie, die die Ebene durchquert, 483 km lang schnurgerade verläuft.

UNSERE PRIVATOASE Die größte Oase des Universums hat einen Durchmesser von 12.713 km. Die Erde ist der einzige bekannte Planet, auf dem Pflanzen wachsen, Gewässer fließen und Tiere leben.

EISGRUBE Der tiefste Punkt an Land ist der Bentley-Graben unter dem Eis der Antarktis. Er liegt über 2.536 m unter dem Meeresspiegel.

TIEFLAND Die größte offene Senke der Erde umgibt das Tote Meer zwischen Israel und Jordanien. Die Ufer liegen 399 m unter dem Meeresspiegel.

Ein Teilnehmer der Dakar-Ralley von 2003 gönnt sich eine Bügelpause auf dem Dach seines Autos!

40 Jahre lang erodierte der Wind den Boden unter diesem Kiefernstumpf im Tuscola-County in Michigan. Nun erheben sich die Wurzeln 2 m über den Boden.

FLÄCHENDECKEND Im Lauf der Zeit hat sich die Sahara immer weiter in Richtung Mittelmeer ausgebreitet und etwa 600 altrömische Städte unter dem Sand begraben.

BREITE SAHARA Die Fläche der Sahara ist genauso groß wie die der USA.

RIESENHAIN Die größte Palmenoase der Welt ist der Palm-Canyon in Kalifornien: er ist über 38 km lang.

SCHIFFE IM SAND Robben leben in einer Wüste voller Schiffswracks. Auf den Stränden der Skelettküste in Namibia leben Robbenkolonien und direkt daneben erheben sich die Dünen der Wüste. Die Strände sind übersät mit Trümmern von Schiffen, die an der tückischen Küste gestrandet sind.

HEISSE LUFTPOST Die längste allwöchentliche Luftpoststrecke über einem Wüstengebiet befindet sich in Australien. Das Postflugzeug startet jeden Samstag im südaustralischen Port Augusta und fliegt in das 2.615 km entfernte Boulia im heißen, trockenen Landesinneren.

VOM SAND VERSCHLUCKT Der Wüstensand begrub die Stadt Ubar in Oman vollkommen. Vor 1.700 Jahren war sie ein blühendes Handelszentrum, verschwand aber unter dem Sand und wurde erst 1974 wiederentdeckt.

DER LETZTE MARSCH Eine ganze Armee verschwand spurlos im Sand. 525 v. Chr. vom persischen König Kambyses ausgesandt, um Ägypten zurückzuerobern, marschierte die Armee zur Siwa-Oase, um dort den Tempel des Gottes Amun zu zerstören. Das Tempelorakel prophezeite, dass die Armee überwältigt werden würde. Sie verschwand in der westlichen Wüste.

Dieser Baum steht bei Fairland im amerikanischen Oklahoma mitten auf der Landstraße Nr. 60 und darf nicht gefällt werden. Das Land, über das die Straße verläuft, wurde dem Staat nur unter der Bedingung übereignet, dass der Baum stehen bleibt. Die Ulme wurde von einem kleinen Jungen zur Erinnerung an seinen verstorbenen Vater gepflanzt.

„Armee spurlos in der Wüste verschwunden“

Am Stadtrand von Tucson in Arizona liegt in der Sonorawüste ein Flugzeugfriedhof. An die 4.400 ausgediente Flugzeuge und Hubschrauber stehen über 1.050 ha verstreut. Das Wüstenklima verlangsamt den Zerfall und das Verrosten der Flugzeuge. Ersatzteile im Wert von mehreren Millionen Dollar wurden bisher aus den Wracks geborgen. Das FBI übt hier Rettungsaktionen bei Flugzeuggeiselnahmen.

GEDEIH UND VERDERB Vor 20.000 Jahren, als kühle Winde noch Feuchtigkeit aus Europa nach Nordafrika trugen, war die Sahara von Wiesen, Flüssen, Seen und Wäldern bedeckt.

Eine Luftspiegelung, die am 12. März 1890 über Ashland, Ohio (USA), gesehen wurde, war anscheinend das Spiegelbild eines 50 km entfernten Städtchens.

KLEINOD IM PERSISCHEN GOLF

Die künstliche Insel Palm Jumeirah im Persischen Golf wird seit der Großen Mauer von China das erste von Menschenhand gebaute Objekt sein, das man noch aus großer Höhe sehen kann.

Nach ihrer Fertigstellung wird die größte künstliche Insel der Welt ein enormes Insel- und Brückensystem sein, das sich über eine Fläche von 8 km² und eine Länge von 6,5 km erstreckt. Die ganze Anlage hat die Form einer Palme, mit einem fast 1,5 km breiten Stamm und 17 großen „Palmwedeln". Mit 56 km künstlichen Sandstränden, 50 Luxushotels, 4.500 Ferienwohnungen und Villen, Einkaufszentren, Kinos und dem ersten Wasserpark des Nahen Ostens soll die Insel der luxuriöseste Strandurlaubsort der Welt werden.

Diese Satellitenaufnahme zeigt die gigantische, in Palmenform gebaute Insel Jumeirah, die sich vor der Küste von Dubai 5 km weit ins blaue Meer reckt.

DIE FÜNF

KÜRZESTEN KÜSTEN

Manche Länder haben unglaublich kurze Küsten

1. **MONACO** – 5 km
2. **NAURU** – 19 km
3. **BOSNIEN-HERZEGOWINA** – 21 km
4. **JORDANIEN** – 26 km
5. **SLOWENIEN** – 31 km

DELTALAND Das größte Delta der Welt ist ein Land: das Hauptgebiet von Bangladesch. Es umfasst 143.993 km² und wird von den Deltas des Ganges und des Brahmaputra gebildet.

ÜBERWELLE! Die höchste Welle, die je an ein Ufer spülte, war ein 524 m hohes Ungetüm, das im Juli 1958 Lituya Bay in Alaska verwüstete.

WASSERGEBURTEN Die neueste Insel der Welt war eine Überraschung – wie auch ihr Name besagt: „Pulau Batu Hairan" („Überraschungsfelsen-Insel"). Sie stieg 1988 vor der Küste des malaysischen Sabah aus dem Ozean. Seitdem sind noch einige winzige Vulkaninseln aufgetaucht, aber im Gegensatz zum Überraschungsfelsen versanken sie entweder wieder oder wurden weggespült.

GESTRANDET Den längsten unfreiwilligen Aufenthalt auf einer Insel erlebte die Besatzung des Schiffes Invercauld, das im Mai 1864 vor der subarktischen Insel Auckland scheiterte. Nur drei der 19 Besatzungsmitglieder überlebten und wurden 375 Tage später gerettet.

ATOLL-REKORD Kwaljein, Teil der pazifischen Inselnation der Marshall-Inseln, ist das größte Atoll der Welt. Die schmale, gebogene Insel schließt eine Fläche von der größe Rhode Island ein.

INSELNACHBARN Die Insel Little Diomede gehört zu den USA und liegt in der Beringstraße zwischen Sibirien und Alaska. Drei Kilometer westlich von Little Diomede liegt die Insel Big Diomede, ein Teil der ehemaligen Sowjetunion. Aufgrund der Position dieser beiden Inseln sind die ehemalige Sowjetunion und die USA nur wenige Kilometer voneinander entfernt.

LAND UNTER Die unbewohnte, karge und eisige Insel Bouvet am südlichen Polarkreis ist 1.690 km vom nächsten Land entfernt. Das entspricht in etwa der Entfernung zwischen den Städten Hamburg und Rom.

BAUSTEINE Die Bewohner von Kotor in Montenegro warfen 150 Jahre lang Steine auf den Meißelfelsen. Allmählich wuchs der kleine Fels im Wasser dadurch zu einem Inselchen heran, das groß genug war, um eine Kirche darauf zu bauen!

EISBERG IN FLORIDA Der südlichste bekannte arktische Eisberg trieb im Atlantischen Ozean am Breitengrad 28°22', südlich von Daytona Beach in Florida.

Taucher in ägyptischen Gewässern machten 2001 eine unglaubliche Entdeckung. Sie fanden eine Statue des altägyptischen Gottes Hapi in der versunkenen Stadt Heraklion.

Diese erstaunliche olympische Fackel brennt sogar unter Wasser! Sie wurde von Wendy Craig Duncan während der Vorbereitungen zu den Olympischen Spielen von 2000 im australischen Sydney getragen.

Ein fast senkrechter Gipfel namens Ball's Pyramide ragt bei Lord Howe Island in Australien 562 m hoch aus dem Meer. Das ist mehr als doppelt so hoch wie die Türme der Golden-Gate-Brücke von San Francisco.

KÖNIGREICH AUF STELZEN

Roy Bates behauptet, seine 131 m x 37 m große „Inselfestung" sei der kleinste Staat der Welt. Die Festung, ein ehemaliger Stützpunkt der Royal Navy aus dem Zweiten Weltkrieg, heißt Roughs Tower und liegt knapp 12,9 km vor der englischen Ostküste. Sie steht auf Betonpfeilern in der Nordsee.

DIE SCHIFFS-WRACK-INSEL

Im Moronifluss zwischen Surinam und Französisch-Guayana hat ein Schiffswrack eine Insel erschaffen. Durch das Wrack verlangsamte sich die Strömung des Flusses und häufte Schlamm an, der das Schiff allmählich auffüllte. Angeschwemmte Samen setzten sich fest und keimten. Im Lauf von 36 Jahren verwandelte sich das Wrack in eine kleine, baumbedeckte (namenlose) Insel.

1966 erklärten Bates und seine Frau Joan die Festung zum Königreich von Sealand und sich selbst zu König und Königin. Obwohl dies offiziell nie anerkannt wurde, kreierte „König Roy" mit der Zeit Nationalsymbole: eine Hoheitsflagge des Königreichs Sealand, eine Nationalhymne, goldene und silberne „Sealand Dollars", Briefmarken und Reisepässe.

Die Küstenlinie Alaskas ist länger als alle anderen Küsten der USA zusammen.

Michael Bates ist „König Roys" Erbe des Thrones von Sealand (im Hintergrund zu sehen), einer Festung, die zum kleinsten Staat der Erde ernannt wurde.

FLUSS-SURFEN

Ein Surfer reitet auf der Flutwelle des Severn-Flusses.

Eine eindrucksvolle Flutwelle jagt jedes Jahr den englischen Fluss Severn hinauf.

Dieses Phänomen fließt von der Mündung des Severn 40 km weit landeinwärts. Die Flutwelle (engl. „bore") entsteht, wenn die Wassermassen aus dem Atlantik im Bristolkanal durch einen Engpass gezwungen werden und sich dadurch bis zu 15 m hoch auftürmen. Die Geschwindigkeit des Wassers erhöht sich auf 16 km/h. Den Rekord für den längsten „Ritt" auf einer Fluss-Flutwelle hält David Lawson mit 9,2 km in 40 Minuten.

NASSES UNGEHEUER

Die höchste in der Neuzeit bestätigte Woge war eine 85 m hohe Flutwelle, die 1771 die japanischen Ryuku-Inseln erreichte. Die Welle war so stark, dass sie einen über 75 Tonnen schweren Felsen 1,6 km weit ins Landesinnere spülte!

BLAUER ABGRUND Die tiefste Stelle des Ozeans ist 1,25-mal tiefer als der Mount Everest hoch! Eine atemberaubende Tiefe von 10.921 m wurde im Marianen-Graben im Pazifik gemessen.

LOCKENDE TIEFE Am 23. Januar 1960 tauchte die amerikanische Marine-Tauchkugel Trieste 10.911 m tief in den Marianen-Graben hinab.

GLASKLAR Das Wasser der Weddellsee vor der Antarktis ist so klar, dass man Gegenstände in über 79 m Tiefe sehen kann!

UNTERWASSER-JAKUZZI Das Wasser aus einer heißen Quelle 483 km vor der amerikanischen Westküste hat eine Temperatur von 404 °C.

EIN SÜSSWASSER-OZEAN... ... liegt vor der Mündung des Amazonas, denn erst zwischen 160 und 255 km vor der Küste verdrängt das Wasser des Atlantik das zuströmende Süßwasser des Amazonas.

SCHLAMMKEGEL Tiefe Schwemmschichten aus Flussschlamm und anderen Partikeln formen vor der Amazonasmündung einen 685 km langen und 260 km breiten Kegel. Der Schlamm ist 11.000 m tief – 1.829 m tiefer als der Mount Everest hoch ist!

Eine Insel in einem See auf einer Insel in einem See auf einer Insel! Die Wasseroberfläche des Sees im Taal-Vulkan auf den Philippinen liegt unterhalb des Meeresspiegels.

PAZIFISCHES JACUZZI Geologen schätzen, dass es auf dem Grund des Pazifik bis zu einer Million Vulkane geben könnte. Bis heute hat man 5.000 aktive Unterwasservulkane entdeckt.

MÄCHTIGER AMAZONAS Die Menge des Süßwassers, das an einem Tag von der Mündung des Amazonas in den Atlantik fließt, würde den Bedarf der gesamten Vereinigten Staaten fünf Monate lang decken!

FLUCHT AUS DER TIEFE Die tiefste Unterwasser-Flucht gelang Roger Chapman und Roger Mallinson 1973 vor der irischen Küste. Ihr Schiff, die Pisces III, sank 480 m tief und sie waren 76 Stunden darin gefangen, bevor sie sich befreien konnten.

HÖCHSTE SPUREN Auf der Hawaii-Insel Lane gibt es Ablagerungen, die von 366 m hohen Wellen hinterlassen wurden. So riesige Wellen können nur durch eine massive Unterwasserlawine verursacht worden sein.

TSUNAMI-REITER Die höchste Welle, die je ein Surfer bezwungen hat, war eine 15 m hohe Wasserwand. Sie war wahrscheinlich ein Tsunami (eine von einem Erdbeben verursachte Flutwelle). 1868 erfasste sie einen Hawaiianer auf dem Ozean vor der Hawaii-Insel Minole und es gelang ihm, auf ihr zu reiten.

EVEREST UNTER WASSER Der höchste Unterwasserberg ist fast so hoch wie der Mount Everest. Der Gipfel dieses unterseeischen Berges zwischen Samoa und Neuseeland ist 8.687 m hoch.

TURMHOHE WELLE Ein amerikanischer Matrose an Bord der USS Ramapo maß 1933 im Pazifik eine 34 m hohe Welle. Sie war fast doppelt so hoch wie die Büste Abraham Lincolns auf dem Mount Rushmore.

FRÜHSTÜCK UNTER WASSER In den Vereinigten Arabischen Emiraten wird vor der Küste von Dubai ein Hotel unter dem Ozean gebaut. Von der Rezeption am Ufer wird man durch einen Glastunnel in sein Zimmer gelangen.

FLIESSEND WASSER Die stärkste Meeresströmung ist die antarktische Zirkumpolarströmung, durch die in der engen Passage zwischen Südamerika und der Antarktis fast 7 Milliarden m^3 Wasser pro Sekunde fließen.

„Die Welle war doppelt so hoch wie die Lincoln-Büste auf Mount Rushmore“

Die höchsten Wellen, auf denen Surfer regelmäßig reiten, findet man in Waimea Bay auf Hawaii. Die Wellen in dieser Bucht werden bis zu verblüffenden 9 bis 11 m hoch.

TIEFE BERGUNG Ein Wrack, das 5.258 m tief unter den Wellen lag, wurde 1992 von der USS Salvor geborgen.

ZIMMER MIT MEERBLICK 1992 verbrachte Richard Presley in einem Modul bei Key Largo, Florida, 69 Tage unter Wasser.

FERNREISEN PER FLOSS 1973 trieb ein Floß namens La Balta 13.840 km weit über den Pazifik – von Ecuador bis nach Australien.

SECHS MONATE VERSCHOLLEN Maurice und Marge Bailey trieben 177 Tage auf einem Floß über den Pazifik, nachdem ein Walhai ihr Boot versenkt hatte.

EINSAMER SEEMANN 1943 trieb der britische Matrose Poon Lim 133 Tage lang allein auf einem Floß.

EUROPÄISCHER REKORD Die heiße Quelle bei Polichnitos auf der griechischen Insel Lesbos ist die heißeste Quelle Europas. Das Wasser sprudelt mit Temperaturen zwischen 76 °C und 91 °C aus der Erde.

BADEN IM SCHNEE Das natürliche heiße Wasser Islands speist die Blaue Lagune, deren Wasser frostig-blau aussieht. Es ist jedoch durchschnittlich 40 °C warm, mineralreich und besitzt Heilkräfte. Im Winter, wenn die Lufttemperatur weit unter null fällt und das Becken von Schnee umgeben ist, genießen Badende das heiße Wasser besonders.

HEISSER HIMALAJA Wer 94 °C heißes Wasser aushält, sollte in der heißen Quelle von Manikaran in den indischen Ausläufern des Himalaja baden. Regelmäßiges Baden in dieser heißesten Quelle der Welt heilt angeblich alle Krankheiten. Reis wird in Manikaran-Quellwasser innerhalb von 20 Minuten gar.

ISLAND-BANANEN

Heiße Quellen speisen die Leitungen, die die Häuser der isländischen Hauptstadt Reykjavik heizen. Heißwasserrohre beheizen auch Gewächshäuser, in denen Obst und Gemüse angebaut wird, das im Freien eingehen würde. Bananen aus einem isländischen Gewächshaus wurden einst dem britischen Premierminister Sir Winston Churchill überreicht.

SUPERHEISSES WASSER Das meiste Wasser im Becken des Norris-Geysirs im amerikanischen Yellowstone-Nationalpark ist heißer als der Siedepunkt. Bei einer wissenschaftlichen Bohrung 325 m unter dem Wasserspiegel wurden sogar 237 °C gemessen. Im Yellowstone-Nationalpark gibt es über 10.000 Thermalphänomene, darunter ca. 500 Geysire – über 60 % aller Geysire der Welt.

HÖCHSTER GEYSIR Der höchste Geysir der Welt ist der Steamboat- („Dampfschiff")Geysir im Yellowstone-Nationalpark. Beim Ausbruch schleudert er das Wasser 100 bis 135 m hoch in die Luft. Das Problem für Besucher ist jedoch seine Launenhaftigkeit: der höchste Ausbruch fand in den 1950er Jahren statt und seit Mai 2000 hat der Geysir gar keine hohen Wasserfontänen mehr ausgespieen.

Der StrokkurGeysir in Island schleudert alle sieben bis zehn Minuten Dampf und kochendes Wasser 35 m hoch in die Luft. In Island befinden sich über 700 Geysire und heiße Quellen.

DONNERNDE FLUT

Innerhalb weniger Stunden füllt sich die kanadische Bucht von Fundy mit Wasser in der Höhe eines vierstöckigen Gebäudes. Zweimal am Tag hebt und senkt die höchste Tide der Welt den Wasserspiegel um 7 bis 16 m. Der Durchschnitt liegt bei 14 m. Wenn die Flut steigt, erzeugt die Strömung ein Donnern, das Ortskundige „die Stimme des Mondes" nennen.

In der Bucht von Fundy gibt die Ebbe den Blick auf einen „Blumentopf"-Felsen frei, auf dem ein einsamer Baum wächst.

NACH DER UHR Der „Old Faithful"- („alter verlässlicher") Geysir im Yellowstone-Nationalpark erhielt seinen Namen wegen der Regelmäßigkeit seiner Ausbrüche, die alle 63 bis 75 Minuten stattfinden. Der nahe Geysir „Anemone" ist noch zuverlässiger: er bricht alle sieben bis zehn Minuten aus. Anemones Becken füllen sich mit sprudelnd kochendem Wasser. Wird das Wasser 3 m in die Luft geschleudert, leeren sich die Becken vollständig.

SAURES Der Echinus-Geysir im Yellowstone-Nationalpark ist der höchste säurehaltige Geysir der Welt. Beim Ausbruch schleudert er das Wasser 12 bis 18 m hoch.

SCHLANGENKÜCHE Der Ort Thermopolis im amerikanischen Wyoming hat die größte Heißwasserquelle der Welt. Der erste schriftliche Bericht über die Quelle aus dem Jahr 1776 erwähnt auch eine Klapperschlange, die hineinfiel und gekocht wurde. Aus der Hauptquelle von Thermopolis sprudeln täglich 84.500 Millionen Liter Wasser.

„Heiße Schachfiguren"

Im ungarischen Budapest werden Badegästen, die in die heißen Quellen steigen, Schachspiele zur Verfügung gestellt.

Ripley's
Einfach unglaublich!

UNGEWÖHNLICHE TIERE

TIEFER, TÖDLICHER BISS

Der Viperfisch hat über 350 Lichtorgane am Körper. Diese ziehen in der dunklen Tiefsee, in der er jagt, andere Fische an.

Die Zähne des Viperfisches ragen weit über seine Augen und sein Maul hinaus. Wenn Ihre Zähne im Verhältnis zum Körper so groß wären, würden sie 30 cm weit vorstehen! Im Verhältnis zu seiner Kopfgröße hat dieser Fisch längere Zähne als alle anderen Tiere.

Dieser Monsterfisch ist eines der aggressivsten Raubtiere der Tiefsee. Er hat einen langen Rückenstachel, dessen Spitze leuchtet, um Beute anzulocken. Forscher nehmen an, dass sich der Viperfisch seinem Opfer mit hoher Geschwindigkeit nähert und es mit seinen spitzen Zähnen aufspießt. Um große Beute zu schlucken, kann er seinen Unterkiefer vorschieben.

DIE FÜNF

HELLSTEN FISCHE

Über 1.500 Fischarten leuchten oder glühen, um Beute und Paarungspartner anzulocken. Manche sind aus einer Entfernung von bis zu 30 m sichtbar.

1. **BLITZLICHTFISCH**
2. **LATERNENFISCH**
3. **DRACHENFISCH**
4. **ROULEINA EUCLA** (eine Tintenfischart)
5. **AUSTERNFISCH**

GANZ SCHÖN SCHMIERIG Das wohl schleimigste Tier der Welt ist der Schleimaal. Seine Haut sondert eine klebrige Substanz ab, die zu Schleim wird, sobald sie mit Salzwasser in Berührung kommt. Die Masse des Schleims ist zehnmal so groß wie der Fisch selbst.

GEPFLEGTES WOHNEN Schleimaale haben ziemlich eklige Angewohnheiten. Sie wühlen sich mit ihren Saugmäulern in verwesende Kadaver und leben dann in den Leichen, bis diese verrottet sind.

IRRLICHT Die Leuchtorgane des Blitzlichtfisches dienen als Scheinwerfer. Durch Abdecken der Lichter und plötzlichen Richtungswechsel kann er im Dunkeln Raubtiere verwirren.

WIE MOTTEN ZUM LICHT

Mit ihren Körperleuchten (Photophoren) locken Laternenfische nicht nur kleinere Fische als Beute an, sondern auch Paarungspartner. Manche Männchen und Weibchen haben unterschiedliche Muster, wodurch sie sich im dunklen Wasser gegenseitig erkennen.

UNAUFFINDBAR Schnabelwale sind Meistertaucher, die über zwei Stunden unter Wasser bleiben können. Die meisten Unterarten sind selten – der Longman Schnabelwal wurde noch nie lebend gesehen und ist nur aufgrund von zwei angespülten Schädeln bekannt.

Der Riesentintenfisch kann 66 m lang werden – fast so lang wie ein Tennisplatz! Er hat auch die größten Augen der Welt. Sie sind größer als Fußbälle und helfen ihm, in seinen bevorzugten Jagdgründen in bis zu 1.000 m Tiefe die Lichtblitze zu sehen, die von seiner Beute ausgehen. Er frisst Fische und kleinere Tintenfische.

Mit einem Gewicht von 60 Tonnen und einer Länge von 20 m ist der männliche Pottwal das größte Raubtier der Welt. Man hat sogar schon einen 12 m langen Riesentintenfisch im Magen eines Pottwals gefunden! Dieses gigantische Exemplar strandete 1997 auf der dänischen Nordseeinsel Röm und verendete dort.

KÜHLER KOPF

Wenn ein Pottwal auftaucht, "schmilzt" sein Kopf. Seine Stirn enthält etwa 25 Badewannen voll Walrat, eine Substanz, die in der kalten Tiefe hart und wächsern wird. Sie dehnt sich aus und wird ölig, wenn der Wal wieder auftaucht.

LANGER ATEM Wenn ein Wal einatmet, saugt er in zwei Sekunden ca. 2.000 l Luft ein!

DIE FÜNF

TIEFSTEN TAUCHER

1. **POTTWAL, über 3.000 m**
2. **BAIRDWAL, 2.000 m**
3. **SCHWERTWAL (ODER KILLERWAL), 1.000 m**
4. **SEEELEFANT, 700 m**
5. **WEDDELL-ROBBE, 600 m**

„Er verschlingt Beute, die zehnmal soviel wiegt wie er“

Das größte Maul im Verhältnis zur Körpergröße besitzt der Pelikanaal. Dieser eigenartige, 60 cm lange Fisch schiebt seine Kiefer vor, um Fische zu verschlingen, die zehnmal mehr wiegen als er.

BRECHTAKTIK

Seegurken sind mit Seesternen und Seeigeln verwandt. Sie leben in tiefem Wasser und in Flutbecken, wo sie den Schlamm nach Nahrung durchsieben. In manchen Gebieten sind sie die vorherrschenden Bewohner des Meeresgrunds. Werden sie gestört, erbrechen sie und schleudern dabei sowohl Kot als auch faulige Essensreste und Schlamm auf ihren Angreifer. Das schleimige Erbrochene enthält außerdem einen Großteil ihres Darms, der blassen Fäden ähnelt.

WIEDER IM SPIEL Wissenschaftler nahmen an, der 1,50 m lange Coelacanth-Fisch sei mit den Dinosauriern ausgestorben. Als man ihn 1938 quicklebendig vor der südafrikanischen Küste entdeckte, war das eine Sensation. Genau 60 Jahre später geschah das gleiche in Indonesien, als eine weitere Unterart des Coelacanth entdeckt wurde.

STÜCKCHENWEISE Eine Unterart der Schwämme namens Rotschwamm kann in tausend Stücke zerspringen, ohne zu sterben! Erstaunlicherweise wachsen die Stücke anschließend wieder zusammen, bis das Tier wieder heil ist.

ÜBERLEBENSKÜNSTLER Die Muschelart Lingula (Zünglein) verdient den Titel „großartigstes lebendes Fossil“. Sie sieht aus wie eine gewöhnliche Muschel, gehört aber einer ganz anderen Tiergattung an, die schon seit über 450 Millionen Jahren überlebt hat.

LEBENSLANGER KUSS

In den dunklen Meerestiefen kann es lange dauern, einen Paarungspartner zu finden. Das winzige Anglerfisch-Männchen (Ceratias hölbolli) packt das Weibchen mit seinem Maul und hält es so lange fest, bis die beiden Körper allmählich verschmelzen und er nie wieder weg kann. Er teilt sogar ihre Nahrung durch ihr Blut. Als Gegenleistung befruchtet er ihre Eier.

Kraken können lernen, bis fünf zu zählen und verschiedene Formen zu erkennen! Abgesehen von den Delphinen sind sie die klügsten Meeresbewohner. Dieser Krake hat gelernt, Glasdosen aufzuschrauben, um an die kleinen Krebse darin zu kommen.

MÖRDERHAI

Die großen, gezackten, dreieckigen Zähne des Weißen Hais sind ideal, um Fleisch in Fetzen zu reißen! Oft schwimmt er mit gefletschten Zähnen, um andere Haie zu warnen und sie von seinem Gebiet fernzuhalten.

DIE FÜNF

GEFÄHRLICHSTEN HAIE

Jedes Jahr wird weltweit von 50 bis 100 schweren Haiangriffen berichtet, bei denen insgesamt meist knapp zehn Menschen sterben. Doch wer weiß, von wie vielen man nie etwas hört ...

1 **WEISSER HAI**

2 **TIGERHAI**

3 **BULLENHAI**

4 **SANDHAI**

5 **HAMMERHAI**

Weiße Haie lernen schnell und manche patrouillieren in der Nähe von Stränden, um unvorsichtigen Schwimmern aufzulauern. Ein kleiner Weißer Hai, der 1954 vor der japanischen Küste gefangen wurde, hatte einen 13-jährigen Jungen in einem Stück geschluckt!

Der Weiße Hai greift stürmisch an, doch dann zieht er sich zurück und wartet, bis die verletzte Beute schwächer geworden ist. Dann kommt er zurück, um das Fleisch gierig zu verschlingen.

Der Film Der Weiße Hai *(USA 1975) handelte von einem Einzelgänger-Hai, der Strände auf Long Island terrorisierte und im Sommer 1916 mindestens fünf Menschen tötete. Der wirkliche Übeltäter, der das Schienbein eines Knaben im Magen hatte, als er gefangen wurde, war wahrscheinlich kein Weißer Hai, sondern ein Bullenhai.*

ENTZWEI GEBISSEN

Der australische Taucher und Haiexperte Rodney Fox musste nach einem Haiangriff in einer 4-stündigen Operation mit 462 Stichen genäht werden. Er wurde fast entzwei gebissen, sein Bauch war völlig aufgerissen und alle Rippen auf der linken Seite waren gebrochen. Als man ihn eilig ins Krankenhaus brachte, hielt nur sein Neoprenanzug seinen Körper zusammen! Drei Monate später ging er schon wieder ins Wasser – mit einem besonderen Souvenir: tief in seinem Handgelenk steckte ein Haizahn.

Rodney Fox wurde während eines Wettbewerbs im Speerfischen vor dem australischen Aldinga Beach von einem Weißen Hai brutal angegriffen und überlebte!

GEFÄHRLICHES GEWÄSSER In Südamerika schwammen Bullenhaie 1.500 km den Amazonas hinauf und bissen oder töteten Menschen, die dort badeten oder ihre Wäsche im Fluss wuschen.

LEBENDIG VERSPEIST

1942, während des Zweiten Weltkriegs, griffen Haie über 500 Männer an und töteten sie. Ein deutsches U-Boot torpedierte vor der Küste Südafrikas ein britisches Schiff mit italienischen Kriegsgefangenen. Alle Männer an Bord ertranken oder wurden von Haien getötet.

KEIN KOSTVERÄCHTER Der Tigerhai wird auch „Mülleimerhai" genannt, weil er fast alles zerbeißt und verschlingt – ob essbar oder nicht. In den aufgeschnittenen Mägen von Tigerhaien hat man Treibstoffdosen, Fahrradreifen, Holzscheite und Teile von Hundekadavern gefunden. Ein Hai hatte sogar eine Handtrommel verschluckt, die größer war als ein Fußball.

DER GRÖSSTE FANG Ein 14 m langer Walhai, mit einem Taillenumfang von 7 m und über 13.600 kg schwer, wurde nach 39-stündigem Kampf am 1. Juni 1912 bei Knights Key in Florida gefangen.

UNGEHEURES HAUSTIER Der Hawaiianer Tom K. Maunupau aus Honolulu ritt auf einem 2 m langen Hai, den er als „Haustier" hielt!

ZURÜCK ZUM MEER Ein toter Hai versinkt so langsam, dass sein Körper sich im Salzwasser fast völlig aufgelöst hat, bevor er den Meeresgrund erreicht. Die einzigen Teile des Hais, denen das Salzwasser nichts anhaben kann, sind die Zähne.

MILCHZÄHNE Der Tigerhai bringt lebende Junge zur Welt – bis zu 27 in einem Wurf. Alle sind fertig entwickelt und bereits mit Zähnen ausgestattet.

Der Walhai ist einer der größten Fische der Welt. Er wiegt über 15 Tonnen. Obwohl fünf Erwachsene in seinem riesigen Maul Platz hätten, frisst er zum Glück nur winzigkleines Plankton.

ZURÜCKWACHSEN Ein paradoxer Frosch aus Südamerika wird als Kaulquappe 25 cm lang, schrumpft aber als erwachsener Frosch auf 7 cm!

WASSERFILTER Durch das Maul eines Riesenhais passieren stündlich 1.500.000 l Wasser.

BLINZELFISCH Der Hai ist der einzige Fisch, der mit den Augen zwinkern kann.

LIPGLOSS Der Riesenmaulhai hat badewannengroße Lippen, die Sie in einem Stück einsaugen könnten. Er wird 5 m lang und fast eine Tonne schwer, frisst jedoch nur winzige Meereswesen, die viele hunderte von Metern in der Tiefe leben. Früher glaubte man, dass die Lippen dieser Haie im Dunkeln leuchten, doch das wurde nie bewiesen.

Große Muränen schnellen aus Spalten hervor und beißen mit ihren nadelspitzen Zähnen blitzschnell zu. Im Maul einer Muräne leben über 100 tödliche Bakterienarten!

BAUPLATZ UNTER WASSER
Meerneunaugen bauen 3 m hohe und 4 m breite Nester auf dem Meeresgrund. Beide Eltern arbeiten zusammen, um die schweren Steine zum Bau des Nests heranzuschleppen.

AUFGEBLASEN Der Kugelfisch verteidigt sich gegen Angreifer, indem er sich mit Hilfe eines Luftblasenorgans im Körper bis zu seiner dreifachen Größe aufbläht.

ELEKTROSCHOCKGEFAHR Der 100 kg schwere atlantische Zitterrochen erzeugt Stromstöße von 200 Volt und kann damit einen Menschen töten. Im Süßwasser erzeugt der meterlange Zitterwels 400 Volt, während der Zitteraal sogar 500 Volt ausstößt – davon wird selbst ein Pferd bewusstlos.

GLITSCHIGE REISE In Neuseeland wird das „Schwarzwasserfahren" immer beliebter. Dabei sitzt man im Schlauch eines Lastwagenreifens und lässt sich durch dunkle, unterirdische Höhlenflüsse schwemmen, in denen es manchmal vor Aalen wimmelt.

KRIEG DER UNGEBORENEN!

Junge Sandtigerhaie wachsen in einem gebärmutterähnlichen Organ heran. Die ungeborenen Haibabys kämpfen und fressen sich gegenseitig, bis nur noch der stärkste übrig ist – meist derjenige, der als erster 60 mm Länge erreicht. Manche Menschen, die trächtige Sandtigerhaiweibchen aufschlitzten, wurden von ungeborenen Haibabys in die Finger gebissen.

Am 23. Februar 1940 übertrug Ripley eine Live-Radiosendung vom Grund des Haiaquariums in St. Augustine, Florida.

Killer- oder Schwertwale können 10 Tonnen schwer und 10 m lang werden – so groß wie ein dreistöckiges Gebäude! Es gibt nur wenige bekannte Angriffe von Killerwalen auf Menschen. Sie beherrschen mindestens 25 Jagdmethoden; u. a. kippen sie Eisschollen um, um Pinguine zu fangen. Sie reiten auch auf Wellen und lassen sich absichtlich ans Ufer spülen, um unvorsichtige Robben zu packen. Danach winden sie sich ins Wasser zurück.

GEFAHR IN DER ANTARKTIS

2003 wurde zum ersten Mal berichtet, dass ein Seeleopard einen Menschen tötete. Eine Forscherin wurde angegriffen, als sie in der Antarktis in Ufernähe schnorchelte. Die Riesenrobbe zerrte sie unter Wasser und sie ertrank. Seeleoparden sind mit einer Länge von über 4 m und einem Gewicht von etwa einer halben Tonne groß, schnell und gefährlich.

SCHALLANGRIFF Die Grunzlaute von Walen können 180 Dezibel erreichen. Das sind die lautesten Töne, die ein Tier erzeugen kann: ungefähr so laut wie eine startende Rakete. Pottwale „schlagen" ihre Beute nur durch ihr lautes Grunzen bewusstlos.

WASSERDICHT Als Wale noch in großen Mengen gefangen wurden, schnitten Matrosen die Vorhaut der männlichen Großwale ab und benutzten sie als Regenumhang.

STARKE MELODIE Buckelwale können über 20 Stunden lang ohne Pause singen. Ihre unheimlichen, stöhnenden Gesänge wurden von Mikrophonen aus über 100 km Entfernung aufgenommen.

FATALES SUMMEN Das „Kommunikationslied" des 22 m langen Flossenwals ist ein ungeheuer lautes, tiefes Summen, dessen konstanter Grundton oft mit dem Pochen von Schiffsmotoren verwechselt wurde. 1964 löste ein Flossenwal fast einen nuklearen Zwischenfall aus: amerikanische Matrosen meinten, ein sowjetrussisches U-Boot zu hören, das heimlich in US-Hoheitsgewässer eindrang.

DIE FÜNF
HÄUFIGSTEN WALPARASITEN

Wer möchte ein Wal sein? Viele sind von Parasiten befallen, die auf keinem anderen Tier leben.

1. **BANDWÜRMER** – im Pottwal 30 m lang
2. **LUNGENWÜRMER** - so groß wie Bananen
3. **LIPPENLÄUSE** – keine echten Läuse, sondern eine daumengroße Krebsart
4. **STIRNHÖHLENEGEL** – handtellergroße Egel in den oberen Luftwegen, die sich manchmal bis ins Gehirn graben
5. **SEEPOCKEN** – eine Muschelart, erreicht Faustgröße, hauptsächlich am Kopf.

Der Grönlandwal hat den größten Kopf aller Tiere der Welt – ein Drittel seiner gesamten Körperlänge! Dieser Wal war 16 m lang und hatte einen 5 m langen Schädel. Jede Lippe maß über 10 m.

GIFT IM WASSER

Der Körper des Blauringkraken ist zwar nur etwas größer als ein Tennisball, doch sein Biss ist so giftig, dass er mindestens sieben Menschen töten kann.

Der Blauringkrake ist normalerweise dunkelbraun. Doch wenn er erregt ist, verfärbt er sich und wird leuchtend gelb mit metallicblauen Ringen.

Ein Mann, der 1967 in einem Tidebecken in Australien paddelte, lebte, nachdem er gebissen worden war, nur noch 90 Minuten. Blauringkraken lauern in den Tidebecken der indischen und pazifischen Ozeanküsten und beißen Menschen, die durch die Untiefen waten. Das Opfer spürt den Biss oft gar nicht, doch innerhalb von fünf Minuten setzen Schwindel und Atemnot ein.

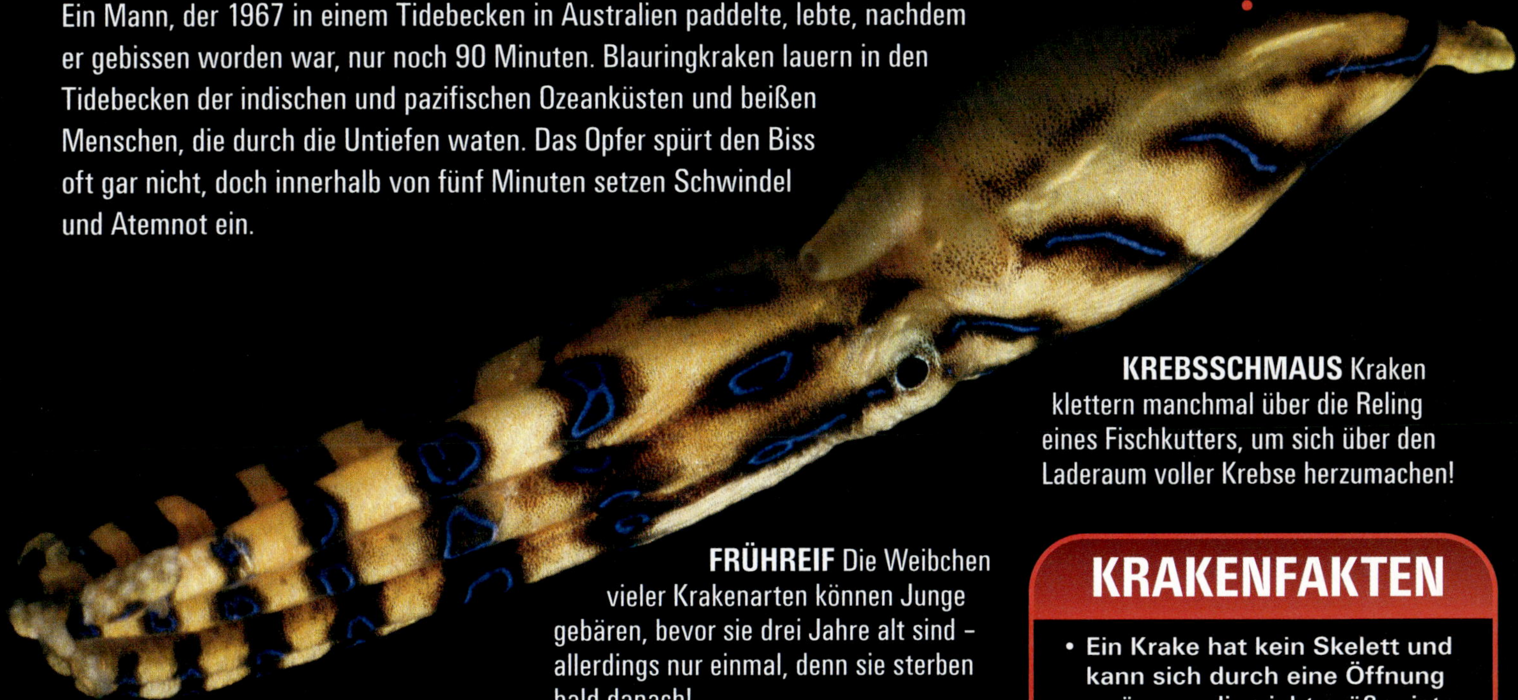

KREBSSCHMAUS Kraken klettern manchmal über die Reling eines Fischkutters, um sich über den Laderaum voller Krebse herzumachen!

FRÜHREIF Die Weibchen vieler Krakenarten können Junge gebären, bevor sie drei Jahre alt sind – allerdings nur einmal, denn sie sterben bald danach!

LANDJÄGER Manche Kraken verlassen ab und zu das Wasser und suchen an Land nach Nahrung. Sie können aus dem Wasser kriechen und sogar über Felsen und Mauern klettern.

ZUGREIFEN! Der weibliche Nautilus, ein mit Kraken und Tintenfischen verwandtes Wesen der Tiefsee, hat etwa 90 Arme.

GROSSÄUGIG Die Augen des Tiefsee-Benthalkraken sind ein Drittel so groß wie sein ganzer Körper.

ÜBERLEBENSKAMPF Krakenweibchen gebären pro Wurf bis zu 200.000 Junge, doch höchstens ein oder zwei Tiere erreichen die Geschlechtsreife.

GUTER FUTTERVERWERTER Ein Krake kann sein Körpergewicht täglich um 2 % erhöhen.

BERGUNGS-MANNSCHAFT

100 Jahre nachdem ein Schiff voller Porzellan im japanischen Binnenmeer versunken war, wurde seine Fracht von Kraken geborgen. Diese Tiere rollen sich gern in engen Räumen zusammen. Sie wurden in das Wrack hinuntergelassen, wo sie sich an Vasen und Schüsseln festklammerten, und dann samt dem Porzellan wieder an die Oberfläche gehievt.

KRAKENFAKTEN

- Ein Krake hat kein Skelett und kann sich durch eine Öffnung zwängen, die nicht größer ist als sein Auge.
- Kraken haben drei Herzen, blaues Blut und ständigen Bluthochdruck.
- Der Blauringkrake lebt meist nur zwei Jahre.
- In einem einzelnen Krakensaugnapf befinden sich bis zu 10.000 Neuronen (Nervenzellen), die den Tast- und Geschmackssinn bilden.
- Pygmäenkraken siedeln sich manchmal in einer halben Muschelschale an. Mit ihren Saugnäpfen klappen sie die andere Hälfte über sich zu.
- Kraken geben ihre Nahrung von einem Saugnapf zum nächsten weiter, bis sie den harten Schnabel in ihrem Maul erreichen.

FISCHIGE FAKTEN

- Viele Fische können ihr Geschlecht verändern.
- Vampirschnecken kriechen nachts vom Meeresgrund empor, um Haien das Blut abzuzapfen.
- Der australische Glasaal ist so durchsichtig, dass Sie diese Worte durch das Tier hindurch lesen könnten.
- Seesterne fressen, indem sie ihren Magen durch das Maul nach außen stülpen.
- Der Riesensonnenbarsch wächst von Stecknadelkopfgröße zu einem 2 Tonnen schweren Tier heran!

RUHIGES LEBEN Man vermutet, dass manche Muschelarten über 100 Jahre alt werden.

TÖDLICHE QUALLEN Ein Junge in Australien schwamm durch einen Schwarm Würfelquallen und starb fünf Minuten später. Er war allergisch gegen ihr Gift.

TRANSSEXUELLE Austern können ihr Geschlecht wechseln und entweder Männchen oder Weibchen sein, je nachdem, was gerade günstiger für die Paarung ist!

SELBSTMORDFISCH Der Igelfisch ist so giftig, dass er in Japan oft von Selbstmördern gegessen wird.

SAISONSPEZIALITÄT Der australische Jiang-Han-Fisch ist neun Monate im Jahr essbar, aber im Juni, Juli und August ist er giftig!

ZUM STERBEN SCHÖN Wenn der hawaiianische Drückerfisch dunkelblau ist und rote Zähne hat, ist er essbar. Verfärbt er sich jedoch blassblau, ist er giftig!

DER LETZTE SCHRITT Wenn ein Mensch auf die hohlen Rückenstacheln des Steinfisches tritt, kann dies zu einem schmerzhaften Tod führen!

Verliert ein Seestern einen Arm, wächst ein neuer nach! Indonesische Fischer fingen und zerhackten Seesterne, die sich an ihren Muschelbänken satt fraßen und so den Fang dezimierten. Die Fischer warfen die Stücke ins Wasser zurück und die Seesternbevölkerung vervielfachte sich, denn jedes Stück wuchs zu einem neuen Seestern heran.

DIE FÜNF

SCHLIMMSTEN STECHER

Diese harmlos aussehenden Wesen können durch ihre Stiche große Schmerzen verursachen.

1. **QUALLEN** – Würfelquallen und Seewespen
2. **SEEIGEL**
3. **FEUERKORALLEN**
4. **BUNTES PETERMÄNNCHEN**
5. **STEINFISCH, ROTFEUERFISCH**

Die Riesenmuschel kann 225 kg schwer werden – schwerer als drei Durchschnittsmenschen zusammen! Die Schale öffnet und schließt sich sehr langsam und es gibt Berichte von Menschen, die zwischen diesen „Kiefern" gefangen wurden!

Etwa eine Million Rotkrebse werden alljährlich bei der Überquerung auf der Weihnachtsinsel getötet, wenn sie Straßen und Eisenbahngleise überqueren.

TOTE KREBSE ZU WEIHNACHTEN 120 Millionen Rotkrebse (Pleuroncodes planipes) kriechen jedes Jahr auf der Weihnachtsinsel aus ihren Höhlen, um ihre Paarungswanderung zum Strand anzutreten. Ihr Weg führt durch Dörfer, über Eisenbahngleise, Autobahnen und Klippen bis zum Meer.

SÜSSE RACHE Zehnmal mehr Menschen werden von gefangenen Rotfeuerfischen in Aquarien gestochen als von wild lebenden. Die spitzen Stacheln injizieren ein Gift, das unerträgliche, stechende Schmerzen verursacht.

UNGEBETENER GAST Der Candiru, ein winziger Parasitenfisch des Amazonas, dringt durch die Harnröhre in den Körper ein und setzt sich in der Blase fest. Wenn er nicht schnellstens chirurgisch entfernt wird, wirkt er tödlich.

LANDRATTE

Der Palmendieb ist eine Krebsart, die auf Bäume klettern kann und bis zu 1 m breit und 17 kg schwer wird. Er lebt hauptsächlich an Land und kann ertrinken, wenn er länger als ein paar Minuten unter Wasser bleibt.

TODESSTACHEL Der Steinfisch besitzt vermutlich das stärkste Gift aller Meerestiere. Es kann innerhalb von 15 Minuten töten und verursacht an den Küsten von Indien bis Australien jährlich mehr als 50 Todesfälle. Das Gift wird durch Rückenstacheln injiziert, während der Fisch gut getarnt auf einem Stein liegt oder teilweise im Sand vergraben ist.

AUS DEM JENSEITS Portugiesische Galeeren- und Würfelquallen, die schon seit vielen Stunden tot am Strand liegen, können immer noch stechen.

„Seeelefantenbullen wiegen bis zu fünf Tonnen.“

Seeelefanten sind so groß wie echte Elefanten – die Männchen wiegen bis zu fünf Tonnen. In der Paarungs-zeit bäumen sie sich auf, brüllen und fügen ihren Rivalen tiefe Bisswunden zu. Seeelefantenbullen sind so schwer, dass sie manchmal sogar ihre Partnerin oder ihren Nachwuchs erdrücken.

Ripley's
Zweiköpfige Schildkröte
Exponat Nr. 21479
Jeder Kopf beherrschte eine Hälfte des Körpers.

DAS LÄNGSTE TIER DER WELT?

Das längste Wesen der Welt ist weder eine Schlange noch ein Wal, sondern der Schnurwurm, der am Meeresufer lebt. Manche vermuten, er sei über 30 m lang, dabei ist er nur so dick wie ein kleiner Finger. Dieses flinke Raubtier windet sich unter Steine, rollt sich dort zusammen und stülpt zur Verteidigung seine Eingeweide nach außen.

IRREFÜHRENDER SCHMUCK Der Seeringelwurm wird bis zu 0,50 m lang, hat Fransen am Körper und sieht harmlos aus. Doch anders als die meisten Würmer kann er sein Opfer blutig beißen.

VIELEHE Schildkrötenweibchen im Meer paaren sich mit mehreren Männchen. Ein Nest kann deshalb Jungtiere von verschiedenen Vätern enthalten.

WASSERBEUTEL Quallen bestehen aus über 95 % Wasser. Sie haben keine Knochen und weder Herz noch Hirn – nicht einmal echte Augen.

ÖLQUELLE Obwohl die Speckschicht eines männlichen Seeelefanten nur 18 cm dick ist, kann man bis zu 800 l Öl daraus gewinnen!

ANGRIFF HINTERRÜCKS Einer der gemeinsten Parasiten der Welt ist die parasitäre Entenmuschel. Sie setzt sich unter dem Schwanz eines Hufeisenkrebses fest und lässt aus ihrem sackförmigen Körper Tentakel in ihr Opfer hineinwachsen. Damit saugt sie alle Nährstoffe aus dem Körper und bringt den Krebs auf diese Weise allmählich um!

FEST GEBOHRT Die Bohrmuschel bohrt sich langsam in Felsgestein, indem sie ihre raue Schale hin und her windet. Dabei wächst sie aber, sodass sie nie wieder aus ihrem Steingefängnis entkommen kann. Sie ernährt sich von winzigen, aus dem Meerwasser gefilterten Partikeln.

WASSERPISTOLEN Seescheiden sind einfache Kreaturen mit sackförmigen Körpern, die an Felsen kleben und das Wasser nach Nahrung durchsieben. Sie haben weder Augen noch Gehirn oder Gliedmaßen; dennoch sind sie wahrscheinlich die Vorgänger aller Wirbeltiere, von den Fischen bis zum Menschen. Wenn man sie bei Ebbe anstupst, spritzen sie Wasser.

DIE FÜNF

FANTASTISCHEN TIERE

Manche Meerestiere können am Land erstaunlich lange überleben.

1. **PALMENDIEB**
2. **KLETTERFISCH**
3. **GEMEINER AAL**
4. **SCHLAMMSPRINGER**
5. **SANDKRABBE**

LANGSAMER MÖRDER Die tödliche Kegelschnecke kann aus ihrem kegelförmigen Schneckenhaus einem Menschen einen winzigen vergifteten „Pfeil" in die Haut schießen. Ein Opfer beschrieb den Schmerz als „rot glühende Nadeln, die sich in die Venen bohren".

ATEMKÜNSTLER

Schlammspringer haben drei Atemmethoden! Deshalb können sie für einen oder sogar mehrere Tage das Wasser verlassen. Erstens tragen sie einen kleinen „Eigenquell" in ihrer großen Kiemenkammer: Wasser, aus dem sie wie gewöhnlich Sauerstoff absorbieren. Diese Quelle wird ab und zu in einer Pfütze aufgefrischt. Zweitens können sie durch ihre zähe, schleimige Haut Sauerstoff aufnehmen. Und schließlich können sie ihr Maul weit aufreißen, um Sauerstoff durch die blutreiche Mundschleimhaut aufzunehmen. Schlammspringer hüpfen, indem sie ihre Vorderflossen als Beine benutzen. Sie können durch eine kräftige Schwanzbewegung über 1 m weit springen.

Schlammspringer schwimmen am liebsten mit ihren um volle 360° drehbaren Augen über Wasser. An Land halten sie sie feucht, indem sie sie einziehen und in das Wasser tauchen, das sie in den unteren Augenhöhlen bei sich tragen.

Vampirfledermäuse stechen mit ihren scharfen Fangzähnen kleine Schnittwunden, durch die sie Blut aus ihren schlafenden Opfern saugen. Besondere Chemikalien in ihrem Speichel verhindern das Gerinnen des Blutes.

GRUSELIGE HÖHLEN

Bis zu 10 Millionen Fledermäuse hängen tagsüber von den Decken einzelner Höhlen in Nordamerika und Indonesien. Ihr Kot bildet riesengroße, stinkende, schleimige Guano-Hügel. Diese Hügel dienen als Nahrungsquelle für Vögel, Insekten und andere Lebewesen, die ebenfalls in dieser fast lichtlosen Umgebung leben.

DIE FÜNF

TIEFSTEN HÖHLENBEWOHNER

Manche Tiere wohnen tief unter der Erde und sind abhängig von dem Wasser, das die Höhlenwände hinunterrinnt und ihnen Nahrung aus den Seen an der Erdoberfläche zuführt.

1. **AUGENLOSE KRABBEN UND FLUSSKREBSE**
2. **BLINDE HÖHLENFISCHE**
3. **HÖHLENGRILLEN**
4. **HÖHLENSALAMANDER**
5. **WEISSE, FLÜGELLOSE KÄFER UND GRILLEN**

Diese erstaunliche zweiköpfige Schwarze Erdnatter schlüpfte 2002 in einem Tierpark im holländischen Tilburg aus dem Ei.

IN DIE SUPPE SPUCKEN

Weißbürzelsegler in Südostasien nisten unter den Decken großer Höhlen. Sie bauen ihre Nester aus ihrem Speichel, der zu fester, glasiger Pappe trocknet und an den Höhlenfelsen klebt. Menschen klettern mit Leitern hinauf, um die Nester zu sammeln, aus denen sie dann eine Delikatesse zubereiten: Vogelnestsuppe. Hauptbestandteil dieser Suppe ist also Weißbürzelseglerspucke!

Ein Mann sammelt in der Payanak-Höhle auf der thailändischen Insel Ko Phi Hi Nester für Vogelnestsuppe.

SABBERFALLE Höhlen bewohnende neuseeländische Trauermückenlarven sabbern Schleim in Form von klebrigen Fäden, die von der Höhlendecke herunterhängen. Da die Larven wie Glühwürmchen leuchten, werden winzige Fliegen von dem Licht angezogen und in dem klebrigen Netz gefangen. Die Larven holen die Opfer an den Fäden ein und fressen sie.

Der große afrikanische Ochsenfrosch kann lange unter der Erde bleiben – sogar jahrelang, wenn der Regen ausbleibt. Für seinen unterirdischen Aufenthalt bildet er einen Kokon, der Wasserverlust verhindert. Er ernährt sich von Insekten, Würmern und anderen Fröschen.

KAKERLAKENHOTEL Die Höhlenkakerlake verbringt ihr ganzes Leben im Guano (Fledermauskot), von dem sie sich ausschließlich ernährt. Die Kakerlaken paaren sich auch darin und legen sogar ihre Eier darin ab.

IM DUNKELN TAPPEN Die Fühler mancher Höhlengrillenarten sind 10-mal so lang wie ihre Körper. Diese Antennen dienen nicht nur als Tast- sondern auch als Riech- und Geschmacksorgane. Da die Höhlengrille keine Augen hat, muss sie sterben, wenn die Fühler beschädigt werden.

SCHWER ZU SCHLUCKEN Die größten Regenwürmer der Welt leben in Südafrika und Südaustralien. Wenn sie sich ausstrecken, sind diese Riesen über 5 m lang, und wenn sie sich zusammenziehen, sind sie so dick wie ein Handgelenk. Ihre großen Tunnel sind so schleimig, dass die Würmer beim Hindurchgleiten gurgelnde Geräusche verursachen, die in bis zu 100 m Entfernung hörbar sind. Kröten und Vögel, die versuchen, diese Würmer zu fressen, ersticken an der schieren Masse, und der Wurm kriecht unversehrt davon.

INDIZIENBEWEIS Der Eingang zum Bau des australischen Wombats ist sowohl durch seine beachtliche Größe als auch durch den unverwechselbaren, würfel- oder backsteinförmigen Kot in der Nähe erkennbar.

FINSTERES LEBEN Höhlenfische verbringen ihr ganzes Leben in Höhlen. Deshalb sind sie blass und blind. Manche haben überhaupt keine Augen!

JÄGER LAUERN IN DEN SÜMPFEN

Das Leisten- oder Salzwasserkrokodil ist das größte und gefährlichste Reptil der Welt. Es tötet an die zehn Menschen pro Jahr. Die genaue Anzahl ist nicht bekannt, denn manche Leichen werden nie gefunden.

Leistenkrokodile werden über 7 m lang und über eine Tonne schwer! An heißen Tagen liegen sie mit weit aufgerissenem Maul an Flussufern. Erstens überhitzen sie dadurch nicht und zweitens haben Vögel die Gelegenheit, Parasiten und Essensreste zu entfernen, die zwischen den Zähnen des Räubers stecken.

SUMPFIGES

- Prähistorische Krokodile wurden über 15 m lang.
- Alligatorenzähne haben keine Wurzeln!
- Wie alle Reptilien ertrinken Alligatoren, wenn man sie unter Wasser festhält.
- Alligatoren können ein Jahr lang ohne Nahrung auskommen.

Die Diät des Leistenkrokodils besteht aus Fischen, Schildkröten, Schlangen, Vögeln, Büffeln, Wildschweinen und sogar Affen!

MOTORENFEINDLICH

In den 1970er Jahren griff im nördlichen Australien ein 5,50 m langes Leistenkrokodil mit dem Kosenamen „Sweetheart" Boote an und zerkaute über 20 Außenbordmotoren – aber keine Menschen. Das ausgestopfte Tier ist heute im Darwin-Museum ausgestellt.

EINS AUFS AUGE Auf Ossabawa Island im amerikanischen Georgia ahmte ein Biologe Alligatoren-Grunzlaute nach und paddelte mit einer Hand im Wasser, als ein großer Alligator aus der Tiefe schnellte und seinen Arm packte. Der Biologe stach dem Tier mit der anderen Hand das Auge aus und flüchtete mit leichten Verletzungen.

Weiße Alligatoren sind selten und die Babys leiden in der Wildnis oft an Sonnenbrand.

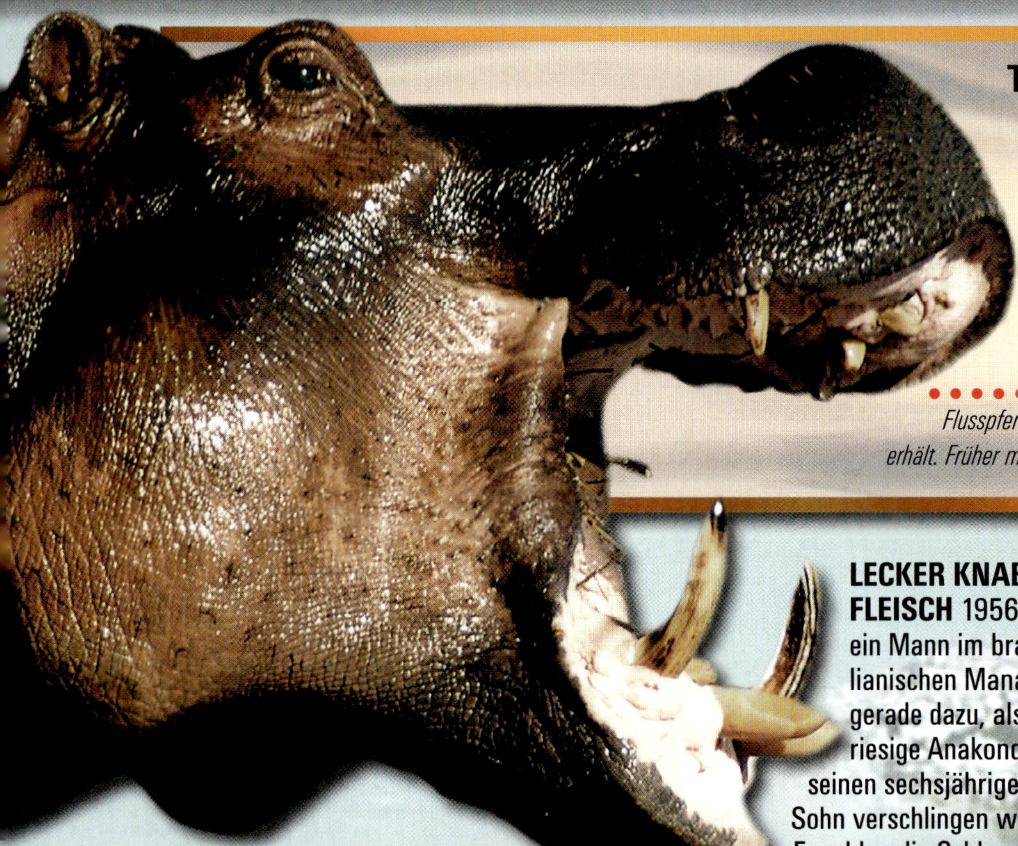

TÖDLICHE STOSSZÄHNE

Flusspferdmännchen haben im unteren Gebiss massive, stoßzahnartige Eckzähne, die bis zu 40 cm lang werden können. Wenn zwei dieser 1,5 Tonnen schweren Giganten um ein Revier kämpfen, können sie einander sogar tödliche Wunden beibringen. Manchmal bringen sie auch nahe Boote zum Kentern.

Flusspferde schwitzen öligen, roten Schweiß, der ihre Haut gesund erhält. Früher meinte man, dass Flusspferde Blut schwitzen!

ZAHME KROKOS In Australien ist die Wahrscheinlichkeit, von einem Krokodil oder Hai getötet zu werden, gleich groß: Beiden Tierarten fällt jeweils ein Mensch pro Jahr zum Opfer. Dagegen werden jährlich zwei Menschen vom Blitz erschlagen, 300 ertrinken und fast 1.000 sterben bei Verkehrsunfällen.

GEPANZERTER SCHLEICHER Das indische Krokodil wird Straßenräuber genannt und mancherorts mehr gefürchtet als der Tiger. Es schwimmt durch Abwassergräben und Kanäle und schnappt nach Leuten, die dort Wasser holen, um ihr Vieh zu tränken.

LECKER KNABENFLEISCH 1956 kam ein Mann im brasilianischen Manaus gerade dazu, als eine riesige Anakonda seinen sechsjährigen Sohn verschlingen wollte. Er schlug die Schlange mit einem Ruder und sie spuckte den Jungen wieder aus – er lebte noch.

WINZIGE MÖRDER IM FLUSS Viel tödlicher als Krokodile oder Riesenschlangen sind winzige Parasiten, z. B. Blutegel und Würmer. Sie verbreiten Krankheiten wie Flussblindheit und Elephantiasis, die jedes Jahr in den Tropen tausende von Menschen töten oder entstellen.

ANGELZUNGE Die Schnappschildkröte fängt Fische, die nach ihrer Zunge schnappen, weil sie sie für einen Wurm halten.

LÄHMENDE KRÖTE Die giftigste Kröte Nordamerikas ist die Colorado-Flusskröte. Ihr Gift kann Sprachbehinderung, Lähmung und sogar den Tod bewirken.

AUF DEM WASSER GEHEN Die Basilisk-Eidechse kann bis zu 365 m weit über die Wasseroberfläche eines Sees oder Teichs laufen.

TROCKENZEIT Der afrikanische Lungenfisch kann im trockenen Schlamm eines ausgetrockneten Sees bis zu vier Jahre überleben!

PETRI HEIL! In den Bergen des Schweizer Wallis liegen Schlangen am Ufer der Gebirgsbäche und schnappen nach springenden Forellen.

FASTENREKORD Eine Boa constrictor kann ein ganzes Jahr überleben ohne zu fressen!

DOPPELTER FANG 1963 wurde in Trinidad eine 8 m lange Anakonda erschossen. Als man sie öffnete, fand man einen 1,50 m langen Alligator in ihrem Magen.

LAUERNDER SCHLÄFER Schlangen können beim Schlafen beide Augen geöffnet halten!

Kantima Pincha ist eine der mutigen Artistinnen auf der thailändischen Sriracha-Tigerfarm. Zur Verblüffung der Zuschauer legt sie ihren Kopf ins Maul eines Krokodils, das mit seinem Kiefer knapp 364 kg pro cm² zerquetschen kann!

Im Abwassersystem von Singapur leben Pythons. Manchmal tauchen sie sogar in Toiletten auf und beißen!

VIPERN KREUZEN
Mehrere Wochen pro Jahr wird die Autobahn im Shawnee-Nationalforst in Illinois für Autos gesperrt, damit Mokassin-, Klapper- und Wasserschlangen sicher die Straße überqueren können.

ERDBEBENWARNUNG Kurz bevor 1975 in China ein Erdbeben ausbrach, erwachten hunderte von Schlangen aus dem Winterschlaf und krochen ans Licht.

HART GEFROREN Strumpfbandnattern überstehen Kälte, indem sie ihren Herzschlag verlangsamen und ihre Knochen gefrieren lassen.

GIERHALS Eine 5 m lange afrikanische Felspython wurde dabei beobachtet, wie sie eine 60 kg schwere Schwarzfersenantilope verschlang – einschließlich der Hörner!

SCHWERGEWICHT

Die größte Schlange der Welt ist die Anakonda, die in Südamerika und der Karibik vorkommt. Sie kann bis zu 10 m lang und 300 kg schwer werden. Die Existenz der angeblich in den 1940er Jahren gesichteten Riesenanakondas konnte nicht bestätigt werden. Eine davon soll 40 m lang und 5 Tonnen schwer gewesen sein.

Der Schlangenbeschwörer Dudu Mia aus Bangladesch isst einige der 3.500 Schlangenbabys, die er am 29. April 2002 in zwei Häusern gefangen hat. Er behauptet, innerhalb von zwei Tagen die meisten von ihnen verzehrt zu haben.

BABY-RECYCLING

Manche trächtigen Wüstennager wie die Wüstenrennmaus und die Wüstenspringmaus „recyceln" ungeborene Föten, indem sie das Gewebe des Babys wieder absorbieren. Dies geschieht, wenn die Lebensbedingungen sich verschlechtern und der Nachwuchs nicht mehr überleben könnte. Sind die Babys schon geboren, verzehren ihre Mütter sie.

FETTRESERVEN Wird ein Kamel gut gefüttert, kann sein Höcker über 40 kg Fett enthalten. Wenn der Körper diese Fettreserve aufschließt, werden 60 l Wasser produziert.

LAUFKÜNSTLER Kein anderes Tier trottet und galoppiert so wie das Kamel. Es ist ein Passgänger, d.h., es bewegt abwechselnd die Vorder- und Hinterbeine derselben Körperseite und schwankt dabei hin und her.

DURSTSTRECKE Eine Kamelherde zog 34 Tage lang durch Nordaustralien, ohne ein einziges Mal zu trinken.

GROSSE SPRÜNGE Das größte Beuteltier ist das australische Rote Känguru. Es kann mit einem einzigen Sprung zehn Meter zurücklegen oder einen drei Meter hohen Zaun überspringen. In extremer Dürre sparen die Männchen Energie, indem sie kein Sperma produzieren.

WASSERFREIE DIÄT Eine Känguru-Ratte deckt 10 Prozent ihres Wasserbedarfs aus den Samen, die sie frisst. Die anderen 9/10 produziert ihr Körper während der Nahrungsaufnahme selbst.

IMMER COOL BLEIBEN Die normale Körpertemperatur eines Kamels beträgt 38 bis 40 °C, kann aber in der Mittagshitze auf 43 °C ansteigen, um den Wasserverlust durch Schwitzen zu verringern. In kalten Nächten kann sie auch auf 34 °C absinken. Das spart Energie, da das Tier nicht friert.

Jede Woche startet in Kuwait ein Kamelrennen. Ein gutes Rennkamel ist zwischen 3.000 und 40.000 Dollar wert.

„Kamele können über einen Monat lang durch glühend heiße Wüsten ziehen, ohne zu trinken."

In der kühleren Jahreszeit können Kamele bis zu fünf Monate ohne Wasser auskommen. Dabei verlieren sie 40 % ihres Körpergewichts in Form von Flüssigkeit (verliert ein Mensch nur 12 %, ist er dem Tode nahe). Dafür können sie 120 l Wasser trinken, und zwar 12 l pro Minute – wir müssten dafür zehn Minuten lang alle fünf Sekunden eine Literflasche austrinken!

DIE FÜNF

SCHNELLSTEN SPRINTER

In vielen Wüsten gibt es nirgendwo Deckung, darum kann man nur durch Geschwindigkeit seinen Feinden entkommen oder Beute schlagen. Hier sieht man, welche Entfernung jedes Tier pro Sekunde zurücklegen kann.

1. **GEPARD (8,80 m)**
2. **STRAUSS (6,40 m)**
3. **ROTES KÄNGURU (4,30 m)**
4. **BESTER MENSCHLICHER SPRINTER (3,30 m)**
5. **DROMEDAR UND KAMEL (2,70 m)**

URIN-RECYCLING Der australische Wasserreservoirfrosch verbringt über 9/10 seines Lebens unterirdisch. In einem hautartigen Beutel wartet er auf Regen, damit er an die Oberfläche zurückkehren kann, um zu fressen und Nachkommen zu zeugen. Unter der Erde besteht fast die Hälfte seines Körpergewichts aus dem sehr wässrigen Urin in seiner Blase, den er nach und nach absorbiert, um seinen Wasserbedarf zu decken.

VORRATSWIRTSCHAFT Die Körnervorräte im Bau einer nordamerikanischen Känguru-Ratte können bis zu 1.000-mal mehr wiegen als sie selbst. Im Verhältnis dazu müsste ein Mensch einen 60-Tonnen-Laster mit Essen beladen!

REGENANBETER Die Knoblauchkröte aus der nordamerikanischen Sonorawüste verbringt elf Monate pro Jahr unter der Erde. Sie kommt nur während der Regenzeit im Juli an die Oberfläche.

WASSERWÜHLER Die Ameisen in der chilenischen Atacama-Wüste graben bis zu drei Meter tiefe Tunnel, um an unterirdische Wasseradern zu kommen.

VORSICHT! Die Gila-Krustenechse und die mexikanische Perleidechse sind die einzigen giftigen Eidechsen der Welt.

GIFTIG Kleine nordafrikanische Wüstenskorpione wie der Sahara-Dickschwanzskorpion und der Gelbe Skorpion brauchen weder Kraft noch Körpergröße, um ihre Beute zu töten oder kampfunfähig zu machen – sie spritzen starkes Gift aus dem Stachel ihres gebogenen Schwanzes. Gesunde Erwachsene überleben dies normalerweise, obwohl sie stundenlang schreckliche Schmerzen haben, aber alte, junge, kranke und schwache Menschen sterben meist nach etwa sieben Stunden.

BEINLOS Die Opusik-Eidechse hat keine Beine und einige Exemplare auch keinen Schwanz! Wenn sie angegriffen wird, bricht der Schwanz ab und kriecht zur Ablenkung allein davon.

ELEGANTES BLUT

Nur bei Kamelen sind die mikroskopisch kleinen roten Blutkörperchen oval – bei allen anderen Säugetieren ähneln sie runden Untertassen.

In Tunesien wird durchschnittlich jeden Tag ein Mensch durch einen Skorpionbiss getötet! Die Hauptfläche dieses nordafrikanischen Landes besteht aus der Sahara, in der Millionen dieser Insekten leben.

Wenn der australische Dornteufel (Moloch Horridus) seinen Schwanz in eine Pfütze taucht, wird das Wasser durch winzige Rillen in seinen Schuppen aufgenommen und von Kapillaren den ganzen Körper entlang in den Mund transportiert.

DIE FÜNF

TÖDLICHSTEN SPINNEN

1. TRICHTERSPINNE (ATRAX ROBUSTUS), AUSTRALIEN
2. SCHWARZE WITWE, AFRIKA
3. ROTE WITWENSPINNE (LATRODECTUS HASSELTI), AUSTRALIEN
4. BANANENSPINNE, NORDAMERIKA
5. BRAUNE EINSIEDLERSPINNE, NORDAMERIKA

LUST AUF BLÄTTER Nach einer ausgiebigen Mahlzeit besteht 1/3 des Körpergewichts eines Rüsseläffchens aus den Blättern in seinem Magen.

SCHWER IM MAGEN Ein großer afrikanischer Elefant frisst täglich über 160 kg – das Gewicht von zwei großen Menschen.

Die australische Regenbogenspinne (Ordgarius Magnificus) spinnt eine dünne, vier Zentimeter lange seidene Angelschnur. Als Köder befestigt sie ein klebriges Kügelchen daran und benutzt eins ihrer Vorderbeine als Angelrute.

UNDANKBARE GÄSTE Viele Holzwespenarten lähmen Raupen durch ihr Gift, legen ihre Eier in ihnen ab und vergraben die Raupen dann. Wenn die jungen Wespen ausschlüpfen, töten sie ihre Gastgeber, indem sie sich von innen nach außen durch sie hindurchfressen.

AUF DEM MARSCH Südamerikanische Wanderameisen und afrikanische Treiberameisen haben schon Menschenbabys in der Wiege gefressen. In ihren Kolonnen marschieren über eine Million Ameisen. Kleine Tiere, die ihnen nicht rechtzeitig aus dem Weg gehen können, werden totgebissen, von abertausend winzigen Greifzangen zerlegt und aufgefressen.

GASSCHNÜFFLER
In Südkalifornien benutzt man Truthahngeier, um Lecks in der Gasleitung zu finden!

Dies ist die kleinste Echse der Welt (in voller Lebensgröße). Das Erdchamäleon wiegt nur drei Gramm.

Besucher des Stockholmer Zoos dürfen (unter Aufsicht) Spinnen streicheln! Diese mexikanische Gelbknie-Vogelspinne macht es sich auf dem Gesicht eines Zoobesuchers gemütlich.

ACHTBEINIGE RIESEN

Die größte Spinne der Welt ist die südamerikanische Vogelspinne. Ihre Beine umspannen fast 30 cm, sie würde also Ihren Essteller ausfüllen. Etwas kleiner, aber schwerer ist die lachsfarbene, bodenbewohnende Vogelspinne (Lasiodora parahybana), ebenfalls aus Südamerika, die über 80 g wiegt. Einmal fraß eine solche Spinne zwei Frösche und zwei junge Schlangen und schlief danach zwei Wochen lang.

Taranteln jagen nachts Frösche, Vögel und Eidechsen. Sie zerquetschen ihre Beute mit ihren großen Reißzähnen.

Diese knallbunte Schlange, die Greifschwanz-lanzenotter, hat lange Fangzähne, mit denen sie ihre Beute erledigt. Mit aufgerissenem Maul schnellt sie vor, schlägt die Zähne durch Federn oder Fell und injiziert tödliches Gift.

RASANT Obwohl er über fünf Tonnen wiegt, kann der afrikanische Elefant schneller als der schnellste Sprinter rennen: über 40 km/h.

SCHWERER KOPF Das Geweih eines großen Elchs kann über 25 kg wiegen. Das ist so schwer, als trüge man ein achtjähriges Kind auf dem Kopf herum!

SCHWIERIGE LEKTION Ein Wissenschaftler beobachtete eine Schimpansenmutter, die ihrem Jungen beibrachte, Nüsse zu knacken, indem man mit einem Stein darauf schlägt. Als der Sprössling gelangweilt wegsah, gab sie ihm eine Ohrfeige!

BEVÖLKERUNGSEXPLOSION
Wenn eine normale Stubenfliege 500 befruchtete Eier legen würde, aus allen Eiern Fliegen schlüpften und diese sich wieder vermehrten, gäbe es jedes Jahr 30.000.000.000.000 Fliegen mehr!

BAUMBEWOHNER-REKORD Das größte Tier, das auf Bäumen lebt, ist der männliche Orang-Utan aus Südostasien, der über 80 kg wiegen kann – genauso viel wie ein Mensch.

LANGLEBIG Manche schwarze Gartenameisen wurden in einem künstlichen Ameisennest 20 Jahre alt. Im Verhältnis zur Körpergröße entspricht das einer menschlichen Lebensspanne von zehn Milliarden Jahren!

Das Picasso-Pantherchamäleon kann seine klebrige Zunge bis auf das Anderthalbfache seiner Körperlänge herausschnellen lassen, um eine Grille zu fangen – und sie dann innerhalb einer Zehntelsekunde wieder einziehen!

DOPPELT TRAURIGES ENDE

Jumbo war einer der größten Elefanten, die je gefangen wurden. Als man ihn um 1860 im Sudan einfing, kam er erst in den Pariser Zoo und dann 1865 in den Londoner Zoo. 1882 schickte man ihn nach Amerika zum Phineas T. Barnums Zirkus. Jumbo war 3,70 m hoch und wog etwa 6 Tonnen. Er starb 1885 bei einem Zugunglück in Kanada und es waren 150 Leute nötig, um seinen Kadaver den Bahndamm hinaufzuhieven. Er wurde ausgestopft und im Barnum-Museum ausgestellt, wo sein präparierter Körper 90 Jahre später bei einem Brand verkohlte. Sein Skelett ist immer noch im New Yorker American Museum of Natural History zu sehen.

KURZES LEBEN
Die gemeine Hausfliege hat mit durchschnittlich 17 bis 29 Tagen die kürzeste Lebensspanne aller Insekten.

VERWÖHNTE BABYS
Das Vampirfledermaus-Weibchen ist etwa so groß wie ein neugeborenes Kätzchen. Nach einer Tragzeit von sieben Monaten bringt sie jeweils ein einziges Jungtier zur Welt, das sie neun Monate lang säugt – viel länger als alle anderen Säugetiere ihrer Größe und fast so lange wie eine Menschenmutter!

LEBENSSAFT Für Vampirfledermäuse enthält Blut so viel Nährwert und ist so leicht verdaulich, dass ihr Magen viel kleiner und ihre Darmlänge mit knapp 20 cm viel kürzer ist als bei den meisten anderen Säugetieren.

STARKER KÄFER Der Nashornkäfer ist so stark, dass er einen Gegenstand schieben kann, der 850-mal schwerer ist als er.

BLITZSCHNELL Ein Floh kann unglaublich schnell beschleunigen: etwa 50-mal schneller als ein Spaceshuttle!

Während der Paarung beißt die Gottesanbeterin ihrem Partner den Kopf ab. Dies löst bei ihm einen Muskelreflex aus, wodurch mehr Sperma ausgeschüttet wird.

WINZIG, ABER TÖDLICH

Manche Pfeilgiftfrösche des Amazonasgebietes haben soviel Gift in ihrer Haut, dass damit über 1.000 Menschen umgebracht werden könnten. Würde man einen solchen Frosch ablecken, könnte das tödlich enden! Und doch ist ein Pfeilgiftfrosch kleiner als ein menschlicher Daumen.

KATZENREKORDE

- Das Muster eines Leopardenfells ist ebenso einzigartig wie die Fingerabdrücke eines Menschen.
- Tiger haben nicht nur gestreiftes Fell, sondern auch gestreifte Haut!
- Ein Gepard kann aus dem Stand in nur drei Sekunden eine Geschwindigkeit von 100 km/h erreichen.
- Der schwerste je gewogene Tiger brachte 465 kg auf die Waage.
- Ein Schneeleopard kann 15 m weit springen.
- Löwen ruhen sich mehr als 20 Stunden täglich aus.

MEIN LEBEN ALS LEOPARD

Man nennt Tom Leppard auch den Leopardenmann von Skye, denn sein ganzer Körper ist mit einer Leopardenmustertätowierung überzogen. Seit fast 15 Jahren lebt er in einer aus Steinen und Ästen erbauten Hütte auf einer Insel. Man erreicht ihn nur per Boot und anschließendem zweistündigem Fußmarsch.

Zum Baden taucht der Leopardenmann im Fluss unter und einmal pro Woche paddelt er mit seinem Kanu los, um Vorräte einzukaufen und seine Rente abzuholen. Er sagt, er habe alles, was er braucht und fühle sich nie einsam.

Leoparden können bis zu 90 kg schwer werden. Sie sollen zweimal so stark sein wie Menschen und können einen 270 kg schweren Kadaver – das Gewicht von vier Durchschnittsmenschen – zum Fressen auf einen 6 m hohen Baum schleppen!

Mehr als 99 % der Haut des Leopardenmannes sind tätowiert. Nur zwischen den Zehen und innerhalb der Ohren hat er sich noch nicht unter die Nadel begeben.

IM EIS ERHALTEN

Im Sommer 1997 fand die neunjährige Simion Jarkov bei Khatanga auf der Taimyr-Halbinsel in einem 23 Tonnen schweren Eisblock den 20.380 Jahre alten Kadaver eines Mammutmännchens.

Der französische Forscher Bernard Buigues, der sofort angereist kam, wollte das Mammut gern unversehrt ausgraben. Dazu musste der ganze Eisblock per Luftfracht in eine gefrorene Höhle transportiert werden. Dort begann man, das Eis mit Haarfönen zu schmelzen. Schon nach drei Tagen fand Buigues den Schädel des Mammuts! Doch als er tiefer vordrang, stellte er fest, dass kein Fleisch mehr an den Knochen haftete. Buigues hatte vorgehabt, das Mammut zu klonen, aber leider war das unmöglich.

FROSTIGE FAKTEN

- Temperatur an einem schönen Sommertag: 25 °C
- Wasser wird bei 0 °C zu Eis
- Meerwasser gefriert bei – 2 °C.
- Eine typische Küchengefriertruhe ist auf – 4 °C eingestellt.
- Das Blut von Eisfischen gefriert bei – 3 °C.
- Polarfüchse beginnen bei – 40 °C zu frieren.
- Kaiserpinguine können – 60 °C aushalten.
- Die kälteste Temperatur der Erde wurde am 21. Juli 1983 in der Antarktis gemessen: – 89 °C.

FREIER FALL

1997 sah ein Mitglied der österreichischen Bergwacht, wie ein Steinbock stolperte und in einen gewaltigen Abgrund stürzte. Unten stand das Tier einfach auf und trabte davon. Später maß der Bergführer die Absturzstelle mit einem Laser-Maßband. Der Steinbock war fast 1.000 m abgestürzt und hatte überlebt.

COOLE FLEDERMAUS Eine große Braune Fledermaus hielt ihren Winterschlaf in einem Labor-Kühlschrank. Sie schlief 344 Tage lang – über elf Monate – bei einer Temperatur knapp über dem Gefrierpunkt.

KÖNIG DER KATZEN Mit einer Körperlänge von über 2,60 m und einem Gewicht von über 300 kg ist der Sibirische Tiger nicht nur der größte Tiger, sondern die größte Großkatze der Welt. Er ist auch der seltenste Tiger und lebt am weitesten im Norden: im schneebedeckten Nordostasien. Es gibt nur noch knapp 200 Exemplare.

Bernard Buigues untersucht in Nordsibirien die Stoßzähne des Mammuts. Er hofft, dass der Dauerfrostboden den Mammutkadaver unversehrt erhalten hat.

DIE FÜNF

KÄLTEUNEMPFINDLICHSTEN TIERE

Manche Arten können extreme Bedingungen ertragen.

1 **POLARFÜCHSE** können tagelang bei - 30 °C überleben, wenn sie genug zu fressen haben.

2 **DER NORDAMERIKANISCHE MOSCHUSOCHSE** hat von allen Säugetieren das längste Fell: Es wird bis zu 1 m lang.

3 **DER ZENTRALASIATISCHE YAK** im Himalaja lebt auf Gletschern in 6.000 m Höhe.

4 **MOORSCHNEEHÜHNER** können sechs Wochen lang bei Temperaturen unter 0 °C überleben.

5 **SCHNEEAMMERN** nisten näher am Pol als alle anderen Vögel.

BLEICHE ARTGENOSSEN Albinos gibt es bei fast allen Tierarten, von Fröschen und Schlangen über Bisons, Tiger und Gorillas bis zum Wal. Es gibt sogar Albino-Eisbären! Der Mangel an Farbpigmenten ist eine Folge genetischer Mutation. Außer in eis- und schneebedeckten Gebieten fallen Albinos in der Wildnis so sehr auf, dass sie meist nicht lange überleben. Wenn zum Beispiel ein Albino-Tiger durch das Unterholz pirscht, sieht man ihn schon von weitem. Man schätzt, dass ca. einer von 10.000 Tigern fast oder ganz weiß zur Welt kommt.

HÖCHSTER JÄGER Der Schneeleopard lebt in größerer Höhe als jedes andere Raubtier: über 5.000 m hoch im Himalaja.

TIEFSCHLÄFER Murmeltiere, Streifen-Hüpfmäuse und andere sibirische Nager halten pro Jahr bis zu acht Monate Winterschlaf in ihrem Bau.

HAARIGER KÄLTESCHUTZ Der Moschusochse aus den eisigen Trockengebieten der Arktis hat ein so langes, dichtes und wolliges Fell, dass seine Körpertemperatur den Schnee nicht schmilzt, wenn er sich hinlegt.

EISIGER SCHLUMMER Waldfrösche, Frühlingspfeifer und andere Amphibien tauen jedes Jahr quicklebendig und völlig unversehrt wieder auf, nachdem sie über drei Monate lang fast tiefgefroren waren.

„Tiger können 50 kg Fleisch auf einmal fressen.“

Ein großer, hungriger Tiger kann fast 50 kg Fleisch auf einmal verputzen – das entspräche bei einem Durchschnittsmenschen einer Mahlzeit von etwa 25 kg Hamburgern.

INTIM MIT SKORPIONEN

2002 machte Kanchana Ketkeaw aus Thailand es sich in einem Glascontainer gemütlich und blieb dort 32 Tage lang. 3.400 Skorpione leisteten ihr Gesellschaft! Sie durfte den Container jeden Tag 15 Minuten lang verlassen.

Während dieses Marathons wurde Kanchana neunmal gestochen! Manche Skorpione starben in dieser Zeit, einige wurden geboren und manche kamen hinzu, damit die Anzahl konstant blieb. Jeden Tag fütterte Kanchana sie mit rohem Ei und gehacktem Schweinefleisch. Sie tritt täglich mit Skorpionen vor Touristen auf und steckt sie sich während der Vorstellung sogar in den Mund. Inzwischen wurde sie unzählige Male gestochen – so oft, dass sie nach Meinung der Ärzte wahrscheinlich immun ist.

Kanchana Ketkeaw lässt sich von den gefährlichen Stacheln nicht beeindrucken und lebt glücklich mit den Skorpionen zusammen.

„Es war wie in meinem Zimmer zu Hause, nur mit tausenden von kleinen Freunden“

TERMITEN! Die Königin der Termiten (oder Weißen Ameisen) legt täglich 80.000 Eier und ist die Mutter der ganzen Kolonie.

RASANTE SCHRITTE Wenn wir unsere Beine so schnell bewegen könnten wie eine Ameise, würden wir uns mit einer Geschwindigkeit von 500 km/h vorwärts bewegen.

DAS LÄNGSTE INSEKT Die indonesische Gespenstheuschrecke kann bis zu unglaublichen 33 cm lang werden!

GROSSE UNTERSCHIEDE

Manche Skorpionarten können bis zu 21 cm lang werden – so groß wie eine Männerhand! Diese Skorpione sind meist weniger giftig als die kleineren Arten, die nur 12 cm lang werden. Ein Stich dieser kleinen Skorpione kann Lähmungen verursachen.

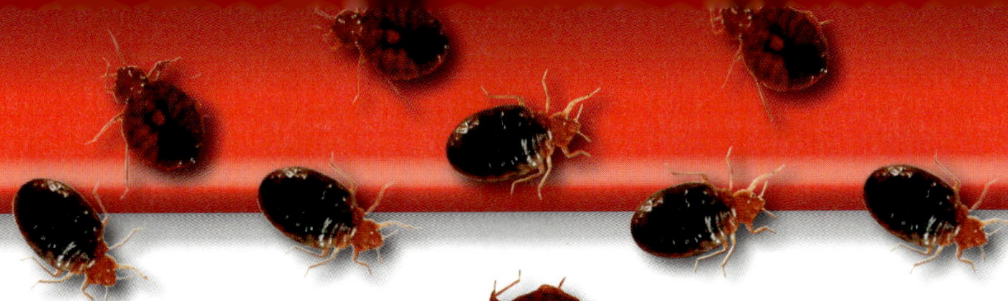

NEUES KRABBELZEUG Jedes Jahr werden fast 1.000 unbekannte Insektenarten entdeckt.

TÖDLICHE BIENE Die Honigbiene tötet weltweit jedes Jahr mehr Menschen als alle Giftschlangen der Welt zusammen.

STEILWANDKLETTERER Manche Insekten können Mauern und sogar Fensterscheiben erklettern. Das liegt daran, dass sie an den Füßen winzige Haken oder Saugnäpfe haben.

LECKERMAUL Die australischen Ureinwohner graben die Nester der Honigameise aus und essen die Insekten.

KNUSPRIGER IMBISS!

Auf dem Marktplatz von Phnom Penh in Kambodscha werden gegrillte Insekten und Spinnen an Imbissbuden verkauft. Haarige Taranteln, so groß wie Ihre Hand, sind als leckere Zwischenmahlzeit sehr beliebt. Im thailändischen Bangkok werden auf Spießchen gegrillte Würmer serviert. In China gelten kleine Skorpione als Delikatesse.

Winzige Wanzen ernähren sich von Menschenblut. Nach einer ausgiebigen Mahlzeit können sie sechs Monate lang fasten, bevor sie wieder fressen müssen.

WOLKENKRATZER-NEST Das Papiernest der brasilianischen Wespe sieht aus und schaukelt wie eine japanische Laterne, ist aber in Wirklichkeit ein Mini-Wolkenkratzer. Es hat mindestens 20 Stockwerke.

FLUGMEILEN Ein Monarchfalter kann 995 km weit fliegen, ohne auch nur ein einziges Mal zum Fressen anzuhalten!

NASEWEIS Eine Ameise hat fünf Nasen. Jede hat eine andere Funktion.

SCHÖNHEITSSCHLAF Schnecken schlafen oft sehr ausgiebig – bis zu drei Jahre lang!

Ein Teller voll gebratener Würmer – eine etwas ungewöhnliche Delikatesse! Wer solche Tafelfreuden genießen möchte, sollte in Thailand zur Imbissbude gehen.

Der Hochsprungweltmeister der Insekten ist die Schaumzikade. Sie kann wesentlich höher springen als ein Olympiasieger! Obwohl sie nur 3 mm lang ist, kann sie bis zu 70 cm hoch springen. Das entspricht einem Menschen, der über ein 200 m hohes Gebäude hüpft!

DIE FÜNF

HÖHENWELTMEISTER UNTER DEN VÖGELN

1 **ALPENDOHLE, 8.500** m hoch, Himalaja

2 **SINGSCHWAN, 8.200** m, nördliches Großbritannien

3 **STREIFENGANS,** über **8.000** m, Himalaja

4 **STEPPENADLER, 7.900** m, Himalaja

5 **BARTGEIER, 7.000** m, Himalaja

HOHE KOLLISION

1962 flog ein amerikanisches Electra-188-Flugzeug in 6.400 m Höhe über Nevada, als die Mannschaft im hinteren Teil der Maschine einen dumpfen Aufschlag hörte. Nach der Landung fand man Blut und Federn am Leitwerk. Es handelte sich um die Überreste einer Stockente.

LIEBESKRANKER SCHWAN In Hamburg verliebte sich ein Schwanenmännchen in ein schwanförmiges Tretboot. Sobald sich jemand dem Boot näherte, rastete der eifersüchtige Schwan total aus!

DÜNNE LUFT FÜR VÖGEL Vögel können höher fliegen als Fledermäuse, weil ihre Lungen dreimal mehr Sauerstoff aufnehmen können. In Höhen um 10.000 m enthält die Luft nur noch 2/5 des Sauerstoffs in Meereshöhe. Außerdem sinkt die Lufttemperatur auf unter - 40 °C.

SPITZEN-SCHMETTERLINGE Schmetterlinge wie der Kleine Perlmutterfalter und der Kleine Fuchs wurden beim Flug in 6.000 m Höhe beobachtet - und sie waren nicht etwa von einem Sturm so hoch hinaufgewirbelt worden.

TÖDLICHER STURZFLUG Das schnellste Tier der Welt ist der Wanderfalke. Wenn er Beute sichtet, rast er mit bis zu 240 km/h im Sturzflug auf seinen Fang zu und greift auch Vögel in der Luft.

HOCHFLIEGENDE MAHLZEIT Mexikanische Rauhautfledermäuse wurden kürzlich per Radar in über 3.000 m Höhe über Texas entdeckt. Millionen von ihnen verlassen in der Abenddämmerung ihre Höhlen, um umherziehende Motten zu jagen - meist in Höhen zwischen 600 und 1.000 m.

FLIEGENDER RÄUBER Die Skua-Raubmöwe überfällt in der Luft über dem Ozean andere Vögel, wenn diese von einer Mahlzeit zurückkehren. Sie bringt sie dazu, das halbverdaute Futter wieder auszuwürgen und frisst es dann im Flug.

DIE HÖCHSTEN FLÜGE

- **Die Concorde hatte eine Flughöhe von 18.000 m.**
- **Die Reiseflughöhe der meisten modernen Passagierjets beträgt 9.000 bis 10.000 m.**
- **Manche Vögel fliegen über 8.500 m hoch.**
- **Zirruswolken, normalerweise die höchsten Wolken, entstehen in 8.000 m Höhe.**

Mottenkokons können in unglaublichen Massen auftreten und manchmal einen Baum völlig zudecken.

ZOO IM WELTALL

1998 nahm ein Spaceshuttle ein „Neurolab“ mit ins All: eine Menagerie verschiedener Tiere, deren Reaktionen auf die Bedingungen im Weltraum getestet und erforscht werden sollten. Das „Neurolab“ beherbergte 1.000 Heuschrecken, 230 Schwertträgerfische, 120 Pantoffelschnecken, 150 Ratten und 18 trächtige Mäuse. Die Schwertträgerfische, Heuschrecken und Schnecken wurden auf dem Rückweg zur Erde seziert, um festzustellen, wie ihr Schwerkraftsinn auf die Schwerelosigkeit reagiert hatte. Die Resultate sollen Menschen helfen, die an bestimmten Formen der Taubheit leiden, bei denen das Innenohr und der Gleichgewichtssinn beeinträchtigt sind.

SCHLEUDERSITZ Die einzigen Überlebenden des katastrophalen Unfalls der Columbia-Raumfähre am 1. Februar 2003 waren Fadenwürmer. Als das Raumschiff beim Wiedereintritt in die Erdatmosphäre explodierte, wurde ein Spind aus dem Mitteldeck geschleudert, der den Behälter mit den Würmern enthielt. Er landete in Ost-Texas.

SPINNEN IM WELTALL In den 1970er Jahren wurden Spinnen in die Skylab-Raumstation gebracht, wo sie sehr unordentliche, lose Netze spannen. Auf dem verhängnisvollen Flug der Columbia-Raumfähre befanden sich auch acht Wespenspinnen (Eriophora transmarina), die eine Schule in Melbourne, Florida, zur Verfügung gestellt hatte.

WACHSTUMSTEST 1990 injizierte man 16 Laborratten während eines Shuttle-Fluges ein Wachstumshormon, um festzustellen, welche Körperteile in der Schwerelosigkeit wachsen würden und wie schnell. Dies war Teil einer Testreihe für ein neues, gentechnisch verändertes Wachstumspräparat.

TIERASTRONAUTEN Zwischen den 1970er und den 1990er Jahren hatte jeder der sieben russischen Cosmos-Biosatelliten je acht Rhesusaffen an Bord; außerdem waren insgesamt über 100 Ratten und Fruchtfliegen für genetische Forschungen geladen. Letztere hatten allerdings ein Problem: sie konnten sich in der Schwerelosigkeit nicht paaren.

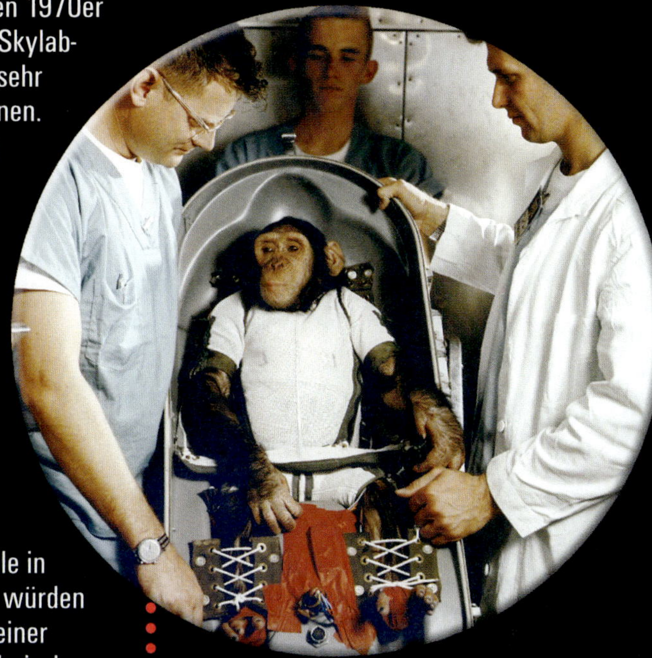

Ham, der erste Schimpansenastronaut, testete 1961 an Bord eines amerikanischen Mercury-Raumschiffs die Lebenserhaltungssysteme und kam gesund zurück.

OPFER DES WELTRAUMS In den späten 1950er Jahren starben etwa 13 Hunde und vier Affen im All, bevor die Weltraumwissenschaftler lernten, Tiere lebendig zurückzubringen.

PANIK IM WELTALL

Eine russische Hündin namens Laika, die man in Moskau als Streunerin aufgegriffen hatte, wurde am 3. November 1957 mit dem Sputnik 2 ins Weltall geschickt. Damals hieß es offiziell, sie habe danach noch einige Tage überlebt und sei dann schmerzlos eingeschläfert worden. Doch im Jahr 2002 entdeckte man Beweise dafür, dass sie schon nach wenigen Stunden an Hitzschlag, Panik und Stress starb. Ihr „Sarg“ beschrieb noch 2.570 Umlaufbahnen und verbrannte dann beim Wiedereintritt in die Erdatmosphäre. Im April 1958 fiel der Sputnik 2 als „Sternschnuppe“ wieder auf die Erde.

Laika, das erste Tier im Weltall, umkreiste die Erde in einer Höhe von fast 3.200 km.

KÖRPER & GEIST

Ripley's Einfach unglaublich!

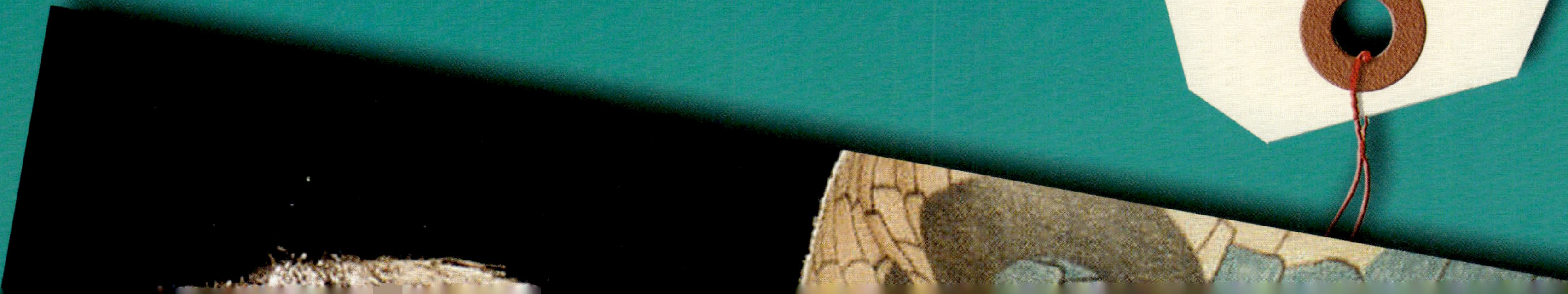

MUTTERHÄNDE!

Einer Legende zufolge sollen diese afrikanischen Fruchtbarkeitsstatuen bei Frauen, die sie berühren, eine Schwangerschaft bewirken. Seit das Ripleymuseum sie 1993 anschaffte, sind sie zum beliebtesten Exponat aller Zeiten geworden.

Die 1,50 m hohen und 32 kg schweren Statuen wurden in allen Ripley-Museen ausgestellt, in manchen sogar 2-mal, damit möglichst viele Frauen sie berühren konnten. Im ersten Ausstellungsmonat war das Museum in Florida völlig überlaufen, da so viele Frauen anreisten, um sie anzufassen.

Als die Statuen im Büro des Ripleymuseums in Florida standen, wurden innerhalb von 13 Monaten 13 Frauen schwanger! Die meisten waren Büroangestellte. Bald sorgten die Statuen für Schlagzeilen und sind seitdem schon zweimal um die Welt gereist. Über tausend Frauen behaupten, trotz schlechter Prognosen schwanger geworden zu sein, nachdem sie die Statuen berührt hatten.

Es gibt keine Regeln dafür, wo man die Statue anfassen muss, um die Empfängnischancen zu vergrößern – aber viele Frauen berühren das Baby der weiblichen Statue.

DOPPELT HÄLT LÄNGER

Bei etwa jeder 75-sten Geburt werden Zwillinge geboren (eineiige nur bei jeder 400-sten), Drillinge bei jeder 7.550-sten und Vierlinge bei jeder 620.000-sten Geburt. Es gibt nur drei bekannte Neunlingsgeburten: 1971 in Australien, 1972 in Philadelphia, USA, und 1977 in Bangladesch. Alle diese Babys lebten nur einige Tage lang. Frühere Berichte über Zehnlinge (1924 aus Spanien, 1936 aus China und 1946 aus Brasilien) wurden nicht bestätigt.

2003 bekam die Engländerin Nicky Owen (rechts im Bild) zweieiige Zwillinge. Sieben Jahre davor hatte sie eineiige Zwillinge zur Welt gebracht und sie selbst ist auch ein eineiiger Zwilling. Experten zufolge stehen die Chancen dazu elf Millionen zu eins.

Eine der größten Frauen der Geschichte war Ella Ewing aus Missouri in den USA. Hier steht sie zwischen ihren Eltern. Sie war 2,50 m groß. Der größte bekannte Mann der Welt war Robert Wadlow (1918–1940) aus Alton in Illinois. Er war fast 2,70 m groß und wuchs noch, als er starb.

LEBENDGEWICHT Nach der Geburt erhöht sich das Körpergewicht vom Säugling bis zum Erwachsenen um das 20-fache. Vor der Geburt vermehrt sich das Gewicht vom befruchteten Ei bis zum Fötus auf das 6-milliardenfache!

URIG Als der kleine Christopher 1989 in Wisconsin zur Welt kam, wurde die Amerikanerin Augusta Bunge Ur-ur-ur-urgroßmutter – eine Spanne von sieben Generationen.

SCHÖNER BROCKEN Das Baby Fedele, 1955 in Italien geboren, wog bei der Geburt 10,20 kg – dreimal so viel wie das durchschnittliche Geburtsgewicht.

FRÜHER AUFTRITT Normalerweise dauert eine Schwangerschaft von der Empfängnis bis zur Geburt 266 Tage. Im kanadischen Ontario kam James Gill schon nach etwas über der Hälfte dieser Zeit zur Welt: nach 128 Tagen. Mit 1.077 g wog er weniger als ein Drittel des normalen Geburtsgewichts (ca. 3,40 kg).

ANSICHTEN ÜBER ZWILLINGE Die afrikanischen Yoruba verehren Zwillinge – selbst Fremde bringen den Müttern Geschenke. Doch die afrikanischen Tumbuka verbannen die Zwillingseltern zwei Monate lang in den Dschungel, wo sie nur Rohkost essen dürfen.

WINZIGE ÜBERLEBENDE Im amerikanischen Illinois und in England wogen zu früh geborene Mädchen bei der Geburt unter 285 g – fast ein Zwölftel des Normalgewichts – und überlebten.

IN DER MINDERHEIT Nachdem 110 Jahre lang in der Familie Westerholm im amerikanischen North Dakota nur Knaben geboren worden waren, kam 1992 die Tochter Skylar zur Welt!

ERGIEBIGER AUGENBLICK In jeder Sekunde werden weltweit drei Babys geboren.

LEBERKIND 2003 wurde ein gesundes Baby geboren, das sich an der Leber der Mutter entwickelt hatte. Die Leber ist besonders gut durchblutet.

Im Alter von sechs Wochen hatte Margrette Klever bereits schulterlanges Haar.

KLEINER MANN Gul Mohammed aus Indien, gemessen 1990, war nur 57 cm groß.

OH, DIESE FRANZÖSINNEN!

Selbst beim heutigen Stand der Medizin können Frauen in sehr fortgeschrittenem Alter keine Kinder mehr bekommen. Doch in den 1770er Jahren wurde berichtet, dass La Belle Paule Fieschi mit 90 Jahren in Paris einen Sohn gebar.

Die wahrscheinlich ungewöhnlichste Geburt der Welt fand 1954 statt, als Mrs. Boyd Braxton im Alter von 28 Jahren Drillinge in verschiedenen Wochen gebar! Hier sieht man sie mit ihren sechs älteren Kindern – sie sind zwei, drei, vier (Zwillinge), fünf und sechs Jahre alt – kurz bevor sie den dritten Drilling zur Welt brachte. Die ersten beiden Drillinge waren schon 18 Tage zuvor geboren worden! Der Grund: Mrs. Braxton hatte zwei Gebärmütter, deshalb konnten zwei Drillinge zu einem anderen Zeitpunkt zur Welt kommen als der dritte!

KLEINE FRAU Marge Bester aus Südafrika war nur 65 cm groß.

ZÄHE GENE Die Zwillingsbrüder John Phipps und Eli Shadrack, 1803 in Virginia in den USA geboren, lebten über 107 Jahre. Ein weibliches eineiiges Zwillingspaar aus St. Louis in Missouri wurde 104.

ÜBERRAGEND Das konservierte Skelett der Engländerin Jane Bunford (1895–1922) war 2,20 m groß. Die Chinesin Zeng Jinlian (1964–1982) wäre im Stehen größer gewesen (2,50 m), konnte sich aber wegen einer schweren Rückgratverkrümmung nicht ganz aufrichten.

GANZ SCHÖN RÜSTIG Im kalifornischen Glendale gebar Ruth Kistler 1965 im Alter von 57 Jahren eine Tochter. Die 63jährige Rosanna Dalla Corta bekam 1994 in Italien nach einer Fruchtbarkeitsbehandlung einen Sohn. 2003 brachte Satyabhama Mahapatra im indischen Chattisgarh mit 65 Jahren einen Sohn zur Welt!

Als Salvador Quini aus Salta in Argentinien, genannt „Herkules-Knabe“, zwei Jahre alt war, konnte er bereits Gewichte stemmen, die schwerer waren als er selber!

EIDECHSENARTIG!

Erik Sprague, ein Entertainer aus dem Staat New York, hat über 21.500 Dollar ausgegeben, um seinen Körper eidechsenähnlich zu gestalten!

Auf der Bühne isst Erik lebende Larven.

Erik Sprague unterzog sich 1977 einer Operation, um seine Zunge nach Echsenart zu spalten.

Schon mit drei Jahren liebte Erik Eidechsen und wollte ihnen ähnlich sehen. Mit 18 begann er, seinen Körper durch Eingriffe verändern zu lassen, indem er sich zunächst die Ohrläppchen durchstechen ließ. Darauf folgte eine ganze Serie von Body-Piercings und Tätowierungen. Er ließ sich auch die Ohrläppchen länger ziehen, die Zunge spalten, die Zähne spitz feilen und Teflon-Implantate in die Stirn einsetzen – all dies diente der Umgestaltung des echsenbesessenen Erik. Seit 1999 reist er mit einer Ein-Mann-Show herum. Auf der Bühne spuckt er Feuer, liegt auf einem Nagelbett, schluckt Schwerter und „schießt" kleine Pfeile aus seiner Nase.

Während einer Tournee lernte er seine Lebenspartnerin Meghan kennen, mit der er nun in Austin, Texas, zusammenlebt. Als Nächstes möchte Erik sich einen Schwanz implantieren lassen!

FESSELND

Bis ins frühe 20. Jahrhundert ließen sich chinesische Damen der Oberschicht, hauptsächlich Angehörige der Han-Dynastie, die Füße einschnüren. Oft wurden die Zehen unter die Fußballen gebogen und mit Bandagen an den Knöcheln befestigt. Dadurch entstand ein übertrieben hoher Spann und die Zehen und Fußballen wurden fast unter die Ferse gepresst. Das Ergebnis war die so genannte „Lilie" oder der „Lotusfuß", der als Zeichen von Reichtum und edler Abstammung galt. Aufgrund dieser Verunstaltung konnten die Damen jedoch kaum gehen und wurden auf Tragesesseln oder in Liegesänften herumgetragen.

In manchen Gebieten Afrikas gelten runde Teller, die in die Lippen eingesetzt werden, um diese nach vorn auszudehnen, als Schönheitsideal. Die Teller werden zu bestimmten Zeremonien getragen und können entfernt werden, obwohl die Lippen dann schlaff herunterhängen. Sie bestehen aus Holz oder Ton und sind oft mit Pflanzenpigmentfarbe mit Stammesmustern bemalt. Manche Teller haben einen Durchmesser von über 30 cm.

Ripley's
Lippenteller
Exponat Nr. 22592
Wachskopf einer afrikanischen Ubangi-frau aus Tschad mit Tellerlippen

SCHLANKHEITSKLAMMERN Um abzunehmen, haben sich einige Menschen den Magen zusammenklammern lassen, um ihn zu verkleinern und dadurch früher und mit weniger Nahrung ein Gefühl der Sättigung zu erreichen.

SPITZENMACHT Zugespitzte Zähne gelten in einigen Gebieten Afrikas und Asiens als Symbol waidmännischer Überlegenheit, eines hohen Rangs oder eines verehrungswürdigen Status. Die Zähne werden meist mit Feilen aus Stein oder Hartholz spitzgefeilt.

HUNGERKÜNSTLER Zwischen 1971 und 1973 nahm die Engländerin Dolly Wagner aus London innerhalb von 20 Monaten bei einer rigorosen Diät 130 kg ab.

VERZWEIFLUNGSTATEN Menschen haben alles Erdenkliche unternommen, um Pfunde loszuwerden, darunter das Entfernen des Körperfetts durch Absaugen oder das Verdrahten und Zubinden der Kiefer. Letzteres schränkt die Nahrungsaufnahme drastisch ein.

BILDREICH Wilfred Hardy aus England ließ 96 % seines Körpers, einschließlich der Zunge und der Innenwangen, tätowieren.

„25 Ringe am 45 cm langen Hals"

DEN HALS RISKIEREN

Seit Jahrhunderten lassen sich Frauen (und manchmal auch Männer) in einigen Gebieten Afrikas und Asiens die Hälse strecken. Die Paduang und Kareni aus Myanmar in Burma haben Halslängen von bis zu 45 cm erzielt. Schon in früher Kindheit werden fünf Ringe um den Hals eines Paduang-Mädchens gelegt. Dann wird jedes Jahr ein Ring hinzugefügt, bis es 25 sind! Die Messingringe werden ein Leben lang getragen und nur bei Frauen entfernt, die Ehebruch begangen haben. Dann sind die Nackenmuskeln so geschwächt, dass sie den Kopf ohne die Messingringe nicht mehr tragen können. Das bedeutet, dass die Frau, wenn die Ringe entfernt werden, ersticken kann, weil ihr Hals zusammenfällt.

Obwohl es so aussieht, verlängern die Ringe den Hals eigentlich nicht, sondern drücken durch ihr Gewicht und den Druck die Schultern nach unten.

TITEL VERLOREN

Während einer 16-monatigen Abmagerungskur im Krankenhaus nahm John Minnoch – davor der schwerste Mann der Welt – 420 kg ab. Das meiste Gewicht bestand aus Flüssigkeit, die sich aufgrund seiner ungenügenden Herzfunktion im Körper angestaut hatte.

FARBIGE FRAU Der Körper von „Krystine Kolorful", einer kanadischen Artistin, ist zu 95 % mit bunten Tätowierungen bedeckt.

RASENDE NÄGEL Fingernägel wachsen fast viermal so schnell wie Zehennägel.

PLATSCH! Durchschnittlich bestehen etwa zwei Drittel des menschlichen Gewichts aus Wasser.

SOFORTDIÄT In den USA wird fast jede Stunde eine Fettabsaugung durchgeführt. Dies ist wahrscheinlich die beliebteste Schönheitsoperation. Dabei wird das Fettgewebe „aufgelöst" und durch Absaugung oder Abkratzen entfernt – und man nimmt augenblicklich ab.

GUTEN APPETIT Manche Schlankheitsfanatiker haben Parasiten wie Bandwürmer und Rundwürmer verschluckt, um ihren Appetit zu zügeln.

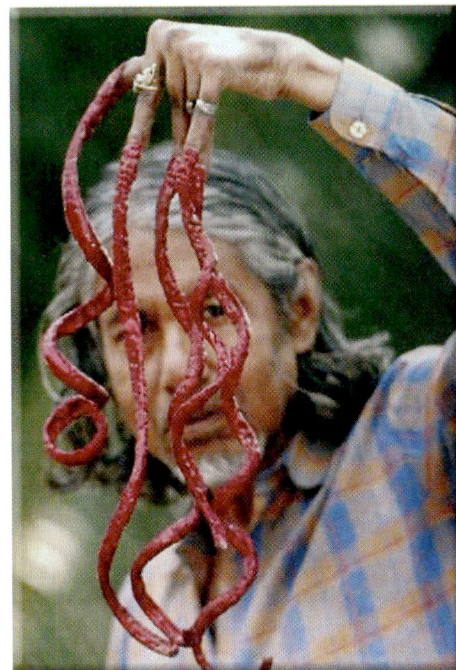

Der arbeitslose Inder Murari Aditya aus Kalkutta hat sich seit 1962 die Fingernägel nicht geschnitten! Die Gesamtlänge all seiner aneinander gelegten Nägel würde 3,20 m betragen.

KÜNSTLERISCHE FORTSCHRITTE Der Engländer Rusty Field ließ 85 % seines Körpers mit Tätowierungen bedecken. 2.500 Muster hat er in 20 Jahren „gesammelt".

Isobel Varley aus Großbritannien ist angeblich die tätowierteste Frau der Welt. Sie hat außerdem 49 Body-Piercings.

UNZÄHLIG Bernard Moeller aus Amerika hat über 14.000 Tätowierungen.

PRÄHISTORISCHE TÄTOWIERUNGEN Der älteste noch erhaltene Mensch der Welt, „Ötzi" aus den Ötztaler Alpen, starb vor ca. 5.300 Jahren. Er hatte mehrere Tätowierungen: u. a. Streifen an einem Fußknöchel, ein Kreuz in der Kniekehle und parallele Querlinien am unteren Rücken.

Der türkische Architekt Mohammed Rashid verlangt von jedem, der seinen 1,60 m langen Schnurrbart fotografieren will, fünf Dollar!

Der Inder Sardar Pishora Singh hat sein neun Zentimeter langes Augenbrauenhaar seit 1995 wachsen lassen!

Die Haare dieses indischen Heiligen, der am Ambubachi-Festival in Guwahati teilnahm, sind über 4,06 m lang.

HAARIGES

- **Wenn Ihnen die Haare zu Berge stehen, ist dies ein biologischer Verteidigungsmechanismus, der Sie größer aussehen lässt!**
- **Ein Mann, der sich weder rasieren noch seinen Bart stutzen würde, bekäme im Lauf seines Lebens einen neun Meter langen Bart!**
- **Nach einer Haartransplantation vergehen etwa drei Monate, bevor die echten Haare wieder anfangen zu wachsen.**
- **Anhand eines einzigen Haares können forensische Wissenschaftler Alter, Geschlecht und Abstammung eines Menschen ermitteln.**

Al Elderkin aus Wrights Pen in England hat sich 40 Jahre lang weder gewaschen noch ausgezogen oder den Hut abgenommen! Seine Haare wuchsen durch die Krempe seines zerfetzten Hutes.

1938 hatte Maude Williams aus Oakland in Kalifornien zwei Meter lange rote Haare.

EMSIGER WUCHS Ein Mensch verliert täglich etwa 100 Kopfhaare und fünf Augenwimpern. Sie wachsen jedoch gleich wieder nach.

GANZ SCHÖN HAARIG Wenn man alle Haare, die innerhalb eines Jahres am ganzen Körper wachsen, zusammenlegen würde, wären sie über 20 km lang.

HAARIGE LÄNGEN Viele Menschen haben ungewöhnlichen Haarwuchs mit Haarlängen von über fünf Meter. Barthaare können genausolang werden: der Bart des Norwegers Hans Langseth war fünf Meter lang, als er 1927 starb.

DURCH DICK UND DÜNN Hellhäutige oder blonde Menschen haben etwa 130.000 Kopfhaare. Bei braunem Haar verringert sich die Zahl auf 110.000, bei schwarzem auf ca. 100.000, und rothaarige oder rotblonde Menschen haben nur etwa 90.000 Haare.

Der Bart des Astrologen Shibsankar Bharati ist seit 20 Jahren gewachsen und insgesamt zwei Meter lang.

Grace Gilbert reiste zu Beginn des 20. Jahrhunderts mit dem Ringling Brothers & Barnum & Bailey-Zirkus.

Dieses Foto aus dem Jahr 1907 zeigt Grace Gilbert im Alter von 32 Jahren. Sie war 1,75 m groß und ihr Bart war 25 cm lang!

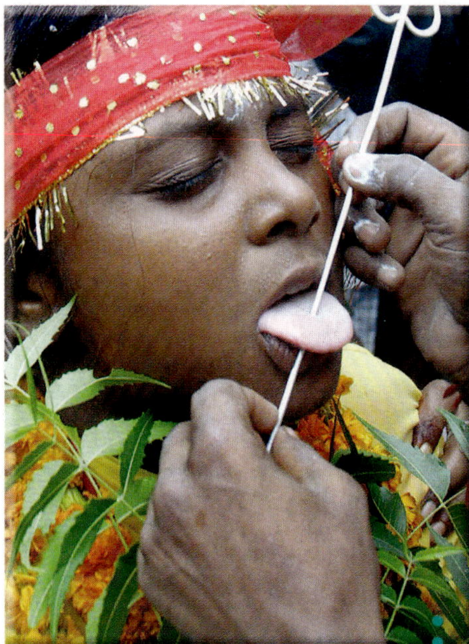

Um ihre Hingabe zum örtlichen Hinduismus zu zeigen, lassen sich fromme Tamilen scharfe Spießchen durch Wangen, Zunge oder andere Körperteile stechen.

Der Belgier Alex Lambrecht hat über 140 Piercings, die er sich alle selbst gestochen hat! Alle Schmuckstücke zusammen wiegen über ein halbes Kilo.

TEURE SCHÖNHEIT Die Amerikanerin Cindy Jackson unterzog sich innerhalb von zehn Jahren 27 Schönheitsoperationen, die zusammen über 100.000 Dollar kosteten – darunter drei Liftings, Brustverkleinerungen, anschließende Brustvergrößerungen und sogar Veränderungen der Knie.

HOCH HINAUS Die Sehnsucht, größer zu sein, kann genausogroß wie der Wunsch nach Schlankheit sein. In vielen Fällen ist es möglich, Menschen fünf bis zehn Zentimeter größer zu machen. Dazu werden Knochen in die Schienbeine und Oberschenkelknochen implantiert und chirurgische Eingriffe an Muskeln, Sehnen und Bändern vorgenommen.

KOSTENWACHSTUM Wer größer werden will, muss zahlen. Die Operationskosten sind in jedem Land verschieden. In den USA liegen sie bei ca. 75.000 Dollar.

„Ich habe 27 Jahre meines Lebens im Schlafzimmer verbracht."

SCHWERGEWICHT

1987 wog Walter Hudson aus New York über 635 kg. Durchschnittlich ernährte er sich täglich von zwei Packungen Würstchen, 0,5 kg Speck, 12 Eiern, einem Laib Brot, vier Hamburgern, vier Cheeseburgern, acht Portionen Pommes frites, drei Schinkensteaks, zwei Hühnern, vier Backkartoffeln, vier Bataten und vier Brokkoliköpfen. Zu jeder Mahlzeit trank er etwa sechs Liter Limonade. Hudson verbrachte 27 Jahre seines Lebens in seinem Schlafzimmer und wurde berühmt, als er in der Tür hinfiel und acht Feuerwehrmänner drei Stunden brauchten, um ihn zu retten. Mit der Unterstützung des Komikers Dick Gregory nahm Hudson 272 Kilo ab und gründete ein Kleidungsversandhaus für Frauen mit Übergrößen. Als er 1991 starb, wog Hudson 465 kg.

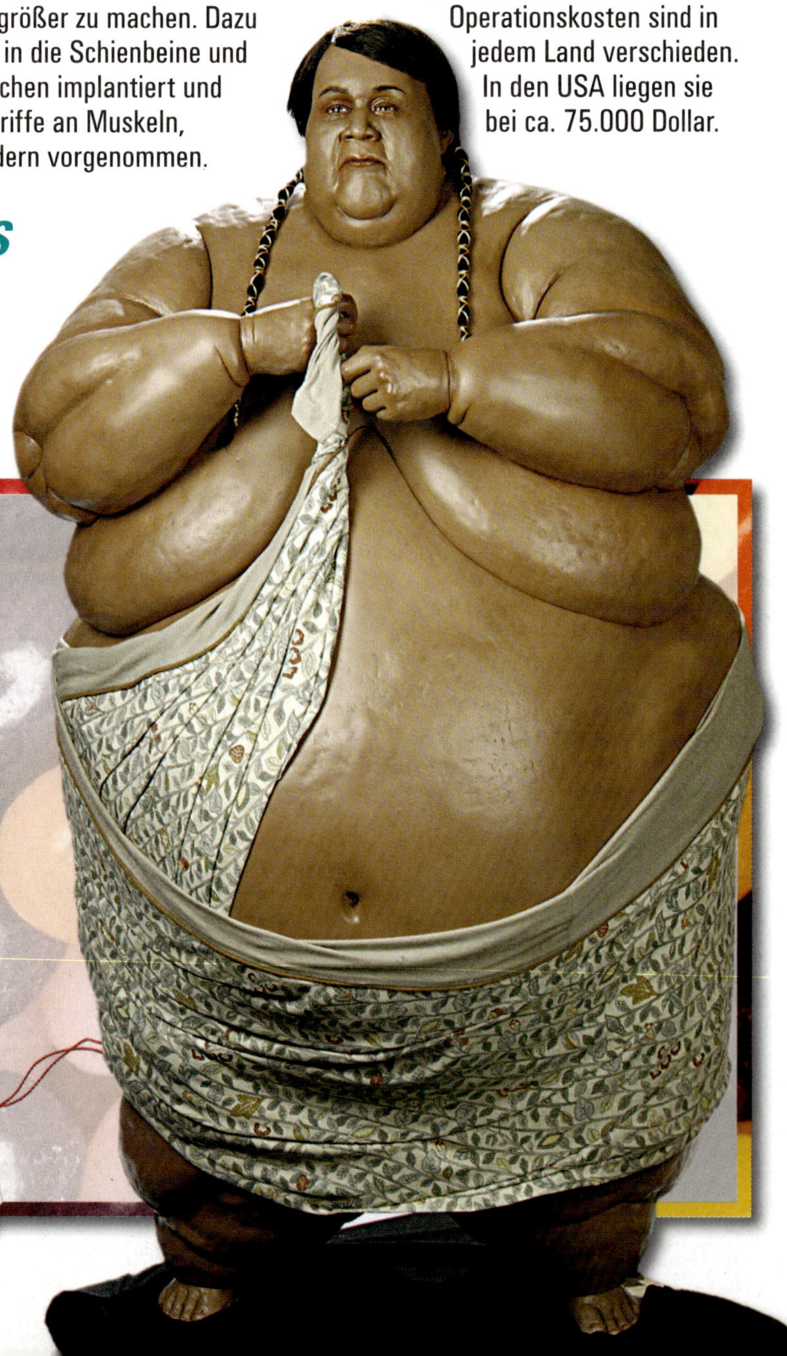

Ripley's
Walter Hudson
Exponat Nr. 1447
Wachsfigur von Walter Hudson, dem ehemals schwersten Mann der Welt

John Kamikaze hängt während des Body Craze Events an acht Fleischerhaken von der Decke und spielt eine Szene aus dem Zeichentrickfilm The Water Babies nach!

KÖRPERMANIE

Die Dehnfähigkeit der menschlichen Haut schockte Passanten während einer Reihe von Live-Shows im Londoner Kaufhaus Selfridges.

Als größtes und schwerstes Organ des menschlichen Körpers ist die Haut ziemlich zäh und kann beträchtliche Strapazen aushalten. Der Performance-Künstler John Kamikaze und sein Partner Helmut demonstrierten dies im Mai 2003 während des Body Craze Events im Londoner Kaufhaus Selfridges. Durch Luken im Schaufenster konnten Schaulustige zusehen, wie die beiden durch Glasscherben schwammen und an Fleischerhaken, die man ihnen durch die Haut gesteckt hatte, von der Decke hingen.

Für eine Episode der Ripley-Fernsehshow quetschte sich Rick Maisel in eine Waschmaschine und ließ sich herumschleudern!

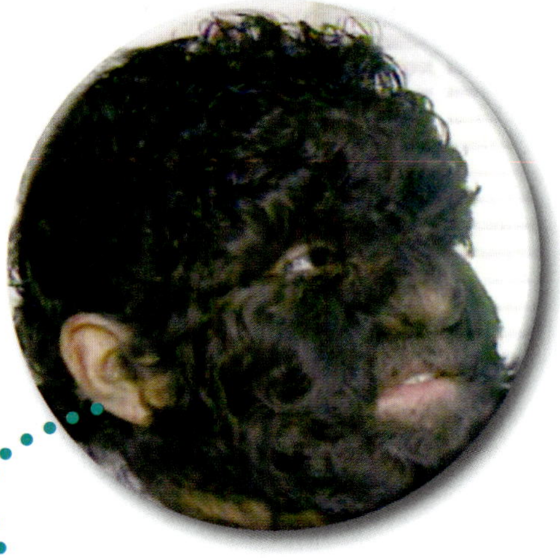

Larry Gomez wurde mit einer Hormonstörung geboren. Sein Haar wuchert übers ganze Gesicht und den ganzen Körper.

GEWICHTIGER MANN Als der Amerikaner Jon Minnoch 1978 ins Krankenhaus kam, schätzte man sein Gewicht auf 630 kg. Zum Vergleich: der gigantische Sumo-Meister Emmanuel Yarborough wiegt 350 kg.

VIEL FRAU Eine der schwersten Frauen der Welt war die Amerikanerin Rosalie Bradford, die 1987 ihr Höchstgewicht von ca. 544 kg erreichte.

DIE MENGE MACHT'S Der menschliche Körper besteht aus mindestens 50 Millionen Zellen. Jede Minute sterben ca. 3.000 Millionen Zellen ab und werden umgehend ersetzt.

AUGENMERK Die Augenlinse ist das einzige interne Körperteil, das ein Leben lang weiterwächst.

SCHARFES LÄCHELN Als Symbol überragender Schönheit werden die Zähne junger Pygmäenfrauen aus Zentralafrika mit Macheten zu Dreiecken geformt.

MENSCHENSTAUB 75 % des Hausstaubes bestehen aus abgestorbener Haut.

ZELLENLEBEN Die Lebensdauer unserer Körperzellen ist unterschiedlich: eine Zelle der Innenwangen oder eine Knochenmarkzelle lebt 12 Stunden lang, eine Magenschleimhautzelle zwei Tage, die Zellen der weißen Blutkörperchen zwei Wochen, eine Hautzelle einen Monat, eine Leberzelle 18 Monate und eine Nervenzelle fast das ganze Menschenleben.

AN DEN ZÄHNEN HERBEIGEZOGEN Arpad Nick aus Ungarn zog eine 36 Tonnen schwere Boeing 737 mit seinen Zähnen zehn Meter weit!

WEITSICHT Von einem Gipfel oder einem anderen Aussichtspunkt aus kann das menschliche Auge in einer klaren, mondlosen Nacht ein brennendes Streichholz in 80 km Entfernung sehen. Astronauten können Fahrrinnen von Schiffen sogar aus der Erdumlaufbahn sehen.

DICKHÄUTIG

In den 1920er Jahren litt ein Mann des afrikanischen Kalinda-Stammes an der Cheloid-Krankheit, die übermäßige Narbenbildung verursacht. Immer, wenn er die verdickte Haut abschnitt, wuchs eine neue Narbe nach. Berichten zufolge war seine Haut schließlich zwei Zentimeter dick und sah aus wie die Haut eines Nashorns.

Pascal Pinon, geboren 1887 in Lyon in Frankreich. Das Foto stammt aus dem Jahr 1927, als er 40 war.

Dem Bauern Wang aus der Mandschurei in China wuchs ein 33 cm langes Horn aus dem Hinterkopf.

GROSSE GEFÄSSE Im menschlichen Körper befinden sich 96.500 km Blutgefäße, die das Blut in jeden Körperteil transportieren.

BEWEGUNGS-MECHANIK

Zur Skelettmuskulatur gehören 640 Muskeln; davon befinden sich über 100 in Kopf, Gesicht und Hals. Wir benutzen:

- **sechs Muskeln, um ein Auge zu bewegen**
- **20, um einen „Kussmund" zu machen**
- **25 für ein Lächeln**
- **30, um einen Fuß einwärts zu drehen**
- **35, um einen Fuß nach außen zu drehen**
- **45 für ein Stirnrunzeln**
- **50, um einen Schritt vorwärts zu machen**
- **75 zum Sprechen.**

Königin Margarete von Frankreich (1553–1615) hatte Taschen im Futter ihres voluminösen Rocks, damit sie die Herzen ihrer 34 ehemaligen Liebhaber stets bei sich tragen konnte! Jedes Herz war einbalsamiert und in einem Kästchen versiegelt!

MASSENHAFT ZÄHNE!

Die meisten Menschen haben auf ihr Leben verteilt insgesamt 52 Zähne – 22 Milchzähne und 30 bleibende. Berichten zufolge wuchsen manchen Menschen jedoch drei Sätze von Zähnen. Als Antonio Jose Herrera aus dem amerikanischen New Mexiko zehn Jahre alt war, trat ihm ein Pferd alle Zähne aus, doch dann wuchs ein neuer Satz nach. 1896 berichtete ein französischer Arzt vom „Fall Lisson": einem Patienten, dem ein vierter Satz Zähne wuchs. Ein gewisser Dr. Slave verlor seine Zähne mit 80 Jahren, aber fünf Jahre später wuchs ein dritter Satz nach, der ihm bis zu seinem Tod mit 100 Jahren erhalten blieb. Am anderen Ende der Skala steht Sean Keany, der 1990 in England mit nur insgesamt 12 Zähnen zur Welt kam.

FARBENFROH Ein Durchschnittsmensch blinzelt im Lauf seines Lebens über 300 Millionen Mal und kann über sieben Millionen Farbschattierungen wahrnehmen – darunter über 500 Graustufen.

HIGH SOCIETY Je höher man hinaufsteigt, umso tiefer fällt der Luftdruck. In hohen Berggebieten wie den Anden haben sich die Menschen mit der Zeit an die dortigen Bedingungen angepasst. Sie haben kürzere Arme und Beine als Flachlandbewohner, damit das Blut eine kürzere Strecke zurückzulegen hat, und größere Lungen, um im niedrigen Luftdruck zu überleben.

DAUERZWINKERN Im Schnitt zwinkert ein Mensch 25-mal pro Minute! In einem Jahr zwinkern Sie also etwa 13.140.000-mal!

FINGERZEIG 1921 stellte sich bei einer Autopsie in London, England, heraus, dass ein Baby 14 Finger und 15 Zehen hatte.

BLUTIG VERTEILT Zu jedem Zeitpunkt befinden sich 3/4 unseres Blutes in den Venen, während nur 1/20 durch die Kapillaren fließt – das sind die kleinsten Blutgefäße, die das Gewebe mit Sauerstoff versorgen.

Ein Junge namens Babaji wird von seiner Dorfgemeinschaft angebetet, weil er unglaublicherweise mit einem Schwanz zur Welt kam.

„Sie zwinkern im Leben ca. 300.000.000-mal"

Diese spanische Familie zeigt ihre zwei-, drei- und vierfingerigen Hände.

FUSSARMUT Bei den Kalanga in der afrikanischen Kalaharisteppe und bei den Wadormo von Sambesi gibt es Menschen, die nur zwei Zehen pro Fuß haben.

KOPFLASTIG Ein typisches Menschenhirn wiegt 1.400 bis 1.500 g. Das Gehirn des im 17. Jahrhundert berühmten französischen Wissenschaftlers Baron George Cuvier wog 1.810 g und war eins der schwersten gesunden Gehirne der Welt.

Über 1.000 Fratzen kann ein Gesicht schneiden. Fratzenschneider haben dies bei einem Ripley-Wettbewerb in Atlantic City weidlich demonstriert.

LÖCHRIGES STUDIUM

1822 wurde der Franco-Kanadier Alexis St. Martin in die Seite geschossen. Dr. William Beaumont behandelte ihn, aber St. Martin behielt ein 2,50 cm großes Loch im Magen. Eine Zeit lang nutzte Dr. Beaumont dieses Loch, um den Magen zu erforschen, aber dann flüchtete St. Martin und wurde trotz des Loches 82 Jahre alt.

LANGLEBERIG Die Leber kann immer noch funktionieren, wenn 80 % ihrer Masse entfernt wurden, und erlangt innerhalb von zwei Monaten ihre ursprüngliche Größe wieder!

SCHMERZLOS Das menschliche Gehirn selbst hat keine Empfindungen. Die Nerven befinden sich nebst Venen und Arterien in der umgebenden Membrane. Bei einer reinen Gehirnverletzung würde ein Mensch also keinerlei Schmerz empfinden.

SCHLUCK! Wir produzieren täglich ungefähr einen Liter Speichel, der größtenteils von den Eingeweiden aufgenommen wird. Insgesamt werden täglich sogar vier Liter Verdauungssäfte und Speichel produziert, von denen nur 100 ml im Verdauungsprozess verloren gehen.

WASSER, WASSER ÜBERALL ... Der menschliche Körper besteht zu 2/3 aus Wasser und die Hälfte davon befindet sich in den 640 Muskeln. Sogar Knochen bestehen zu einem Fünftel aus Wasser.

ZWEIMAL HINSEHEN Etwa jeder 200. Mensch hat unterschiedlich gefärbte Augen.

ENGLISCHE KNAPPHEIT In der englischen Sprache bestehen zehn Körperteile aus nur drei Buchstaben: leg, arm, ear, lip, gum, rib, jaw, eye, toe and hip. (Zu Deutsch: Bein, Arm, Ohr, Lippe, Zahnfleisch, Rippe, Kiefer, Auge, Zeh und Hüfte.)

MEISTER-HÄUTER Etwa alle 27 Tage werden die Außenhautzellen eines Menschen abgestoßen und wieder erneuert! Ein Mensch bildet also ungefähr 1.000-mal im Leben eine komplett neue Haut.

STARRES NIESEN Sowohl die Herzfunktion als auch alle anderen Körperprozesse stehen still, wenn der Mensch niest!

FÜNF

EXTREME LÄNGEN

Wenn man sie aneinander fügen und gerade ziehen würde, hätten folgende Teile Ihres Körpers folgende Längen:

1. **NERVEN (INKLUSIVE MIKRONERVEN) – 160.000 KM (FAST DIE HALBE STRECKE VON DER ERDE BIS ZUM MOND)**
2. **BLUTGEFÄSSE – 80.000 KM ODER ZWEIMAL UM DIE ERDE**
3. **WINZIGE NIEREN-FILTER-RÖHREN (NEPHRONE) – ÜBER 100 KM**
4. **SCHWEISSDRÜSENAUSFÜHRUNGSGÄNGE – 50 KM**
5. **SPERMA PRODUZIERENDE HODENKANÄLCHEN – 220 M**

MENSCHLICHE NADELKISSEN

Aufgrund einer Anomalie in der Entwicklung der Nerven empfinden manche Menschen wenig oder gar keinen Schmerz. Einige bestreiten als „menschliche Nadelkissen" ihren Lebensunterhalt.

Paddy Davidson kann sich Nägel oder Spießchen durch Wangen, Hals, Hände und Füße stechen. Lauren Oblondo konnte einen Metallstift in seinen Handrücken stecken, durch den Unterarm schieben und aus dem Ellbogen herausziehen. „Gladys die Pfählerin" stieß sich einen großen Metallstift durch beide Oberschenkel und balancierte auf zwei Stühlen darauf. Solche Artisten sorgen jedoch stets dafür, dass ihre Ausrüstung steril ist und kennen den genauen Verlauf aller Hauptarterien und Venen, sonst würden sie schwere Wunden und Blutungen bekommen.

Manche Leute werden mit ungewöhnlich beweglichen Gliedern geboren und können diese durch Übung noch beweglicher machen. Martin Joe Laurello, „die menschliche Eule", konnte seinen Hals um 180 Grad drehen und nach hinten sehen, während sein Körper nach vorne gerichtet war.

KÜSS DICH GESUND

Manche chinesischen Wissenschaftler meinen, dass Küssen das Leben verlängern kann. Einem Zeitungsbericht von 1992 zufolge ist Küssen gut für die Zähne und verbraucht pro Kuss bis zu drei Kalorien – eine gute Nachricht für Schlankheitsfans! Andere Forscher berichten jedoch das Gegenteil und warnen, dass Küssen den Pulsschlag und dadurch den Blutdruck erhöht.

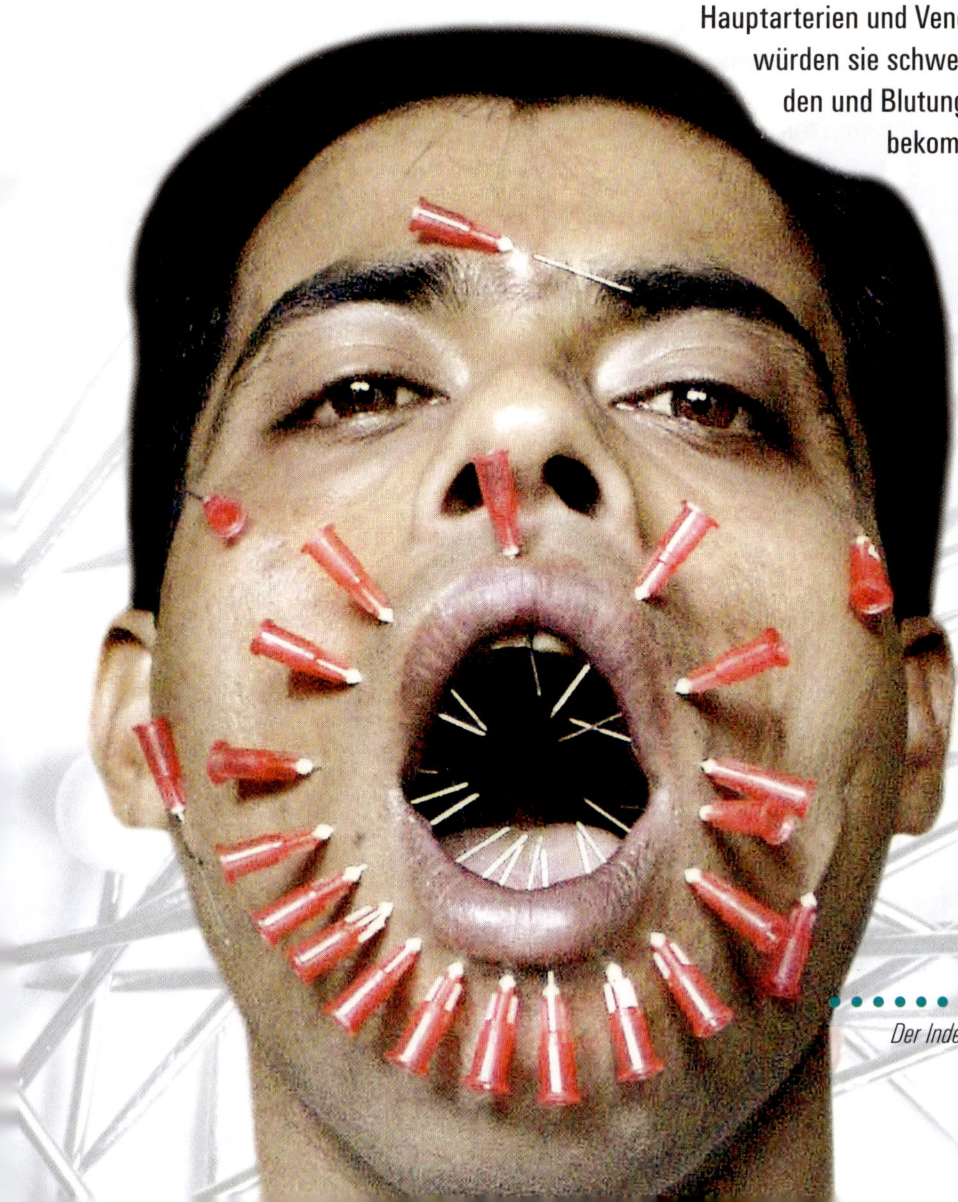

Der Inder Pakesh Talukdar ist durch seine Darbietungen weltberühmt geworden: Er sticht sich 24 Nadeln ins Gesicht und verspeist Backsteine.

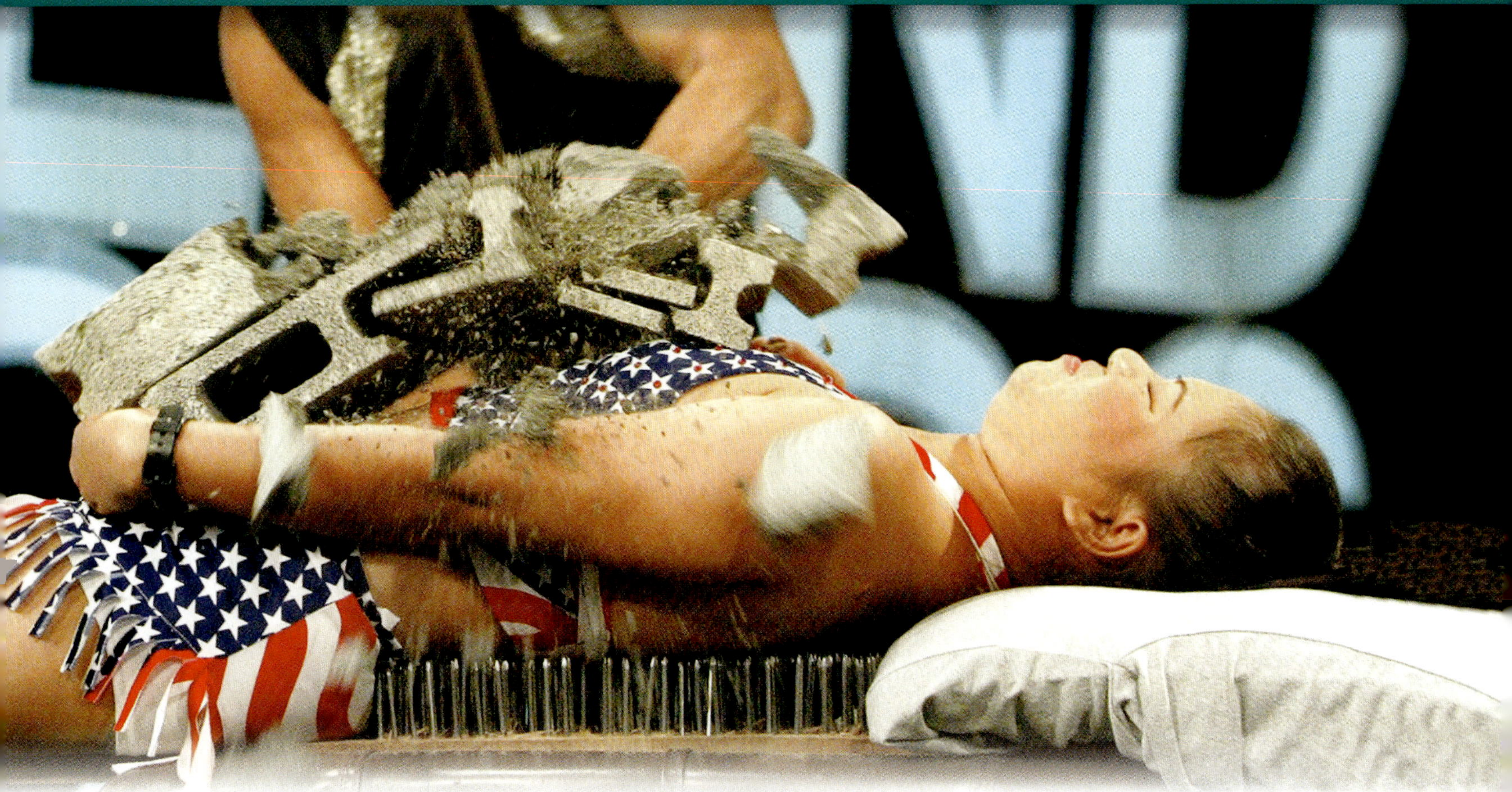

Die 21-jährige „Wunderfrau" Puangphaka Songskri liegt im Jahr 2002 während einer Fernsehshow in Bangkok auf einem Nagelbett, während ihr Kollege Gussbetonziegel auf ihrer Brust zerschlägt.

STARKER FINGER 1992 machte Paul Lynch 124 Liegestütze und stützte sich dabei nur auf einen Finger. Paddy Doyle machte zwischen 1988 und 1989 1,5 Millionen Liegestütze – durchschnittlich 170 pro Stunde.

BESTE BEINQUALITÄT Das Queen Mary's Krankenhaus in London ist berühmt für seine Behandlung physischer Behinderungen und für die dort gefertigten Prothesen. In der Fußballmannschaft des Krankenhauses hat jeder Spieler nur ein Bein und der Torwart nur einen Arm.

SCHWINDELNDE SPRÜNGE

Im mexikanischen Acapulco springen Menschen von über 25 m hohen Felsen in nur vier Meter tiefes Wasser. In Frankreich starb Olivier Favre beim Sprung von einem 54 m hohen Sprungbrett, und in der Schweiz sprang Harry Froböss aus unglaublichen 120 m Höhe in einen See – und zwar von Bord des später verunglückten Luftschiffes Hindenburg.

NUR NICHT NIESEN! Fratzenkünstler sind zu Erstaunlichem fähig. J. T. Saylors konnte Unterlippe und Kinn über die Nase stülpen. Bert Swallowcot konnte sogar seine Augenbrauen mit seiner Unterlippe bedecken!

ALTREIFENRECYCLING Gary Windebank balancierte einen Stapel von 96 Autoreifen, der über 600 kg wog.

RÜCKWÄRTS GERANNT 1994 vollendete Timothy Badyana einen Marathonlauf in drei Stunden 53 Minuten – und zwar rückwärts.

FALSCHER FUSS 1995 stand Amresh Kumar Jha über 71 Stunden lang auf einem Bein. Er durfte in dieser Zeit mit dem anderen Fuß nichts berühren.

EINSAMER MONAT 1992 lebte Rob Colley 42 Tage lang in einem 700-Liter-Fass, das auf einem 13 m hohen Pfosten stand.

WIE BITTE? Stephen Woodmore aus dem englischen Kent ist ein rasanter Sprecher – er schafft über 637 Worte pro Minute!

OPTISCHER HÖRGENUSS

Dr. Arthur Lintgen kann jedes klassische Musikstück allein aufgrund der besonderen Form und Länge der Tonrillen der Schallplatten erkennen.

Pfarrer Kevin Fast aus dem kanadischen Ontario zog zwei Feuerwehrautos mit einem Gesamtgewicht von 16 Tonnen 30 m weit. Diese Heldentat vollbrachte er 1999 anlässlich einer Ripley-Fernsehshow vor dem Ripley-Museum in St. Augustine, Florida.

DICKSCHÄDEL

Der walisische Bauarbeiter John Evans kann große, schwere Gegenstände auf dem Kopf balancieren und tritt bei zahlreichen Veranstaltungen auf. Unter anderem hat er zwei Minuten lang ein Auto balanciert, zehn Sekunden lang 84 Milchkisten, die insgesamt 124 kg wogen, zwei Frauen, jede 95 kg schwer, und 92 Menschen hintereinander, von denen jeder mindestens zehn Sekunden oben blieb.

Außerdem balancierte er Ziegelsteine, Bierfässer und Biergläser und sogar ein 109 kg schweres hölzernes Möbelstück!

HARTE KNOCHEN Moyne Mullin aus dem kalifornischen Berkeley konnte ihr ganzes Gewicht auf den Ellbogen tragen.

INS SCHWARZE

Die vietnamesische Zirkusartistin Hang Thu Thi Ngyuen kann mit einem Pfeil ein 15 m entferntes Ziel treffen – doch dabei steht sie auf den Händen, spannt den Bogen mit den Füßen und verrenkt ihren Körper nach vorn. Seit ihrer Kindheit trainiert sie drei Stunden täglich.

SCHLUCKHEMMUNG Der Amerikaner Dean Sheldon hatte 18 Sekunden lang einen Skorpion von 18 cm Länge im Mund. Im Jahr 2000 hatte er insgesamt 20 Skorpione im Mund, jeden 21 Sekunden lang.

SPEZIALAUFZUG James Garry aus Denver, Colorado, kann ein Sechs-Kilo-Gewicht nur durch das Vakuum anheben, das seine Handfläche erzeugt.

Alfred Langeven konnte Luft aus seinen Tränendrüsen blasen und damit sogar Flöte spielen oder einen Luftballon aufblasen. Jim Chicon konnte Getränke durch die Nase hochziehen und dann durch die Augen wieder ausspritzen. Das funktioniert, weil die röhrenförmigen Tränendrüsen mit dem unteren Augenlid verbunden sind und Tränen auch in die Nase fließen. Manche Menschen können Luft oder Wasser in umgekehrter Richtung durch diese Leitung schicken.

ALLES IM KOPF

Anders als die meisten Zauberkünstler möchte der Brite Derren Brown keinesfalls, dass seine Vorstellung mit einem großen Knall endet – denn er spielt russisches Roulett!

Im Jahr 2003 ging Brown in die Geschichte ein, als er bei einer Live-Sendung im Fernsehen russisches Roulett spielte! Die Vorstellung fand auf der Insel Jersey statt, um das englische Waffengesetz zu umgehen. Ein Freiwilliger lud einen Sechskammer-Revolver mit einer einzigen Kugel. Brown behauptete, sein einziger Hinweis sei der Tonfall des Freiwilligen, der von eins bis sechs zählte, während sich Brown den Revolver an den Kopf hielt und abfeuerte. Als die Kammer an die Reihe kam, die seiner Meinung nach die Kugel enthielt, feuerte er in die Luft und entging so seinem vorzeitigen Tod!

Ling-Yong Kim aus Südkorea konnte schon mit vier Jahren komplexe mathematische Probleme lösen – zum Beispiel unbestimmte Integrale für Einsteins Relativitätstheorie feststellen.

Der Illusionist Derren Brown kann die Gedanken anderer Leute nicht nur lesen, sondern auch manipulieren, sich Daten merken und anderen sogar Schmerz zufügen und wieder nehmen! All dies geschieht durch die „Kraft der Suggestion": er beobachtet andere Menschen genau und zieht seine Schlüsse aus ihren Reaktionen auf seine Feststellungen und Fragen.

EXTREME PHOBIEN

- **Agoraphobie – Angst vor offenen Räumen**
- **Aibohphobie – Angst vor Palindromen (Worte, die auch von hinten gelesen einen Sinn ergeben)**
- **Anemophobie – Angst vor Wind**
- **Arachibutyrophobie – Angst, dass einem Erdnussbutter am Gaumen kleben bleibt**
- **Genuphobie – Angst vor Knien**
- **Lachanophobie – Angst vor Gemüse**
- **Linophobie – Angst vor Schnüren**
- **Nephophobie – Angst vor Wolken**
- **Pupaphobie – Angst vor Marionetten**
- **Uranophobie – Angst vor dem Himmel oder einem ähnlichen Ort geistiger Erholung**

Georgie Pocheptsov kam 1992 in Pennsylvania zur Welt und fing mit 17 Monaten schon an zu malen! Während seine Altersgenossen noch mit Fingerfarben spielten, schuf Georgie Kunstwerke mit 4-köpfigen Giraffen und Engeln in hellen, leuchtenden Farben! Als Georgie sechs Jahre alt war, wurden seine Bilder zum ersten Mal ausgestellt: auf der Internationalen Kunstausstellung in New York, in Kalifornien und in Atlanta, Georgia.

UNBEWEGLICHE GEDANKEN Das Gehirn ist eines der wenigen Körperteile, die sich nicht bewegen können, denn es enthält keinerlei Muskeln.

MENSCHLICHE RECHENMASCHINE

Im 18. Jahrhundert konnte der Deutsche Johann Dase in unter einer Minute zwei 8-stellige Zahlen multiplizieren – und in 6 Minuten zwei 20-stellige. Versuchen Sie es: multiplizieren Sie in weniger als 60 Sekunden 23.765.529 mit 76.904.618!

SCHLÜSSEL ZUR ZUKUNFT Der Komponist Frédéric Chopin wurde 1810 geboren und war eines der Wunderkinder, die auch als Erwachsene noch weltberühmt waren. Im Alter von acht Jahren ging er zum ersten Mal als Pianist auf eine internationale Konzert-Tournee.

GEBETSARCHIV IM KOPF Der Gaon Elijah, der oberste Rabbi Litauens, konnte jederzeit aus über 2.500 religiösen Werken zitieren, die er auswendig gelernt hatte.

Stephanie Hall aus Essex in England war mit vier Jahren die jüngste Teilnehmerin an einem nationalen Schachturnier! 1999 trat sie in einem Internet-Schachmatch sogar gegen den internationalen Schachweltmeister Garry Kasparov an.

OHNE WORTE Verbophobie ist die Angst vor Wörtern. Falls Sie also schon bis hierher gelesen haben, leiden Sie wahrscheinlich nicht darunter – und auch nicht unter Sesquipedalophobie, der Angst vor langen Wörtern!

AUSGEFLIPPT

Die Schamanen des Belaorvolkes in Papua Neuguinea können angeblich bis zu 48 Stunden in Trance bleiben, nachdem sie ein Gebräu aus verschiedenen Tier- und Pflanzensäften getrunken haben. In dieser Zeit können sie weder essen noch trinken und reagieren auch nicht auf äußere Anregungen wie z.B. Lärm oder physischen Schmerz.

FÜR JEDEN ETWAS Professor Willi Melnikow aus Moskau konnte angeblich über 90 Sprachen „relativ fließend" sprechen.

VIELSAGEND Die Amerikanerin Martha Ann Koop begann im Alter von sechs Monaten zu sprechen – etwa ein Jahr früher als die meisten Kinder.

SCHAUKELSTRESS Während eines Schaukelstuhl-Marathons 1977 schlief die Engländerin Maureen Weston 18 Tage lang nicht.

TAPFERER FLIEGER Der amerikanische Flieger Charles Lindbergh war der erste Mensch, der allein über den Atlantik flog – obwohl er unter leichter Acrophobie (Höhenangst) litt.

ZIEHEN SIE IRGENDEINE KARTE In den 1930er Jahren war der Amerikaner Arthur Lloyd aus Massachusetts als menschliches Kartenarchiv berühmt. In seinem speziellen 40-Taschen-Jackett trug er stets 15.000 Notizkärtchen bei sich und konnte jedes in weniger als fünf Sekunden finden.

HYPNOTISIERTER HYPNOTISEUR Efrarl Rabovich interessierte sich weder für Hypnose noch für die Kraft der Gedanken, als er 1921 in Österreich während einer örtlichen Veranstaltung als Versuchsperson ausgewählt wurde. Der Hypnotiseur empfand ihn als zu schwerfällig und bat bald um einen anderen Freiwilligen. Doch schon am nächsten Tag konnte Rabovich selbst andere Leute hypnotisieren.

ENERGIEFRESSER Im Verhältnis zu seiner Größe braucht das Gehirn fünf- bis zehnmal mehr Energie als alle anderen Organe.

WAHNSINNS-SPEICHERPLATZ

Mit 1,40 kg Gewicht ist das menschliche Gehirn die komplexeste bekannte Ansammlung von Materie im Universum. Man schätzt, dass das Gehirn insgesamt 100 Billiarden Bits Information enthält – das entspricht der Information in 500.000 großen, mehrbändigen Lexika oder in ca. 1.000 Gigabyte Computerspeicherplatz!

SPÄTE BLÜTEN Der bedeutende südafrikanische General und Politiker Jan Christian Smuts (1870–1950) lernte erst mit elf Jahren lesen, doch als er in das Alter kam, in dem das Gedächtnis normalerweise nachlässt, lernte er über 5.000 verschiedene Bücher auswendig.

RASANTER LERNER Der Amerikaner William Sidis aus Massachusetts konnte schon mit zwei Jahren englische und französische Wörter auf einer Schreibmaschine schreiben. Mit fünf schrieb er einen Artikel über menschliche Anatomie.

ERINNERUNGSMEISTER

Dominic O'Brien war früher Legastheniker und litt unter Aufmerksamkeitsdefizitsyndrom (ADS), doch inzwischen hat er achtmal die Gedächtnis-Weltmeisterschaft gewonnen! Als Kind litt er in der Schule unter Legasthenie und ständigen Konzentrationsstörungen. Er unterzog sich über 14 Jahre lang striktem Training und konnte dadurch das „Ungleichgewicht" beheben, das seiner Meinung nach zu den Störungen führte. Gemeinsam mit einem Kollegen hat Dominic seine Erfahrungen mit Legasthenie zu einer gründlichen Erforschung des Gehirns genutzt und ein Gehirnwellen-Konditionierungssystem erfunden, um anderen mit ähnlichen Problemen zu helfen.

2002 merkte sich Dominic O'Brien vor einer unabhängigen Jury innerhalb von 12 Stunden 54 frisch gemischte Kartenspiele. Anschließend sagte er alle 2.808 Karten in der richtigen Reihenfolge auf. Das dauerte über vier Stunden, und er machte nur acht Fehler!

LOCH IM KOPF!

Auf fast allen Kontinenten der Welt praktizierte man früher Trepanation: die Kunst, Löcher in den Kopf zu bohren. Wahrscheinlich wollte man dadurch „böse Geister" aus dem Gehirn vertreiben. Heute bezeichnen wir solche „Geister" als Epilepsie, Geisteskrankheit oder Migräne.

Die Engländerin Heather Perry aus Gloucestershire unterzog sich in den USA einer Trepanation, um ihre chronische Müdigkeit und Depression zu heilen.

Im Altertum benutzte man zur Trepanation entweder scharfe Messer aus Feuerstein, Bronze oder Obsidian (einem schwarzen, glashaltigen Stein) oder Handbohrer, die wie altmodische Zimmermannsbohrer aussahen. Manche erhaltenen Schädel haben vier bis fünf Löcher; einige sind größer als die Augenhöhlen. Oft sieht man, dass der Knochen zu heilen begann, was bedeutet, dass der Patient wahrscheinlich überlebte. Mancherorts wird die Trepanation auch heute noch ausgeführt, um den Blutfluss ins Gehirn zu stimulieren. Dies soll die Gedankenkraft stärken, Stress abbauen und Beschwerden wie chronische Depressionen heilen.

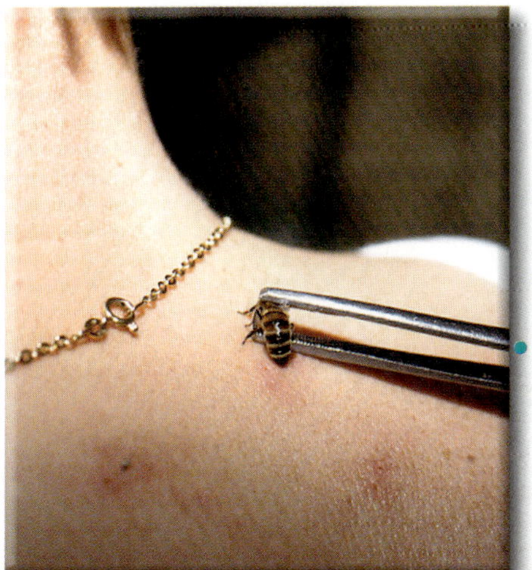

In einer Moskauer Klinik werden die Patienten mit Bienenstichen behandelt. Bienengift wird seit Jahrhunderten zur Linderung von Arthritis, Hautkrankheiten und Rückenschmerzen verwendet. Heute gilt es als Heilmittel gegen Multiple Sklerose.

1990 hatte der Amerikaner Charles Osborne aus Iowa nach 58 Jahren endlich keinen Schluckauf mehr. Trotz seines andauernden Schluckaufs hatte er bis dahin ein relativ normales Leben geführt und acht Kinder gezeugt.

NASENOPERATION

Im alten Indien bestand eine gängige Strafe für Kleinkriminelle darin, ihnen die Nase abzuschneiden. Um die Wunde zu versorgen, entwickelten Ärzte eine besondere Methode: sie ließen ein Stück vom Nasenbein stehen, schnitten ein dreieckiges Hautstück aus der Stirn, drehten es an der Nasenwurzel um 180°, sodass die Außenhaut wieder außen war, und falteten es nach unten. Dann nähten sie das Hautstück auf eine Nasenprothese aus poliertem Holz. Ein tiefer Turban verbarg die Stirnnarbe.

ANTIKE ZÄHNE In über 2.000 Jahre alten menschlichen Überresten aus Rom hat man falsche Zähne gefunden. Die meisten bestehen aus Hartholz oder Metall, aber manche waren auch aus Elfenbein geschnitzt. In noch früheren Zeiten stellten die Etrusker bereits bewegliche Gebisse aus Gold her.

Eine englische Firma ließ in ihrem Büro einen Rasen anlegen, um Stress am Arbeitsplatz abzubauen, die Nerven der Mitarbeiter zu beruhigen und die Entspannung zu fördern!

RÜCKBLICK Manche chirurgischen Instrumente der alten Römer sehen unseren heutigen verblüffend ähnlich – zum Beispiel das Rektalspekulum, mit dem bei Dickdarmuntersuchungen die „Unterpassage" offen gehalten wird.

ORGANISCHE SCHMERZMITTEL Vor etwa 2.350 Jahren empfahl Hippokrates, der griechische Arzt und „Vater der Medizin", bei Schmerzen Weidenrinde zu kauen. Das half. Viel später wurde der aktive Bestandteil isoliert und als Schmerztablette auf den Markt gebracht. Man nennt sie Aspirin.

MARATHON-OPERATION 1951 unterzog sich Gertrude Levandowski in Chicago einer 96-stündigen Operation, um eine Zyste aus den Eierstöcken entfernen zu lassen.

SELBSTHILFE Der Libanese Ira Kahn entfernte sich selbst den Blinddarm, als er in einem Verkehrsstau feststeckte. Zum Glück war er Arzt!

FUNDSACHEN 1997 wurde Silvio Jimenez operativ eine Pinzette entnommen – sie war 47 Jahre davor während einer anderen Operation vergessen worden.

Am Kirkpinar-See in der Türkei werden Patienten mit Wasserschlangen behandelt.

AUSGEBLUTET Schon vor vielen Jahrhunderten ließ man Patienten regelmäßig zur Ader, um „schales Blut" oder „schlechte Säfte" ausfließen zu lassen. Man meinte, dass Krankheiten wie z. B. Gelbsucht durch zu viel Blut entstanden, darum ließen Ärzte die Kranken bluten! Im 14. Jahrhundert wurden Philus von Padua 200 Blutegel angesetzt und man wickelte ihn drei Tage lang in eine nasse Decke, während sie sein Blut saugten. Kein Wunder, dass er am nächsten Tag starb.

Im Mai 2003 ließ sich Wei Shengchu 2.003 Akupunkturnadeln in den Kopf stecken! Akupunktur ist eine alternative Heilmethode, mit der man viele Beschwerden behandelt – von Stress und Kopfschmerzen bis zu Arthritis.

RIESENTUMORE Schon mehrfach wurden bei Operationen über 100 kg schwere Tumore entfernt, darunter eine Eierstockgeschwulst von 137 kg und eine mit Flüssigkeit gefüllte Zyste von 148 kg – das entspricht ungefähr dem Gewicht von zwei Erwachsenen!

PROST, HERR DOKTOR

Mitte des 19. Jahrhunderts galten in England gemahlene Menschenknochen in Rotwein als Heilmittel gegen Durchfall. Kahlköpfigkeit versuchte man zu heilen, indem man eine Paste aus Stierblut und -sperma in die Kopfhaut rieb, den Kopf in ein Handtuch wickelte und das Ganze über Nacht einwirken ließ. Ohrenschmerzen behandelte man mit einer Mischung aus Honig und der Asche verbrannter Mäuse, die man ins Ohr goss. Gegen Gelbsucht wurden gemahlene Läuse verabreicht, die in Wein fermentiert waren, und mit Schnecken aufgebrühter Tee wurde bei Infektionen der Atemwege empfohlen.

HARTER SCHÄDEL Als der Amerikaner Bruce Levon 1992 in Michigan seinen Kopf röntgen ließ, entdeckte man darin eine Kugel. Sie stammte von einer Schießerei, die neun Jahre zuvor stattgefunden hatte. Bruce hatte gar nichts davon gemerkt.

BITTE LÄCHELN Im Alter von 82 Jahren wurde der Kalifornier Frederic Green für tot erklärt – doch als er im Leichenschauhaus lag, weckte ihn das Blitzlicht des Polizeifotografen wieder auf!

HILFREICHE MADEN Maden sind Fliegenlarven, die totes und verwesendes Fleisch fressen. In manchen Ländern benutzt man sie heute dazu, infizierte Wunden oder Wundbrand zu reinigen. Etwa 100 kleine Maden werden an der Wunde angesetzt und das Ganze mit einem Verband bedeckt, den man zwei oder drei Tage später wieder abnimmt. Inzwischen haben die Maden die Wunde vollkommen saubergefressen und dabei ihre Größe verfünffacht.

KALTES HERZ 1987 fiel ein norwegischer Fischer über Bord und sein Körper kühlte im Wasser so stark aus, dass sein Herz vier Stunden lang zu schlagen aufhörte. Er wurde wiederbelebt und ins Krankenhaus gebracht, wo er sich an einer Herz-Lungen-Maschine allmählich erholte.

BLUTBAD! 1970 wurden Warren Jyrich in Chicago während einer Herzoperation 1.080 Liter Blut zugeführt – etwa 12 Badewannen voll. Er litt unter der Bluterkrankheit.

„Smoky" aus St. Louis in Missouri konnte durch ein Loch in seinem Rücken atmen. Er konnte sogar den Rauch seiner Zigarette durch dieses Loch ausstoßen und dennoch atmen!

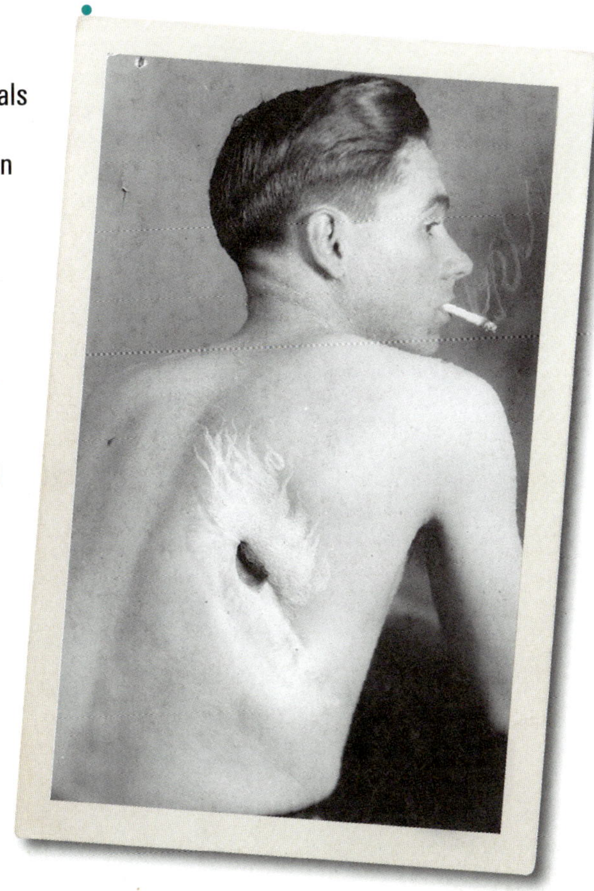

INVASION DER KOPFFRESSER Eine Frau litt unter starken Kopfschmerzen, als sie 1998 von den Karibikinseln nach England zurückkehrte. Ärzte entdeckten und entfernten 91 Schraubenwürmer aus einer tiefen Schicht ihrer Kopfhaut: schraubenförmige Maden einer Schmeißfliegenart, die sich durch Wunden in die Haut von Tieren und Menschen eingraben, um dort zu fressen. Sie schlüpfen aus winzigen Eiern und werden 25 mm lang.

BETTPFANNEN-BILLY Das Münchhausen-Syndrom zeichnet sich durch das Bedürfnis nach medizinischer Behandlung und Pflege aus. Der Engländer William McIlroy unterzog sich zwischen 1930 und 1979 über 400 Operationen in 22 Krankenhäusern und benutzte dabei über 20 falsche Namen. Endlich gab er diese Gewohnheit auf und meinte: „Krankenhäuser machen mich krank."

Im Juni 2003 strömten Tausende von Menschen ins indische Haiderabat, um ihr Asthma zu kurieren! Angeblich wird diese Krankheit geheilt, wenn man einen dort heimischen kleinen Schlangenkopffisch in einer speziellen Kräuterpaste lebendig verschluckt.

ERSATZTEILE Der Amerikanerin Norma Wickwire wurden zwischen 1976 und 1989 aufgrund ihres chronischen Gelenkrheumatismus acht künstliche Gelenke eingesetzt.

GEDÄCHTNIS AUF ABRUF 1984 hatte der 20-jährige Terry Wallis am Freitag, dem 13., im amerikanischen Arkansas einen Autounfall. Er fiel in ein 19 Jahre währendes Koma. Am Freitag, dem 13. Juni 2002 wachte Terry wieder auf und sprach seine ersten Worte. Er ist gelähmt, aber manche seiner Erinnerungen sind nach fast zwei Jahrzehnten noch intakt. Er konnte sich noch an Geschehnisse, Telefonnummern und Namen aus der Zeit des Unfalls erinnern und glaubte, Ronald Reagan sei noch immer Präsident der USA.

ZERSCHMOLZENE TRÄUME

Als Monique Martinot 1984 starb, ließ ihr Mann Dr. Raymond Martinot ihren Körper kryotechnisch einfrieren. Er hoffte, sie irgendwann wiederbeleben zu können. Im Februar 2002 starb auch Martinot und sein letzter Wille lautete, ebenfalls eingefroren zu werden, um vielleicht eines Tages wieder mit seiner Frau zusammenzuleben. Man entsprach seinem Wunsch auch zunächst, doch später, im selben Jahr, verfügte die französische Regierung, die beiden zu beerdigen.

Remy Martinot bewahrte die Leichen seiner Eltern im Weinkeller seines Hauses in Westfrankreich auf.

DIE FÜNF

BELIEBTESTEN EINFRIERMETHODEN

Einige Firmen verdienen ihr Geld damit, kryotechnische Langzeiteinrichtungen anzubieten. Dort können Tote bei sehr tiefen Temperaturen aufbewahrt und gelagert werden. Die Preise sind unterschiedlich, aber hier einige Beispiele:

1. **GANZER KÖRPER: 100.000 BIS 150.000 DOLLAR**
2. **NUR DER KOPF: 50.000 BIS 100.000 DOLLAR**
3. **NUR DAS GEHIRN: 20.000 BIS 40.000 DOLLAR**
4. **GEWEBEPROBE (WEGEN DER DNS, DARUNTER AUCH KEIMZELLEN UND SPERMIEN): 100 BIS 200 DOLLAR**
5. **CHEMISCHE AUFBEWAHRUNG VON GEWEBEPROBEN (WEGEN DER DNS) BEI ZIMMERTEMPERATUR: 30 BIS 100 DOLLAR**

GRABBEIGABEN

Jedes Jahr am 2. November, dem Tag der Toten, strömen in Mexiko ganze Familien zum Friedhof, um verstorbene Verwandte zu besuchen. Sie bringen nicht nur Blumen mit, sondern alles, was man zu einer Party braucht: Brot, Kuchen, Bonbons, Zigaretten und alkoholische Getränke.

In Mexiko stellt man „fröhliche Skelette" aus Pappmaché her, um das Totenfest zu feiern und den Verstorbenen Ehre zu erweisen.

Verwandte sitzen beim Picknick ums Grab und essen Leichenwagen und Särge aus Schokolade, Spezialbrote, die mit Schädeln geschmückt sind, und Zuckerskelette. Auch in jedem Brotlaib ist ein Skelett verborgen, das zu finden Glück bringen soll. Freunde schenken einander Zuckerskelette, die mit ihrem Namen oder einem Todessymbol dekoriert sind.

FANTASIEVOLLE GRABSTEINE

- 25 Tonnen schwerer Konzertflügel aus Granit: Madge Ward, Konzertpianistin, Texas, USA
- Riesiges Handy als Grabstein: Guy Akrish, Israel
- Verkleinerte Concorde: L. Spurlington, Hobby-Flugzeugmodellbastler, Südafrika
- Riesige Glühbirne: Sal Giardino, Elektriker, New Jersey, USA

MASSENSTERBEN Weltweit sterben pro Minute etwa 100 Menschen.

ENDZEIT Die „beliebteste" Zeit zum Sterben sind die frühen Morgenstunden zwischen 2.00 und 5.00 Uhr. In dieser Zeit kommen auch die meisten Babys zur Welt.

BEGRABEN, ABER QUICKLEBENDIG!

Nach einem Motorradunfall 1937 wurde Angel Hayes für tot erklärt. Zwei Stunden vor seiner Beerdigung erwachte er aus seinem Koma und erschreckte seine Verwandten und Freunde, die drei Tage lang um ihn getrauert hatten, fast zu Tode. Entsetzt, dass man ihn fast lebendig begraben hätte, erfand und baute der Mechaniker Hayes daraufhin einen Spezialsarg, der so etwas in Zukunft verhindern sollte. Der Sarg war mit Alarmglocken und Blinklichtern ausgestattet. Er enthielt auch Vorräte und Toilettenpapier, falls der darin Liegende lange auf seine Befreiung warten musste. Elektroden waren an den Sarg angeschlossen und mit einem Monitor verbunden, um die Außenwelt auf Lebenszeichen im Sarg aufmerksam zu machen. Um zu beweisen, dass seine Erfindung funktionierte, verbrachte Hayes zwei Tage und zwei Nächte darin unter der Erde!

Hayes' selbst erfundener Sarg war fast ein kleines Eigenheim – er enthielt sogar Speisen und Getränke.

EHRE IN DER HÖHE An Allerheiligen treffen sich die Einwohner von Sacatepequez in Guatemala auf dem Friedhof, um große, bunte Drachen steigen zu lassen.

NOCH LANGE NICHT HINÜBER Der französische Soldat Nicola Baillot wurde in der Schlacht von Waterloo Kriegsgefangener und 1815 im Alter von 24 Jahren wieder befreit. Ein Arzt gab ihm wegen seiner Tuberkulose nur noch kurze Zeit zu leben, er wurde jedoch stattliche 105 Jahre alt.

FALSCHE INSCHRIFT Auf dem Denkmal der vietnamesischen Kriegsopfer in Washington, D.C., stehen die Namen von 38 Personen, die den Krieg überlebten.

AUSGETICKT Die Engländerin Hannah Beswick aus Lancashire hatte wie so viele Menschen Angst davor, irrtümlich für tot erklärt zu werden. In ihrem Testament verfügte sie, dass ihre Leiche mehrfach auf Lebenszeichen untersucht werden sollte. Um die Untersuchungen pünktlich und regelmäßig durchzuführen, bewahrte ihr Arzt die Leiche in einer Standuhr auf.

UNGLÜCKSZAHL 8 Der Amerikaner George E. Spillman aus Texas hatte es mit der Zahl Acht – er starb am achten August 1988 um 8.00 Uhr abends im Alter von 88 Jahren.

UNGLÜCKSZAHL 13 Der Autor Scholem Alejchem vermied die Zahl 13 um jeden Preis. In all seinen Büchern ging es nach der Seite 12 direkt auf Seite 14 weiter. Leider starb er am 13. Mai 1916 – doch seine Familie entsprach seinem Wunsch und änderte das Sterbedatum auf seinem Grabstein in den 12. Mai um.

DIE LEBENDEN TOTEN!

Nachdem sein Flugzeug 1960 über Afrika abgestürzt war, konnte der Schriftsteller Ernest Hemingway in vielen Zeitungen seinen Nachruf lesen. Danach lebte er noch ein Jahr. Auch andere Schriftsteller kamen knapp am Tod vorbei. Rudyard Kipling sagte: „Berichte über meinen Tod sind stark übertrieben", und auch Mark Twain bemerkte: „Der Bericht über meinen Tod ist übertrieben." Der Leichenbestatter Charles Tomlinson aus Florida gab, als er in den Ruhestand ging, noch eins drauf und verlas 1995 und 1996 zwei seiner selbst veröffentlichten Nachrufe.

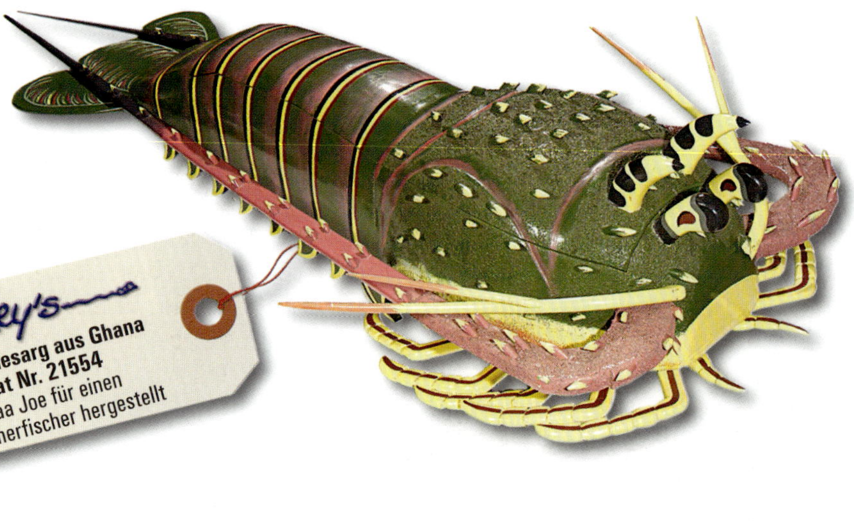

Ripley's
Fantasiesarg aus Ghana
Exponat Nr. 21554
Von Paa Joe für einen Hummerfischer hergestellt

Ein Spieler namens Louis Vieira und seine Frau wurden auf dem Pine Grove Friedhof in Connecticut, USA, beerdigt. Das Herz-As symbolisiert Vieira und die Herzdame seine Frau; die Würfel dienen nur zur Zierde. Der Grabstein besteht aus rosa Granit, sodass die Herzen auf den Spielkarten richtig echt aussehen.

ZUGEKNÖPFT In Afrika muss eine Witwe vom Tikarland-Stamm zwei Knöpfe von der Kleidung ihres verstorbenen Mannes tragen – einen in jedem Nasenloch.

EMPFINDSAME SEELE
1835 war der französische Maler Baron Gros so bestürzt über die Kritik an einem seiner Gemälde, dass er sich in ein Meter tiefem Wasser ertränkte.

DER ONKEL IST JA SO STILL... In manchen Gebieten Borneos war es üblich, die Leiche eines Verstorbenen in ein Fass zu quetschen und vor der offiziellen Beerdigung noch ein ganzes Jahr im Haus von Verwandten aufzubewahren.

DAS LETZTE DESSERT Im alten Rom hatte der Gourmet Apicius solche Angst davor, Hunger zu leiden, dass er sich vergiftete, als er sein ganzes Vermögen für seine berühmten Festmähler ausgegeben hatte und in Armut geriet.

Der „Wohnzimmer-Grabstein" der Familie Davis steht in Kansas, USA, in einer menschenleeren Gegend. John Milbert Davis, ein reicher Farmer und Grundbesitzer, ließ ihn zur Erinnerung an seine Frau Sara bauen. Die beiden waren 50 Jahre lang verheiratet, doch er überlebte sie um weitere 15 Jahre. Die meisten Statuen stellen John und Sara in verschiedenen Lebensphasen dar; darunter sieht man John mit und ohne Bart und mit einer Hand oder zwei Händen (er verlor eine Hand bei einem Unfall). Dieses Foto entstand 1933, doch der Grabstein wurde erst fertig gestellt, als John 1947 starb.

DIE FÜNF

IRONISCHSTEN TODESFÄLLE

1 **SIR FRANCIS BACON,** der englische Wissenschaftler und Philosoph, experimentierte damit, Fleisch mit Schnee länger haltbar zu machen. Dabei erkältete er sich und starb.

2 **MOLIÈRE,** der französische Dichter, wurde krank und starb, während er die Rolle des Hypochonders in seinem Stück „Der eingebildete Kranke" spielte.

3 **BOBBY LEECH,** ein tollkühner Amerikaner, überlebte eine Fahrt in einem Fass über die Niagarafälle – doch einige Monate später starb er, als er auf einer Bananenschale ausrutschte.

4 **BAT MASTERSON,** ein berühmter Gesetzeshüter aus Dodge City in Kansas, überlebte ungezählte Fehden und Schießereien und starb friedlich am Schreibtisch.

5 **WILL ROGERS,** ein amerikanischer Humorist, starb 1935 bei einem Flugzeugabsturz. Gerade hatte er eine Zeitungskolumne geschrieben, die mit dem Wort „Tod" endete.

GRAUSIGES ANDENKEN Der berühmte englische Forscher und Seefahrer Sir Walter Raleigh wurde 1618 geköpft und beerdigt – jedenfalls größtenteils. Seine Frau Elizabeth bewahrte seinen einbalsamierten Kopf noch 30 Jahre lang zu Hause in einem Beutel auf!

GRANDIOSER ABGANG

Ein Sarg für einen Richter, einschließlich Gesetzbuch

Beerdigungen sind traurige Anlässe, denn wir geleiten geliebte Menschen zur letzten Ruhe. Aber manche Leute haben es geschafft, sich mit einem Lächeln zu verabschieden – in speziell angefertigten Särgen.

Ein Sarg in Form eines Huhns, komplett mit Küken!

Sargmacher in Ghana fertigen individuelle Särge von Hand an! Es gibt sie in allen möglichen Farben und Formen, von Tieren (z. B. Adler, Kühe, Hühner oder Krebse) über Flugzeuge, Boote und Straßenkreuzer bis zu Schuhen, Hacken, Schaufeln und sogar Flaschen! So kann ein Fischer beispielsweise in einem Fisch, ein Sportler in einem riesigen Turnschuh und ein Obsthändler in einer Papaya beerdigt werden!

Wer in diesem Sarg liegt, fliegt im Flugzeug ins Jenseits!

Mick Fowell aus dem englischen Norfolk hat einen ungewöhnlichen Kaffeetisch in seinem Wohnzimmer stehen – einen Sarg. Zum Glück ist er leer!

Mickey nahm Kissen und Decken mit ins Grab und wärmte sich außerdem am Licht einer einzigen Glühbirne.

LEBENDIG BEGRABEN

1932 ließ sich der Amerikaner Mickey Bidwell aus Binghamton im Staat New York 53 Tage lang zwei Meter tief in gefrorener Erde begraben. Der Kasten, in dem er lag, war zwei Meter lang, 53 cm breit und 61 cm hoch. Zwischen seiner Brust und dem Deckel waren nur zehn Zentimeter Zwischenraum. Durch eine Öffnung im Kasten ließ man ihm Essen hinunter, und Besucher zahlten zehn Cent, um einen Blick in das Loch zu werfen, das ihm auch als Luftzufuhr diente. Er nahm unter der Erde etwa 4,5 kg zu und erhielt eine Menge Fanpost. Zwischen 1930 und 1935 verbrachte Mickey insgesamt 365 Tage unter der Erde!

TEURER ABSCHIED Das vermutlich teuerste und aufwändigste Begräbnis der Weltgeschichte war die Beerdigung Alexanders des Großen im Jahr 323 v. Chr. Sein juwelenbesetzter Leichenwagen wurde von 64 Pferden mehr als 1.600 km weit über extra dafür angelegte Straßen von Babylon in das von ihm gegründete Alexandria (Ägypten) gezogen, wo sich seine letzte Ruhestätte befand.

ENDLOSE BEISETZUNG Der Leichenzug des chinesischen Generals Yi Chun reiste 3.700 km weit von Peking nach Kaschgar Sinklang. Die Bestattung dauerte genau ein Jahr: vom 1. Juni 1912 bis zum 1. Juni 1913.

PRACHTVOLLES LEICHENHEMD Die aufwändige Bestattungsrobe der chinesischen Prinzessin Tou Wan, die vor über 2.000 Jahren starb, bestand aus 2.000 Jadestückchen, die mit Goldfäden und seidenbezogenem Draht zusammengenäht waren.

HOCHFLIEGENDE ASCHE Der Amerikaner Bill Johnson aus Kalifornien verfügte, dass seine Asche in Feuerwerkskörpern gen Himmel geschossen werden solle.

STUMME TRAUER Witwen des australischen Warramunga-Stammes dürfen ein Jahr lang nach dem Tod ihres Partners nicht sprechen. Sie verständigen sich nur mit Gesten und Mienenspiel.

WER ZULETZT LACHT...

Kalchas, ein Wahrsager im antiken Griechenland, sagte viele wichtige Ereignisse voraus, darunter den Trojanischen Krieg. Als er herausfand, dass er länger gelebt hatte, als die Geister ihm prophezeit hatten, fand er das so komisch, dass er sich totlachte – buchstäblich.

HEIMAT IM WELTALL Gene Roddenberry, der Schöpfer des Raumschiffs Enterprise, ließ seine Asche an Bord einer Pegasus-Rakete in den Weltraum schießen. Die Pegasus wird noch jahrelang in der Erdumlaufbahn kreisen.

HARTES ANDENKEN Wenn ein Asmat-Krieger in Neuguinea stirbt, erbt der Sohn den Schädel seines Vaters und benutzt ihn fortan nachts als Kopfkissen.

LETZTE RUHESTÜCKE Die Kaiser des Hauses Habsburg ließen ihre mumifizierten Körper in der kaiserlichen Krypta in Wien bestatten. Ihre Eingeweide wanderten in den Stephansdom, ihre Herzen dagegen in die Augustinerkirche.

VIANO
sport
Aubagne
CHOICE
SPORT ETUDES IUT ANNECY

Ripley's

Einfach unglaublich!

WUNDER DER WISSENSCHAFT

DAS MILLIONEN-PFUND-PFUND

Als Simon Whitaker aus dem englischen Oxfordshire eine Ein-Pfund-Münze auf der Auktionswebseite eBay anbot, ahnte er nicht, dass ihm ein satter Gewinn von einer Million Pfund winkte!

Es begann als Witz und hob ab wie eine Rakete, als ein Freund Whitakers ihm vorschlug, die britische Boulevardzeitung „The Sun" von der Aktion zu informieren. Bald darauf wurde die Webseite mit Angeboten von 20, 90, 120 und 200 Pfund überschwemmt - bis zu verblüffenden 19.500 Pfund! Als Whitaker nach acht Tagen den Gipfel der Absurdität für erreicht hielt, bekam er ein Angebot von einer Million Pfund! Doch als Whitaker klar wurde, was für hohe Gebühren er an eBay hätte bezahlen müssen, stornierte er die Versteigerung.

Bevor die Zeitung über Whitakers Versteigerung berichtete, hatte er für seine Pfundmünze nur vernünftige Angebote zwischen zehn und 15 Pence (0,15 – 0,22 Euro) erhalten.

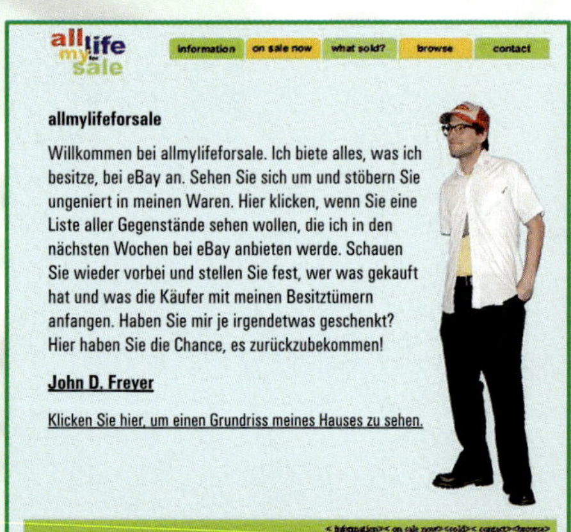

SELBSTWERT-EINSCHÄTZUNG

Um festzustellen, wie viel sein Leben wert ist, beschloss der Student John D. Freyer aus dem amerikanischen Iowa im Jahr 2001, sein ganzes Hab und Gut und sogar seine Freunde zu versteigern! Auf seiner Webseite „allmylifeforsale.com" waren sämtliche Verkaufsangebote aufgeführt – von Kleidern bis zu Kassetten aus seinem Anrufbeantworter, manche mit Nachrichten von seiner Mutter. Andere Artikel auf seiner Liste waren z. B. ein Telefon aus den 1970er Jahren, ein Kopiergerät und sogar seine Milchzähne! Die gefragtesten Schnäppchen waren jedoch Erlebnisse, z.B. ein Besuch im Whirlpool oder ein Essen mit einem seiner Freunde. Mit dieser Aktion sollte der Wert eines Studentenlebens ermittelt werden.

John D. Freyers Webseite war mit eBay verbunden, sodass sich potenzielle Kunden auf der Auktionsseite einloggen und für die aufgelisteten Waren bieten konnten. Zu jedem Artikel wurde kurz beschrieben, wie John ihn erhalten hatte. Auch etwaige damit verbundene Anekdoten waren aufgeführt.

Die Himmelssurfer Tim Porter und Chris Gauge definierten den Begriff „Websurfen" neu: Sie montierten einen Laptop auf eines ihrer Surfbretter und versuchten, im freien Fall eine E-Mail zu senden.

TELEGRAMME INS JENSEITS

Der amerikanische Comiczeichner Paul Kinsella hat eine Webseite eingerichtet, auf der Lebende Telegramme an Verstorbene aufgeben können. Jede Nachricht kostet ca. fünf Dollar pro Wort und wird einem Kranken auf dem Sterbebett zum Auswendiglernen gegeben, damit dieser sie dann mit ins Jenseits nimmt. Die Empfänger müssen seit mindestens 30 Tagen tot sein.

STUBENARREST 2002 gründete der Oberschüler Chris Phillips aus dem englischen Hampshire in seinem Schlafzimmer eine eigene Internetfirma. Ein Jahr später, im Alter von 18 Jahren, verkaufte er 90 % der Gesellschaft für satte zwei Millionen Pfund! Heute beschäftigt die Firma über 100 Angestellte und hat sieben Büros in Kanada und den USA.

KEIN WITZ Australische Wissenschaftler haben Software entwickelt, durch die man sich mittels Gelächter in einen Computer einloggen kann.

ALLES KÄSE Der Schweizer Milchviehzüchter Paul Wyler hat Fotos seiner Kühe im Internet ausgestellt. Er möchte die Tiere an Käseliebhaber vermieten.

Txt Hchzt:>) 2003 heiratete ein norwegisches Paar, das sich durch Textnachrichten kennen gelernt hatte, in einer Osloer Telefonzelle. Die Beziehung des Fernsprech-Pärchens Grete Myrslett und Frode Stroemsoe entwickelte sich ausschließlich telefonisch und sie suchten sogar ihre Eheringe schon aus, bevor sie einander zum ersten Mal sahen. Alle 100 Hochzeitseinladungen wurden per Textnachricht verschickt.

„analysiert Hundestimmen"

Der japanische Spielzeugmacher Takara entwickelte einen Apparat, der Hundebesitzern hilft, ihren Liebling zu verstehen. „Bowlingual" („Wausprachig") analysiert das Gebell und andere Äußerungen des Hundes mit Hilfe eines drahtlosen Mikrofons im Hundehalsband.

Die Zoologin Dr. Susan Savage-Rumbaugh hat eine Methode entwickelt, mit Affen zu kommunizieren. Ihre Forschungen haben bewiesen, dass man Schimpansen eine Zeichensprache beibringen kann, die auch Symbole einschließt.

GLÜCKSTOPF Eine Kaffeemaschine, die Studenten der englischen Universität von Cambridge vor zehn Jahren für 25 Pfund anschafften, wurde ein solcher Webcam-Hit, dass sie sie für 3.350 Pfund verkauften! Die Studenten hatten es satt, in ihrem Studentenheim sieben Treppen hinaufzusteigen und dann eine leere Kaffeekanne vorzufinden. Also richteten sie eine der ersten Webcams ein, damit sie die Kaffeemaschine vom Schreibtisch aus sehen konnten. Hunderttausende von Surfern aus der ganzen Welt loggten sich ein, um die Kaffeemaschine zu beobachten.

GESALZENE RECHNUNG Aufgrund eines Computerfehlers erhielt ein Mann aus dem englischen Yorkshire 2003 eine horrende Gasrechnung von über 2,3 Millionen Pfund. Als er sich beim Gaswerk beschwerte, wurde der Fehler berichtigt und die Rechnung belief sich nur noch auf satte 59 Pfund.

GEBRAUCHTER VATER Die Norwegerin Nina Gronland aus Trondheim war so genervt davon, dass ihr Vater bei ihr wohnte, dass sie beschloss, ihn im Internet zu versteigern. Der Werbetext für den Verkauf des 52-jährigen Taxifahrers lautete: „Mein Vater an eine nette Frau in Trondheim zu vergeben. Papi ist groß, dunkel, schlank und im besten Mannesalter. Ich bin es leid, mit ihm zusammenzuwohnen. Möbel sind im Lieferumfang inbegriffen. Im Ernst!"

REKORD-ERLÖSUNG Eine Kirche im norwegischen Hokksund verspricht jedem, der ein Gebet auf ihrer Webseite liest, innerhalb von 12 Sekunden Erlösung.

GEBRAUCHTE STADT ZU VERKAUFEN

Das nordkalifornische Bridgeville war die erste Stadt, die jemals online verkauft wurde. Ein anonymer Käufer ersteigerte sie im Dezember 2002 bei eBay für 1,8 Millionen Dollar. Zu dem 33 Hektar großen Ort gehören eine Post, ein Friedhof und über ein Dutzend Häuser und Hütten. Bridgeville wurde versteigert, weil sich die Besitzer die angefallenen 200.000 Dollar Renovierungskosten nicht leisten konnten. Die Versteigerung begann mit 5.000 Dollar. Fast 250 Angebote gingen ein. Die ursprüngliche Preisforderung von 750.000 Dollar wurde weit überschritten.

RUHIGE SIESTA In New York City gibt es mehr Telefone als in ganz Spanien!

TELE-RACHE Der amerikanische Kolumnist Dave Barry rächte sich 2003 an Telemarketing-Firmen, indem er die Telefonnummer der American Telesales Association im Miami Herald veröffentlichte und seine Leser aufforderte, dort anzurufen. Tausende kamen der Bitte nach, bis die ATA den eingehenden Anrufen nicht mehr gewachsen war!

TRANSSEXUELLE

Internetnutzer in China können einen Apparat kaufen, der die Stimme eines Mannes wie die einer Frau klingen lässt und umgekehrt. Die Geräte werden direkt ans Telefon angeschlossen, kosten 12 Dollar und haben sich gut verkauft – hauptsächlich an Leute, die herausfinden wollen, ob ihr Lebenspartner fremdgeht.

„Nordkalifornisches Dorf für 1,8 Millionen Dollar im Internet versteigert"

MEISTERSURFER Die USA halten den Weltrekord im Internetsurfen: 24 % aller Surfer sind Amerikaner.

HEISSE POST Die Wurfsendungen, die alle amerikanischen Haushalte zusammen täglich erhalten, könnten genügend Energie erzeugen, um 250.000 Häuser zu heizen.

Weil der Amerikaner David Weinlick es satt hatte, dauernd gefragt zu werden, wann er denn endlich heiraten wolle, wählte er aufs Geratewohl ein Datum: den 13. Juni 1998. Als der Termin immer näher rückte und keine Braut in Sicht war, beschloss der 28-jährige, eine Internet-Annonce aufzugeben! Freunde und Familienangehörige wählten die Braut nach einigen Interviews aus der Liste der Abenteuerlustigen aus. Die Glückliche hieß Elizabeth Runze und wurde nur wenige Stunden, nachdem sie David kennen gelernt hatte, in einem Einkaufszentrum in Minneapolis zum Altar geführt!

JUNGES GLÜCK ONLINE Seit Januar 2004 können sich russische Paare online trauen lassen.

ÜBERRASCHUNG IM NETZ
Natalie Thilem aus Fort Lauderdale in Florida betrachtete Schmuck bei eBay und entdeckte dort einen herzförmigen Verlobungs-Diamantring mit einem angehängten Heiratsantrag ihres Freundes Shane Bushman. Sie gab ihm das Jawort!

Ein islamisches Gerichtsurteil hat verfügt, dass sich ein Mann von seiner Frau scheiden lassen kann, indem er ihr dreimal hintereinander eine Textnachricht mit den Worten „Ich lasse mich scheiden" schickt.

ARZT IM RETTUNGSFLUG

Als der schottische Chirurg Angus Wallace seinen Flug von Hongkong nach London antrat, ahnte er nicht, dass er wenige Stunden später mit einem Kleiderbügel und anderen primitiven Instrumenten eine lebensrettende Operation durchführen würde.

Ein gesunder Passagier bemerkt den niedrigeren Luftdruck gar nicht, aber Paula Dixons Lunge hatte vor kurzem nach einem Motorradunfall kollabiert, weshalb sie anfällig für Atemprobleme war. Mit den wenigen Instrumenten, die er im Flugzeug zur Verfügung hatte, musste Wallace einen Spannungs-Pneumothorax, einen Luftstau aufgrund von Lungenversagen, beheben. Die Operation war erfolgreich und Wallace erhielt dafür später sogar eine berufliche Auszeichnung.

VOLKSMEDIZINISCHE HEILMITTEL

- Keuchhusten – das Kind dreimal unter dem Bauch eines Esels hindurchgehen lassen
- Meningitis – eine Taube halbieren und beide Hälften mit den Schnittflächen nach unten auf den Kopf des Patienten legen
- Zahnweh – Die alten Römer schnallten sich Kröten an den Kiefer.
- Durchfall – Eine Vorform des Tomatenketchups war im späten 19. Jahrhundert ein beliebtes Heilmittel.
- Atemprobleme – ein Kind durch eine Schafherde tragen
- Rheuma – Ein bekanntes Heilmittel im Mittelalter war, eine tote Spitzmaus bei sich zu tragen.

Professor Angus Wallace operierte im Flugzeug mit einem Katheter, einer Schnapsflasche, Instrumenten aus einem Erste-Hilfe-Kasten und einem Drahtkleiderbügel.

TEILZEITMÜTTER 1936, im Alter von 17 Jahren, beschloss Louise Madeline aus Atlanta in Georgia, ihre Zeit zwischen zwei verschiedenen Elternpaaren aufzuteilen. Aufgrund eines Fehlers der Krankenhausverwaltung ließ sich nicht feststellen, wer ihre leibliche Mutter war.

KARTE IM OHR 1995 gaben schwedische Ärzte einem Mann das Gehör wieder, indem sie eine Busfahrkarte entfernten, die seit 47 Jahren in seinem Ohr gesteckt hatte!

GEFÄHRLICHE WAFFE Jedes Jahr werden rund 8.800 Menschen durch Zahnstocher verletzt.

FAUCH! Die Schauspielerin Sarah Bernhardt konsultierte einen Arzt, weil sie sich einen Tigerschwanz ans Steißbein transplantieren lassen wollte.

Der Inder Dimbeswar Basumatary verblüfft Ärzte mit seiner Fähigkeit, stundenlang in die Sonne zu starren, ohne zu blinzeln! Natürlich sollte niemand versuchen, ihm dies nachzumachen!

TOTE BRAUCHEN KEINEN ZAHNARZT Einem Argentinier wurde 2002 die Zahnbehandlung verweigert, weil er laut seiner medizinischen Akte schon seit 1980 tot war! Rafael Lanizante hielt das zunächst für einen Witz – bis er seinen Totenschein sah. Während der Patzer nachgeprüft wurde, erlebte Herr Lanizante zumindest eine freudige Überraschung: vor lauter Schreck waren seine Zahnschmerzen verschwunden!

KRANKE WETTEN 1980 feuerte ein Krankenhaus in Las Vegas etliche Angestellte, weil sie Wetten darüber abschlossen, wann welche Patienten sterben würden.

HAND UND FUSS

Der amerikanische Südstaaten-General Francis T. Nicholls verlor 1862 in der Schlacht von Winchester seinen linken Arm und 1863 bei Chancellorsville seinen linken Fuß, diente aber bis zum Ende des Bürgerkriegs weiter als Offizier in der Armee der Konföderierten. 1876 wurde er Gouverneur von Lousiana. Er hatte seinen Wählern „alles, was von General Nicholls übrig geblieben ist", versprochen.

VERBISSEN Nachdem der Amerikaner Kevin Morrison aus Rockford in Illinois 1998 von einem ein Meter langen Ammenhai gebissen worden war, mussten Ärzte ihm den Hai operativ von der Brust entfernen.

Diese Maschine wurde ca. 1908 hergestellt und konnte angeblich das Wohlbefinden der Klienten anzeigen.

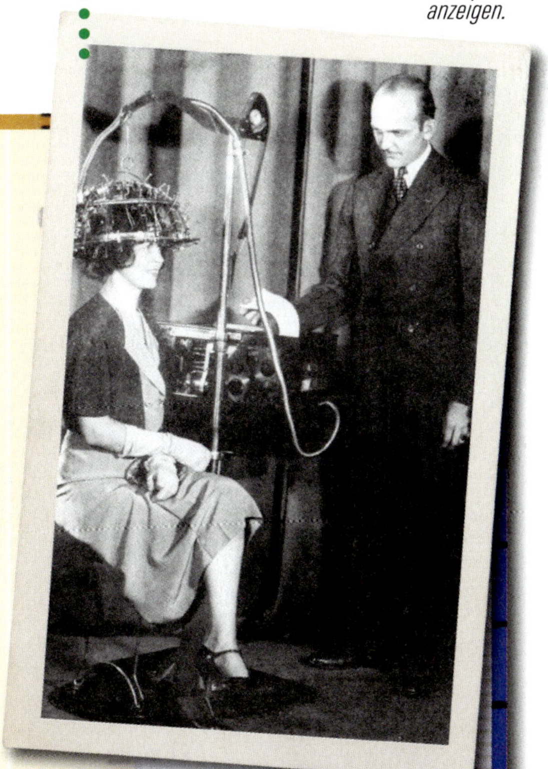

KOPFUNTERSUCHUNG GEFÄLLIG?

Ob Sie's glauben oder nicht, diese seltsame Maschine diente dazu, den Gesundheits- und Gemütszustand festzustellen! Man stülpte Kunden ein Drahtgestell über den Kopf, das ihre Schädelkurven „las". Ein Ausdruck zeigte auf einer Skala den Stand von 32 Faktoren an, die nach Meinung der Anhänger dieser Methode das menschliche Wohlbefinden bestimmen. Diese Pseudowissenschaft hieß Phrenologie und wurde sogar eingesetzt, um den besten Kandidaten für die amerikanische Präsidentschaftswahl von 1884 festzustellen. Zachary Taylor gewann, starb jedoch kurz darauf.

In diesem Zelt aus dem frühen 20. Jahrhundert bestritten „Phrenologen" ihren Lebensunterhalt durch Kopf-Lesungen.

MILCHVATER

2002 wurde aus Sri Lanka von einem Mann berichtet, der seine ältere Tochter stillen konnte, nachdem seine Frau bei der Geburt ihres zweiten Kindes gestorben war. Mr. B. Wijeratne aus Walapanee bei Colombo entdeckte sein Talent, als seine 18 Monate alte Tochter Nisansala die industrielle Babymilch verweigerte. Er sagte: „Sie war Muttermilch gewöhnt und als ich ihr die Flasche geben wollte, lehnte sie sie ab. Ihr Weinen brach mir schier das Herz, also gab ich ihr meine Brust. Da entdeckte ich, dass ich sie stillen konnte." Ärzten zufolge können Männer, die das hyperaktive Prolaktin-Hormon besitzen, Milch produzieren.

Dieser Herzschrittmacher gehört Scott McIver und ist so groß wie eine britische 50-Pence-Münze. Der allererste Schrittmacher war so groß, dass er nicht in den menschlichen Körper passte!

ZU TODE GEQUASSELT Edward Dilly (1732–1779) aus London redete ununterbrochen – sogar im Schlaf. Ärzte bestätigten dies als seine Todesursache.

VERFALLSDATUM ÜBERSCHRITTEN Ein römischer Metalltopf, der bei einer archäologischen Ausgrabung 2003 in London gefunden wurde, enthielt eine 2.000 Jahre alte Salbe.

Es dauerte 600 Stunden, dieses Skelett in der Flasche anzufertigen! Die Knochen wurden aus hartem Ahornholz geschnitzt, durch den Flaschenhals geschoben und in der Flasche zusammengesetzt.

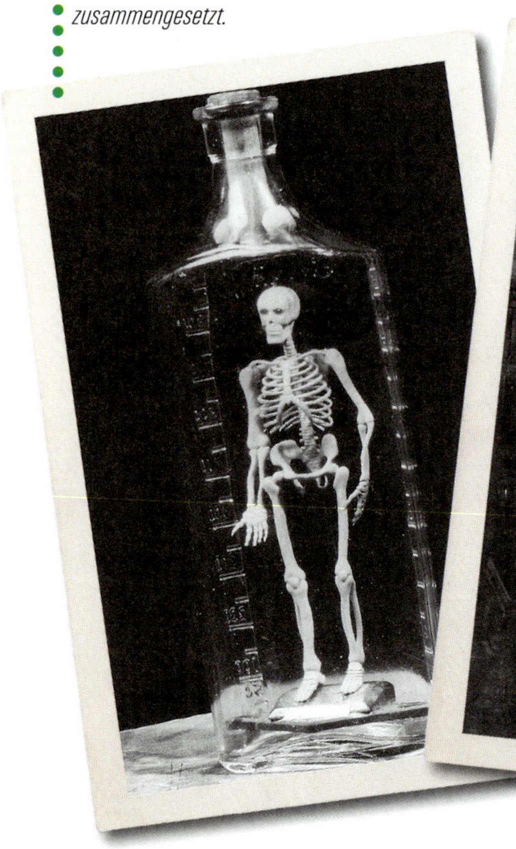

LINKS, RECHTS, LINKS, RECHTS! Eine französische Frau, die 1869 zur Welt kam, hatte zwei Becken und vier Beine. Sie heiratete und gebar zwei normale Kinder.

Der Sioux-Häuptling Couzzingo aus Oxford in Ohio befestigte seine gebrochene Rippe mit Schrauben an seinem Brustbein – ohne jede Betäubung!

SCHLAFLOS IN RUMÄNIEN Ärzte im rumänischen Budeasa wurden 2003 von einer Frau verblüfft, die behauptete, acht Jahre lang nicht geschlafen zu haben. Seit ihre Mutter 1995 starb, konnte die 58-jährige Maria Stelica nicht mehr einschlafen und war seitdem wach.

SELBST IST DER MANN Der 22-jährige Amerikaner Dann Eller aus Columbus in Ohio kam in ein Polizeirevier und wollte geröntgt werden, weil er sein Gehirn nicht finden konnte. Er zeigte den verblüfften Polizisten ein Loch in seinem Schädel, das er angeblich selbst mit einer Bohrmaschine gemacht hatte und durch das er einen acht Zentimeter langen Draht eingeführt hatte, um sein Gehirn aufzuspüren. Später entfernten Chirurgen einen Teil eines Drahtbügels aus seinem Kopf.

Hiro Takeuchi arbeitet am „Hello Tomorrow and New Body Institute" in Japan, wo er Prothesen aus Silikon und Vinylchlorid herstellt. Menschen, die Glieder durch Unfälle oder Krankheit verloren haben, kaufen diese Ersatzteile – u. a. Ohren, Brüste, Beine und Arme – für Preise ab 217 Euro.

MEISTERWURF Der 24-jährige Bryan Allison kam 2001 in Buffalo im Staat New York ins Krankenhaus, nachdem er von seinem sechs Meter hohen Balkon gefallen war. Er hatte sich eine Videoaufnahme eines entscheidenden Hockeyspiels aus dem Jahr 1989 angesehen und sich erneut maßlos darüber geärgert, dass seine Mannschaft verloren hatte. Wütend warf er den Fernseher vom Balkon – vergaß aber, das Gerät loszulassen!

LIEBLICHE STIMME? Die 49-jährige Amerikanerin Dianne Neale erlitt 1991 jedes Mal, wenn sie die Stimme der „Entertainment Tonight"-Talkshow-Gastgeberin Mary Hart hörte, epileptische Anfälle. Die Moderatorin entschuldigte sich sogar während der Sendung bei ihr für diese Qualen!

ÜBERLEBENS-PRALINEN

Der deutsche Konditor Adolf Andersen hat angeblich die erste Praline der Welt kreiert, die das Altern verlangsamt. Er behauptet, dass die Zutaten der Felice-Pralinen – dunkle Schokolade, Mango und Sojamilch – nicht nur glücklich machen, sondern einem augenblicklich das Gefühl vermitteln, 15 Jahre jünger zu sein.

John Evans erlitt schwere Verletzungen, als er von einem Zug erfasst wurde. Als er aufwachte, entdeckte er, dass seine linke Hand an den rechten Arm angenäht worden war!

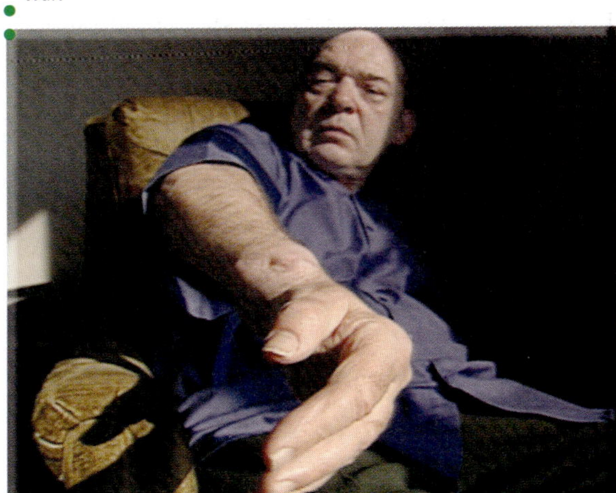

ANGRIFF AUS DEM FERNSEHER Am 16. Dezember 1997 um 18.50 Uhr erlitten in Japan 685 Menschen gleichzeitig epileptische Anfälle. Die meisten waren Kinder. Untersuchungen ergaben, dass sie alle die Zeichentrickserie „Pocket Monsters" gesehen hatten. Offenbar hatten die flackernden roten und blauen Lichter in der Sendung die Anfälle verursacht.

HITZEREKORD Die höchste je vom Menschen erzeugte Temperatur wurde 1978 von Wissenschaftlern der amerikanischen Princeton Universität generiert: 70 Millionen °C!

SPRACHGENIE Wissenschaftler haben ein Gerät entwickelt, das unabhängig vom Schrifttyp sämtliche Worte eines Buches in einen Computer einscannt und für Sehbehinderte in gesprochenes Englisch übersetzt.

GEN-JONGLEURE

Während amerikanische Hundeliebhaber sich um Designer-Hunde wie den Labradudel (einer Kreuzung zwischen Labrador und Pudel) reißen, experimentieren Wissenschaftler weltweit mit neuen Mischungen.

Das neue, in Israel gezüchtete federlose Huhn leidet weniger unter der Hitze als gefiederte Vögel.

Israelische Wissenschaftler züchteten kürzlich ein rosafarbenes, federloses Huhn. Sein hässliches Aussehen wird dadurch wettgemacht, dass man es nicht zu rupfen braucht. Im August 2003 stellte ein japanischer Safaripark den einzigen „Zesel" der Welt vor: eine Kreuzung zwischen einem Zebra und einem Esel, die wie ein Esel im gestreiften Schlafanzug aussieht.

Dieses „Kama" wurde in Dubai gezüchtet und ist halb Kamel und halb Lama. Es ist das erste seiner Art!

VERBLÜFFENDE FAKTEN

- **Bei der Herstellung von Sprengstoff werden Erdnüsse verwendet.**
- **Alle 24 Stunden bombardieren 750.000.000.000.000.000 Meteore unsere Atmosphäre.**
- **Glassplitter können 4.800 km/h schnell fliegen.**
- **Wenn man alles Gold, das je auf der ganzen Welt abgebaut wurde, in einen Block zusammenschmelzen würde, wäre der nicht größer als ein Tennisplatz und so hoch wie ein 11.340 g schwerer Goldbarren.**
- **Ein geschlagener Golfball schafft 8.000 Umdrehungen pro Minute.**

Der in Japan entwickelte „Zesel" hatte eine Eselmutter und einen Zebravater.

Wissenschaftler aus Großbritannien und den Niederlanden haben eine Methode entwickelt, Frösche schweben zu lassen! Man setzt einen Frosch in ein magnetisiertes Rohr und erzeugt in den Atomen des Tieres ein schwaches Magnetfeld. Dadurch werden gegenläufige Kräfte hergestellt, die die Schwerkraft überwinden, genauso wie zwei Magnetpole, die einander abstoßen. Vielleicht ist es nur noch eine Frage der Zeit, bis auch Menschen auf diese Weise schweben können!

FLOTTER BARMIXER
Wissenschaftler entwickelten 1992 einen Roboter, der 130 verschiedene Getränke mixen und die entsprechende Rechnung präsentieren konnte!

EIN TROPFEN IM OZEAN
Wissenschaftler haben die Anzahl der Moleküle in einem Löffel voll Wasser errechnet und festgestellt, dass sie der Anzahl der Löffel voll Wasser entspricht, die im Atlantischen Ozean Platz haben.

NABELSCHAU Karl Kruszelnicki, ein Wissenschaftler an der Universität von Sydney, hat eine Studie über Bauchnabelfusseln geschrieben, nachdem er Proben von 5.000 Menschen untersuchte.

DUFT ZUM SCHLUCKEN Brasilianische Wissenschaftler haben Parfüm in Tablettenform entwickelt. Man nimmt drei Tabletten täglich.

FLUCHT VOR DEN REGENTROPFEN
Die Wissenschaftler Trevor Wallis und Thomas Peterson vom National Climatic Data Center in Asheville, North Carolina (USA), entdeckten, dass jemand, der ganz normal durch den Regen geht, 40% nasser wird, als jemand, der im Regen rennt.

SCHULE FÜR FISCHE

Wissenschaftler der englischen Universität von Plymouth behaupten, dass Fische einen Sinn für Zeit haben. Sie brachten Fischen in einem Aquarium bei, einen Hebel zu drücken, um Futter zu bekommen. Die Nahrung stand nur eine Stunde lang zur Verfügung und die Fische kamen schnell dahinter, wie lang diese Zeitspanne ist. Davor hatten Experten bewiesen, dass Fische ein Erinnerungsvermögen von mindestens drei Monaten besitzen.

NUR NICHT AUFGEBEN!

Der Tasmanische Tiger starb zwar 1936 aus, aber ein seit 130 Jahren in Äthanol konserviertes Jungtier könnte der Schlüssel zur Neuzucht der Spezies sein. Es ist australischen Wissenschaftlern gelungen, dem Exemplar DNS zu entnehmen und sie planen, diese Tierart damit wieder ins Leben zu rufen!

Der Tasmanische Tiger wurde seit über 70 Jahren nicht mehr gesehen, doch Wissenschaftler hoffen, das Tier in den nächsten zehn Jahren erneut züchten zu können.

Das konservierte Tasmanische Tigerjunge ist der Schlüssel zur Neuzüchtung der Spezies.

TREUER TANZPARTNER

Japanische Wissenschaftler haben einen Roboter entwickelt, der den Tanzschritten eines menschlichen Partners folgen kann. Aufgrund des Drucks, den die Hände seines Partners auf seinen Rücken ausüben, sieht der „Mobile Smart Dance Robot" den nächsten Schritt seines Partners voraus. Mit einem Computer, Sensoren, Batterien und vier Rädern ausgestattet, kann sich der Roboter in jede Richtung bewegen und hat genügend Speicherplatz für alle Schritte, die man für einen Walzer benötigt.

SEITEN MIT HALBWERTZEIT Die Notizbücher, in denen Marie und Pierre Curie vor fast 100 Jahren ihre Experimente aufzeichneten, sind immer noch hochradioaktiv.

KEINE HAFTUNG Wenn man flüssiges Quecksilber aus einem Gefäß gießt, ist das Innere des Gefäßes anschließend vollkommen trocken.

SPÜRBIENEN Forscher an der amerikanischen Universität von Montana haben Bienen darauf abgerichtet, Tellerminen zu riechen. Bienen haben anscheinend nicht nur einen besseren Geruchssinn als Hunde, sondern lernen auch schneller.

MUNDGERECHT Um der immer größer werdenden Anzahl lediger Verbraucher in Japan gerecht zu werden, haben Wissenschaftler „Zwerggemüse" gezüchtet – darunter Miniblumenkohlköpfe und Radieschen von halber Größe.

SIEBENSCHLÄFER Wissenschaftler in Chicago haben Bakterien und Algen wiederbelebt, die seit 2.800 Jahren in einem antarktischen See eingefroren waren.

Die deutsche Wissenschaftlerin Ursula Plate von der Lübecker medizinischen Universität hat ein Mittel gegen Flugangst entwickelt! Die 3-D-Brille simuliert einen turbulenten, aber sicheren Flug von Hamburg nach München.

KALTE LOGIK Albert Einstein entwickelte nicht nur die Relativitätstheorie, sondern entwarf auch Kühlschränke!

MUSIKALISCHE KARPFEN Wissenschaftler am Rowland Institute For Science in Massachusetts haben Koi-Karpfen beigebracht, den Unterschied zwischen klassischer Musik und Blues zu erkennen.

ENTSPANNTE TRUTHÄHNE In der Vorweihnachtszeit spielen britische Truthahnzüchter ihren Vögeln „Entspannungs-CDs" vor. Die Züchter behaupten, die Musik habe eine beruhigende Wirkung auf die Truthähne, wodurch ihr Fleisch zarter werde.

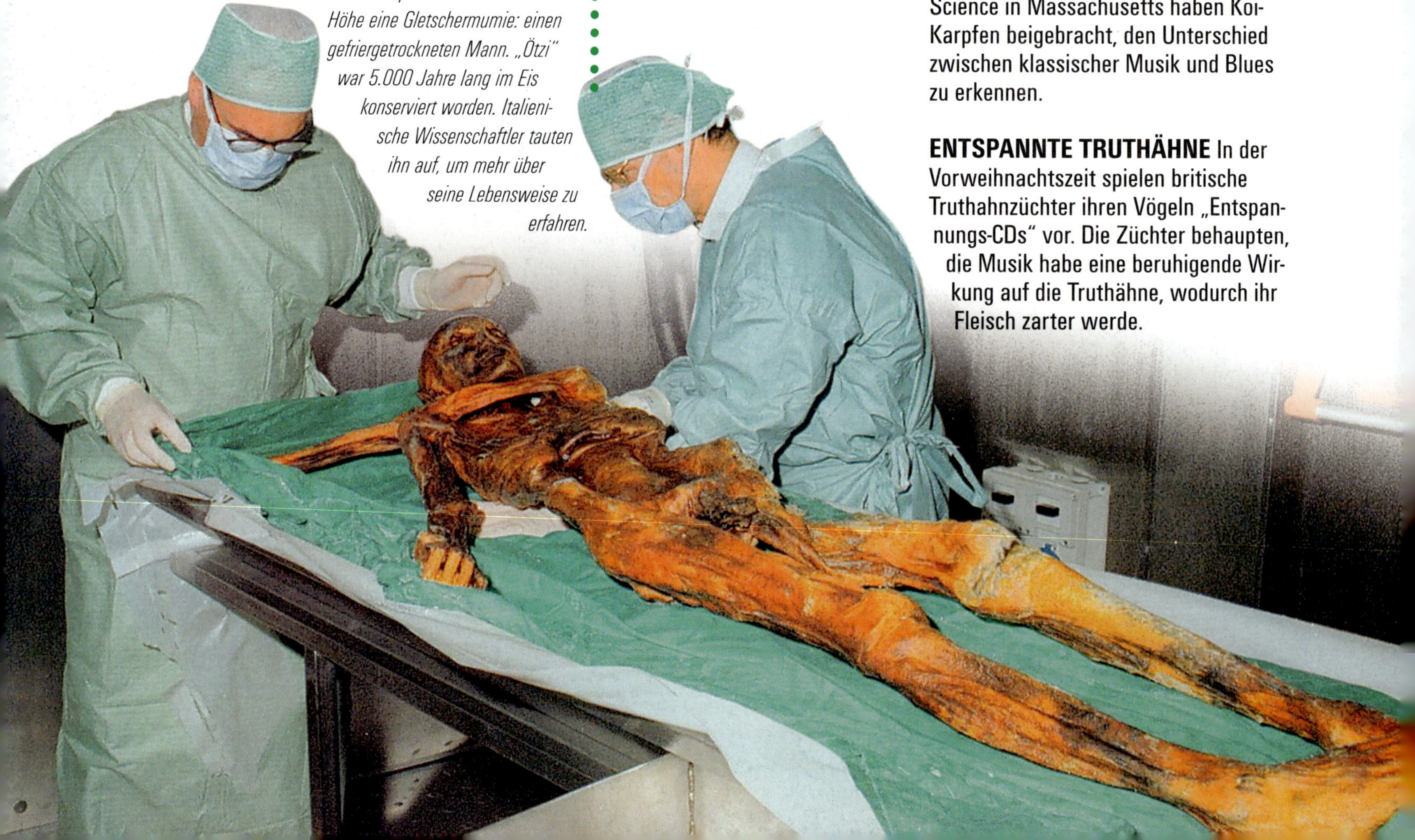

Zwei Bergsteiger entdeckten in den Ötztaler Alpen in etwa 3.000 m Höhe eine Gletschermumie: einen gefriergetrockneten Mann. „Ötzi" war 5.000 Jahre lang im Eis konserviert worden. Italienische Wissenschaftler tauten ihn auf, um mehr über seine Lebensweise zu erfahren.

Das kürzlich entdeckte Skelett dieses jungen, Fleisch fressenden Scipionix-Sauriers ist fast perfekt erhalten! Reste der Leber, des Dickdarms, der Luftröhre und sogar der Muskeln sind sichtbar! Wissenschaftler stellten fest, dass er vor ca. 110 Millionen Jahren lebte.

FLUCHT IN DIE FREIHEIT

Gaak, ein „lebender Roboter", der dazu programmiert ist, unabhängig zu denken, brach im Jahr 2002 aus seinem Lagerraum im englischen Rotherham aus. Er entkam durch den Hinterhof, ging einen Abhang hinunter, schlich durch die Vordertür des Magna Science Centre und wurde später auf der Hauptzufahrt des Parkplatzes entdeckt, wo ein Besucher ihn beinahe überfahren hätte! Professor Noel Sharkey sagte: „Es gibt keinen Grund zur Besorgnis. Auch wenn sie ausbrechen können, sind sie völlig harmlos und werden nicht gleich die Weltherrschaft an sich reißen."

LEICHTFLUG Amerikanische Regierungswissenschaftler haben eine winzige mechanische Fliege mit Solarflügeln entwickelt. Sie wiegt 0,1 g – weniger als eine kleine Büroklammer!

TÄTOWIERUNG VERTRAUENSSACHE Der österreichische Elektriker Niki Passath hat Freddy, den ersten Tätowierungsroboter der Welt entwickelt. Man kann allerdings die Muster nicht selbst auswählen – das macht das mit künstlerischen Entwürfen programmierte Gehirn Freddys.

TAUBENSCHRECK Zwei schottische Erfinder haben einen Raubvogelroboter entwickelt, der Tauben verjagen soll, indem er im Sturzflug über ihrem Gebiet herabstößt. Der Fiberglas-Wanderfalke kann auch seinen Kopf bewegen und wie ein echter Vogel kreischen. Schöpfer Bob McIntyre dazu: „Dies ist ein ausgesprochener Hightech-Vogel. Er kann sogar Ihr Handy anrufen, um zu signalisieren, dass seine Batterie schwächer wird."

BARBIEPILLEN Der Berliner Chemiker Dr. Adolph von Bayer (1835 – 1917) entdeckte die Barbitursäure, aus der wir Barbiturate herstellen. Er taufte seine Entdeckung aber nicht nach einem ihrer Bestandteile, sondern nach seiner Liebsten Barbara!

ZAHLENMAGIE Der amerikanische Politiker, Wissenschaftler und Erfinder Benjamin Franklin wurde am 17. Januar 1706 geboren. Er war eins von 17 Kindern, begann seine Karriere in Philadelphia mit 17 Jahren und starb am 17. April 1790.

TRINKGELD INBEGRIFFEN Ein Hotel im amerikanischen Atlantic City in New Jersey stellte „Rich", einen 1,50 m großen Roboter, vor. Er hat die Aufgabe, sich mit den Gästen zu unterhalten und ihnen Essen auf dem Zimmer zu servieren. Die Hotelleitung ließ ihn jedoch nicht an die Spieltische im Kasino, aus Angst, er könne mit versteckten Kameras mogeln.

ANTI-NOBELPREIS Sie haben sicher vom Nobelpreis gehört – es gibt auch den Anti-Nobelpreis! Er umfasst zwei Disziplinen: Der Gewinner muss Menschen sowohl zum Lachen als auch zum Denken bringen. Unter anderem haben die Wettbewerbsteilnehmer im Jahr 2003 in den Kategorien Physik und Medizin folgende Referate eingereicht: „Eine Analyse der Kräfte, die nötig sind, um Schafe über verschiedene Oberflächen zu schleppen" und: „Navigationsbestimmende Strukturveränderungen im Zerebralkortex des Taxifahrers."

GLAUBE ZUM AUFBLASEN

Möglicherweise wurden die Gebete englischer Kirchgänger, die seit Jahren unter den harten, hölzernen Bänken leiden, endlich erhört – in Form einer bei London entwickelten aufblasbaren Kirche.

Außer aufblasbaren Bänken beherbergt der 14 m hohe Bau einen aufblasbaren Altar, eine aufblasbare Orgel und sogar aufblasbare Buntglasfenster! 60 Menschen haben in der Kirche Platz.

Besucher probieren die Sitze der aufblasbaren Kirche aus, die im Jahr 2003 bei der National Christian Resources Exhibition ausgestellt wurde.

In weniger als einer Stunde ist die „Hüpfkirche" aufgeblasen!

DECKEL ZU Der holländische Designer Hans Rademaker hat ein Bücherregal entworfen, das nach dem Tod des Besitzers in einen Sarg umgewandelt werden kann.

FROST-KARTOFFEL 1997 entwickelten Forscher an der Universität von Idaho eine kältebeständige Kartoffel, die ihr eigenes Frostschutzmittel produziert.

WOZU NOCH HEIRATEN? Eine deutsche Firma hat die erste sprechende Waschmaschine entwickelt. Mit einer freundlichen Frauenstimme rät „Hermine" dem Benutzer, wie er die Maschine am sinnvollsten lädt, um die besten Waschergebnisse zu erzielen. Sie kann auch komplexe, gesprochene Befehle verstehen.

PRIVATSCHNEE Eine amerikanische Firma verkauft eine Maschine, die Ihren Garten über Nacht mit einer echten Schneedecke bedecken kann!

LECK-PROBLEME

Der amerikanische Spielzeugmacher Rick Hartman aus Issaquah in Washington hat einen motorisierten Eiskremhalter erfunden, um den Zungenstress beim Eislecken zu beseitigen. „Die Eiskrem-Technologie stagniert seit 200 Jahren", sagt Hartman. Per Knopfdruck aktiviert man einen Motor in einer Eistüte aus Acryl, der die Acryltüte dreht, sodass man die Zunge nicht bewegen muss.

Schneeschuhe wurden erstmalig von dem berühmten Exkursionsführer Charlie Miller aus Boston vorgeführt. Er legte 360 km mit ihnen zurück!

SCHUH-STIMULANS Wissenschaftler an der Bostoner Universität in Massachusetts haben vibrierende Einlagen für Schuhe entwickelt. Die nicht-rhythmischen Vibrationen verstärken die zwischen den Füßen und dem Gehirn ausgetauschten Gleichgewichtssignale, die mit zunehmendem Alter schwächer werden. Die Einlagen sollen älteren Menschen dabei helfen, das Gleichgewicht zu bewahren, um Stürze zu verhindern.

PACKUNGSSCHMAUS Brasilianische Forscher an der staatlichen Campinas Universität in Sao Paulo haben eine essbare Verpackungsfolie aus Amarantmehl kreiert.

GESPENSTERSPRAY Die Amerikanerin Mary Elizabeth Feldman aus Charleston in South Carolina hat ein Spray namens „Ghost Away" („Gespenster weg!") erfunden. Das Mittel basiert auf Kamillenextrakt und soll Gespenster und Ungeheuer vertreiben!

EAU DE SONSTWAS Christopher Brosius aus New York City kreiert Düfte für Menschen, die nach Hummer, Löwenzahn, Zuckerplätzchen oder gar Erde riechen wollen!

OHRKLINGELN Der Amerikaner Reginald M. Grooms aus Conway in South Carolina erfand einen Wecker, den man im Ohr trägt.

FÜNF

ALTBEWÄHRTE ERFINDUNGEN

Manche Erfindungen, die wir im Alltag benutzen, gibt es seit erstaunlich langer Zeit.

1. **KAMM** – ca. 8.000 v. Chr.
2. **SCHÖNHEITSCHIRURGIE** – 3. Jahrhundert v. Chr.
3. **REGENSCHIRM** – 2. Jahrhundert v. Chr.
4. **SCHLAFTABLETTE** – 1. Jahrhundert v. Chr.
5. **KOCHBUCH** – 62 n. Chr.

Dieses 4,50 m lange Gefährt sieht wie ein U-Boot aus, doch das Periskop besteht aus einer Videokamera und der Turm stammt aus einer Waschmaschine! Das Fahrzeug wurde von Jo L'Tessier erfunden, hat einen Elektromotor und erreicht eine Geschwindigkeit von 20 km/h!

Das alljährliche Internationale Vogelmensch-Festival im englischen Bognor Regis zieht viele erfindungsreiche Köpfe an, darunter auch Sir Richard Branson. Die Teilnehmer testen ihre selbstgebauten Flugmaschinen, indem sie vom Ende eines Piers springen.

NEUE IDEEN UNERWÜNSCHT 1875 schlug der Direktor des amerikanischen Patentamtes vor, die Abteilung zu schließen, weil seiner Meinung nach bereits alles erfunden war. Da hatte er sich wohl gründlich geirrt!

QUAK-ALARM Argentinische Erfinder haben eine Gummiente zum Umbinden erfunden, die müden Autofahrern auf die Sprünge helfen soll. Man bindet sich die hilfreiche Ente um den Hals und sie quakt, sobald der Kopf im Schlaf nach vorn sinkt.

STIMMUNGSMAUS Eine kalifornische Firma hat eine Computermaus entwickelt, die die Gemütsbewegungen ihres Benutzers spüren kann. Die Emotionsmaus misst den Puls, die Körpertemperatur und den Hautwiderstand. Dadurch kann sie Stimmungen wie Traurigkeit, Fröhlichkeit und Ärger identifizieren.

AUFSCHREIBEN! Laszlo Biro, der Erfinder des Kugelschreibers, verlor ein Vermögen, weil er vergaß, sich seine Erfindung in den USA patentieren zu lassen.

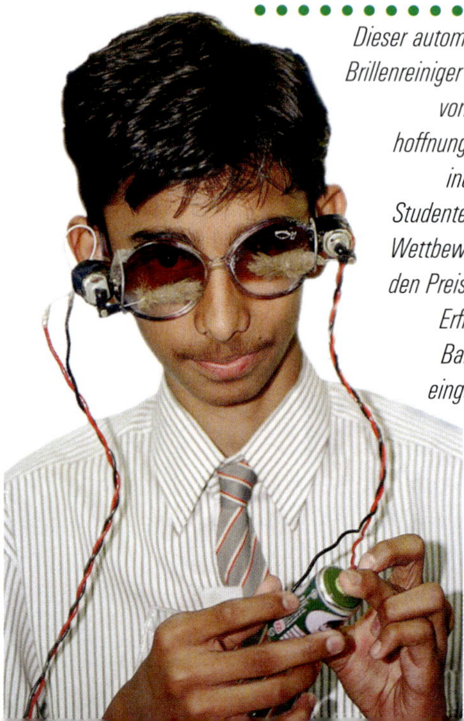

Dieser automatische Brillenreiniger wurde von einem hoffnungsvollen indischen Studenten beim Wettbewerb um den Preis junger Erfinder in Bangalore eingereicht.

AUFGEPLUSTERT Weil der japanische Erfinder Katsu Katugoru schreckliche Angst vor dem Ertrinken hat, erfand er aufblasbare Unterwäsche! Dummerweise blies sich die Wäsche jedoch in einer voll besetzten U-Bahn irrtümlich von selbst auf – auf das 30-fache ihrer ursprünglichen Größe.

HERBER DUFT Um die Erinnerung an das Oktoberfest lebendig zu halten, erfand der Münchner Festzeltwirt Peter Inselkammer ein neues Parfüm, das nach schalem Bier und Zigarettenkippen riecht! Es kostet pro Flasche ca. 134 Euro.

RUHMREICHE ROLLE Als Joseph Gayetty 1857 das Toilettenpapier erfand, ließ er seinen Namen auf jedes einzelne Blatt drucken.

KEINE ANGST MEHR Thomas Edison, der Erfinder der Glühbirne, hatte Angst vor der Dunkelheit.

HEISSES TISCHTUCH Richard E. Mahan aus Houston in Texas erfand ein elektrisches Tischtuch, das Insekten davon abhalten soll, in der Nähe des Essens zu landen.

SCHAUMPIZZA

Ducio Cresci, ein Kosmetikhersteller aus Florenz, hat eine neue Kosmetikreihe fürs Badezimmer entwickelt, die nach Pizza riecht. Auf der Duftbasis von Tomatenextrakt und den ätherischen Ölen von Basilikum und Oregano kreierte er ein Luxus-Schaumbad, Seife und Körperlotion, die alle köstlich nach Pizza duften. Er sagt: „Während des Bades duftet das Schaumbad besonders stark, aber auch hinterher bleibt ein unwiderstehlicher Wohlgeruch auf Ihrer Haut zurück." Der ehemalige Fernsehmoderator Cresci hat jedoch noch mehr auf Lager: seine Produktreihe umfasst Cappuccino-Seife, Körperlotion mit dem Duft von frisch gebackenem toskanischem Brot und Körperöle, die nach Schokolade, Torte und Kaugummi riechen.

NADELGELD 1849 erfand der New Yorker Mechaniker Walter Hunt die Sicherheitsnadel – aus Versehen. Er drehte nervös an einem Stück Draht herum, während er sich den Kopf darüber zerbrach, wie er seine Schulden von 15 Dollar zurückzahlen sollte.

ZUM EINTAUCHEN Der Engländer Dominic Skinner hat eine Kaffeetasse erfunden, in die ein Spezialfach für drei Kekse eingebaut ist – angeblich werden sie nicht einmal feucht.

SCHUHBÄUME Gummischuhe wurden zum ersten Mal 1820 in Brasilien hergestellt, indem man einen Kautschukbaum anzapfte und das herausfließende, flüssige Latex auf die nackten Füße einheimischer Arbeiter tropfen ließ! Sobald das Latex getrocknet war, zog man ihnen die Schuhe aus und exportierte sie in die USA.

ZEITUNGSSCHLEUDER 1972 ließ sich Robert Lamar aus Houston, Texas, ein Design für einen Kleinlaster patentieren, der automatisch Zeitungen auf den Rasen der Abonnenten wirft.

FIDELER KLOSITZ Weil es einer Theorie nach Verstopfung vorbeugt, wenn man die Gesäßbacken physisch stimuliert, hat der amerikanische Erfinder Thomas J. Baynard 1966 einen vibrierenden Toilettensitz erfunden.

„Pyon-pyon" oder Hüpfschuhe sind die neueste Erfindung des Japaners Dr. Joshino Nakamatsu, der bereits stattliche 2.300 Patente angemeldet hat. Die Schuhe bestehen aus Plastik und haben eine Sprungfeder, die Ihrem Schritt neuen Schwung verleihen wird.

ERFINDUNGSREICHES

- Im ersten elektrischen Wasserkessel brauchte das Wasser 12 Minuten, bis es kochte.
- Jedes Jahr wird soviel Velcro für Klettverschlüsse produziert, dass es zweimal um die Erde reichen würde.
- Das erste Hörgerät wog sieben Kilogramm und musste auf einem Tisch abgestellt werden.
- Als der Sicherheitsrasierer auf den Markt kam, wurden im ersten Jahr in den ganzen USA nur 51 Stück verkauft.
- Die ersten Videorecorder waren so groß wie Klaviere.
- Erst 1785 begann man, verschiedene Schuhe für den linken und rechten Fuß herzustellen.

SPITZE KEUSCHHEIT 1914 entwickelte die Amerikanerin Natalie Stolp aus Philadelphia eine Vorrichtung, die Männer davon abhalten sollte, in voll besetzten Zügen oder Kutschen ihr Bein am Schenkel einer Dame zu reiben. In den Unterrock der Dame wurde eine Feder eingearbeitet, die durch Außendruck aktiviert wurde und dem Missetäter eine kurze, scharfe Nadelspitze ins Fleisch stach.

Der amerikanische Krapfen heißt „Donut", hat ein Loch in der Mitte und wurde von einem Schiffskapitän erfunden. Hanson Gregory, Käpt'n der „Donat", stülpte 1850 während eines Sturms ein Bleigewicht über einen der Griffe seines Steuerruders, um beide Hände zum Steuern frei zu haben – und der „Donut" war geboren!

Noch nie war es so einfach, den Toilettensitz zu reinigen! Der Schweizer Erfinder Jürg Lumpert hat ein „Desinfektionselement" erfunden, das ultraviolette Lichtwellen erzeugt. Diese schweben über dem Sitz und machen jegliche weitere Desinfektion überflüssig.

„Toilettenreinigung durch schwebende Lichtwellen"

BIERKOPF Randy Flann aus Milwaukee in Wisconsin hat Hüte erfunden, die wie ein Football, ein Baseball, ein Basketball oder gar wie ein Bierfass aussehen. Letzterer ist übrigens tatsächlich mit Bier gefüllt!

HUT AB! 1920 erfand Alan Dawson aus Jacksonville in Florida einen Hut mit eingebautem Kamm.

NUR MUT 1986 erfand Ralph R. Pire aus Lindenhurst im Staat New York einen mechanischen Arm, der an der Schulter befestigt wird und es dem Träger erlaubt, sich selbst auf den Rücken zu klopfen, wenn er Ermunterung braucht.

TROCKENE HUNDE Celes Antoine aus dem amerikanischen Forestville in Maryland erfand einen selbsttragenden Regenschirm für Hunde!

DOSENBOOT Christopher Cockerell, der Erfinder des Hovercrafts, baute sein Prototyp-Modell aus einer leeren Katzenfutterdose, einer leeren Kaffeedose und einem Staubsauger.

ERSATZBEIN Ein australischer Erfinder entwickelte eine Strumpfhose mit drei Beinen – falls ein Bein eine Laufmasche bekommt.

HACKORDNUNG 1902 ließ der Amerikaner Andrew Jackson Jr. aus Tennessee einen Augenschutz für Hühner patentieren. Er sah wie eine Brille aus und sollte die Augen der Tiere vor den Schnabelhieben ihrer Artgenossen schützen.

Diese neuartige Marineerfindung simuliert das Rollen und Schaukeln eines Schiffes im Sturm und wurde benutzt, um festzustellen, wie anfällig Matrosen für Seekrankheit sind.

OHRENSCHMALZ IM SPIEGEL

Der Amerikaner Justin Letlow aus Bend in Oregon hat einen Ohrspiegel erfunden, der die Ohrreinigung erleichtert und „peinlichem Ohrenschmalz" vorbeugt. Er besteht aus zwei kleinen, verstellbaren Spiegeln, die durch einen biegsamen Plastikgriff verbunden sind. Man hält sich den einen Spiegel dicht ans Ohr und den anderen vor die Augen. Auf die Frage, wie er darauf kam, sagte Mr. Letlow, „Ich weiß nicht, wie oft es passiert ist, dass ich ein Spiel im Fernsehen sah, und dann kam eine Großaufnahme des Trainers, und man sah einen großen Klumpen Ohrenschmalz."

Mit dem Segway-Menschentransporter kann man 20 km/h schnell fahren. Diese Erfindung von Dean Kamen verfügt über einen starken Motor, Kippsensoren und einen Kreiselkompass, um den Schwerpunkt zu ermitteln.

SCHWEBENDE MÖBEL 1989 kreierte William A. Calderwood aus Arizona eine mit Helium gefüllte Möbellinie, die am Boden befestigt wird. Werden die Möbel nicht benutzt, können sie an die Decke schweben!

NEUE SCHWÄRZE Eine Gruppe Wissenschaftler hat eine ganz neue Farbe erfunden: Superschwarz. Die Farbschattierung ist dunkler als alle anderen Schwarztöne und die Farbe absorbiert 99,7 Prozent des Lichts, sodass sie so gut wie gar kein Licht reflektiert.

KÜSSSCHUTZ Für alle, die gern küssen, sich aber vor Ansteckung fürchten, hat Deloris Gray Wood aus Missouri einen Kussschild erfunden. Eine dünne Latexmembran wird über einen herzförmigen Rahmen gezogen. Man trägt den Schild über dem Mund und die Erfinderin meint, er sei ideal für Politiker auf Stimmenfang, die ungezählte Babys küssen.

Der französische Arzt Dr. Theophile de Lannec (1781–1826) erfand 1814 das Stethoskop, um empfindsamen Patientinnen Scham zu ersparen, wenn er ihr Herz abhörte. Er rollte ein Stück Papier zu einem Trichter.

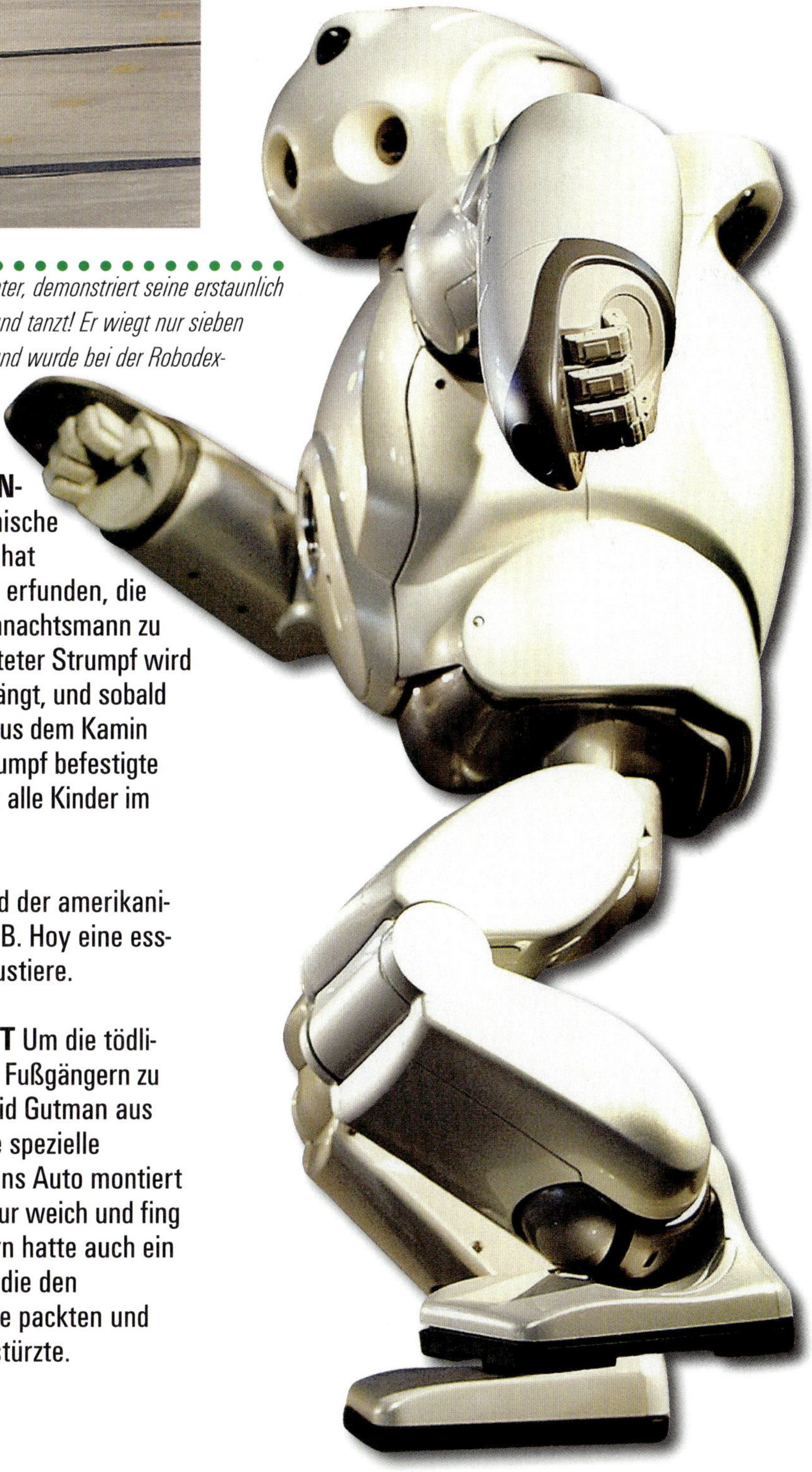

„Qrio", ein humanoider Roboter, demonstriert seine erstaunlich menschliche Beweglichkeit und tanzt! Er wiegt nur sieben Kilogramm, ist 58 cm groß und wurde bei der Robodex-Ausstellung im Jahr 2003 vorgestellt!

WEIHNACHTSMANN-ALARM Der amerikanische Erfinder Thomas Cane hat einen Alarm für Kinder erfunden, die Angst haben, den Weihnachtsmann zu verpassen. Ein verdrahteter Strumpf wird an den Kaminsims gehängt, und sobald der Weihnachtsmann aus dem Kamin kommt, blinken am Strumpf befestigte Lichter auf und wecken alle Kinder im Haus.

TIERLIEB 1999 erfand der amerikanische Erfinder Stephen B. Hoy eine essbare Grußkarte für Haustiere.

SICHERHEIT ZUERST Um die tödlichen Unglücksfälle von Fußgängern zu reduzieren, erfand David Gutman aus Philadelphia 1960 eine spezielle Stoßstange, die vorn ans Auto montiert wurde. Sie war nicht nur weich und fing den Aufprall ab, sondern hatte auch ein Paar große Greifarme, die den Fußgänger um die Taille packten und verhinderten, dass er stürzte.

SONDERZUSTELLUNG

Im September 2003 gab Charles McKinley sich selbst als Frachtgut von New Jersey nach Dallas auf, weil er das für die billigste Reisemöglichkeit hielt.

Auf dem Heimweg nach Dallas, Texas, bekam der blinde Passagier Charles McKinley 15 Stunden lang nichts zu essen und zu trinken. Der Frachtcontainer, in dem er steckte, war nur 1,72 m lang.

Der 25-jährige Expedient machte sich aus Heimweh auf diese ungewöhnliche Reise, nachdem ihm ein Freund gesagt hatte, er könne Geld sparen, wenn er als Frachtgut reiste. Dabei hätte er zum selben Preis erster Klasse fliegen können, wenn er die Bußgelder einkalkuliert hätte!
Laut der Formulare, die McKinley ausfüllte, bevor er in den Frachtcontainer kletterte, bestand die Fracht aus einem Computer und Kleidung. Die Kiste wurde in ein Druckkabinen-Frachtflugzeug verladen, das von Newark im Staat New York zunächst nach Niagara Falls und dann nach Fort Wayne in Indiana flog, bevor es endlich in Dallas landete. Als der Bote die Kiste bei McKinleys Eltern abliefern wollte, meinte er, Augen herauslugen zu sehen und wurde misstrauisch. Er fürchtete, eine Leiche zu transportieren, doch dann sprang McKinley vor den Augen seiner erschrockenen Eltern vor ihrer Haustür aus dem Container. Der Bote benachrichtigte die Polizei und der Bezirksstaatsanwalt Bill Hill kommentierte: „Er hat zumindest das Gesetz der Dummheit übertreten."

SCHRÄGE FRACHT

- **Eileen Cresswell, eine 63-jährige Großmutter, wurde als Drahtzieherin eines internationalen Drogenschmuggelrings verhaftet.**
- **Ein Student schmuggelte eine Schildkröte nach England – und zwar in seinen Socken!**
- **Ein schwedischer Tourist versuchte, acht Giftschlangenbabys nach Australien zu schmuggeln – darunter vier giftige Königskobras.**
- **Ein Amerikaner wurde verhaftet, als er vier Tauben unter seinem Hemd nach Kanada schmuggeln wollte.**

Hunderte von solarbetriebenen Autos aus der ganzen Welt nahmen am „Solar Challenge"-Rennen teil. Sie legten eine Rennstrecke von 3.700 km zurück.

ÜBLE FRACHT 2003 öffneten Zöllner des Amsterdamer Flughafens Schiphol einen übel riechenden Koffer – und stellten fest, dass er voller verwesender Pavian-Nasen war!

JUMBO-TANK Der volle Tank eines Jumbo-Jets enthält genügend Benzin, um ein Durchschnittsauto viermal um die Welt zu fahren.

NASSES GRAB Über 1.500 Schiffswracks liegen im Umkreis des Hafens von New York auf dem Meeresgrund.

KNÖLLCHENREKORD

Der Amerikaner Walter H. Burtin aus Washington, D. C. wurde verhaftet und angeklagt, weil er innerhalb von zehn Minuten 34 Verkehrsdelikte beging: er überfuhr 15 rote Ampeln und neun Stoppzeichen, ignorierte vier behördliche Schilder, fuhr zweimal auf der falschen Straßenseite, brauste durch eine Sicherheitszone, hielt an einer Kreuzung nicht an, fuhr ohne Führerschein und übertrat die Höchstgeschwindigkeit.

KURZER LUFTSPRUNG Den kürzesten Linienflug der Welt betreibt die British Airways vor der Nordküste Schottlands: zweimal täglich fliegt eine Maschine von Westray nach Papa Westray und zurück. Der Flug dauert nur zwei Minuten!

PAVIANWÄRTER Am Bahnhof Uitenhage in Südafrika sprang einmal ein Pavian für einen verletzten Bahnwärter ein. Genau nach Anweisung bediente der intelligente Menschenaffe sechs verschiedene Hebel fehlerlos.

RASER England setzte 1903 als erstes Land eine gesetzliche Höchstgeschwindigkeit fest. Fahrzeuge durften höchstens 32 km/h fahren.

NACKTFLIEGER Im Mai 2003 flogen auf dem ersten Nacktflug der Welt 87 Nudisten von Miami, Florida, nach Cancun in Mexiko. Die Reise wurde von einem „Nacktkultur"-Reisebüro veranstaltet. Abgesehen vom Kapitän und den Flugbegleitern zogen sich alle Leute an Bord nackt aus, nachdem das Flugzeug seine Reiseflughöhe erreicht hatte.

Dieser VW Käfer wurde mit unglaublichen 500.000 Briefmarken beklebt und war auf einer internationalen Briefmarkenausstellung in Deutschland zu sehen.

PFERDESTÄRKEN Heute kann eine Rakete schneller zum Mond fliegen als 1.800 Postkutschen von einem Ende Großbritanniens zum anderen fahren könnten.

Dieses Brautpaar aus Israel ließ sich auf ungewöhnliche Art zur Hochzeit fahren: auf der Ladefläche eines Schaufelbaggers!

„Bestes Lowrider-Modell", „bestes Tourverhalten" und „bester Autotanz" sind nur einige der Wettkämpfe, an denen man bei der Lowrider-Experience-Ausstellung teilnehmen kann. Lowrider-Begeisterte dürfen auch die luxuriösen Innenräume ihrer Autos vorstellen.

HIMMLISCHE AUSSICHT Am 27. August 1933 flog der italienische Luftwaffen-Leutnant Tito Falconi in drei Std., sechs Min. und 30 Sek. von St. Louis in Missouri nach Joliet in Illinois – eine Entfernung von 402 km. Die ganze Zeit flog die Maschine auf dem Kopf.

HEISSES PFLASTER Eine fünf Kilometer lange Straße in Orchard, Texas, wurde mit schwefelsaurer Asche gepflastert. Wenn es regnete, setzten die heißen Auspuffrohre der Autos die Straße in Brand.

Ripley's

In einer von dem Kalifornier I. Mathewson aus Gilroy 1876 erfundenen Straßenbahn war der Benzinmotor in einem Pferdekopf verborgen, damit er die echten Pferde nicht erschreckte!

LECKERE KANONENKUGELN Während einer kriegsentscheidenden Schlacht zwischen den Flotten von Uruguay und Argentinien im Jahr 1841 verschoss das uruguayische Flaggschiff „Santa Maria" sämtliche Kanonenkugeln. Der amerikanische Kommandeur John Coe befahl, die Kanonen stattdessen mit holländischen Hartkäseleibern zu laden – und die argentinische Flotte wurde besiegt!

TEURE TELEFONNUMMER Die chinesische Sichuan-Fluglinie bezahlte 190.000 Dollar für die Telefonnummer 8888-8888. Man hoffte, dadurch Kunden anzulocken, denn die Acht gilt als Glückszahl – sie klingt wie das chinesische Wort für „reich werden".

OLIVENSCHNÄPPCHEN Die Fluglinie American Airlines sparte 1987 etwa 40.000 Dollar ein, indem sie aus jedem Salat, der in der Ersten Klasse serviert wurde, eine Olive entfernte.

LEICHTER IMBISS Charles Lindbergh nahm auf seinen berühmten Transatlantikflug nur vier Sandwiches mit.

Dieses 35 m lange Sofa wurde für den „Europäischen Autofreien Tag" gebaut, der 2001 in Italien stattfand, um gegen den starken Autoverkehr zu protestieren. Das Sofa bietet über 100 Menschen Platz.

SUPERMAN BEKÄMPFT DIE PARKKRALLE

2003 durchstreifte ein Mann in einem Superman-Kostüm die Straßen Londons und befreite Falschparker illegalerweise mit einer Flex von Parkkrallen.

Unter dem Pseudonym „Angle Grinder Man" (Flex-Mann) befreite er in der Hauptstadt mindestens 12 Autos. Er richtete sogar eine eigene Webseite ein, auf der festgekrallte Autofahrer um Hilfe bitten konnten. „Ich tue der Öffentlichkeit einen Gefallen", meinte der anonyme Aktivist, „und ich liebe mein Kostüm."

VERKEHRSFAKTEN

- An jedem 300-sten Verkehrsunfall in Kanada ist ein Elch beteiligt.
- Weltweit befinden sich pausenlos etwa 800.000 Menschen im Flugzeug.
- Die Flügelspannweite einer Boeing 747 ist größer als die Entfernung, die die Gebrüder Wright auf ihrem Jungfernflug zurücklegten.
- In Äthiopien kommt auf 1.468 Menschen nur ein Auto.
- Airbags blähen sich mit einer Geschwindigkeit von 322 km/h auf.

„Flex-Mann", der Held von London, setzte seine Flex illegalerweise gegen Parkkrallen ein.

FLUSS OHNE WIEDERKEHR

Im September 2003 fiel eine 81-jährige Kanadierin zum sechsten Mal durch die Fahrprüfung, weil sie rückwärts in einen Fluss fuhr. Sie wollte in Thunder Bay, Ontario, rückwärts ausparken, fuhr aber 23 m zu weit und rollte über eine Böschung.

RIESENSTAU 1980 kam es nördlich von Lyon in Frankreich zu einem 175 km langen Stau.

NOSTALGISCHE HAUSBAR Bill Francis aus Lakewood in Colorado baute seinen 1964er Cadillac zu einer Bar um und stellte ihn in seinem Hobbyraum auf.

AUTOTAUFE Rumänische Priester segnen Autos, um sie vor Unfällen zu schützen. Dabei besprengen sie den Motor und die Autositze mit Weihwasser.

Tandemfahren erhält eine neue Dimension, wenn wie hier gezeigt Fallschirmspringer auf einem Doppelfahrrad über den Himmel flitzen!

VERSCHWUNDENER SARG In Holland wurde 2003 ein Leichenwagenfahrer gefeuert, weil er auf dem Weg zu einer Beerdigung den Sarg verlor.

EDLER ABGANG Die Amerikanerin Betty Young wurde auf dem Phillips-Memorial-Friedhof von Foster auf Rhode Island in ihrem 1989er Cadillac Coupé de Ville beerdigt!

HEISSE PÜPPCHEN Die Kanadierin Arlene Lambert aus Toronto fährt ein Auto, das mit Hunderten von Babypuppen aus Plastik bedeckt ist.

BREMS-SCHAFE 1996 trieben die Stadtväter des holländischen Culemburg während einer Sicherheitsaktion in der Hauptverkehrszeit sechs Schafe durch die Straßen, um das Tempo des Stoßverkehrs zu verringern!

NUR FÜR DAMEN 1955 entwickelte Chrysler ein Auto namens Dodge La Femme, das nur an Frauen verkauft wurde. Es wurde mit passender Handtasche, Regenschirm und Regenmantel geliefert!

RISKANTER SITZPLATZ 2003 wurde eine Frau verhaftet, weil sie im kroatischen Dubrovnik drei km weit zu einer Polizeiwache fuhr, obwohl ihr betrunkener Ehemann auf der Motorhaube saß!

AUSGELACHT Ein Rumäne war so wütend darüber, dass er durch die Fahrprüfung gefallen war, dass er sein Auto verbrannte. Er sagte: „Als ich nach Hause kam, hatte ich das Gefühl, das Auto lachte mich aus. Da habe ich es mit Benzin übergossen und angezündet."

BOHNENKRAFT Wenn es in Brasilien einen Ernteüberschuss gab, benutzte man Kaffeebohnen, um Dampflokomotiven anzutreiben.

FERNSTRASSEN Wenn man alle Straßen der Vereinigten Staaten zusammenlegen könnte, würden sie 150-mal um die Erde reichen.

Ripley's
Riesengummireifen
Exponat Nr. 15280
Maße: Vier Meter Durchmesser, 1,37 m breit Gewicht: 5.440 kg

Dies ist der größte Autoreifen der Welt. Seine Herstellung kostete 30.000 US-Dollar und dauerte drei Tage. Er enthält genug Gummi für 5.276 normale Autoreifen und kann 113.400 kg Gewicht tragen. Man benutzt solche Reifen für Laderaupen im Tagebau.

SCHWINDELFREI

Der 41-jährige Franzose Alain Robert betrachtet hohe Gebäude als persönliche Herausforderung. Er erklettert ihre Wände bis in schwindelnde Höhen und klammert sich wie eine menschliche Fliege an Glas, Ziegeln, Beton und Stahl fest. Er benutzt kein Sicherungsseil – nichts würde ihn vor einem tödlichen Absturz bewahren.

SCHNELL BUCHEN!

Der holländische Architekt Hans-Jürgen Rombaut hat das erste Mondhotel entworfen, zu dem auch ein Sportplatz mit geringer Schwerkraft gehören soll. Dort können Gäste in Spezialanzügen herumfliegen und sich abseilen. Da es auf dem Mond keinen Wind gibt, wirkt das Design des Gebäudes recht zerbrechlich, doch seine Ummantelung ist einen halben Meter dick, um die Gäste vor extremen Temperaturen und kosmischen Strahlen zu schützen. Die Zimmer bestehen aus tropfenförmigen Wohnkapseln, die von zwei riesigen Säulen hängen, damit man den Eindruck bekommt, dauernd in Bewegung zu sein. Rombaut hofft, dass das Hotel im Jahr 2050 eröffnet wird.

Alain Robert begann mit elf Jahren zu klettern und hat über 60 Gebäude bezwungen, wobei er spezielle Kletterschuhe trägt. Zu seinen Heldentaten gehören die Besteigung des 300 m hohen Pariser Eiffelturms, des 381 m hohen New Yorker Empire State Buildings und des 452 m hohen Petronas Twin Tower im malaysischen Kuala Lumpur.

Für seine todesmutigen Kletterpartien verkleidet sich Alain Robert gern als Spiderman.

SUPER-RECYCLING 2002 weihten taiwanesische Forscher ein neuartiges Haus ein, dessen Mauersteine aus dem getrockneten Klärschlamm von Abwasseranlagen bestehen. Sie meinten, dies sei eine großartige Recyclingmethode, und versicherten, die Bausteine seien völlig geruchsfrei.

HELLER HINTERHOF Die Amerikaner Denver und Clover Randles aus Ohio haben 18 Jahre ihres Lebens damit verbracht, einen 14 m hohen Leuchtturm in ihrem Garten zu bauen, obwohl sie 645 km vom Meer entfernt leben!

BOMBENSICHER Der alte Turm von Grevenmacher in Luxemburg wurde im Jahr 882 als Teil der Stadtmauer erbaut und war das einzige Gebäude, das während eines Luftangriffs im Jahr 1944 nicht zerstört wurde. Dabei hatte die Stadtverwaltung ihn 34 Jahre zuvor als einsturzgefährdet eingestuft.

GOTTES GLASHAUS Die 20 Millionen Dollar teure Kristallkathedrale bei Los Angeles wurde 1980 auf Wunsch des Fernsehpredigers Robert Schuller gebaut und besteht aus 10.000 Glasscheiben. Die einzigen Bauelemente, die nicht aus Glas bestehen, sind Stahlbünde und hölzerne Beschläge.

FLASCHENDORF

1956 stellte „Oma" Tressa Prisbey fest, dass ihre Sammlung von später insgesamt 17.000 Bleistiften nicht mehr in ihren Wohnwagen im kalifornischen Santa Susana passte. Um die Sammlung gebührlich auszustellen, baute sie ein Extra-Gebäude aus billigem und reichlich vorhandenem Baumaterial: leeren Flaschen. Im Lauf der nächsten 25 Jahre baute sie das Bottle Village (Flaschendorf): die ultimative Recyclingaktion. Außerdem holte sie sich vom örtlichen Schrottplatz alte Fliesen und Autoscheinwerfer. Als das Dorf fertig war, bestand es aus 22 Häusern, die aus etwa einer Million einzementierter Flaschen gebaut worden waren.

Diese wasserfesten Postkarten erhalten einen wasserfesten Stempel, wenn die Absender sie am Unterwasser-Postschalter vor der Küste von Hideaway Island auf Vanatua aufgeben. Um den Schalter zu erreichen, muss man 3 m tief tauchen.

OBSTGARNIERUNG
Ein Gebäude im schottischen Danmore Park ist von einer 16 m hohen Ananas aus Beton gekrönt.

HUNDEMÜDE Ein Hotel in Vancouver stellt seinen Gästen auf Wunsch einen Hund zur Verfügung, den man zur Entspannung Gassi führen kann.

KARTENHAUS Das Wirtshaus „Pack o' Cards" („Kartenspiel") im englischen Devon hat 52 Fenster (die Anzahl der Karten in einem Spiel), vier Stockwerke (die Anzahl der Spielkartenfarben) und 13 Türen im Erdgeschoss (die Anzahl der Karten pro Farbe).

TAUBENHAUS Im September 2003 stürzte das Dach eines Hauses im chilenischen Santiago unter dem Gewicht des angesammelten Taubenkots ein. Der gesamte Taubendreck landete auf Ana Maria Bustos Wohnzimmerboden.

TIERISCH WOHNEN In der ukrainischen Stadt Kiew wurde den Bewohnern eines Sozialwohnungsbaus ein Viehverbot erteilt, nachdem die Behörde festgestellt hatte, dass über 3.000 Schweine, 500 Kühe und 1.000 Ziegen in den Wohnungen gehalten wurden. Die Stadtväter berichteten von Kühen, die auf Balkons und sogar in Schlaf- und Badezimmern lebten. Die Bewohner baten, die Tiere behalten zu dürfen, da sie die Wohnungen im Winter warm hielten.

Die Watts Towers bestehen aus neun Gebäuden aus Stahl und Mörtel.

TÜRME IN HEIMARBEIT

Im Watts District von Los Angeles steht ein seltsames Denkmal für den Einfallsreichtum und die Beharrlichkeit des eingewanderten italienischen Arbeiters Simon Rodia. Im Laufe von 33 Jahren errichtete Rodia rings um sein Haus ganz allein die Watts Towers. Der höchste dieser Türme ist fast 30 m hoch und enthält die längste dünne Stahlbetonsäule der Welt. 1954, im Alter von 79 Jahren, legte Rodia endlich seine Werkzeuge weg, schenkte seinen Besitz einem Nachbarn und verschwand!

Einer von Rodias Türmen ist mit Keramikkacheln, Tonscherben, Muscheln und Glasscherben verziert.

SCHERBENHAUFEN Der Franzose Raymond Isidore verbrachte insgesamt 23.000 Stunden damit, sein Haus und all seine Möbel aus den Scherben von über einer Million zerbrochener Teller zu bauen.

DIE FÜNF

SELTSAMSTEN GEBÄUDE

1. **STAR FLOATING PALACE,** Kino, erbaut 1907 - USA
2. **FORTRESS PUMPSTATION,** erbaut 1856 - England
3. **POMPIDOU CENTRE,** umgestülpte Kunstgalerie - Frankreich
4. **INGALLS HOCKEYSTADION** in Walform - USA
5. **IMITIERTE BURG MIT FALSCHER FASSADE** – England

UNVERGESSEN Der Elefant Lucy ist ein 20 m hohes Gebäude aus Holz und Blech, das 1881 von James V. Lafferty im amerikanischen Margate in New Jersey gebaut wurde, um den dortigen Immobilienmarkt anzukurbeln. Früher diente Lucy als Gasthaus und Hotel, heute ist sie eine Touristenattraktion.

DUMM GELAUFEN Einer rumänischen Abbruchfirma gelang es im Jahr 2001 nicht, in der Stadt Flaminzi ein Mietshaus einzureißen - dafür machte ihre „kontrollierte" Sprengung 24 umliegende Häuser unbewohnbar, da sie im Umkreis von 183 m sämtliche Fensterscheiben zerbrach.

ZOO IN LUFTIGER HÖHE Nachdem sich im Jahr 2003 Nachbarn über das Gebrüll beschwert hatten, das sie in ihrem Hochhaus in Manhattan hörten, fand die Polizei einen 180 kg schweren Tiger, der in einem winzigen Apartment im fünften Stock als Haustier gehalten wurde! Sein Mitbewohner war ein 1,50 m langer Alligator. Der Besitzer Antoine Yates erklärte, er habe einen Garten Eden erschaffen wollen.

TAPEZIERT

Im amerikanischen Bundesstaat Virginia schützt man alte Häuser mittels Toilettenpapier vor dem Verfall. Experten zufolge saugt ein Umschlag aus nassem Toilettenpapier das Salz auf, das die Bausteine zerstört. Denkmalpfleger im historischen Park von Williamsburg testeten die Methode mithilfe von 700 Rollen Klopapier an einem Räucherhaus.

HAUSTIERFREUNDLICH Ein japanischer Immobilienmakler versuchte 2002, die letzten Apartments eines Wohnkomplexes in Kawasaki schneller zu verkaufen, indem er Interessenten Hundewelpen und junge Kätzchen als Dreingabe anbot.

WEBERSCHWEISS Der Panchaiti-Schrein im indischen Jalalpur wurde von einem Webereibesitzer finanziert. Jeden Tag spendete er Münzen, die genauso viel wogen wie der Schweiß, der sich auf der Stirn seiner Weber gebildet hatte. Innerhalb von 25 Jahren spendeten die fleißigen Weber 4.000 Rupien (etwa 75 Euro).

Beim Eislaternen-Festival in China werden farbige Glühbirnen in 30.000 m³ Eis eingelassen. Aus dem Eis werden Tiere und sogar Gebäude wie diese Moschee gestaltet.

EISIGER LUXUS

Die neueste Touristenattraktion im kanadischen Quebec ist ein Luxus-Eishotel am Ufer des St.-Joseph-Sees. Das Hotel, das jeden Winter neu aus 4.500 Tonnen Schnee und 250 Tonnen Eis gebaut wird, ist von Januar bis zur Schneeschmelze Ende März geöffnet.

Die Zimmertemperatur im Eishotel in Quebec beträgt etwa – 3 °C. Die Gäste wärmen sich nachts unter Polarflausch und Hirschfellen.

Die Betten bestehen aus soliden Eisblöcken, aber die Schaumgummimatratzen liegen auf Lattenrosten. In zwei Kunstgalerien sind Eisskulpturen ausgestellt, die als Friese die Wände zieren. Im Foyer hängt ein fantastischer Eis-Lüster und in der Bar bestehen sowohl die Möbel als auch die Gläser aus Eis. „Unsere Drinks werden nicht 'auf Eis', sondern 'in Eis' serviert!", meinte die Hotelleitung. Die Disco „N'Ice" hat Platz für 400 Tänzer und es gibt sogar eine Eis-Kapelle, in der der Begriff „Hochzeit in Weiß" eine ganz neue Bedeutung bekommt!

Auch in Schweden gibt es ein Eishotel aus 30.000 Tonnen Schnee und 10.000 Tonnen Eis.

ARBEIT MACHT KRANK

2001 wurde ein Bürokomplex im englischen Liverpool abgerissen, weil er krankheitserregend war. Das Zentralfinanzamt im St. John's Haus wurde offiziell zum Krankheitserreger erklärt, nachdem Mitarbeiter dort über ständige Beschwerden, darunter Halsweh, Schnupfen, Husten und verschiedene stressbedingte Symptome, klagten.

Die 362 m lange Tibetische Brücke in Italien besteht aus drei Seilen und verbindet die Insel Procida bei Neapel mit dem Vivarafelsen.

TRAUMKROKODIL Mitten in Australien steht ein Hotel in Form eines 250 m langen Krokodils. Das Gagudju-Crocodile-Holiday-Inn liegt in der Nähe von Ayers Rock. Der Körper (einschließlich Schwanz) beherbergt Hotelzimmer, während der Swimmingpool sich im Verdauungstrakt befindet.

HUNDEMENÜ Im Jahr 2000 bot das Regency Hotel im New Yorker Stadtteil Manhattan ein spezielles Hundefrühstück an! Die Kellner, die den Hunden die morgendlichen Tafelfreuden servierten, trugen weiße Handschuhe und Smokings.

BESCHEIDENER WOHNSITZ
Der Palast des Sultans von Brunei hat 1.788 Zimmer, 257 Toiletten und eine Tiefgarage für 153 Autos. Wenn ein Besucher in jedem Zimmer nur 30 Sekunden verbringen würde, bräuchte er 24 Stunden, um den ganzen Palast zu besichtigen.

STRAFBRÜCKE Die Brücke von Ceret in Frankreich wurde mit Bußgeldern erbaut, die von streitenden Ehepaaren stammten. Für jeden Ehestreit wurde eine Buße von einem Centime erhoben.

KNASTKÜCHE Im chinesischen Peking gibt es ein Restaurant namens Chain Cool, das wie eine Strafanstalt eingerichtet ist. Die Gäste speisen in Zellen hinter Gittern und die Speisekarte bietet Gerichte mit Namen wie „Grausamkeit" und „Wiedereingliederung" an.

TIEFENSCHLAF

Jules' Undersea Lodge, das erste Unterwasserhotel der Welt, liegt in neun m Tiefe in der Bora-Lagune von Key Largo, Florida. Die umgebaute Unterwasser-Forschungsstation steht auf 1,50 m hohen Stelzen auf dem Grund der Lagune und wurde 1986 als Hotel eröffnet. Um hineinzukommen, müssen die Gäste (darunter der ehemalige kanadische Premierminister Pierre Trudeau und der Rockmusiker Steve Tyler von der Gruppe Aerosmith) 6,50 m tief tauchen. Das Hotel besteht aus zwei Zimmern mit Bad und kann insgesamt sechs Gäste auf einmal beherbergen.

Die Zimmer des Unterwasserhotels Jules' Undersea Lodge in Key Largo, Florida, bieten nicht nur Kühlschrank, Mikrowellenherd, Bücher und Videorecorder, sondern auch ein riesiges Bullauge, aus dem die Gäste die vorbeischwimmenden Fische beobachten können.

KUNST & UNTERHALTUNG

Ripley's Einfach unglaublich!

BUTTERBILDHAUERIN

Die 74-jährige Amerikanerin Norma Lyon aus Des Moines in Iowa schuf 1999 „Das letzte Abendmahl" – aus Butter. Sie arbeitete in ihrem Kühlraum bei einer Temperatur von 5°C

Seit über 40 Jahren formt Norma jedes Jahr eine lebensgroße Kuh aus 272 kg Butter für die Landwirtschaftsausstellung des Bundesstaates Iowa. Sie baut eine Grundform aus Holz, Draht, Metall und Maschendraht und lässt die fünf Jahre alte Butter zunächst in Eimern weich werden, bevor sie damit in die Kälte geht. Dort trägt sie mehrere Schichten Butter auf, bis die 1,67 m hohe und 2,50 m lange Kuh grob geformt ist. Dann lässt sie die Butter 20 bis 30 Minuten härten und schnitzt anschließend die Feinheiten, vom Kopf bis hinunter zu den Hufen. Die Arbeit dauert insgesamt 24 Stunden! Norma hat u. a. auch ein Harley-Davidson-Motorrad und eine lebensgroße Skulptur von John Wayne aus Butter erschaffen.

KUNSTFAKTEN

- Van Gogh hat in seinem ganzen Leben nur ein Gemälde verkauft: „Roter Weinberg bei Arles".
- Jean Dakessian, ein Maler aus Kalifornien, bemalte 50 Ölpumpen so, dass sie wie Insekten und Tiere aussahen.
- Salvador Dalí veranstaltete einmal eine Party, zu der alle Gäste als Albtraumgestalten verkleidet kamen.
- Paul Gauguin arbeitete am Bau des Panamakanals mit.

Norma Lyons bisher größtes Projekt ist „Das letzte Abendmahl", 1999 aus 815 kg Butter gestaltet.

PUTZFIMMEL

Als Emmanuel Asare, Reinigungskraft an der renommierten Londoner Kunstgalerie Eyestorm (Augensturm) eines Morgens im September 2001 zur Arbeit erschien, fand er nach einer Vernissage am Vorabend eine Riesenschweinerei vor. Der Boden war übersät mit leeren Bierflaschen, farbverschmierten Zeitungen und Bonbonpapier. Er fegte alles gewissenhaft zusammen und stopfte den ganzen Unrat in Müllbeutel. Am nächsten Tag erklärten seine Arbeitgeber: „Was Sie da aufgeräumt haben, war kein Müll, sondern ein Kunstwerk des berühmten Damien Hirst im Wert von 5.000 Pfund!“

HAND UND FUSS Jimmie McPherson, der amerikanische „Verkehrt-herum-Künstler“ aus Kansas City, konnte Bilder mit beiden Füßen gleichzeitig malen.

FINGERNAGEL-RECYCLING Tim Hawkinson aus Kalifornien gestaltet gern Skulpturen aus Teilen seines Körpers. Sein Lieblingswerk ist ein fünf cm hohes Stück namens Vogel, das er ausschließlich aus seinen Fingernägeln anfertigte!

ERSATZ-LAUSCHER

Als der französische Bildhauer Louis Francois Roubillac (1705 – 1762) mit der Arbeit an seiner Skulptur von Georg Friedrich Händel begann, gefielen ihm die Ohren des Meisters nicht, also modellierte er die Ohren einer Londoner Dame.

EINKAUFSBILD Michelangelo (1475 – 1564) schuf ein Stillleben mit Wein, Obst, Brot und Spaghetti als Einkaufsliste für seine Köchin, die nicht lesen konnte.

TEURER KAFFEE Der amerikanische Bildhauer Tom Friedman befestigte einen kaffeebefleckten Styroporbecher an einem Stück Holz, fügte einen Marienkäfer hinzu und nannte das Ganze „Untitled“ (ohne Titel). 2001 erzielte das Werk auf einer Versteigerung 30.000 Dollar.

MÜLL-ENTSORGUNG Autofahrer auf der kalifornischen Autobahn bei Emeryville staunten, als 1987 auf einer Stecke von 1,60 km über 100 Skulpturen aus Treibholz am Straßenrand standen – darunter sogar ein Zug.

LÄCHELN IM SPIEGEL Der erste Käufer von Leonardo da Vincis berühmtem Gemälde Mona Lisa war König Francois I. von Frankreich, der es in seinem Badezimmer aufhängte.

TAGESPENSUM Der holländische Meister Vincent van Gogh (1853 –1890) malte während der letzten 70 Tage seines Lebens täglich ein Bild.

NACHTSCHICHT Der französische Maler Anne-Louis Girodet (1767 – 1824) entdeckte, dass er nachts besser arbeiten konnte. Um im Dunkeln sehen zu können, zündete er bis zu 40 Kerzen auf seiner Hutkrempe an. Später berechnete er das Honorar für seine Gemälde nach der Menge der Kerzen, die er beim Malen verbraucht hatte.

Im Jahr 2003 bauten Studenten des Camberwell College of Arts in London innerhalb von 630 Stunden die größte Popcorn-Skulptur der Welt: eine vier Meter hohe Statue von King Kong. Sie wiegt 800 kg, etwa so viel wie vier Gorillas!

TÜTEN-TALENT

Anton Schiavone, ein Künstler aus Bangor in Pennsylvania (USA), erschuf aus ganz normalen braunen Papiertüten wunderschöne Kopien in Originalgröße von Werken alter Meister, u. a. Das Abendmahl von Leonardo da Vinci und Die Pieta von Michelangelo.

SCHREIBTISCHTÄTERIN Im November 2002 verbrachte die jugoslawische Performance-Künstlerin Marina Abramovic 12 Tage auf drei Schreibtischen, die in einer New Yorker Kunstgalerie auf einem Podest standen. Sie nahm in dieser Zeit nur Wasser zu sich und das Publikum konnte sie rund um die Uhr uneingeschränkt beobachten. Sie sagte, sie wolle mit dieser Performance ihre Sinne schärfen und den Zuschauern Energie vermitteln.

Weil sein Werk in Rom unbekannt blieb, verkleidete sich der wütende Maler Salvatore Rosa (1615 – 1673) als Arzt namens „Dr. Formica" und verschrieb die Kunstwerke Salvatore Rosas als Mittel gegen Depressionen. Sein Plan funktionierte und bald war Rosa einer der bekanntesten Maler Roms.

SCHROTTREIF Der amerikanische Künstler John Bedford aus Santa Fe in New Mexiko hat eindrucksvolle Skulpturen aus Auto-Stoßstangen kreiert! Er verwandelt den Metallschrott in Vögel und Tiere – u. a. sogar in ein lebensgroßes Nashorn!

KÜNSTLERAUGE Der Künstler Jochen Hendricks aus Frankfurt a.M. gestaltet seine Kunstwerke nicht mit den Händen, sondern mit den Augen. Er verwendet einen Augenscanner, der die Daten in gezeichnete Linien übersetzt.

AUTOBERG Die 20 m hohe Skulptur „Langzeitparkplatz" im französischen Jouy-en-Josas besteht aus 60 Autos in 1.600 Tonnen Beton.

GEKENTERT 1961 stellte das Museum of Modern Art in New York voller Stolz das Werk Le Bateau (Das Boot) des berühmten Malers Henri Matisse aus. Es dauerte sieben Wochen, bis jemand merkte, dass das Bild auf dem Kopf hing.

SANFTE METHODE Der indische Bildhauer Anant Narayan Khairnar vollendete 1999 eine 2,13 m hohe Statue von Mahatma Gandhi. Sie bestand ausschließlich aus Baumwolle! Ihre Herstellung dauerte elf Monate.

Die Kopie der Pieta von Michelangelo aus braunen Papiertüten, von Anton Schiavone.

SCHUSTER, BLEIB ... Ein Schuster malte im 19. Jahrhundert die Wandmalereien im Innenhof des algerischen Schlosses von Hadj-Ahmed Konstantin. Hadj-Ahmed dachte, alle Franzosen seien Künstler und befahl einem gefangenen französischen Schuhmacher unter Androhung des Todes, die Wände seines Palastes zu bemalen.

WEGGESPÜLT 1995 wurde Drains (Abflüsse), die Skulptur eines Abflussstöpsels von dem amerikanischen Künstler Robert Gober, für über 55.000 Dollar verkauft. Gober behauptete, das Werk symbolisiere „ein Fenster zu einer anderen Welt".

AFFENKOLLEGE In den 1950er Jahren lebte im Londoner Zoo ein Schimpanse namens Congo. Er war ein so begabter Maler, dass der große Pablo Picasso eins seiner Gemälde kaufte.

LECKERE FARBE Huang Erh-nan, ein chinesischer Maler der 1920-er Jahre, verwendete zum Malen keine Pinsel, sondern seine Zunge.

ABGELEHNT Als sich der französische Maler Cézanne um Aufnahme in die École des Beaux-Arts (Kunstschule) bewarb, wurde er abgelehnt.

ZÄHNEKNIRSCHEND Die französische Malerin Sarah Biffin wurde ohne Gliedmaßen geboren. Sie malte, indem sie sich einen Pinsel oder Bleistift zwischen die Zähne klemmte.

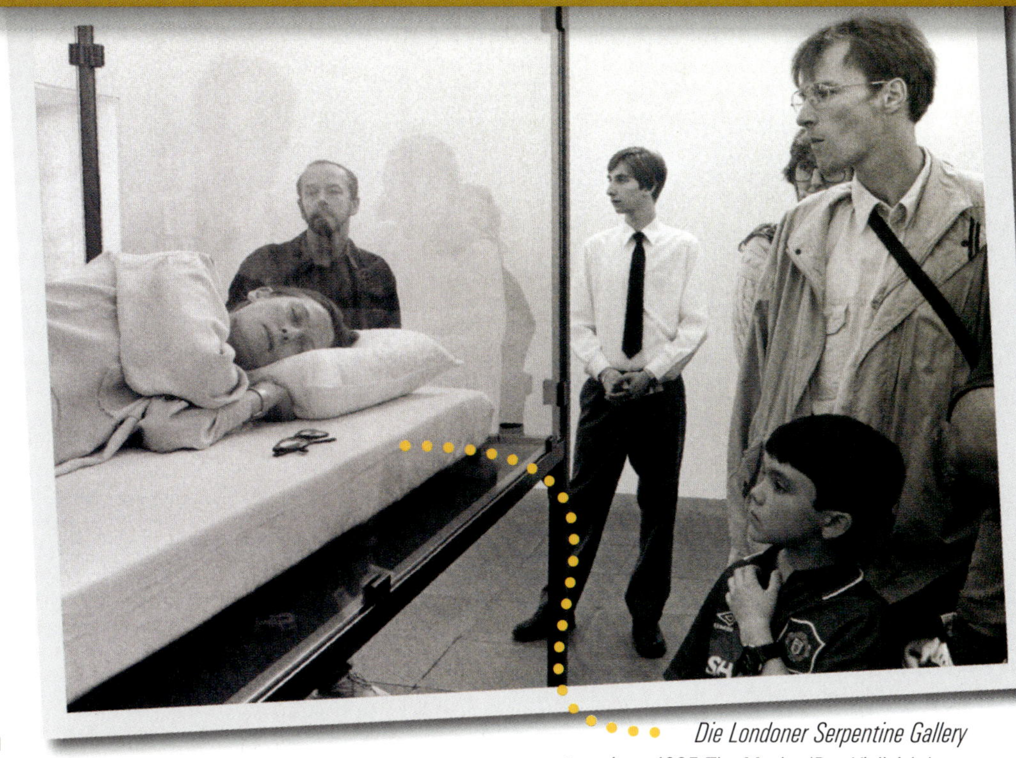

Die Londoner Serpentine Gallery präsentierte 1995 The Maybe (Das Vielleicht) von Tilda Swinton. Die Ausstellung bestand darin, dass die Künstlerin acht Stunden täglich auf einer mitten im Raum auf einem Regal ausgestellten Matratze schlief.

WÄSSRIGE FÄRBUNG

Nach einem Unfall im Jahre 1983 war der belgische Militärtaucher Jamy Verheylewegen 18 Monate lang körperbehindert. In dieser Zeit schuf er über 400 Gemälde unter Wasser. Er malte mit Ölfarben auf synthetische Leinwand. Seine Rahmen befestigte er auf einer Staffelei, die mit Bleigewichten unter Wasser gehalten wurde.

BISSIGES GESCHENK Der amerikanische Künstler Charles Wilson Peale ließ es nicht dabei bewenden, George Washington zu porträtieren – er schenkte ihm auch ein Gebiss, das er aus Elchzähnen geschnitzt hatte.

BEWEGTE AUSSTELLUNG Das Andy-Warhol-Museum im amerikanischen Pittsburg stellt nicht nur ungewöhnliche Gemälde und Skulpturen aus, sondern veranstaltet auch tibetanische Mönchstänze.

SELBSTAUFGABE

Der japanische Bildhauer Hananuma Masakichi dachte, er stürbe an Tuberkulose und wollte der Frau, die er liebte, ein Andenken hinterlassen. Mithilfe von drehbaren Spiegeln schnitzte er aus 2.000 Holzstücken eine lebensgroße Statue seiner selbst. Um das Werk zu vollenden, zog er sich sogar seine Nägel, Zähne und Haare aus. Später wurde er geheilt, doch da er diese wichtigen Körperteile eingebüßt hatte, verließ ihn seine Freundin!

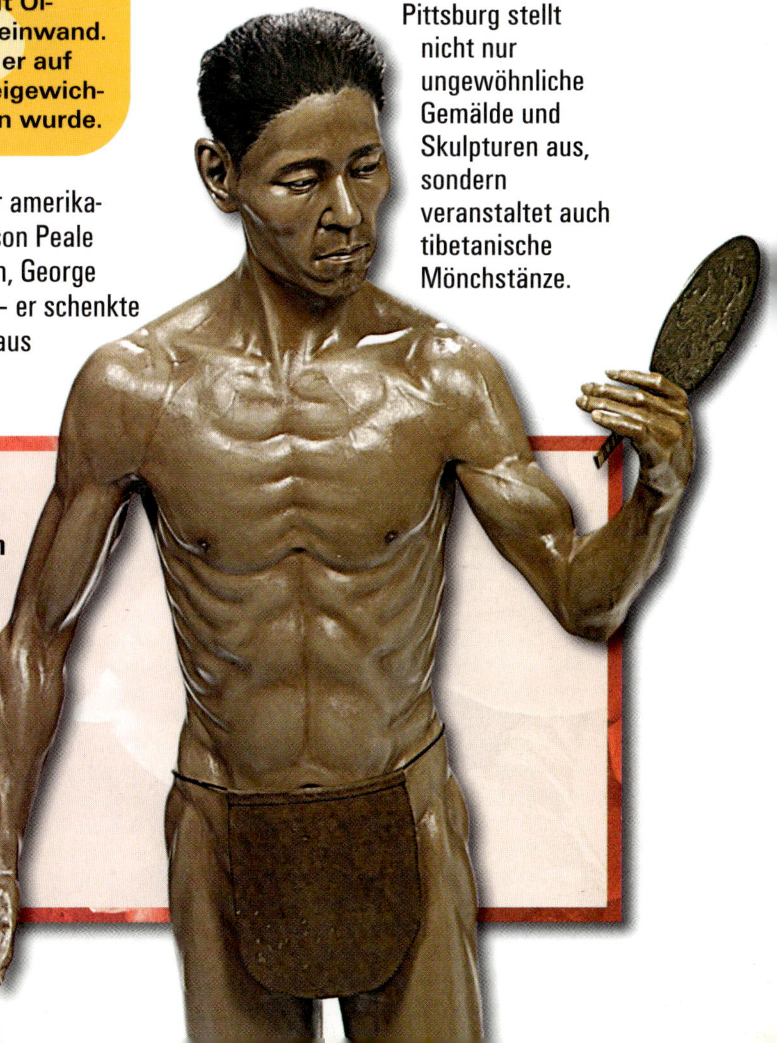

Ripley's

Masakachi Holzmodell
Exponat Nr. 12983
Geschnitzt in den 1890er Jahren als Selbstbildnis für seine Freundin, die er schon als Hinterbliebene sah.

JAPANISCHER AUGENSCHMAUS

Der japanische Künstler Tadahiko Ogawa hat berühmte Kunstwerke wie Leonardo da Vincis Mona Lisa und Michelangelos Schöpfung aus Toastscheiben nachgestaltet.

Ogawa zeichnet seine Bilder zunächst, überträgt sie dann auf Alufolie und schneidet diese in Toaster-gerechte Stücke. Er wickelt Toastscheiben darin ein und entfernt die Folie dann von denjenigen Stellen, die er toasten will. Jede Toastscheibe wird einzeln getoastet, bis der gewünschte Farbton erreicht ist – von leicht angebräunt bis verbrannt! Dann werden die Toaststücke wie ein Mosaik zusammengelegt und das Bild ist fertig. Ogawa hat auf diese Weise etwa 50 alte Meister angefertigt, darunter Leonardo da Vincis *Abendmahl* und *Die Geburt der Venus* von Botticelli.

Diese Mona Lisa besteht aus 63 Scheiben Toast – leicht angebräunt bis verbrannt!

Ripley's
Die Schöpfung
Exponat Nr. 13843
Ogawas Schöpfung besteht gänzlich aus Toastbrot.

Porträt von Barry Humphries als Dame Edna Everage aus Toastscheiben – auf der Wand eines Gebäudes im australischen Melbourne 2002.

Dieses Kunstwerk haben Haris und Aimal Jahed auf 13 Stockwerke eines Hamburger Wolkenkratzers gemalt. Es ist 43 m hoch.

DIE FÜNF

TEUERSTEN GEMÄLDE

1 **82,5 MILLIONEN DOLLAR: PORTRÄT DES DR. GACHET,** Vincent van Gogh - 1990

2 **78,1 MILLIONEN DOLLAR: DIE MÜHLE VON GALETTE,** Auguste Renoir - 1990

3 **76,7 MILLIONEN DOLLAR: DER BETHLEHEMITISCHE KINDERMORD,** Peter Paul Rubens - 2002

4 **71,5 MILLIONEN DOLLAR: SELBSTBILDNIS DES KÜNSTLERS OHNE BART,** Vincent van Gogh -1998

5 **60,5 MILLIONEN DOLLAR: STILLLEBEN MIT VORHANG, KRUG UND OBSTSCHALE,** Paul Cézanne - 1999

VERBINDLICH Die New Yorker Performance-Künstler Linda Montano und Tehching Hsieh wurden 1989 selbst zum Kunstwerk: Sie knoteten sich mit einem zwei Meter langen Seil an der Taille aneinander und verbrachten ein ganzes Jahr so.

VATERFIGUR Der gefeierte Maler Francesco da Ponte (1470 - 1541) war der Vater eines berühmten Malers, der Großvater von vier berühmten Malern und Urgroßvater von sechs berühmten Malern!

SNOB BIS ZULETZT Sir Godfrey Kneller (1642 - 1723), ein berühmter englischer Maler, war ein solcher Snob, dass er es ablehnte, sich in der Westminster Abbey bestatten zu lassen, weil dort für seinen Geschmack schon zu viele mittelmäßige Maler beerdigt worden waren.

STRASSENKUNST Die New Yorker Künstler Steven Lowy und Pascal Giraudon verkaufen „Drucke" von Kanalisationsdeckeln. Sie benutzen Dampfwalzen, um die Muster aufs Papier zu übertragen!

Menschen sehen neben dieser Skulptur eines halb begrabenen Riesen in Haines Point in Washington, D.C., wie Zwerge aus. Die Skulptur heißt The Awakening (Das Erwachen) und wurde 1980 von J. Seward Johnson Jr. geschaffen.

KUPFERKUTSCHE Art Grant aus San Francisco in Kalifornien schuf eine Skulptur einer Postkutsche aus einer Million Ein-Cent-Münzen.

LEBENDE GEMÄLDE

1988 hatten die Besucher einer Ausstellung im New Yorker Museum of Contemporary Art in Soho die seltene Gelegenheit, „Gemälde" mit Handschlag zu begrüßen: Die Künstler standen sieben Stunden lang leibhaftig in großen Bilderrahmen!

BLITZMALER Der amerikanische Künstler Denny Dent huldigt Musikern, indem er ihre Porträts schneller malt, als sie eins ihrer Stücke spielen können!

AUTO-POINTILLIST Der amerikanische Künstler Tyree Guyton aus Detroit in Michigan hat sein Auto mit Tausenden von Pünktchen dekoriert.

KUNSTHAUS Ein Gemälde des Landschaftsmalers Albert Bierstadt aus dem 19. Jahrhundert maß über 14 m² und war so groß, dass ein Haus darum herum gebaut werden musste!

LIEGENBLEIBEN Die britische Künstlerin Tracey Ermin erklärte ihr ungemachtes Bett – komplett mit dreckigen Laken, einer leeren Wodkaflasche und gebrauchten Papiertaschentüchern – zu einem Kunstwerk. Es wurde für 225.000 Dollar verkauft!

Der Künstler Peter Rocha hat auch Geleebonbon-Porträts geschaffen – u. a. eines vom ehemaligen amerikanischen Präsidenten Ronald Reagan.

Ripley's
Geleebonbon-Roulettrad
Exponat Nr. 13154
Dieses Roulettrad besteht aus 14.000 Geleebonbons in 25 verschiedenen Farben und wiegt 36 kg.

Das Kunstwerk „Cadillac Ranch" belebt die historische Straße „Route 66" in Texas. Ein Künstlerkollektiv namens „Ant Farm" (Ameisenfarm) kreierte die extravagante Skulptur als Tribut an das beliebteste Transportmittel Amerikas.

ÖFFENTLICHE AUTOPSIE!

An die 50 Engländer bezahlten im Jahr 2002 ca. 20 Dollar pro Kopf, um die öffentliche Sezierung eines verstorbenen 72-jährigen deutschen Geschäftsmannes zu sehen. Diese anspruchsvolle Kunstperformance von Professor Gunther von Hagens war die erste öffentliche Autopsie in Großbritannien seit über einem Jahrhundert.

Von Hagens kleidete sich wie der Arzt in Rembrandts Gemälde „Die Anatomiestunde des Dr. Nicolaes Tulp": Er trug einen schwarzen Filzhut und einen Chirurgenkittel. Die Autopsie dieses 72-jährigen Mannes wurde im britischen Fernsehen übertragen.

Der deutsche Pathologe Gunther von Hagens hat eine Methode namens Plastifizierung entwickelt: er injiziert flüssigen Kunststoff in menschliche Organe oder sogar in ganze Leichen, um die Verwesung des Körpers zu verhindern. Auf seiner Ausstellung „Body Worlds" (Körperwelten) aus dem Jahr 2002 waren 25 gehäutete menschliche Leichen zu sehen. Er hat auch mit Pferden gearbeitet – ein Exponat war ein Reiter zu Pferde, der sein Gehirn in der ausgestreckten Hand hielt.

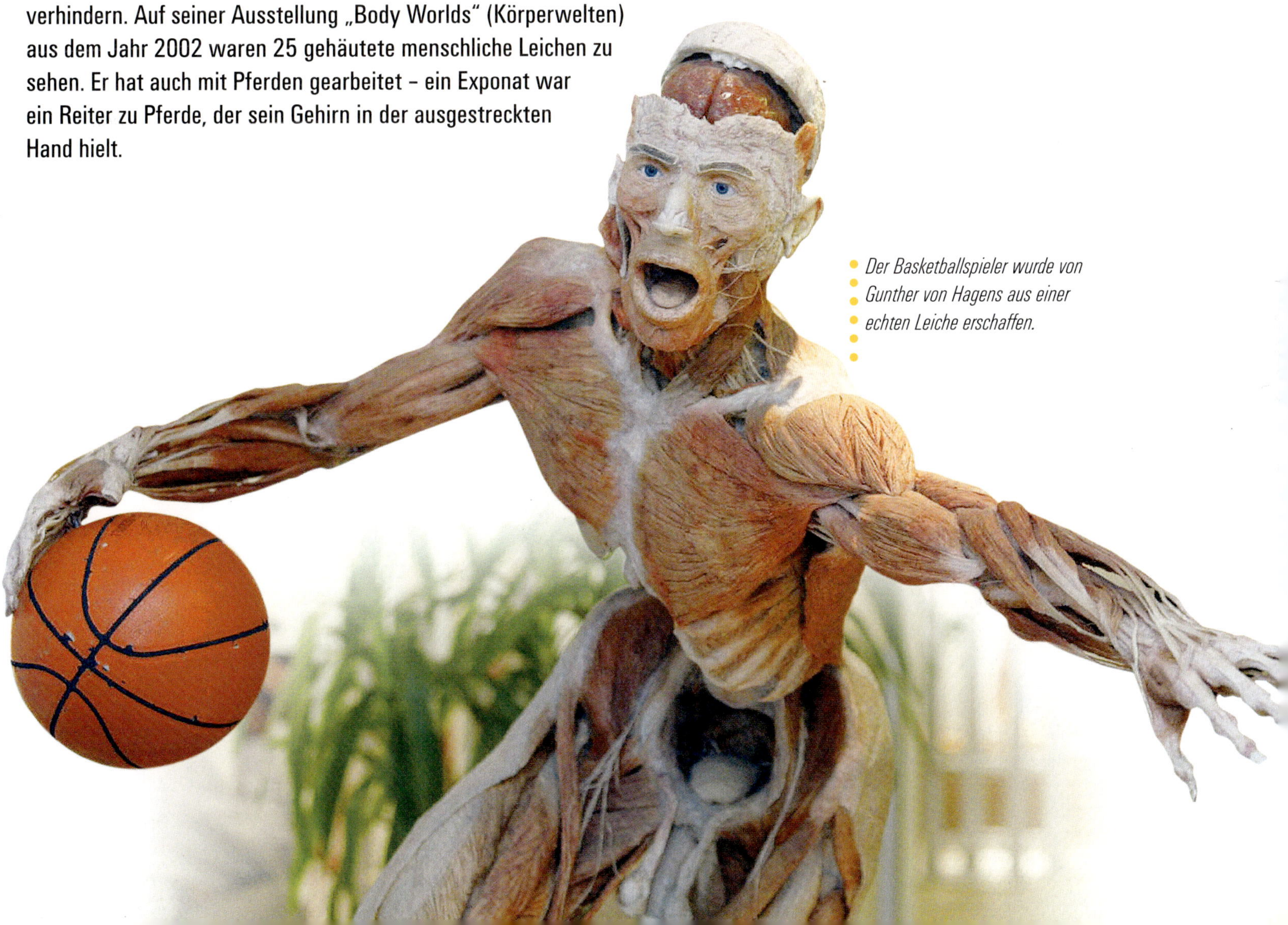

Der Basketballspieler wurde von Gunther von Hagens aus einer echten Leiche erschaffen.

Aus ca. 4,25 Litern seines eigenen Blutes, das er innerhalb von 5 Monaten „gespendet" hatte, schuf der britische Künstler Marc Quinn 1991 die Selbstporträtskulptur Self.

GEFÜHLVOLLES MALEN

Obwohl der britische Künstler Gary Sargeant sein Augenlicht verlor, malt er weiter. Er besucht den Ort, den er malen will und seine Frau hilft ihm dabei, die Größenverhältnisse auszumessen: entweder mit seinem Blindenstock, dessen fingerlange Einkerbungen ihm erlauben, die Entfernungen abzuschreiten, oder durch Ertasten der verschiedenen Oberflächen. Anhand dieser Maße und mit etwas Klebeband stellt er dann seine Leinwand auf und beginnt zu arbeiten. Während er die Farben aufträgt, „liest" er sie, und aufgrund seiner jahrelangen Erfahrung als sehender Maler kann er interpretieren, wie das Bild aussehen soll.

LANGER GANG
Der Pariser Louvre, in dem Leonardo da Vincis Meisterwerk Mona Lisa ausgestellt ist, hat eine Außenlänge von vier Kilometern!

PINSEL, MEISSEL UND MATT! Der französische Kubist Marcel Duchamp legte seine Pinsel weg, um sich der Bildhauerei zu widmen und gab sich später ganz dem Schachspiel hin.

SPÄTENTWICKLER Als Pablo Picasso geboren wurde, erklärte die Hebamme ihn für eine Totgeburt. Doch ein ebenfalls anwesender Verwandter merkte, dass das Baby lebte, und rettete es!

NACH DER NATUR Patience Lovell Wright (1725 – 1786) schuf lebensgroße Wachsfiguren von berühmten englischen Adligen und Politikern. Sie war die erste Bildhauerin in der Geschichte der amerikanischen Kolonien.

KUNSTDEPOT Die Eremitage des Winterpalais im russischen Sankt Petersburg beherbergt fast drei Millionen Kunstwerke. Der Palast selbst hat unglaubliche 1.786 Türen, 1.945 Fenster und über 1.000 Zimmer.

„Asian Field", ein Kunstwerk des englischen Künstlers Antony Gormley, wurde 2003 in Peking ausgestellt und besteht aus 192.000 Tonfiguren, jede nur so groß wie eine Menschenhand!

KOPFSCHREIBER

Tapan Dey kann mit einem in seinen Haaren befestigten Stift schreiben. Außerdem schreibt er mit einem Stift im Mund, im Ohr und sogar im Nasenloch!

Der indische Straßenkünstler Dey aus Basirhat in West-Bengalen ist der wohl ungewöhnlichste Schreiber der Welt. Sogar, wenn er seine Hände benutzt, besteht er darauf, alles anders zu machen als die anderen und schreibt mit allen vier Gliedmaßen gleichzeitig. Dazu steckt er Stifte zwischen seine Zehen und Finger! Obendrein schreibt der 27-jährige erstaunlich gut in vier Sprachen: Hindi, Assamesisch, Englisch und Bangla. Dey, der die Kunst der Kalligraphie neu definieren will, sagt: „Ich wurde von einem Knaben in Kalkutta inspiriert, der mit beiden Händen schrieb. Ich dachte, das kann ich besser."

Tapan Dey schreibt mit einem Stift, der an seinen Haaren befestigt ist!

VERBOTENE BÜCHER

- ***Rotkäppchen***, **Märchen – USA, Alkoholismus**
- ***Huckleberry Finn***, **Mark Twain – USA, Rassismus**
- ***Die Abenteuer des Sherlock Holmes***, **Sir Arthur Conan Doyle – UdSSR, Okkultismus**
- ***Frankenstein***, **Mary Shelley – Südafrika, Anstößigkeit**
- ***Der Kaufmann von Venedig***, **Shakespeare – USA, Antisemitismus**

FRÜH UND SPÄT Die englische Schriftstellerin Mary Shelley (1797 - 1851) schrieb *Frankenstein*, als sie 19 war. Dagegen wurde *Porträt meiner viktorianischen Jugend*, das erste Buch der Engländerin Alice Pollock aus Haslemere, erst veröffentlicht, als sie 102 war.

KOMPASSSCHLAF Der englische Schriftsteller Charles Dickens (1812 - 1870) glaubte, er könne besser schreiben, wenn er mit dem Kopf nach Norden schlief! Um das zu gewährleisten, trug er stets einen Kompass bei sich.

UNBESEHEN Obwohl er blind war und ohne Begleitung reiste, schrieb der Brite James Holman (1786 - 1857) mehrere ausgezeichnete Reisebücher, in denen er seine Abenteuer in vielen Ländern sehr anschaulich beschrieb.

KOMMUNISTISCHES MISSTRAUEN Karl Marx schrieb einst seinem Freund Friedrich Engels, dass er der gesamten russischen Bevölkerung misstraue!

Die merkwürdigste Bibliothek der Geschichte! Saheb Ibn Abad (938 – 995), Großwesir von Persien, reiste stets mit 117.000 Büchern – sogar, wenn er in den Krieg zog. Seine bewegliche Bibliothek wurde von 400 Kamelen transportiert, die darauf dressiert waren, in alphabetischer Reihenfolge zu gehen, damit man die Bücher leichter finden konnte.

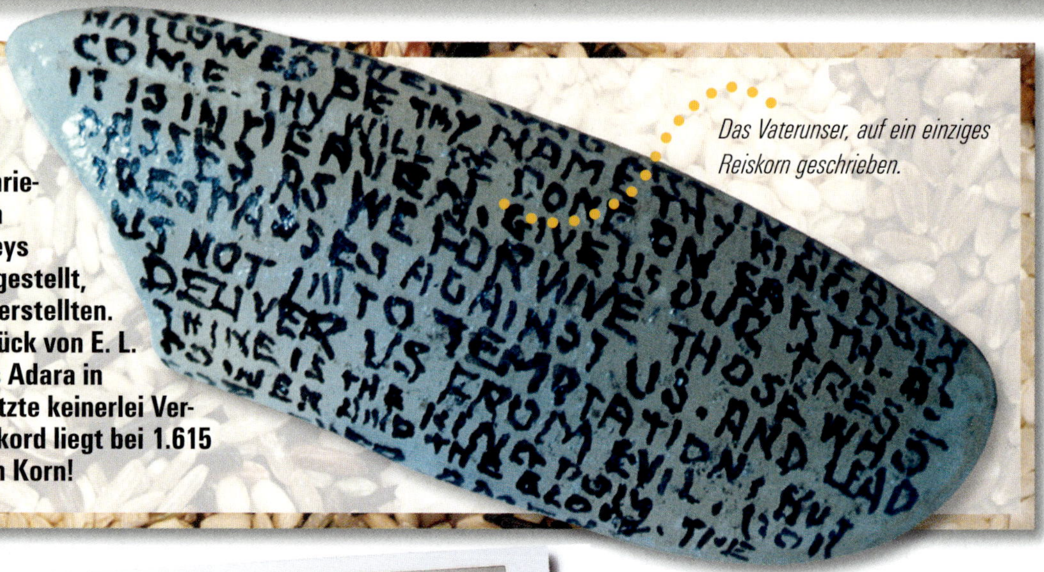

KÖRNCHEN WAHRHEIT

Die 65 Worte bzw. 254 Buchstaben des Vaterunsers, geschrieben auf einem Reiskorn! In den 1930er Jahren waren bei Ripleys „Odditorien" Reisschreiber angestellt, die Reiskörner als Souvenirs herstellten. Man nimmt an, dass dieses Stück von E. L. („The Amazing") Blystone aus Adara in Pennsylvania stammt. Er benutzte keinerlei Vergrößerungsgeräte und sein Rekord liegt bei 1.615 Buchstaben auf einem einzigen Korn!

Das Vaterunser, auf ein einziges Reiskorn geschrieben.

VON KAFFEE ERFÜLLT Der französische Philosoph Voltaire (1694 – 1778) trank durchschnittlich 70 Tassen Kaffee pro Tag!

EINBAND AUS MENSCHENHAUT

Nachdem John Harwood 1821 in England des Mordes für schuldig befunden und aufgehängt worden war, übergab man seine Leiche der Bristol Royal Infirmary zum Sezieren. Der Anatom Richard Smith schrieb ein Buch über seinen Befund und bezahlte einen ortsansässigen Gerber dafür, aus der Haut des Mörders Buchbindeleder für den Einband herzustellen. Das Buch wurde 2003 erstmals öffentlich ausgestellt.

MULTITASKING Der französische Maler Claude Monet (1840 – 1926) arbeitete oft an bis zu sechs Gemälden zugleich!

Eine Banane, die jemand 1988 mit zwei Briefmarken an ein Krankenhaus im amerikanischen Bundesstaat Connecticut schickte, kam wohlbehalten an! Der Absender schrieb den Namen der Empfängerin Rachela Colonna und die Nachricht „Ich liebe dich" (auf Italienisch) auf die Bananenschale und befestigte die Briefmarken mit durchsichtigem Klebeband.

LANGSAMER LESER 1650 borgte sich der Bischof von Winchester in England ein Buch beim Bezirksamt von Somerset aus. Im Jahr 1985 wurde es der Bezirksbibliothek von Somerset endlich zurückgegeben, doch inzwischen hatte sich ein Bußgeld von 3.000 Pfund angesammelt. Das Buch hieß *The Book of Fines* (Das Buch der Bußgelder).

Eine Frau, die 1997 eine gebundene Ausgabe des damals unbekannten Romans Harry Potter und der Stein der Weisen *für 10,99 Pfund kaufte, konnte diese im Jahr 2002 auf einer Versteigerung für 13.000 Pfund wieder verkaufen. Hier sieht man den unglaublich erfolgreichen Harry Potter (Daniel Radcliffe) mit Ron Weasley (Rupert Grint) in dem Film* Harry Potter und die Kammer des Schreckens *(USA, 2002).*

POTTERFIEBER Eine 93 Worte lange Kurzbeschreibung von J.K. Rowling mit Stichworten zur Handlung ihres Romans *Harry Potter und der Orden des Phönix* wurde sechs Monate vor der Veröffentlichung des Buches für 46.600 Dollar an einen Privatsammler aus den USA verkauft!

KNASTTINTE Da ihm Schreibstifte verweigert wurden, schrieb René Auguste de Renneville (1650 – 1723), der elf Jahre lang in der Bastille gefangen war, mit gespaltenen Hühnerknochen und einer Tinte aus Wein und Ruß 6.000 Zeilen romantische Dichtung und ein zehnbändiges Geschichtswerk.

ALPHABETISCHES

- **Das kambodschanische Alphabet hat 74 Buchstaben, während das „Rotokas" in Papua-Neuguinea lediglich elf hat: a, b, e, g, i, k, o, p, r, t und u.**
- **Das einzige 15-buchstabige Wort im Englischen, dessen Buchstaben sich nie wiederholen, ist „uncopyrightable" (nicht markenschützbar).**
- **Wenn man im Englischen die Zahlen buchstabiert, muss man bis „one thousand" (1.000) zählen, bevor der Buchstabe „a" vorkommt.**
- **Im Japanischen gibt es keine Einzelworte für „ja" oder „nein".**
- **Das einzige zehnbuchstabige englische Wort, das man ausschließlich mit der obersten englischen Tastaturreihe schreiben kann, lautet „typewriter" (Schreibmaschine).**

AGILE BUCHSTABEN Die 26 Buchstaben des englischen Alphabets können auf 403.290.000.000.000.000.000.000.000 Arten kombiniert werden.

Dorothy Nussbaum aus Washington, D.C., war Beidhänderin und konnte zwei verschiedene Sätze gleichzeitig schreiben. Mit der linken Hand konnte sie sogar rückwärts schreiben!

ZINNDRUCK Der Dichter und Stückeschreiber Laurent de la Baumille aus dem 18. Jahrhundert schrieb, während er 1752 in der Bastille gefangen war, mit einer Stecknadel eine Tragödie auf zwei Zinnteller. Die Teller wurden zwar konfisziert, aber er hatte jedes Wort auswendig gelernt und das Stück wurde später auf französischen Bühnen aufgeführt.

GRENZBIBLIOTHEK Die Vordertür der Haskell Free Library and Opera House (Leihbibliothek und Opernhaus) in Derby Line in Vermont befindet sich in den USA, aber die Hintertür führt nach Québec in Kanada. Während des Zweiten Weltkrieges mussten Besucher aus Kanada an der Vordertür ihre Pässe vorzeigen.

Der italienische Dichter Dante Alighieri (1265 – 1321) hatte eine Kerzenphobie. Deshalb dressierte er eine Katze darauf, eine brennende Kerze zwischen den Pfoten zu halten, während er arbeitete.

LIEBLINGSGESCHICHTE Die russische Gräfin Jekaterina Skawronskaja (1761 – 1829) hörte sich 24.090-mal dieselbe Geschichte an! 66 Jahre lang ließ sie sich jede Nacht zum Einschlafen vom selben Diener dieselbe Geschichte erzählen – bis zu ihrem Todestag.

BUCHSTRÄFLING Der letzte Gefangene in der Bastille war ein Buch! Auf Befehl des Königs Ludwig XVI. wurde die „Dictionnaire Encyclopédique" (Enzyklopädisches Wörterbuch) wegen Liberalität und Staatsverrat zu einer lebenslänglichen Gefängnisstrafe verurteilt.

DICHTERKRÜMEL

Im Jahre 1857 verdiente Alfred Lord Tennyson, der Hofdichter Königin Viktorias, weniger als ihr amtlicher Rattenfänger!

BUCHFAKTEN

- ***Vom Winde verweht* war Margaret Mitchells einziges Buch.**
- **Die Bibel ist das meistgestohlene Buch in den USA.**
- **Das erste Buch über Schönheitschirurgie wurde 1957 geschrieben.**

KARRIERE IN FETZEN Nachdem er 13 Jahre lang an einem Buch über Lösungen für die schwedische Ökonomie gearbeitet hatte, trug der Geschäftsberater Ulf af Trolle endlich sein 250-seitiges Manuskript zum Kopieren. Doch innerhalb von wenigen Sekunden wurde sein Lebenswerk zu 50.000 Papierstreifen geschreddert – ein Angestellter verwechselte den Reißwolf mit dem Kopiergerät!

HERDENGEDICHT

Die englische Dichterin Valerie Laws sprühte im Jahr 2002 die Worte eines Gedichts auf eine Schafherde. Sie wollte sehen, ob die Tiere beim Grasen auf der Weide andere Gedichte bilden würden. Northern Arts gab ihr eine Subvention von 2.000 Pfund für das Projekt, das, wie sie sagte, sowohl eine Übung in „unwillkürlicher Literatur" als auch in Quantenmechanik war.

Eins der Gedichte, die bei Valerie Laws' Experiment entstanden, lautete: „Warm, strömend, grasen, sanft, weiß unter dem Himmel. Weich, Schafe, Spiegel, Schnee, Wolken."

NAMENSBESTEIGUNG Der Maori-Name eines Hügels auf der Nordinsel Neuseelands hat 85 Buchstaben: taumatawhakatangihangakoauauotamateaturipukakapikimaungahoronukupokaiwhenuakitanatahu. Das bedeutet: „Der Ort, wo Tamatea, der Mann mit den großen Knien, der bekannt war als ‚Landesser' und rutschte, kletterte und Berge verschluckte, seine Flöte für seine Geliebte spielte."

Miniaturausgaben des Koran (oben), der Bhagavad-Gita, der heiligen Schrift der Hindus (Mitte), und der Bibel (unten).

ZEIT DER FÜLLE In einer einzigen Ausgabe der New York Times ist mehr Information enthalten, als ein Durchschnittsmensch des 16. Jahrhunderts in seinem ganzen Leben las.

UNERMÜDLICHER AUTOR John Creasy, ein britischer Autor, erhielt insgesamt 774 Absagebriefe, bevor seine 564 Bücher verlegt wurden.

ENGLISCH ANDERSHERUM George Bernard Shaw schuf eine neue Schreibform für „fish", um die Inkonsequenz der englischen Aussprache zu demonstrieren: „ghoti". Bei diesem Wort wird das „gh" wie in „enough" als „f" ausgesprochen, das „o" wie in „women" als „i" und das „ti" wie in „nation" als „sch".

GESETZESLAST Die unglaublich massive arabische Gesetzes-Enzyklopädie wiegt insgesamt 420 kg. Allein das Verzeichnis umfasst sechs Bände!

UGLNUABILCH AEBR WHAR

Anshcneiend mcaht es kienen Utnreschеid, in wlecher Riehnefloge die Bachstuben eines Wotres setehn. Es sit legidlich witchig, dsas die estren und leztten Bachbutsen an ritchiger Stlele sethen. Snost knan alels rihug druchaneinder sein und man knan torztedm ohne Porlbeme imemr ncoh aells leesn, denn das minschleche Gihern liest nihct die eizlennen Bachbutsen, snodren das gnaze Wrot.

ANSPRECHENDE TITEL

- ***Ein illustriertes Buch über Zungenbelag***
- ***Amputationsstümpfe: Pflege und Nachbehandlung***
- ***Erholungsurlaube für Hunde und Katzen in England***
- ***Alles über Schlamm***
- ***Nationale Eierlegewettbewerbe Kanadas***

ARABISCHER EINFLUSS Viele Wörter der deutschen Alltagssprache stammen aus dem Arabischen, z. B. „Algebra", „Kiosk" und „Musselin". Algebra bedeutet auf Arabisch die Wiederzusammenfügung zerbrochener Teile, ein Kiosk war ursprünglich ein kleiner Gartenpavillon und der zarte Stoff Musselin ist nach seiner Ursprungsstadt Mosul im heutigen Irak benannt.

HERANGETASTET Das allererste maschinengeschriebene Manuskript, das je bei einem Verlag eingereicht wurde, stammte von dem Schriftsteller Mark Twain.

Dr. Norman Gary, Professor für Entomologie an der Universität von Kalifornien, reist mit seiner „Thriller Bee Show" um die Welt. Er spielt Dixieland-Jazz auf der Klarinette, während bis zu 100.000 Bienen um ihn herumschwärmen und oft sogar in seinen Mund kriechen!

Abgesehen von seiner Begeisterung für Bienen spielt der 60-jährige Dr. Norman Gary Klarinette in einer Band namens „The Beez Kneez" („Bienenknie"; sinngemäß: „das Allerhöchste").

SPANNENDE BIENENSHOW

Während jeder Vorstellung – die in einem Plexiglaskäfig stattfindet, damit keine Biene entkommt – kriechen ihm etliche Bienen in den Mund und summen dort herum. So gut wie jedes Mal wird er mehrfach gestochen, aber das stört ihn nicht. Dr. Gary, ein selbsternannter Bienenpsychologe, hat seit über 30 Jahren Honigbienen erforscht und ca. 100 wissenschaftliche Abhandlungen über das Verhalten der Insekten geschrieben.

DIE FÜNF

MEISTGESPIELTEN LIEDER

Beliebteste USA-Hits in Radio und Fernsehen im 20. Jahrhundert

1. **„YOU'VE LOST THAT LOVIN' FEELING"**, The Righteous Brothers
2. **„NEVER MY LOVE"**, The Association
3. **„YESTERDAY"**, The Beatles
4. **„STAND BY ME"**, Ben E. King
5. **„CAN'T TAKE MY EYES OFF YOU"**, Andy Williams

MUSIKALISCHE LUFTBLASEN

Das ungewöhnlichste Musikfestival der Welt findet vor der Küste Floridas unter Wasser statt. Im Juli 2003 tauchten fast 400 Leute neun Meter tief, um am 19. alljährlichen Lower Keys Underwater Musikfestival teilzunehmen.

Musikstücke wie „Yellow Submarine" und Ausschnitte aus „Arielle" schallten aus Unterwasser-Lautsprechern, die von Bootsdecks ins Wasser hingen. Manche Festivalteilnehmer behaupten, sogar die Fische und andere Meeresbewohner hätten das Konzert genossen!

DIE FÜNF

UNGEWÖHNLICHSTEN MUSIKER-TODESFÄLLE

Fünf berühmte Musiker starben früh unter sonderbaren Umständen

1. „MAMA CASS" ELLIOT VON DEN „MAMAS AND PAPAS" ERSTICKTE 1974 AN EINEM SANDWICH.
2. BRIAN JONES VON DEN „ROLLING STONES" ERTRANK 1969 IN SEINEM SWIMMINGPOOL.
3. TERRY KATH VON „CHICAGO" STARB 1978, ALS ER RUSSISCHES ROULETT SPIELTE. SEINE LETZTEN WORTE WAREN: „KEINE ANGST, ER IST NICHT GELADEN."
4. KEITH RELF, SÄNGER DER „YARDBIRDS", STARB BEIM STIMMEN SEINER GITARRE AN EINEM ELEKTROSCHOCK.
5. DER BLUESMUSIKER GRAHAM BOND FIEL 1974 UNTER UNGEKLÄRTEN UMSTÄNDEN AM LONDONER U-BAHNHOF FINSBURY PARK VOR EINE U-BAHN.

SCHRÄGE MUSIK-DETAILS

- Beethoven goss sich Krüge mit Eiswasser über den Kopf, um seine Kreativität anzuregen.
- Eine Geige besteht aus über 70 einzelnen Holzkomponenten.
- In Indonesien wurden Paukenmodelle früher als Währung akzeptiert.
- Weltweit gibt es über 50.000 offizielle Elvis-Imitatoren.
- Sieben Prozent aller Amerikaner glauben, dass Elvis noch lebt.
- Die 1952 von Richard Rodgers geschriebene Symphonie „Victory at Sea" („Sieg auf See") dauerte 13 Stunden.

Zu den Instrumenten beim Lower Keys Underwater Musikfestival zählten Trompeten, Harfen, Gitarren und sogar Posaunen.

Festivalteilnehmer Bill Becker hisst die amerikanische Flagge, während Mel Herlehy eine Unterwassergitarre spielt.

MOTORRADORCHESTER Im Jahr 2000 jagten 100 Motorradfahrer ihre Maschinen als „Orchester" in verschiedene Drehzahlen hoch, als auf einer Ausstellung in Stockholm ein Musikstück namens „Vrooom" aufgeführt wurde. Die Schöpfung des schwedischen Komponisten Staffan Mossenmark wurde von Petter Sundkvist dirigiert, der statt eines Dirigentenstabes Rennbahnflaggen schwenkte.

FERNES IDOL Pjotr Iljitsch Tschaikowski (1840 – 1893) erhielt von der reichen Witwe Nadjeschda von Meck eine großzügige jährliche Unterstützung – unter der Bedingung, dass sie einander nie begegneten! Sie war davon überzeugt, dass sie eine bittere Enttäuschung erleben würde, wenn sie ihr Idol jemals persönlich kennen lernte.

UNPATRIOTISCHES OHR Der amerikanische Präsident William Howard Taft (1857 – 1930) war so unmusikalisch, dass er seine eigene Nationalhymne nicht erkannte. Man musste ihm sagen, wann er aufstehen musste.

MUSIK VOR DIE SÄUE Der englische Landwirt Raymond Collier aus Hampshire spielt seinen Schweinen klassische Musik vor, um die Produktivität zu erhöhen. Er schwört, dass die Schweine besser schlafen, wenn sie eine Symphonie gehört haben – während seine Nachbarn sich beklagen, dass sie die ganze Nacht kein Auge zubekommen.

EXTREM BEHÜTET 2003 bezahlte Bono, der Sänger der irischen Rockband U2, 1.000 Pfund, um seinen Lieblings-Filzhut erster Klasse nach Italien fliegen zu lassen. Er hatte vergessen, ihn für ein Benefizkonzert mit Luciano Pavarotti einzupacken.

TODESSEHNSUCHT Elvis Presley besuchte gern das örtliche Beerdigungsunternehmen und sah sich dort die Leichen an. Er war außerdem besessen von Schusswaffen und benutzte seinen Fernsehapparat als Übungsziel.

FRÜHREIF Elvis Presley war 21, als er seinen ersten Hit landete. In diesem Alter hatte Mozart schon über 250 Musikstücke komponiert.

TÖDLICHES DOMIZIL

Als Keith Moon, der Schlagzeuger der englischen Rockband „The Who" 1978 an einer Überdosis starb, wohnte er in derselben Wohnung, in der „Mama Cass" vier Jahre zuvor gestorben war.

ERDUNG Als der kanadische Radiosender KFSM in Calgary 1971 Carole Kings Stück „I feel the earth move" (Ich spüre, wie sich die Erde bewegt.") spielte, stürzte das Studio ein.

RÄTSEL ROSSINI Der italienische Komponist Gioacchino Rossini (1792 – 1868) schrieb vor seinem elften Geburtstag 53 große Opern. Wie das möglich war? Er kam am 29. Februar zur Welt und hatte nur alle vier Jahre Geburtstag!

ERZWUNGENE STILLE Der kambodschanische Premierminister Hun Sen verbot 2002 sämtliche Karaoke-Clubs im ganzen Land. Er drohte, alle Clubs, die trotz der Sperre öffneten, von Militärpanzern niederwalzen zu lassen.

Taucher und Schnorchler „spielen" ihre Instrumente unter Wasser, während andere Taucher und Schnorchler ihnen „lauschen".

COOLE MUSIK

Am Nocka-Strand in Stockholm findet die Ausstellung „Eiskunst" statt. Die Skulpturen bestehen aus dem Eis des Tome-Flusses und stellen sowohl Musikinstrumente als auch berühmte Schweden dar.

Besucher der Eiskunst-Ausstellung mummeln sich in warme Mäntel und Schuhe, bevor sie die Musikinstrumente bestaunen, die aus 120 Tonnen klarem Eiswasser bestehen.

ROCKIGE OMAS
Für Rock ist man nie zu alt! Die Zwillingsschwestern Kin Narita und Gin Kanie landeten im Alter von 99 Jahren in Japan einen Hit.

EXPLOSIVE STIMME Elizabeth Billington war die berühmteste englische Sängerin ihrer Zeit. Ihre Stimme war so gewaltig, dass die Italiener sie beschuldigten, den Ausbruch des Vesuvs verursacht zu haben, als sie 1794 in Neapel auftrat. Die aufgebrachten Bewohner jagten sie aus der Stadt.

TRAGISCHER ZUFALL

Der amerikanische Rockstar Duane Allman starb 1971 bei einem Motorradunfall in Macon, Georgia. Durch einen makabren Zufall starb Berry Oakley, ein weiteres Bandmitglied der Allman Brothers, ein Jahr später nur drei Straßen weiter – ebenfalls bei einem Motorradunfall.

Beim Schweizer Alphornfestival erklingen Hunderte der vier Meter langen Alphörner. Mit hölzernen, becherförmigen Mundstücken variieren die Bläser die Tonhöhe ihrer Instrumente.

Don Tranger aus Meadville in Pennsylvania spielte 1937 drei Trompeten gleichzeitig.

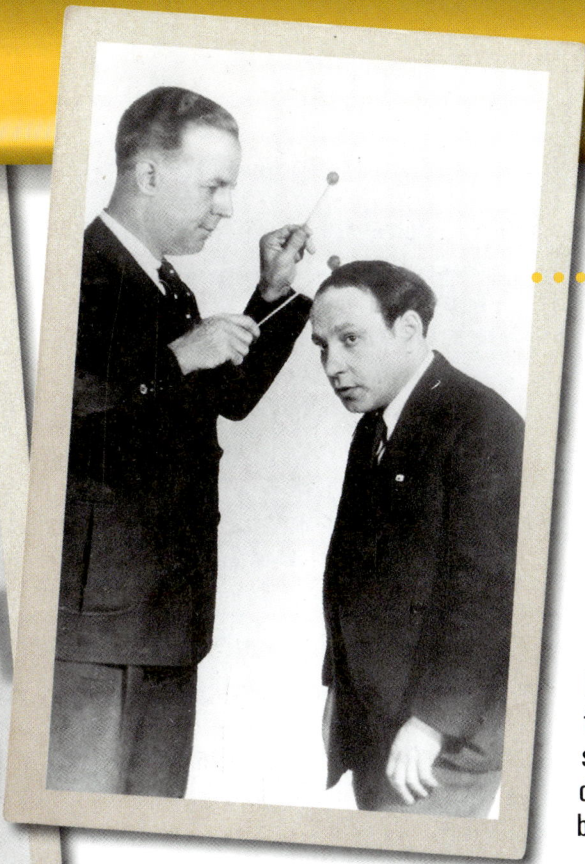

1930 erlangte Chas Cheer als „der Mann mit dem Xylophonkopf" Berühmtheit. Man konnte auf seinem Schädel eine Melodie spielen, während er die Tonhöhe durch die Form seiner Mundöffnung variierte.

DENKWÜRDIGER AKKORD Der französische Komponist Yves Klein schrieb eine „Monotone Sinfonie", die nur aus einem einzigen Akkord besteht und 20 Minuten lang dauert.

DUDELSACK RÜCKWÄRTS In den 1960er Jahren gab eine schottische Plattenfirma eine Dudelsackaufnahme heraus, auf der die Musik rückwärts erklang. Der Irrtum war beim Überspielen entstanden, als das Master-Tonband versehentlich rückwärts lief. Es wurden Hunderte von Scheiben verkauft, bevor der Fehler jemandem auffiel.

PROPHETISCHE WORTE Lena Gilbert Ford, Texterin des Liedes „Keep the Home Fire Burning" (wörtlich: „Lass zuhause das Feuer nicht ausgehen") starb bei einem Brand in ihrem Haus.

DER GROSSE UNBEKANNTE Nur ein Mensch weiß, auf wen Carly Simon in ihrem Hit „You're So Vain" („Du bist so eitel.") von 1971 anspielte. Dick Ebersol, Präsident der NBC-Sportabteilung, bot ihr 2003 auf einer Wohltätigkeitsversteigerung 50.000 US-Dollar für diese Information. Simon sagte es ihm – unter der Bedingung, dass er das Geheimnis für sich behielt.

Das musikalische Fahrrad wurde noch vor dem Radio erfunden. Samuel Goss aus Chicago montierte Klaviersaiten und -hämmer an einen Fahrradrahmen. Je nach Fahrgeschwindigkeit konnte man verschiedene Melodien darauf spielen.

WETTERTROMMELN Der berühmte Schlagzeuger Gene Krupa konnte anhand des Klanges seiner Instrumente das Wetter vorhersagen. Klangen die Trommeln dumpf, gab es Regen, während ein dynamischer Klang schönes Wetter ankündigte. 1944 behauptete er, sich in 15 Jahren kein einziges Mal geirrt zu haben.

RABIATE MADONNA Als Teenager wurde Madonna von einer New Yorker Dunkin' Donuts-Filiale gefeuert, weil sie einen Kunden mit Marmelade bespritzt hatte.

FATALER REKORD Der mexikanische Musiker Ramon Barrero wurde mit dem Spielen der kleinsten Mundharmonika der Welt berühmt. Leider atmete er 1994 während einer Vorstellung in Iguala zur falschen Zeit ein und erstickte an seinem Instrument.

FERNBLICK Das Lied „When Irish Eyes Are Smiling" („Wenn irische Augen lächeln") wurde von dem deutschen Georg Graff geschrieben, der nie in seinem Leben in Irland gewesen war.

Am 2. Juli 2002 spielten zehntausend junge chinesische Musiker zusammen auf sechs verschiedenen Rhythmusinstrumenten. Sie feierten den fünften Jahrestag der Übergabe Hongkongs von Großbritannien an China.

GENERVTE PENNER

2003 verkündete der Stadtrat von Stoke-on-Trent im englischen Staffordshire, dass in einem mehrstöckigen Parkhaus von nun an ununterbrochen Beethovens 9. Sinfonie in D-Moll erklingen würde, um obdachlose Landstreicher zu vertreiben. Man hoffte, dass die häufigen Tonlage- und Rhythmuswechsel der Sinfonie die Obdachlosen so irritieren würden, dass sie dort nicht mehr übernachteten.

TÖDLICHE PREMIERE Während einer Vorstellung in der New Yorker Metropolitan Opera erlitt der 63-jährige Tenor Richard Versalle 1995 einen tödlichen Herzinfarkt und stürzte von einer drei Meter hohen Leiter. Gerade hatte er in der Eröffnungsszene der tschechischen Oper *Der Fall Makropulos* die Zeile „Wie schade, dass wir nicht ewig leben" gesungen. Die Oper handelt von einem Elixier, das ewige Jugend schenkt, und da es die Premierenvorstellung war, glaubte das Publikum, sein Fall sei Teil der Inszenierung.

ROCK IM WELTALL Der amerikanische Astronaut Charles Conrad verehrte den Musiker Jerry Lee Lewis so sehr, dass er eine Kassette mit seiner Musik an Bord der *Apollo 11* mit in den Weltraum nahm.

ULTRA-BACH In der Familie Johann Sebastian Bachs gab es 62 Berufsmusiker.

KÖNIGLICHES SPIELZEUG Elvis Presley besaß 18 Fernseher, 100 Hosen, 21 Capes, acht Autos, sieben Motorräder, drei Traktoren, sieben Golfbuggys, drei Wohnwagen und sechs Pferde!

ENTSCHLOSSENE DIVA Die rumänische Volkssängerin Joan Melu gab 1980 im australischen Melbourne ein zweistündiges Konzert im Capitol-Theater. Das Konzert hatte auch eine Pause und schließlich gab sie sogar eine Zugabe – und das alles, obwohl kein einziger Zuschauer erschienen war!

KURZ, ABER HEFTIG Der Musiker Gadfly veröffentlichte ein Instrumentalalbum, das nur 32 Sekunden lang ist.

WEGE ZUM RUHM

Nicht alle Musiker kamen im Rampenlicht zur Welt: Shirley Bassey verpackte früher Nachttöpfe, Joe Cocker war Gasmonteur, Bette Midler arbeitete in einer Ananasfabrik, Sting war Busschaffner und Cyndi Lauper reinigte Hundezwinger.

Ozzy Osborne arbeitete früher im Schlachthaus.

Rubini war im 19. Jahrhundert der König der italienischen Tenöre und der Held der Mailänder Scala. Einmal sang er einen hohen Ton so vehement, dass sein Schlüsselbein brach!

MONSIEUR MANGETOUT

Michel Lotito verspeist einen Teller voll leckerer Autoteile.

Wenn sich der Franzose Michel Lotito aus Grenoble zum Essen hinsetzt, verzehrt er als Vorspeise vielleicht ein Paar Ski aus Aluminium, als Hauptgericht einen Einkaufswagen aus dem Supermarkt mit einem Teller Rasierklingen als Beilage, und zum Dessert einen Fernseher. Dazu trinkt er mehrere Gläser.

Lotito trägt den Bühnennamen Monsieur Mangetout (Herr Allesfresser) und ist berühmt dafür, Metall, Porzellan und Glas ohne schädliche Nebenwirkungen verzehren zu können. Seit seinem neunten Lebensjahr verspeist er Münzen, Besteck, Teller, Fahrräder (er meint, die Kette sei am leckersten) und sogar Särge (die natürlich leer sind). Der Höhepunkt war ein Cessna-150-Leichtflugzeug, das er 1978 in Caracas in Venezuela zu essen anfing. Er knabberte täglich ein paar Stückchen davon und es dauerte zwei Jahre, bis er es vertilgt hatte. Lotito meint, der Grund für seine Fähigkeit, solche Gegenstände zu essen und zu verdauen, sei sein Geburtsdatum. Er kam am 15. Juni 1950 zur Welt: mittags am mittleren Tag des mittleren Monats in der Mitte des 20. Jahrhunderts. Verblüffte Ärzte haben jedoch eine logischere Erklärung: Sie stellten fest, dass seine Magenschleimhaut und seine Gedärme doppelt so dick sind wie bei einem Durchschnittsmenschen.

Bukur, ein Zigeuner aus Felsendorf in Transsilvanien, freute sich so über die Geburt seiner Zwillinge, dass er die Neugeborenen in einen großen Kessel steckte und eine Stunde lang mit dem Kessel auf dem Kopf tanzte.

BIS AUF DIE HAUT

Auf dem New Yorker Fringe Festival von 2003 ließ die russische Tänzerin Ksenia Vidaykina nicht nur alle Hüllen fallen – sie zog sich auch noch die Haut ab! Während einer Nummer namens „Trapped" („Gefangen") schlüpfte sie aus einer Chiffon-Toga und begann dann, Gummihaut von ihren Schenkeln abzuziehen. Dabei tropfte sogar künstliches Blut auf die Bühne. Sie sagte, sie wolle damit zeigen, wie viel Schönheit und Mut zu einem Striptease gehören.

Anu und Mandukhai, zwei Schwestern aus der Mongolei, zeigen ihre Schlangenmenschen-Tricks in zwei Schließfächern am Hamburger Hauptbahnhof.

DANN EBEN NICHT Eine Vorstellung der französischen Bühnenversion des Films *Ganz oder gar nicht* musste aufgrund einer Schlägerei zwischen zwei Schauspielern nach der Hälfte abgebrochen werden. Pierre Cosso, der mit einem gebrochenen Nasenbein ins Krankenhaus kam, geriet mit seinem Kollegen Christian Mulot in Streit über den Lärm, der während seines Solos auf der Hinterbühne herrschte.

LEICHTFÜSSIG Zamalzain, Solist einer baskischen Tanztruppe, muss nach einem Luftsprung so sanft auf einem Weinglas landen, dass kein Tropfen verschüttet wird und das Glas nicht zerbricht.

WAU-WAU-DOPPELSCHRITT! Im tschechischen Clansko findet jedes Jahr ein außergewöhnlicher Tanzwettbewerb statt. Die Teilnehmer sind Hunde, die entweder als Solisten oder in einem Doppel mit ihren Herrchen auftreten dürfen!

MINI-SHAKESPEARE Die 1981 in Kalifornien gegründete Drei-Mann-Truppe „Reduced Shakespeare Company" führt alle 37 Stücke und 154 Sonette des Dichters auf einmal auf – in nur 90 Minuten.

KÜNSTLERPECH Eine Vorstellung des Musicals *Chitty Chitty Bang Bang* im Londoner Palladium, bei der auch der Prinz von Wales zugegen war, musste vor der Pause abgebrochen werden, weil der Hauptdarsteller – das Auto – auf der Bühne mit einem Schiff zusammengestoßen war.

GEFRORENER DÄNENPRINZ

2003 wurde Hamlet in einem acht m hohen Theater aus Eis aufgeführt. Das Theater im nordschwedischen Jukkasjaervi ist ein Nachbau des Londoner Globe Theaters und hat kein Dach. Während der Proben fiel die Temperatur auf –31 °C.

ERTRAGREICHER SCHWEISS Zigeuner-Tänzer im albanischen Tirana verausgaben sich so sehr, dass die Zuschauer sie traditionell bezahlen, indem sie ihnen Münzen auf die Stirn kleben. Die Münzen bleiben auf dem Schweiß der Tänzer haften.

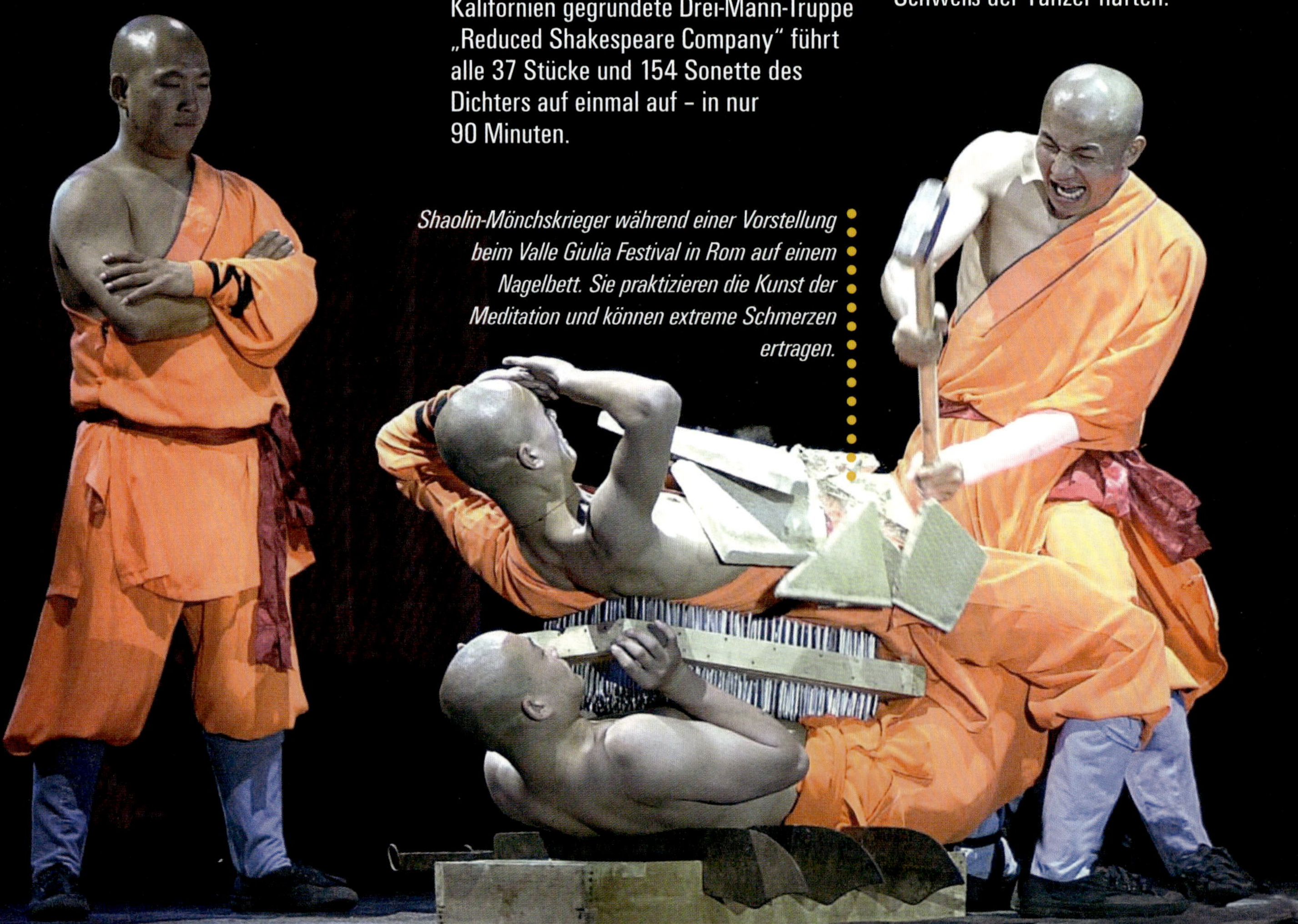

Shaolin-Mönchskrieger während einer Vorstellung beim Valle Giulia Festival in Rom auf einem Nagelbett. Sie praktizieren die Kunst der Meditation und können extreme Schmerzen ertragen.

Der Riese Jim Tarven war 2,40 m groß und wog 176 kg. Seine Partnerin Mary Schmidt (im Hut) war dagegen nur ein m groß und wog nur 38 kg. Dieses Foto entstand 1930, als die beiden im Sells-Floto-To-Mix-Zirkus auftraten.

RÜCKBLICK Eine Geheimgesellschaft afrikanischer Akrobaten namens „Vogelmenschen von Guinea" nehmen neue Mitglieder nur dann auf, wenn diese den Kopf um volle 180 Grad drehen können!

LAMPENFIEBER Der französische Schauspieler Charles Dullin (1885 - 1949) spielte vor dem gefährlichsten Publikum der Welt: Er rezitierte Gedichte in einem Löwenkäfig.

OHNE NETZ Der Schlangenmensch Brawerman (oder „König Brawn"), der in den 1930er Jahren in Varietés auftrat, konnte seinen ganzen Körper durch einen unbespannten Tennisschläger quetschen.

MARX ALS SUPERSTAR *Das Kommunistische Manifest* wurde 2003 beim Theaterfestival in Buenos Aires ein Überraschungserfolg. Die Adaption des Meisterwerks aus dem Jahr 1848, in der auch Karl Marx vorkommt, wurde von der Theatertruppe Lucharte in einer Brotfabrik aufgeführt und begeisterte große Zuschauermengen.

KURZE SPIELZEIT *The Lady of Lyons*, ein Stück von Lord Lytton, hatte am 26. Dezember 1888 im Londoner Shaftesbury Theater Premiere und zugleich auch Derniere. Nachdem die Zuschauer eine Stunde lang geduldig gewartet hatten, wurden sie nach Hause geschickt, weil niemand den eisernen Vorhang heben konnte.

NEUTRALE SHOW Madame Favart, Star der Pariser Opera Comique, trat als erster Bühnenstar der Welt während eines Krieges vor Soldaten auf. 1746, auf dem Höhepunkt des Krieges zwischen Frankreich und Österreich, reiste sie zur Unterhaltung der französischen Armee mit ihrer ganzen Truppe an die Front. Sie war so beliebt, dass die feindlichen Österreicher sie baten, auch für ihre Armee zu spielen. Daraufhin trat sie für beide Seiten auf!

KÖRPEREINSATZ Für die Premiere von Christoph Schlingensiefs Produktion *Atta Atta - Die Kunst ist ausgebrochen* 2003 in Berlin heuerte das Theater nackte Platzanweiser an, die die Zuschauer zu ihren Plätzen führten.

Ein riesiges Skelett, das den Tod symbolisiert, steht im See und hält in seinen Knochenfingern das Buch des Lebens. Die riesige Bühne schwebte über der Wasseroberfläche und ließ die Sänger zwergenklein aussehen. Sie wurde bei den Bregenzer Festspielen im Juli 2000 für die Verdi-Oper Ein Maskenball *gebaut.*

RUHE SANFT

Die legendäre französische Schauspielerin Sarah Bernhardt (1844 – 1923) legte sich zum Textlernen in einen Sarg. Die mit Seide gefütterte Holzkiste begleitete sie auf all ihren Reisen. Sie schlief darin und empfing dort sogar ihre Liebhaber, unter anderem Napoleon III., den Schriftsteller Victor Hugo und den Prinzen von Wales, der später König Edward VII. von England wurde.

AUSVERKAUFTER RÜCKSITZ Auf dem Edinburgher Festival der freien Theater von 1981 führte der Bogdan Club das Stück 2001 auf dem Rücksitz eines Hillman Avenger auf. Pro Vorstellung passten höchstens vier Zuschauer hinein, doch die Sicherheitsbehörden beklagten sich, weil das Theater auf Rädern weder Sicherheitslichter über den Ausgängen noch Platz zwischen den Sitzreihen hatte.

BLINDES VERTRAUEN Charles Monselet (1825 - 1888) war 42 Jahre lang der führende Theaterkritiker Frankreichs - dabei hat er in seinem ganzen Leben keine einzige Aufführung gesehen! Stattdessen saß er nach der Premiere immer in einer nahen Bar und ließ sich von seinen Freunden ihre Eindrücke schildern.

LEBENDE BÜHNE Jedes Jahr wurde in der Nähe des österreichischen Ortes Puchheim ein Freilichttheater gebaut, für das man auf vier Ebenen Bretter über die waagerechten Äste einer großen Linde legte. Das Ergebnis war ein vierstöckiges Theater, in dem bis zu 140 Schauspieler Platz hatten.

HAMLET NERVT Als 1787 *Hamlet* aufgeführt wurde, litt der Hauptdarsteller unter so starkem Lampenfieber, dass die zweite Aufführung ohne ihn stattfand! Viele Zuschauer meinten, das Stück hätte ihnen ohne die Hauptfigur viel besser gefallen!

Die Tänzerinnen im antiken Knossos auf Kreta beendeten ihren Tanz mit einem Sprung über einen angreifenden Stier. Sie sprangen zwischen den Hörnern hindurch!

TIERISCHE ANTIKE Die Theaterzuschauer im klassischen Griechenland waren sehr beeindruckt , weil die Schauspieler Ziegen willkürlich einschläfern und aufwecken konnten. Der Trick war aber ganz einfach: sie drückten auf den Ziegenhals und unterbrachen so die Blutzufuhr der Arterie ins Gehirn. Ließ der Druck nach, wachte das Tier wieder auf.

Marcel Steiner führt Macbeth *im kleinsten Theater der Welt auf: einem Aufbau auf seinem 650-Kubik-Motorrad! Einmal spielte er* Der Sturm *auf dem Parkplatz der Royal Shakespeare Company im englischen Stratford, während die Company das Stück drinnen ebenfalls aufführte!*

UNGEHEURES MAKE-UP

Die Maskentechnik in der Filmbranche hat sich gewaltig verändert. Vor der Einführung der Digitaltechnik galten das Make-up und die Prothetik des amerikanischen Kultfilms „Ein amerikanischer Werwolf" in London von 1981 in der Filmindustrie als führend.

UNVERFÄLSCHTE STIMME

Regisseur Peter Jackson sagte: „Gollum ist zwar eine reine Digitalfigur, aber ich wollte unbedingt, dass ein Schauspieler die Figur spielt und entwickelt." Der einzige Teil, der von der Darstellung des Schauspielers Andy Serkis völlig unbearbeitet blieb, ist seine Stimme.

Auch in Filmen wie dem Remake von *Planet der Affen* von Richard Baker oder in Michael Jacksons *Thriller* wurde konventionelles Make-up verwendet. Doch traditionelle Filmschminke könnte bald der Vergangenheit angehören: Hollywood arbeitet heute digital. Das System, das in *Der Herr der Ringe: Die zwei Türme* (USA/Neuseeland 2002) angewendet wurde, heißt Motion Capture Photography. Der Schauspieler Andy Serkis spielte seine Szenen im Studio und trug dabei einen hautengen Overall, der mit reflektierenden Punkten bedeckt war. Jeder Punkt entsprach einem seiner Gelenke. Fünfundzwanzig Kameras gaben die Information in einen Computer ein, und dieser übertrug die Bewegungen auf die digitale Version Gollums. Dieser animierte Gollum ist auf der Kinoleinwand zu sehen.

Für die Verwandlung des Mannes in ein Monster brauchte der Maskenbildner Rick Baker täglich zehn Stunden. Er wurde für seine Arbeit für den Film Ein amerikanischer Werwolf *in London mit einem Oscar ausgezeichnet.*

Dank der Fortschritte in der Digitaltechnologie kann man heute fantastische optische Effekte ohne jedes Make-up erzielen. In dem Film Der Herr der Ringe: Die zwei Türme *hatte die Digitalfigur Gollum 300 bewegliche Muskeln und 250 verschiedene Gesichtsausdrücke. Er entstand aus einer Mischung aus Schauspielerei und Animation.*

Tom Hanks ist mit Abraham Lincoln verwandt. Er ist ein direkter Nachkomme von Lincolns Mutter Lucy Hanks.

SIAMESISCHER ZWILLING Der amerikanische Schauspieler Andy Garcia hatte bei seiner Geburt einen Zwilling von der Größe eines kleinen Balles, der an seiner linken Schulter festgewachsen war. Der Zwilling wurde operativ entfernt, starb aber bald danach.

AGENTENPATZER Als Leonardo DiCaprio zehn Jahre alt war, riet ihm sein Agent, sich Lenny Williams zu nennen, da dieser Name in Amerika angeblich besser ankommen würde.

KUSSFOLTER Vivien Leigh verabscheute es, Clark Gable für den Film *Vom Winde verweht* (USA, 1939) zu küssen. Angeblich hatte er starken Mundgeruch.

ILLUSTRE HERKUNFT Judy Garland war ein Nachkomme des früheren amerikanischen Präsidenten Ulysses S. Grant.

LUXUSKÖTER
Was für ein Hundeleben. Als Ava Gardner im Jahre 1990 starb, hinterließ sie ihrem Corgi Morgan ein Monatseinkommen, ein eigenes Auto und eine Zofe.

SÜSSER ABFLUSS
Das Blut, das in der Duschszene in Alfred Hitchcocks Horrorfilm *Psycho* (USA 1960) verwendet wurde, war in Wirklichkeit Schokoladensirup. Es dauerte sieben Tage, die Szene zu drehen.

SCHAMHAFTES EUTER In den ersten Comics der Kuh Klarabella trug sie stets ein diskretes Schürzchen über dem Euter. Man wollte Moralisten nicht vor den Kopf stoßen.

SCHLÄGEREI BRINGT GLÜCK Mel Gibson bekam die Hauptrolle in dem Film *Mad Max* (Australien, 1979), weil die Produzenten jemanden suchten, der abgekämpft, geschlagen und vernarbt aussah. In der Nacht vor den Probeaufnahmen war Gibson von drei Betrunkenen überfallen worden.

ORIGINALBERUFE DER STARS

- Warren Beatty – Rattenfänger
- Sylvester Stallone – Löwenwärter
- Errol Flynn – Schaf-Kastrierer
- Sean Connery – Holzschleifer bei einem Sargmacher
- Keanu Reeves – Manager eines Spaghettirestaurants in Toronto
- Burt Lancaster – Vertreter für Damenunterwäsche
- Michelle Pfeiffer – Kassiererin im Supermarkt
- Alan Ladd – Würstchenverkäufer
- Kirk Douglas – Fensterputzer
- Jayne Mansfield – Pfannenvertreterin

STATISTENPULK

Manche Filmemacher greifen zu extremen Mitteln, um ihre Szenen realistisch zu gestalten. In Richard Attenboroughs Film *Gandhi* (England 1982) traten mehr Statisten auf als in jedem anderen historischen Film der Welt. Andere Filmemacher ließen Regimenter und sogar ganze Armeen in ihren Szenen auftreten, wie in dem Nazifilm *Kolberg* (Deutschland 1945).

Während der Dreharbeiten zu Gandhi *(England 1982) beschäftigte der Regisseur 300.000 Statisten als Trauergäste für die Beerdigung in der Eröffnungsszene.*

HONIGSÜSSE KATE
Kate Winslett, Star des Filmes *Titanic* (USA 1997), hatte ihren ersten Filmauftritt als Tanzpartnerin eines Honigmonsters in einer Fernsehwerbung für „Sugar-Puff"- Frühstücksflocken.

ZUSCHAUERBOOM In Indien gehen täglich über 15 Millionen Menschen ins Kino.

CHAPLINESK Charlie Chaplin wurde Dritter bei einem Charlie-Chaplin-Doppelgänger- Wettbewerb.

HOFFNUNGSLOS
Bei einer Schulabstimmung, wer als Erwachsener höchstwahrscheinlich ein Versager werden würde, wurden Gene Hackman, Dustin Hoffman und Robin Williams von ihren Klassenkameraden zu den größten potenziellen Nieten gewählt. Alle drei sind heute berühmte Schauspieler.

AUGEN ZU! Edward G. Robinson, der im Film meist harte Männer spielt, hasste seine Gangsterrollen. Wenn Schüsse knallten, zuckten seine Augenlider so stark, dass man sie mit Klebeband befestigen musste.

SPIDER-MAN 1993 wurde eine neu entdeckte Spinnenart Calponia harrisonfordi genannt – zu Ehren des Hollywoodstars Harrison Ford, der im Film einen Mann mit einer Spinnenphobie dargestellt hatte.

Vampirdarsteller Bela Lugosi (1882 – 1956) konnte kein Blut sehen. Der für seine Darstellungen des blutdürstigen Vampirs Graf Dracula berühmte Filmschauspieler fiel beim Anblick von Blut oft in Ohmnacht.

RAMPENLICHT

In einem Leuchtturm in Nordwales, der Platz für zwölf Zuschauer bot, fand 2003 eine Kinopremiere statt. Im South-Strack-Leuchtturm auf der britischen Insel Anglesey wurde der 15-minütige Film *The Birds and a Suitcase* von Elaine Townson (England 2002) gezeigt. Der Saal war nicht ganz einfach zu erreichen: Die Premierengäste mussten über 400 Stufen hinuntersteigen, um in das entlegene Kino zu gelangen.

ARME SCHWEDEN Der Kinderfilm *E.T.– Der Außerirdische* (USA 1982) war in Schweden erst ab elf Jahren freigegeben, weil er angeblich Eltern zeigte, die auf Kriegsfuß mit ihren Kindern standen.

FILMMARATHON 2003 sahen thailändische Filmfans 36 Filme in zweieinhalb Tagen und schlugen damit den Rekord, den die Amerikaner zwei Jahre davor aufgestellt hatten. Die 17-köpfige Gruppe saß während des Internationalen Filmfestes in Bangkok 65 Stunden und 58 Minuten lang im Kino. Nach jedem dritten Film machten sie 15 Minuten Pause.

NABELSCHAU Alfred Hitchcock hatte keinen Bauchnabel mehr: Er verschwand, als Hitchcock nach einer Operation genäht werden musste.

Renée Zellweger musste sich für ihre Rolle in Bridget Jones: Am Rande des Wahnsinns *(USA 2004) von Kleidergröße 34 auf die stattliche Größe 42 aufpäppeln.*

ZERTANZTE SCHUHE? Reese Witherspoon ließ sich für ihren Film *Natürlich blond 2* (USA 2003) 63 Paar Schuhe anfertigen.

„Fünf Wochen lang täglich 20 Donuts“

ALTERSLOSE MAMA Als Cary Grant in dem Film *Der unsichtbare Dritte* (USA 1959) den Sohn von Jessie Royce Landis spielte, war er 55 und sie 54 Jahre alt!

AFFENARTIGE VERSCHWENDUNG Für ein Remake des Filmes *King Kong* (USA 1976) bestellten die Produzenten einen zwölf Meter großen und 5.896 kg schweren, elektronisch gesteuerten Roboter mit einer Armspanne von sechs Meter. Als Fell bedeckten ihn zwei Tonnen Rosshaar. Doch das teure Requisit war im Film nur zehn Sekunden lang zu sehen; meist spielte ein Schauspieler in einem Gorillaanzug die Szenen in einer Miniatur-Kulisse!

Renée Zellweger, hier in Bridget Jones: Schokolade zum Frühstück *(USA 2001), aß fünf Wochen lang 20 Donuts pro Tag, um für die Fortsetzung* Bridget Jones: Am Rande des Wahnsinns *6,5 kg zuzunehmen. Zu ihrer Mastkur gehörten außerdem ein Hamburger mit einer großen Portion Pommes frites, pikante Brötchen mit Bratensoße und ein fetthaltiger Milchshake – und das alles zum Frühstück!*

Über 1.600 Paar Latexohren und -füße wurden bei der Verfilmung von Der Herr der Ringe: Die zwei Türme *(USA/Neuseeland 2002) verbraucht. Jedes Paar war in einem Spezialofen gekocht worden.*

SCHRECKENSMAUS
Micky Maus wurde 1935 in Rumänien verboten, denn die Behörden meinten, ein drei Meter großes Nagetier auf der Leinwand würde die rumänischen Kinder bestimmt erschrecken.

MÄUSEPOST Micky Maus erhielt 800.000 Fanbriefe pro Jahr.

PRÄSIDIALER FLOP Ein Filmdrehbuch über das berühmte amerikanische Kriegsschiff *Old Ironsides*, das der Präsident Franklin D. Roosevelt geschrieben hatte, wurde in Hollywood abgelehnt.

PAPA SIEHT ALLES Die Schauspielerin Evelyn Venable lieh der Blauen Fee im Zeichentrickfilm *Pinocchio* (USA 1940) ihre Stimme. Sie durfte jedoch auf der Leinwand nicht küssen – das hatte ihr Vater verboten.

PFERDEVERSTAND Mack Sennett, Produzent der berühmten Filmkomikertruppe *The Keystone Cops*, begann seine Karriere als hintere Hälfte eines Bühnenpferdes!

KEINE MIENE VERZIEHEN Buster Keatons Vertrag mit MGM aus den 1920er Jahren enthielt eine Klausel, die es ihm verbot, auf der Leinwand zu lächeln.

DIE FÜNF

BESTBEZAHLTEN HOLLYWOODSCHAUSPIELERINNEN
(auf der Grundlage ihrer Einnahmen von 2002)

1. **JULIA ROBERTS** 20,3 Millionen Dollar pro Film
2. **CAMERON DIAZ** 20 Millionen Dollar pro Film
3. **DREW BARRYMORE** 15,6 Millionen Dollar pro Film
4. **JODIE FOSTER** 15,6 Millionen Dollar pro Film
5. **REESE WITHERSPOON** 15,6 Millionen Dollar pro Film

GEWÄHLT AUSGEDRÜCKT
Paramount hatte Clara Bow (1905 – 1965) vertraglich zugesichert, dass kein Mitglied des Filmteams in ihrer Anwesenheit fluchen durfte. Im Gegenzug bot man ihr 500.000 Dollar an, wenn es ihr gelänge, jeglichen Skandal zu vermeiden. Sie konnte das Geld aber nie beanspruchen.

SCHAMLOSER ENTERICH
Donald Duck war früher in Finnland verboten, weil er keine Hosen trägt!

STARS MIT KLEINEN FEHLERN

In der Glitzerwelt der Leinwand scheint alles perfekt zu sein, aber manchmal stimmt das nicht so ganz: Demi Moore schielte, als sie zur Welt kam, Clark Gable wurde auf seiner Geburtsurkunde als Mädchen verzeichnet, während des Zweiten Weltkrieges bestanden die Oscars aus Holz, um Metall zu sparen, und Johnny Depp hat eine Clownsphobie.

Clint Eastwood ist gegen Pferde allergisch.

Ripley's

Einfach unglaublich!

SPIEL & SPASS

GARTENZWERGRIESE

Zweimal wöchentlich verkleidet sich Ron Broomfield als Gartenzwerg. Komplett mit Mütze, Pfeife und Angelrute gesellt er sich zu seinen mehreren hundert bunten „Kollegen“ im Garten!

Der 69-jährige Engländer Ron Broomfield teilt sein Heim in Alford in Lincolnshire mit fast 1.000 Gartenzwergen.

Kein Wunder, dass da keine Zeit für eine Frau bleibt. „Ich bin nicht mehr verheiratet,“ gesteht Ron. „Ehrlich gesagt, habe ich keinen Platz für eine Frau. Gartenzwerge sind mein Lebensinhalt.“ Rons Hobby hat ihn bislang über 20.000 Pfund gekostet, aber es dient einem guten Zweck: die Zwerge helfen ihm, Geld für Wohltätigkeitsorganisationen zu sammeln.

Kleine Männlein aller Art sind beliebte Sammelobjekte. Im französischen Clermont Ferrand trafen sich im Juli 2003 die Michelinmännchen-Sammler zu ihrer vierten Jahresversammlung.

ANTIKE AUGEN

1998 wurde bei Sotheby's eine Sammlung von über 1.000 Glasaugen versteigert. Sie umfasste Augen von verschiedenster Farbe: von hellblau und grün bis zu hell- und dunkelbraun. Die englische Sammlung stammt aus der Mitte des 19. Jahrhunderts. Man vermutet, dass die Ägypter des 9. Jahrhunderts v. Chr. künstliche Augen herstellten, indem sie die Augen von Toten entfernten und dann Wachs oder Gips in die Augenhöhlen gossen. Als Iris wurde ein Edelstein in die Mitte gesetzt.

Sotheby's Versteigerungsexpertin Catherine Southon mit den Glasaugen vor der Versteigerung.

GRÜNE BRAUT Die Kalifornierin Susan Lane aus Toluca Lake kreiert Hochzeitskleider und Brautsträuße aus wiederverwertetem Müll – darunter Plastiktüten, Eierkartons und Watteballchen!

HÖCHSTE TORTE Die höchste Hochzeitstorte der Welt wurde für die Vermählung des holländischen Kronprinzen Willem-Alexander mit Prinzessin Maxima im Februar 2002 hergestellt. 18 m hoch ragte sie über den Marktplatz von Ommen in den Niederlanden.

ERNTEZEIT Otto Wegner aus Straßburg in Frankreich brauchte 15 Jahre, um eine Uhr ganz aus Stroh zu bauen. Sogar das Uhrwerk war aus Stroh – und die Uhr funktionierte!

ZÜNDENDE IDEE Hans Swoboda aus Chicago baute ein neun Meter hohes Modell des Kölner Doms aus 2.500.000 Streichhölzern.

STRANDVILLA M.S. Di Persio aus Bradley Beach in New Jersey (USA) baute eine 2,50 m hohe Sandburg mit 33 Stockwerken, 1.637 Fenstern, 84 Türen und 752 Stufen!

Tausende von Sammlern kamen 1999 zur G.I.-Joe-Sammlertagung nach Washington. Die erste Actionfigur „G.I. Joe" wurde 35 Jahre alt!

SPIELFAKTEN

- Die Schnur, die sämtlichen bisher verkauften Clue- und Cluedo-Spielen beilag, würde insgesamt einmal um die Welt reichen.
- Das Jo-Jo basiert auf einer philippinischen Waffe.
- Der Rubikwürfel hat 1.929.770.126.028.800 mögliche Farbkombinationen!
- Wenn man alle Barbie-Kleider, die seit der Einführung der Barbie-Puppe 1959 verkauft wurden, aneinanderreihen könnte, würden sie viermal von London bis Sydney reichen.
- Es wird täglich mehr Geld für Monopoly-Spiele gedruckt als für das Schatzamt der USA.

Jacqueline Voisenet besitzt eine erstaunliche Sammlung von 647 Nachttöpfen, die sie in 12 Jahren gesammelt hat.

MEDIZINISCHES ALLERLEI

Im Mütter-Museum bekommt man sehr unterschiedliche Ausstellungsstücke zu sehen, zum Beispiel einen Gipsabdruck der siamesischen Zwillinge Chang und Eng (einschließlich ihrer zusammengewachsenen Lebern!), die Krebsgeschwulst, die klammheimlich aus dem Kiefer des amerikanischen Präsidenten Grover Cleveland entfernt wurde, sowie einen Teil des Brustkorbs von John Wilkes Booth, dem Attentäter, der Abraham Lincoln erschoss! Weitere außergewöhnliche Ausstellungsgegenstände sind Nierensteine, die John Marshall, dem Präsidenten des obersten amerikanischen Gerichtshofs operativ entfernt wurden, sowie ein Riesendickdarm in einer Glasvitrine. Die Chevalier-Jackson-Sammlung beinhaltet Gegenstände, die verschluckt und anschließend wieder entfernt wurden, sowie 3.000 Objekte, die man anderweitig aus menschlichen Körpern herausgeholt hat: zum Beispiel ein kleines Schlachtschiff aus Metall, Munition, ein Opernglas und diverse Gebisse. Das seltsamste Ausstellungsstück ist jedoch der Körper der „Seifenfrau". Sie starb im 19. Jahrhundert an Gelbsucht. Die Erde, in der sie begraben wurde, enthielt Chemikalien, die ihre Leiche in Seife verwandelten!

Das Mütter-Museum in Philadelphia beherbergt einige der seltsamsten Exponate der Welt, z. B. Schädel, eine Krebsgeschwulst und sogar Nierensteine!

NABELSCHAU Graham Parker aus Perth in Australien sammelt seit 1984 die Fusseln aus seinem Bauchnabel. Er bewahrt den 15,40 g schweren Fussel-Ball in seinem Bad auf, um ihn Besuchern vorzuführen.

GUT GEWÜRZT John Rose aus der amerikanischen Stadt Lebanon in Indiana besitzt eine unglaubliche Sammlung von über 2.000 Salz- und Pfefferstreuern.

ZAUNKÖNIG Jesse S. James aus Maywood in Kalifornien trug über 200 verschiedene Sorten Stacheldraht zusammen!

SITZFLEISCH Morris Karelfsky aus Tamarac in Florida hat über 500 Stühle aus Blechdosen gebaut – bei manchen sind die Sitzflächen nur 1,50 mm dick!

STREICHER Der Amerikaner James A. Davis aus Caryville in Tennessee baute eine Geige aus 5.327 Streichhölzern. Er bewahrte sie in einem speziellen Geigenkasten aus 18.593 Streichhölzern auf.

À LA CARTE Jacques Rouetof aus Paris hat über 15.000 Speisekarten gesammelt, darunter auch ein Exemplar von 1905 aus dem Élyséepalast, die zu Ehren des spanischen Königspaares 29 Gänge auflistet!

AUF TURBULENZEN VORBEREITET

Falls Sie ein magenempfindlicher Fluggast sind, sollten Sie den Holländer Nick Vermeulen besuchen. Der ist stolzer Besitzer einer ständig wachsenden Sammlung von über 2.000 Spucktüten!

MORGEN REICHT AUCH „Jetzt faulenzen" ist der Leitspruch des „Procrastinators Club of America" (Club der amerikanischen Faulenzer) in Philadelphia. Die Vereinsregeln verwehren jedem, der das Aufnahmeformular umgehend ausfüllt und einsendet, die Mitgliedschaft!

2002 verbrachten Schumacher aus den Philippinen 77 Tage damit, ein Paar 5,50 m lange und zwei m breite Schuhe herzustellen. Jeder Schuh bot 30 Erwachsenen Platz. Die Schuhe hatten Schuhgröße 738 und bestanden aus 67 m² Leder, 225 kg Leim und 1.000 m Zwirn.

MAKABERES MUSEUM

Das Museum „Tragödien der amerikanischen Geschichte“ in St. Augustine in Florida, das 1998 geschlossen wurde, enthielt viele makabere Exponate: u. a. das Auto, in dem Jayne Mansfield 1967 umkam, wobei sie geköpft wurde, und den Krankenwagen, in dem Kennedy-Attentäter Lee Harvey Oswald ins Krankenhaus gebracht wurde, nachdem er seinerseits von Jack Ruby erschossen worden war.

NAMENSFEST Als die amerikanische Jim-Smith-Gesellschaft 1983 ihre 14. Jahrestagung auf Kings Island in Ohio veranstaltete, hatte sie 1.200 Mitglieder, die alle Jim Smith hießen. Erstaunlicherweise waren auch fünf Frauen darunter!

DRECKIGES MUSEUM Im amerikanischen Museum of Dirt (Schmutzmuseum) in Boston kann man sich in Flaschen abgefüllte Fusseln und Dreck aus der ganzen Welt ansehen, u. a. Erde aus der Antarktis und Staub aus der Villa Clampett, bekannt aus der Fernsehserie „Die Beverly Hillbillies“.

TEE-ETIKETTE Felix Rotter aus Deutschland ist stolzer Besitzer von über 6.000 Teebeuteletiketten aus der ganzen Welt.

BITTE PLATZ NEHMEN? Barney Smith aus Alamo Heights in Texas hat ein Museum gegründet, in dem über 600 dekorierte Toilettensitze ausgestellt sind.

HAARIG Der Amerikaner John Reznikoff aus Stamford in Connecticut hat Haarsträhnen von über 100 toten Berühmtheiten gesammelt: u. a. von John F. Kennedy, Elvis Presley, Abraham Lincoln und Marilyn Monroe.

BANANEN SATT Im Washington Banana Museum im amerikanischen Auburn sind über 4.000 Exponate rund um die Banane ausgestellt.

Dieses eindrucksvolle Mini-Körbchen ist nur 0,70 cm hoch!

DA MUSS MAN HIN!

- Internationale Tagung der Backsteinsammlervereine
- Internationale Tagung der Marsgesellschaft
- Rathkamp Streichholzbriefchendeckel-Vereinstagung
- Belgische Tagung der Dudelsackspieler-Gesellschaft
- Nationale Tagung der Knopfsammler

AUFRECHTE BÜRGER In den 1970er Jahren gab es in Österreich einen Privatklub für Menschen, die im Stehen beerdigt werden wollten.

KEINE KNÖLLCHEN Lotta Solja aus Schweden hat über 275 Parkuhren gesammelt.

KUNSTLOS Die meisten Museen ehren die besten Kunstwerke, doch das Museum of Bad Art in Boston in Massachusetts stellt die schlechteste Kunst aus. Die Sammlung reicht von „Werken begabter Künstler, die in die Irre liefen“, bis zu „eindringlichen, aber primitiven Arbeiten von Künstlern, die den Pinsel gerade noch halten können“.

Der 71-jährige Henri Chesnais brauchte drei Jahre und 300 Tonnen Stein, um in seinem Hintergarten ein Modell vom Mont Saint-Michel zu bauen. Seit seiner Pensionierung 1992 hat er Modelle verschiedenster Gebäude geschaffen.

HASENMANIE!

Im Zeichen des Hasen geboren, hat Akira Tanimura über 10.000 „hasige" Gegenstände, Spielzeuge und Dekors gesammelt.

Akira, ein Professor an der Universität von Osaka, wurde im Jahr und im Monat des Hasen geboren: im April 1927. Vielleicht hat sein symbolträchtiger Geburtstag seine lebenslange Hasenfaszination ausgelöst!

ANTIKE FALLEN Das Mausefallenmuseum von Newport in Wales (Großbritannien) beherbergt 150 Mause- und Rattenfallen, darunter ein 5.000 Jahre altes Gerät aus dem alten Ägypten und sogar eine französische Falle in Guillotinenform!

Das Haus Akira Tanimuras im westjapanischen Hyogo beherbergt seine Hasensammlung, die 10.000 Einzelstücke umfasst.

VIELFRASS Das Glore Psychiatric Museum von St. Joseph im amerikanischen Missouri ist der Geisteskrankheit gewidmet. Das seltsamste Exponat ist eine Sammlung von 63 Knöpfen, 453 Nägeln, neun Bolzen, 115 Haarnadeln, 42 Schrauben und 942 diversen Metallobjekten, die alle vor 70 Jahren im Inneren eines Patienten aus St. Joseph gefunden wurden.

SPLITTERGRUPPE Die amerikanische Nationale Gesellschaft der Zahnstochersammler hat über 700 Mitglieder. Manche Sammlungen sind über 250.000 Dollar wert.

HUNDEMODE Im Leeds Castle Museum im englischen Kent wird eine Sammlung von Hundehalsbändern aus vier Jahrhunderten gezeigt.

DIE FÜNF

SCHRÄGSTEN AUKTIONSANGEBOTE

1. **DER TRAUSCHEIN VON ARTHUR MILLER UND MARILYN MONROE – 13.700 DOLLAR**
2. **DER LENDENSCHURZ, DEN CHARLTON HESTON ALS BEN HUR TRUG – 11.400 DOLLAR**
3. **DAS ZEHENETIKETT DER LEICHE VON LEE HARVEY OSWALD – 9.500 DOLLAR**
4. **EIN SCHWARZER BH, DEN MADONNA 1993 AUF IHRER TOURNEE TRUG – 8.000 DOLLAR**
5. **DER GIPS VON PRINZ CHARLES GEBROCHENEM ARM – 3.230 DOLLAR**

DIE WALTONS Schuyler in Virginia ist die Heimat des Walton's Mountain Museums, das der beliebten Fernsehserie aus den 1970er Jahren gewidmet ist. Dort sind exakte Nachbauten des Zimmers von John Boy, des Walton'schen Wohnzimmers und der Gemischtwarenhandlung zu sehen.

NUR FÜR MITGLIEDER!

- Gesellschaft der Wurstliebhaber
- Gesellschaft für die Geschichte der Tapete
- Club der Anhänger von Richard III.
- Club der Omnibus-Fans
- WC-Spülkasten-Vereinigung

Eine erstaunlich häufige Phobie ist die Angst vor Knöpfen! Yvan-Pierre Delerue leidet offensichtlich nicht daran, denn er besitzt eine Million Knöpfe. 1996 erbte er einen Teil der Knopfsammlung von seiner Großmutter und hat seitdem weitergesammelt. Heute ist seine Sammlung die größte Europas.

VERGRABENE SCHÄTZE Im Nationalmuseum für Beerdigungsgeschichte in Houston, Texas, befindet sich eine der größten Sargsammlungen der Welt. Außerdem kann man dort eine genaue Nachbildung des Sarges von Abraham Lincoln und den Original-Leichenwagen, in dem Fürstin Gracia Patricia von Monaco 1982 zu ihrer Beerdigung gefahren wurde, betrachten. Die Galerie „Beerdigungen Prominenter" erinnert an die Beisetzungen berühmter US-Bürger von Charles Lindbergh bis Elvis Presley.

DOPPELTE ENTENKEULEN Über 6.000 Stofftiere wurden 2003 versteigert, als Walter Potters Kuriositätenmuseum in England zum Verkauf stand. Unter anderem wurden eine vierbeinige Ente und ein zweiköpfiges Lamm angeboten.

ZAHNSTOCHERTURM Joe King aus Stockton in Kalifornien baute ein 7,30 m hohes Modell des Eiffelturms aus 110.000 Zahnstochern und 19 Litern Klebstoff.

SÜSSER PRÄSIDENT

Der Konditor Roland Winbeckler aus Kent im amerikanischen Bundesstaat Washington wollte mal etwas anderes backen als Hochzeitstorten, also schuf er eine lebensgroße Nachbildung von George Washington! Der süße Präsident ist 1,88 m groß, besteht ausschließlich aus essbaren Zutaten und kostet 4.300 Dollar. Winbeckler hat auch Marilyn Monroe und Cher sowie Löwen und Tiger „nachgebacken".

Die George-Washington-Torte wurde im Ripley-Museum in Hollywood ausgestellt. Sie wog über 13,6 kg.

1997 stellte Ivan Medevesk seine Sammlung von 507 ausgestopften Fröschen, die er 1964 kaufte, im kroatischen Zagreb aus. Die Sammlung trägt den Namen „Fantasie im Land der Frösche" und wurde Anfang des 20. Jahrhunderts von dem Ungarn Ferenc Mere begründet.

SCHNEIDIG! Paul Richter aus Leipzig hat über 17.000 Rasierklingen gesammelt.

KÖNIG DER STRASSE Elvis Presleys Führerschein brachte auf einer Versteigerung 7.400 Dollar.

GOLFNARR Arnold Schwarzenegger kaufte 1996 die Golfschläger John F. Kennedys für 772.500 Dollar.

DAS LETZTE WORT In Atwoodville in Connecticut (USA) ist es gesetzlich verboten, „Scrabble" zu spielen, während man auf die Rede eines Politikers wartet.

TREUER GEFÄHRTE Die englische Krankenschwester Florence Nightingale hielt eine kleine Eule in ihrer Tasche – sogar während des Krimkriegs.

HAARSTRÄUBEND Eine zehn Zentimeter lange Rastalocke von Bob Marley wurde für 4.500 Dollar verkauft.

WÜRZIG Im Mt.-Horeb-Senfmuseum im amerikanischen Wisconsin werden über 3.400 Senfsorten gezeigt – darunter sogar Senf mit Schokoladengeschmack!

SPARSCHWEIN KREATIV Im Sparschwein-Museum in Amsterdam sind über 12.000 Sparschweinchen ausgestellt – darunter ein Schwein in Gestalt Sir Winston Churchills und eine Nachbildung des Tadsch Mahal.

RÖMER-COLA? 1975 wurde eine römische Münze, von der man vermutete, dass sie 315 n. Chr. geprägt worden war, für einige Tage in einem Museum im englischen Tyneside ausgestellt – bis einem neunjährigen Mädchen auffiel, dass es sich in Wirklichkeit um eine Wertmarke eines Getränkeherstellers handelte. Das „R" auf der Münze, das die Museumsleitung für eine Abkürzung von „Roma" hielt, war das Signet von „Robinsons", einer Limonadenfirma!

Ripley's
Preisband-Steppdecke
Exponat Nr. 13.274
Ausschließlich aus auf Jahrmärkten gewonnenen Preisbändern hergestellt

Gladys McCrae aus St. David in Arizona (USA) nähte diese Steppdecke mit dem Muster der amerikanischen Flagge 1980 aus Preisbändern, die sie im Lauf der Jahre auf Landwirtschaftsausstellungen für ihre hausgemachte Marmelade und ihr eingemachtes Obst gewonnen hatte. Beim ersten Preis sind die Bänder blau, beim zweiten rot und beim dritten weiß. Wenige Jahre, nachdem sie die erste Steppdecke genäht hatte, besaß Gladys schon wieder genug Preisbänder für eine zweite Decke!

SAFTIGE SCHLACHT

Das spanische Dorf Buñol wird einmal jährlich von rotem Mus überflutet. In einer zweistündigen Schlacht namens „La Tomatina" bewerfen sich die Bewohner mit etwa 90.700 kg reifen Tomaten.

Ein Festivalgast wühlt in dem Tomatenmark, das die Straßen während der größten Tomatenschlacht der Welt überflutet.

Bei Tagesanbruch werden in Vorbereitung auf den „Angriff" sämtliche Fenster und Türen verbarrikadiert. Große Lastwagen holpern über das Kopfsteinpflaster und weiche Tomaten werden von den Ladeflächen auf die wartende Menge geworfen. Nach etwa zwei Stunden ist der Krieg meist vorbei und die Menschen strömen gemeinsam zum nahen Fluss, um zu baden. Das Fest findet zur Erinnerung an einen Zwischenfall von 1944 statt, als Rowdys den Jahrmarkt störten, indem sie Tomaten auf die Parade warfen. Mindestens 20.000 Teilnehmer aus aller Welt kommen jedes Jahr zu der fruchtigen Schlacht.

LECKERE USA-FESTIVALS

- Kartoffelbrei-Ringen – Juli, South Dakota
- Kirschkern-Spucken – Juli, Vermont
- Zucchini-Festival – August, Vermont
- Am weitesten gereistes Panierwürstchen – Oktober, Texas

Die Frauen des Balante-Stamms von Binar in Guinea-Bissau tanzen jedes Jahr mit großen Körben auf dem Kopf auf einem Festival. In den Körben sitzen ihre Ehemänner oder Liebhaber!

SCHOKOLADEN-SCHREIN

Zu der Chicagoer Weltausstellung von 1893 steuerte Kolumbien einen 11,80 m hohen und 13.608 kg schweren Tempel aus Schokolade bei. Auch eine Statue eines Ritters zu Pferd war zu sehen – sie bestand ausschließlich aus Dörrpflaumen!

ABGESTÜRZTE OMA Das erste Großmutterfestival fand 1992 im norwegischen Bodo statt. Mehrere rüstige Omas nahmen an den Aktivitäten teil, aber der Star des Tages war die 79-jährige Elida Anderson, die älteste Bungee-Springerin der Welt.

ZUVIEL DES GUTEN Der Ort Gilroy in Kalifornien bezeichnet sich als die Knoblauchhauptstadt der Welt und veranstaltet jedes Jahr ein Knoblauchfestival. Dort kann man Eiskrem und Schokolade mit Knoblauchgeschmack genießen, und es gibt sogar Hundekuchen mit Knoblauch.

MENSCHENBRATEN? Chamouni, genannt „der russische Feuersalamander", war dafür berühmt, mit einer rohen Hammelkeule in einen Ofen zu steigen und erst herauszukommen, wenn das Fleisch gar war.

ARTISTENHOCHZEIT Die Hochseilartisten Miguel und Rosa Vazquez wurden während einer Vorstellung des Ringling Brothers & Barnum & Bailey Zirkus im Dezember 1983 in Venice, Florida, auf einer hohen Trapezplattform getraut. Danach ging die Vorstellung nahtlos weiter.

HAARKUNST Nur kein Neid, Marge Simpson! Auf einem Jahrmarkt im amerikanischen Bundesstaat Washington ließ sich Jane Barako aus Seattle 1986 eine ein Meter hohe Frisur auftürmen – lediglich mit Hilfe von Haarspray.

GUMMIMANN In den 1920-er Jahren trat Clarence Willard aus Painsville im amerikanischen Ohio mit einer 12-minütigen Varietenummer auf, bei der er sich 15 cm größer machte, indem er die Muskeln seiner Knie, seiner Hüften und seines Halses streckte!

SANFTER RIESE Im Zoo von Toledo, Ohio, saß 1931 ein 5.897 kg schwerer Elefant auf einem Brett, das auf vier gewöhnlichen, 397 g schweren Glasflaschen stand – ohne dass die Flaschen zerbrachen.

DUFTENDER SCHMUCK In Talkeetna in Alaska findet jedes Jahr ein Elchkot-Festival statt. Dort kann man unter anderem Schmuck aus Elchkot erwerben!

Das tauchbegeisterte Brautpaar Hümer 1997 beim Ringtausch während ihrer Unterwasserhochzeit im Grosausee in Österreich.

Ein frommer Mann im nepalesischen Katmandu verrenkt seinen Körper als Andachtsübung im Pashupatinath-Tempel.

SCHLANGENHEILIGER

Die Statue des heiligen Domenico im italienischen Cocullo wurde am 1. Mai 2003 zu Beginn der alljährlichen Prozession mit lebenden Schlangen bedeckt. Laut einer alten Legende wurden Schlangen einst der Angizia-Göttin geopfert, um ihr Wohlwollen zu sichern, und der heilige Domenico soll vor Schlangenbissen und tollwütigen Tieren schützen.

Die Statue des heiligen Domenico wird in den Kirchhof gebracht, wo Schlangenfänger Schlangen darüber kriechen lassen.

AFFENARTIGER CHARME Lucy, eine Schimpansin eines Amsterdamer Zirkus, sehnte sich 2001 so sehr nach einem Partner, dass sie ständig von ihrem Podest sprang, um Männer im Zuschauerraum zu küssen. Der Zirkusdirektor bemerkte: „Dicke Männer mag sie am liebsten. Und weil sie erwachsen ist, hat sie eine Menge Kraft in den Armen. Es ist nicht leicht, sie von den Männern wegzuzerren, die ihr gefallen."

MANN AUS DER PULLE Der argentinische Schlangenmensch Hugo Zamaratte kann seinen 1,80 m großen Körper so zusammenfalten, dass er in eine 66 cm hohe und 46 cm breite Flasche passt.

LOCKERE LIPPE Eine der Hauptattraktionen des „Believe it or Not"-Odditoriums auf der Chicagoer Weltausstellung von 1933 war Mrs. Margaret Hayes aus New York. Sie war Meisterin im Fratzenschneiden und konnte ihre Nase „verschlucken"!

GROSSMAUL Sam Simpson aus Avalon in Kalifornien konnte drei Billardkugeln oder einen Baseball im Mund halten und gleichzeitig pfeifen.

Nambala, ein extrem geschminkter Clown mit brennenden Kerzen auf dem Kopf, macht sich für ein Festival namens „Brennender Mensch" in der amerikanischen Wüste Nevada bereit. Bis zu 30.000 Leute reisen alljährlich zu diesem Kunstfest in die kahle Wüste, um mitzuerleben, wie eine „temporäre Zivilisation" entsteht. Mit großem Einsatz bringen die Teilnehmer ihre Kunst in die Wüste und installieren sie dort, um sie am letzten Tag des Festivals zu verbrennen.

BEINVERKLEMMUNG 2001 schlang sich ein Schlangenmensch während einer Probe ein Bein um den Hals und blieb zwei Stunden lang in dieser unangenehmen Position stecken. Birkine aus Kasachstan arbeitete beim Niederländischen Nationalzirkus und absolvierte sein tägliches Training, doch plötzlich verkrampfte sich sein Bein, als er es nach hinten bog. Er musste auf seinem Podest bleiben, bis ein Osteopath eintraf. Später klagte er: „Ich habe mich wohl vorher nicht genügend aufgelockert."

VERPACKUNGSBLASE Richard Faverty aus Chicago bläst Seifenblasen, die so groß sind, dass sie seinen ganzen Körper umschließen.

WINZIGER GÄRTNER In den 1970er Jahren reiste Professor Len Tomlin aus England mit seinem Flohzirkus herum, dessen Star Bonzo eine winzige Rasenfläche mit einem Mini-Rasenmäher mähte.

ELEFANT VERURTEILT Mary, eine Zirkuselefantin, wurde 1916 in Erwin im amerikanischen Tennessee des Mordes an drei Männern für schuldig befunden und vor einer 5.000-köpfigen Menschenmenge mit einem Stahlkabel hingerichtet.

TERMITEN, VERSTECKT EUCH! Jeden März treffen sich die 700 Mitglieder des Amerikanischen Vereins der Erdferkelanhänger und feiern die Nationale Erdferkelwoche!

STARKE ZUNGE Habu Koller konnte mit seiner Zunge 48 kg heben!

DER STEINERNE MANN Harry J. Overdurff aus Dubois im amerikanischen Pennsylvania verwandelte sich in Stein. Wissenschaftler waren verblüfft, als sein Fleisch sich steinhart verfestigte. Abgesehen von seinen Lippen war er bewegungsunfähig, konnte aber zwischen Kopf und Knien ein Gewicht von 363 kg balancieren.

RINDVIEH RÜCKWÄRTS

Der New Yorker Spaßmacher Brian G. Hughes (1849 – 1924) teilte der Presse mit, dass er eine Expedition nach Südamerika ausrüstete, um ein seltenes Tier namens „Reetsa" zu fangen. Bald verbreitete sich die Nachricht, dass er das Geschöpf gefunden hatte, und Tausende von New Yorkern drängten sich am Hafen, um es zu sehen. Als das Fallreep heruntergelassen war, wurde ein gewöhnlicher Ochse rückwärts an Land getrieben. Das Wort „Reetsa" ist „a steer" (ein Ochse) rückwärts geschrieben!

NACKTSTREICH Der Unternehmer Michael Burdick aus Las Vegas sorgte 2003 für einen Skandal, als er Männern, die in der Wüste mit Paintball-Gewehren auf nackte Frauen schießen wollten, Safaris im Wert von 10.000 Dollar anbot. Frauenrechtlerinnen protestierten, bis Burdick einräumte, dass alles nur ein Scherz war.

MEERESUNGEHEUER Eine Seeschlange, die der Fantasie des deutschen Archäologen Albert Koch entsprang, hielt Tausende von New Yorkern zum Narren. 1845 präsentierte Koch im Apollo-Saloon auf dem Broadway das 35 m lange Skelett eines angeblich ausgestorbenen Meeresreptils. Die Besucher kamen in Scharen, um für 25 Cent Eintritt das Ungeheuer zu bestaunen. Koch behauptete, er habe es auf einer Expedition in Alabama ausgegraben, aber ein Anatom entlarvte die Schlange als Fälschung. In Wirklichkeit bestand sie aus mehreren Exemplaren eines ausgestorbenen Wals namens Zeuglodon. Da ein typischer Zeuglodon nur zwölf m lang ist, hatte Koch einfach diverse Einzelteile zusammengesetzt.

Mit einem ausgeklügelten Streich verblüffte der New York Herald die Welt 1842 mit der Schlagzeile „Seejungfrauen gibt es wirklich!" Fast ein Jahrhundert später, nämlich 1939 stellte Robert Ripley in seinem New Yorker „Odditorium" eine „Seejungfrau" aus. Heute existieren nur noch wenige Exemplare dieser falschen Meerjungfrauen. Sie bestanden aus dem Oberkörper eines Affen und dem Schwanzende eines Fisches. Mehrere Jahrzehnte lang glaubten die Besucher, sie seien echt.

WHOPPER – APRIL, APRIL Am 1. April 1998 veröffentlichte „Burger King" eine ganzseitige Annonce in der USA Today, die den Whopper für Linkshänder vorstellte. Der neue Hamburgergenuss sollte das Leben der 32 Millionen Linkshänder in den USA erleichtern.

WESPENSTREICH 1949 warnte der neuseeländische Radio-Discjockey Phil Shone seine Hörer vor einem 1,60 km breiten Wespenschwarm, der nach Auckland unterwegs war. Er riet den Leuten, sich zu wappnen, ihre Hosenbeine in die Socken zu stecken, wenn sie das Haus verließen, und honigbeschmierte Fallen um ihre Häuser aufzustellen. Hunderte leichtgläubiger Radiohörer folgten seinem Rat.

...UND NOCH EIN APRILSCHERZ Am 1. April 1969 schrieb die New York Times, dass die Schnellimbiss-Kette Taco Bell die amerikanische Freiheitsglocke kaufen und ab sofort in „Taco-Freiheitsglocke" umbenennen wollte. Tausende von Bürgern riefen beim National Historic Park an und protestierten!

EXTREMFLIEGER

Am 31. Juli 2003 gelang es dem österreichischen Extremsportler Felix Baumgartner als erstem, ohne Hilfsmittel den Ärmelkanal zu überfliegen!

Felix Baumgartner trug für seinen Flug nur einen aerodynamischen Overall, einen Fallschirm, ein Paar Gleitflügel aus Karbonfiber und eine Sauerstoffflasche. Er hatte für diesen Flug drei Jahre lang hart trainiert: u. a. schnallte er sich auf das Dach eines schnell fahrenden Porsche.

Der 34-jährige Baumgartner war bereits durch Fallschirmabsprünge vom höchsten Gebäude der Welt, den Patronas Towers in Malaysia, und von der Christusstatue in Rio de Janeiro in die Geschichte eingegangen. Er meisterte den heldenhaften Flug nach Frankreich mit Hilfe eines auf den Rücken geschnallten, 1,80 m breiten Gleitflügels aus Karbonfiber. Bei einer Temperatur von – 40 °C sprang er in einer Höhe von ca. 9.000 m über Dover an der englischen Küste aus einem Flugzeug. Zum Atmen war er auf seine Sauerstoffflasche angewiesen, während er mit einer Geschwindigkeit von bis zu 362 km/h auf die Wasseroberfläche zusauste. Nach einem 35 km langen Gleitflug öffnete er seinen Fallschirm und landete an der französischen Küste bei Calais. Die Reise hatte nur 14 Minuten gedauert. Baumgartner sagte: „Es war ziemlich kalt da oben, aber man hat nicht das Gefühl, dass man über 8.230 m tief fällt. Man hat das Gefühl, der Flug dauert ewig. Mein einziger Gedanke war, hoffentlich schaffe ich es bis zur anderen Seite."

Am 17. Juli 1999 bildeten Taucher aus dem bayerischen Bad Neustadt zwei Mannschaften und spielten auf dem Boden eines Schwimmbads in drei Meter Tiefe Karten!

EINE HALBE WÜRSTCHENLÄNGE

Am 4. Juli 2002 übertraf der Japaner Takeru Kobayashi auf dem von der Imbisskette „Nathan's Famous Hot Dogs" veranstalteten 87. jährlichen Hotdog-Wettessen in New York seine eigene Bestleistung. In der vorgeschriebenen Zeit von zwölf Minuten erhöhte er seinen bestehenden Rekord von 50 Hotdogs um ein halbes Würstchen und Brötchen. Der Zweitplatzierte schaffte nur 26.

2003 verlor Kobayashi ein ähnliches Würstchen-Wettessen in der amerikanischen Fernsehsendung Man vs. Beast (Mensch gegen Tier). Sein Gegner war ein Kodiakbär.

RIESENSPIEL Die Einwohner von Saint-Lo in Frankreich setzten 2002 im Schweiße ihres Angesichts ein riesiges Puzzlespiel zusammen. Es war 15 x 25 m groß und bestand aus 150.000 Einzelteilen.

SCHNECKENIMBISS 1982 aß Ken Edwards aus dem englischen Cheshire innerhalb von zwei Minuten 12 lebende Nacktschnecken und zwei Akku-Pads zum Nachtisch.

BLINDER AM STEUER

Mike Newman aus England wurde 2003 der schnellste blinde Autofahrer der Welt, als er mit seinem Jaguar XJR in zwei Durchläufen auf einem stillgelegten Flugplatz im Durchschnitt 232,8 km/h fuhr. Der 42-jährige Bankangestellte ist seit seinem achten-Lebensjahr blind. Er wurde per Radio von seinem Stiefvater gelotst, der vier Autolängen hinter Mike fuhr.

STEILES VERTRAUEN Der italienische Bergführer Tita Piaz bestieg mit seinem fünfjährigen Sohn auf dem Rücken den berüchtigten Winklerturm, einen 2.743 m hohen, steilen Felsgipfel! Piaz, der den Dolomitenturm 300-mal ohne jeden Zwischenfall bezwungen hatte, starb 1948 ironischerweise an den Folgen eines Fahrradsturzes.

ANS EINGEMACHTE 1978 aß der Kanadier Pat Donahue innerhalb von einer Minute 91 eingelegte Zwiebeln.

HAFERBREIWOCHE 1988 saß der englische Kneipenbesitzer Philip Heard aus Hanam in Bristol 122 Stunden und 30 Minuten lang in einer Badewanne voll kaltem Haferbrei.

LICHT AM ENDE DES TUNNELS William „Burro" Schmidt begann 1906, einen Tunnel durch das kalifornische El-Paso-Gebirge zu graben. Er buddelte sich 571 m weit durch 2.600 Tonnen Fels und vollendete sein Werk nach 32 Jahren.

FAUSTDICK HINTER DEN OHREN Der 77-jährige Bulgare Kolio Botev hält einen besonderen Weltrekord: er lebte 60 Jahre lang mit einer Kugel hinterm rechten Ohr. Seit er sich 1942 aus Versehen selbst anschoss, lehnte er jede angebotene medizinische Hilfe ab. Er hatte Angst, bei der Operation zu sterben.

SCHNELL IN DIE HOSE Jacob Emery aus Pembroke im amerikanischen New Hampshire wurde nur 12 Stunden im Voraus benachrichtigt, dass er als Vertreter der bundesstaatlichen Legislative in Exeter erscheinen sollte. Als er feststellte, dass er keine anständige Hose besaß, wusste seine Frau Rat: Sie fing ein Schaf, schor es, spann die Wolle und webte daraus eine Hose – alles innerhalb einer Nacht!

AUSFLUG DER WEIHNACHTSMÄNNER Über 1.200 Weihnachtsmänner trafen sich im November 2002 in einem deutschen Freizeitpark. Zwei Jahre davor hatten sich 465 Weihnachtsmänner in der Schweiz versammelt.

TÜRGÄNGER Ein Zimmermann lief 2003 mit einer 18 kg schweren Tür aus Kiefernholz auf dem Rücken von einem Ende Großbritanniens zum anderen. Brian Walker brauchte fünf Wochen für die 1.401 km lange Strecke von Land's End in Cornwall bis zum schottischen Außenposten John o' Groats. Er sagte, sein Vater habe ihn inspiriert: Dieser schleppte einmal eine Tür von einer 6,50 km entfernten Baubedarfshandlung nach Hause.

SCHWEREN FUSSES 1989 lief Michael Stobart aus dem englischen Loughborough zehn km in 24 Stunden, während eine Frau namens Dorothy Bowers auf seinen Füßen stand!

SCHALLPLATTE RÜCKWÄRTS Steve Bries aus Wales sagte 1990 die gesamten Texte der Platte „A Night at the Opera" von der Rockgruppe „Queen" rückwärts auf! Er brauchte knapp zehn Minuten dafür.

Der Libanese Maaruf Bitar frönt seinem Lieblingshobby: Unterwasserradfahren vor der Mittelmeerküste bei Sidon.

Der Amerikaner William Bulson aus Patterson in New Jersey zog 1929 ein 1.724 kg schweres Auto mit den Zähnen hinter sich her, während er auf den Händen lief!

Mark McGowan schob eine Erdnuss mit seiner Nase elf Kilometer weit durch die Straßen von London. Er trug ein schützendes Pflaster, damit die Haut nicht abgeschürft wurde. Die Erdnuss musste mehrmals ersetzt werden, wenn sie zu abgenutzt war, in den Gully rollte oder von Passanten zertreten wurde!

Der Engländer Garry „Stretch" Turner tritt in der Extremshow Modern Primitives – The World of Freaks – Rituals (Moderne Primitive – die Welt der Anomalien – Rituale) auf. Am 17. März 2002 befestigte er im Wiener Pepsi-Musikclub diese Metallklammern an seinem Gesicht, um die Haut auszudehnen. Im September 2002 schmückte er sein Antlitz in einem Buchladen in England mit 153 Wäscheklammern.

Im Jahr 2003 lebten im Happy-Valley-Park vier Chinesinnen 153 Tage lang mit 2.001 Schlangen zusammen! Die Frauen teilten während dieses Durchhaltetests sogar das Bett mit den Reptilien.

RÜCKBLICK Peter Rosendahl aus Las Vegas in Nevada brauchte neun Stunden und 25 Minuten, um eine Strecke von 75 km zu radeln. Das dauerte nicht etwa wegen der Entfernung so lange, sondern, weil er auf einem Einrad rückwärts fuhr!

FIAT-REKORD Am 18. Oktober 1998 schoben die Italiener Daniele Sangion und Giorgio Valente einen 840 kg schweren Fiat Uno insgesamt 52 km weit über eine 1.590 m lange Rennstrecke bei Venedig.

RASENDER BILDHAUER In nur einer Stunde formte der Amerikaner John Cassidy am 10. Mai 1999 in Philadelphia 367 verschiedene Luftballon-Skulpturen.

HELDENROBBE Eine Robbe kam im englischen Tees-Fluss einem ertrinkenden Hund zu Hilfe. Das mutige Tier schob den Hund ins seichte Wasser und rettete sein Leben!

Gekleidet wie Mahatma Gandhi, stand der 31-jährige Akchinthala Sheshu Babu am 6. April 2002 über 40 Stunden lang bewegungslos in Neu Delhi. Er machte zwischendurch kein einziges Mal Pause – weder um zu trinken noch für einen Toilettenbesuch!

UNGEWÖHNLICHE BRAVOURSTÜCKE

- **1891 lief der Pariser Bäcker Silvain Dornon in 58 Tagen von Paris nach Moskau – auf Stelzen.**
- **Der Kanadier Robin Susteras gewann bei einem Wettbewerb 1992 ein Auto, indem er 96 Stunden lang stillstand und den Wagen dabei mit einer Hand berührte.**
- **Der bärenstarke Kanadier Louis Cyr hob 18 fette Männer mit einem Gesamtgewicht von 9.561 kg auf einem Balken, der auf seinem Rücken lag.**

PI-LEISTUNG Der Engländer Creighton Carvello brauchte neun Std. und zehn Min., um den Wert der Zahl „Pi" bis auf 20.013 Stellen aufzusagen!

VERSUMPFT

Die Weltmeisterschaft im Sumpfschnorcheln findet in Wales statt. Seit der Wettbewerb 1986 begann, strömen viele Teilnehmer aus Großbritannien, Europa, Australien und Amerika zu dem Ereignis, um Geld für wohltätige Zwecke zu sammeln.

Die Aufgabe besteht darin, ohne konventionelle Schwimmmethoden eine bestimmte Strecke zu schwimmen. Wer sie am schnellsten bewältigt, ist Sieger – auch wenn die Teilnehmer hinterher nicht besonders gut riechen!

Die Teilnehmer müssen 55 m weit durch einen schlammigen, verunkrauteten Sumpf schnorcheln.

BADEWANNENKAPITÄN Jeden Juli während des Badewannenrennens von Nanaimo nach Vancouver überqueren die Wettbewerbsteilnehmer die 55 km breite Meerenge im kanadischen Georgia in ihren Badewannen! Das Rennen ist Teil des Meeresfestivals von Vancouver.

GEHACKTE DRACHEN Regelmäßig Anfang Mai kämpfen japanische Drachen-Mannschaften darum, die Drachen ihrer Konkurrenten zu zerstören. Sie binden Glasscherben und Rasierklingen an ihre Drachen und lassen sie zu einem Drachenschredder-Wettbewerb aufsteigen. Die Mannschaft, deren Drachen am längsten in der Luft bleibt, hat gewonnen.

Für die Teilnehmer an der Weltmeisterschaft im Sumpfschnorcheln sind Schnorchel, Taucherbrille und Flossen unerlässlich. Gummianzüge sind zwar nicht vorgeschrieben, aber in dem schlammigen, sumpfigen Wasser bestimmt zu empfehlen!

VERRÜCKTE RENNEN

- Jedes Jahr finden im englischen Sussex Rasenmäherrennen statt.
- Aiken im amerikanischen South Carolina veranstaltet auf einer Salzwasser-Rennstrecke ein Hummerrennen.
- Einmal im Jahr rollen Großväter mit ihren Enkelsöhnen im texanischen Fort Worth zusammengerollte Gürteltiere über eine flache Rennstrecke.
- Beim größten Eidechsenrennen der Welt in Lovington, Neu Mexiko, werden die Teilnehmer disqualifiziert, wenn sie ihre Rivalen auffressen!

GEGRILLTE WELTMEISTERIN

Bei der Weltmeisterschaft im Saunen schwitzen Männer und Frauen aus 15 Ländern was das Zeug hält. Gewonnen hat, wer am längsten durchhält. Alle 30 Sekunden werden 0,5 Liter Wasser über den Steinofen gekippt, um die Temperatur zu erhöhen. Natalia Trifanova wurde zur Saunakönigin gekürt. „Ich bin krebsrot, aber glücklich", meinte sie.

Leo Pusa (rechts) gewann am 5. August 2000 den Wettbewerb bei 110 °C: Er hielt 12 Min. und fünf Sek. lang durch! 2003 gewann Timo Kaukonen mit einer Siegeszeit von 16 Min. und 15 Sek.

1933 saß Gus Simmons (links) während eines Eissitzwettbewerbs geschlagene 27 Std. und zehn Min. auf einem Eisblock. Er wurde aber nachträglich disqualifiziert, weil er 39 °C Fieber hatte.

GEFÜHL-FISCHEN Die Weltmeisterschaft im Flunderfangen fand zum ersten Mal 1976 statt. Ausgangspunkt war eine Wette darüber, wer in der Mündung des schottischen Urr-Flusses die größte Flunder fangen könne. Flundern sind flache Fische und liegen auf dem Grund der seichten Flussmündung, wo sie sich bei Ebbe im Schlamm eingraben. Etwa 200 Teilnehmer waten barfuß in das brusthohe Wasser und tasten mit den Zehen nach einem verräterischen Zappeln. Der Fisch muss entweder mit der Hand oder mit einem Dreizack gefangen werden. Beim Wiegen muss die Flunder noch leben.

KÄSEJAGD

Im englischen Gloucestershire findet jedes Jahr ein Käseroll-Wettbewerb statt. Wenn der Starter bis drei gezählt hat, werden 3,2 kg schwere, runde Double Gloucester Käseleiber einen steilen Abhang hinuntergerollt. Hat der Starter bis vier gezählt, rennen die Teilnehmer ihrem Käse nach! Wer es schafft, seinen Käse vor dem Fuß des Hügels einzufangen, darf ihn behalten. Der Preis ist den Einsatz wert, aber die Verletzungsgefahr ist groß!

TOTE WASSERTRÄGER Goodwater im amerikanischen Alabama ist die Gastgeberstadt für ein alljährliches Sargrennen, bei dem ein Sargträger einen lebenden „Toten" in einem Sarg mit einem Wasserglas in der Hand über eine kurvenreiche Rennstrecke trägt. Sieger ist, wer am wenigsten Wasser verschüttet!

BLUTWURSTWURF Seit 150 Jahren findet in einem Wirtshaus im englischen Lancashire die Weltmeisterschaft im Blutwurstwerfen statt. Selbst aus Kanada, Australien und den USA reisen Teilnehmer an. Jeder darf dreimal versuchen, mit einer Blutwurst eine Reihe Yorkshire-Puddings, die sechs Meter über der Bar auf einer Plattform stehen, herunterzuwerfen.

SCHÄFCHENZÄHLEN 1993 gewann Margaret Davis aus dem englischen County Durham die erste schottische Schafzählmeisterschaft. Sie zählte die korrekte Anzahl von 283 Schafen, während die Tiere an ihr vorbeirannten!

Bei der 500-Jahr-Feier einer Stadt in Weißrussland zahlten willige Teilnehmer pro Kopf ca. 0,80 Euro, um an einem Wettbewerb teilnehmen zu können, bei dem sie innerhalb von drei Minuten mit bloßen Händen möglichst viele Fische fangen mussten!

Die Weltmeisterschaft im Zehenhakeln findet alljährlich im englischen Derbyshire statt. Die Kontrahenten sitzen einander gegenüber und „ringen" mit je einem großen Zeh, während der andere Fuß den Boden nicht berühren darf. Wer seinen Gegner zuerst niederringt, gewinnt!

HINGERISSENE WÜRMER Die erste Weltmeisterschaft im Wurmlocken fand 1980 im englischen Cheshire statt. Der Gewinner lockte innerhalb von einer halben Stunde 511 Würmer aus der ihm zugewiesenen drei m^2 großen Erdfläche. Die Würmer werden durch vibrierende Gartenrechen und andere Geräte aus der Erde gelockt. Man darf auch Wasser verwenden, doch die Teilnehmer müssen vorher eine Probe davon trinken. Diese Regel entstand, nachdem mehrfach Spülmittel ins Wasser gemischt worden war: ein Anregungsmittel, das die Haut der Würmer irritiert und sie deshalb „illegal" an die Erdoberfläche treibt.

GEFRORENE STANGE Der Pole Daniel Baraniuk aus Danzig stellte 2002 einen neuen Rekord im Stangensitzen auf, nachdem er 196 Tage und Nächte auf seinem 2,50 m hohen Sitzplatz ausgeharrt hatte. Baraniuk schlug neun Rivalen und gewann bei der Weltmeisterschaft im Stangensitzen in Soltau den ersten Preis: 17.000 Euro! Sein schärfster Rivale war schon einen Monat früher von seiner Stange gefallen. Baraniuk kletterte nur deshalb irgendwann von seiner Stange, weil der Winter kam und die Zuschauer deshalb allmählich ausblieben.

WORTSPIELMEISTER Jeden Mai findet im texanischen Austin die „O'Henry-Pun-Off-World-Championship" statt. Die eifrigen Teilnehmer konkurrieren mittels geistreicher Wortspiele.

EXTREME MÄHER Wer zwischen 16 und 80 Jahre alt ist und einen aufgemotzten Rasenmäher besitzt, der irrwitzige Geschwindigkeiten erreicht, kann nach Glenview im amerikanischen Illinois fahren und dort am alljährlichen Rasenmäherrennen teilnehmen.

PLUMPSKLOPARADE Jeden Februar findet in Trenary im amerikanischen Michigan das „Outhouse Classic" statt: authentische Plumpsklos aus Holz oder Karton werden auf Skier montiert und die Hauptstraße entlanggeschoben.

Beim alljährlichen Wettbewerb im Ehefrauenschleppen im finnischen Helsinki müssen die Teilnehmer ihre Frauen über eine 220 m lange Hindernisstrecke tragen.

BÜGELFRUST?

Phil Shaw aus dem englischen Leicester hatte genug von der langweiligen Bügelei und wollte die lästige Pflicht spannender gestalten. Zusammen mit Gleichgesinnten stellte er sein Bügelbrett an zunehmend gefährlichen Orten auf: auf einem Bergabhang, auf dem Rücksitz eines Autos, in einem Kanu, in einer unterirdischen Höhle, unter Wasser und sogar auf dem Kopf einer Bronzestatue!

BÜGELEXTREME

- Ein südafrikanisches Paar gewann beim Bügeln einen Fotowettbewerb: Sie hingen bügelnd an einem Seil über einer Schlucht.
- Ein britisches Paar stellte einen neuen Höhenrekord auf: Sie bügelten in 5.425 m Höhe auf dem Mount Everest.
- Der Australier Robert Fry sprang in den Blauen Bergen von einer Klippe – mit einem Bügeleisen, einem Bügelbrett, Bügelwäsche und einem Fallschirm!

Was dabei herauskam, war „Extrembügeln", das nach Shaws eigenen Worten „die Erregung von Extremsport mit der Befriedigung eines gut gebügelten Oberhemds vereinigt". Die erste Weltmeisterschaft im Extrembügeln fand 2002 in München statt. Achtzig Teilnehmer aus zehn Ländern wurden nach dem Schwierigkeitsgrad beurteilt, den sie für ihr Showbügeln wählten. Bei fünf strapaziösen Bügel-Durchläufen wurde ihre Fähigkeit geprüft, verschiedenste Materialien in unterschiedlichen Umgebungen zu bügeln, zum Beispiel auf Felsen, in dichtem Wald, in städtischem Umfeld und im Wasser. Ihre Kreativität beim Bügeln wurde ebenso bewertet wie die Knitterfalten in der Kleidung. Ein Teilnehmer bügelte auf einem Surfbrett auf einem Fluss, ein anderer hing kopfüber von einem Baum!

Während der Weltmeisterschaft im Extrembügeln bemüht sich diese russische Frau, im kalten, reißenden Wasser der bayerischen Mangfall das Gleichgewicht zu halten.

WEITWURFTELEFON

Zehntausend Menschen trafen sich 2003 in einem Londoner Park zur ersten Handy-Olympiade. Die dreitägige Veranstaltung umfasste zahlreiche Aktivitäten rund ums Handy. Die Teilnehmer mussten ihre Fähigkeiten beim Fotografieren, SMS-Tippen, Handyweitwurf und beim Spielen eines elektronischen Handyspiels unter Beweis stellen. Sieger war der elfjährige Reece Price aus Essex. Er schrieb in 50 Sekunden eine 80-buchstabige SMS, versendete innerhalb von 30 Sekunden eine Bildmitteilung, gewann 11.365 Punkte bei dem Spiel „Tony Hawks Pro Skater 4" und warf ein altes Handy 35 m weit!

Küssen war eine der Disziplinen der antiken Olympischen Spiele.

HINTERWÄLDLER-RUHM East Dublin im amerikanischen Georgia veranstaltet jedes Jahr die „Redneck Games", deren Teilnehmer ihre Fähigkeiten auf die Probe stellen, indem sie nach Schweinsfüßen schnappen, Saatgut spucken, mit den Achselhöhlen unanständige Geräusche produzieren und in Müllcontainer tauchen! Der stolze Gewinner erhält eine Trophäe aus einer leeren, zerknüllten und auf einen Ständer montierten Dose des Billigbiers Budd Light.

GUT GEBRÜLLT Während des nationalen Brüllwettbewerbs in Spivey's Corner im amerikanischen North Carolina beginnt der Tag mit Gebrüll: Alle Teilnehmer müssen vier Minuten lang schreien, um ihre Fähigkeit unter Beweis zu stellen. Der Wettbewerb entwickelte sich aus der alten Tradition der Stadt, nach seinen Nachbarn zu schreien, wenn man ihre Hilfe brauchte, das Vieh zurückzurufen, oder von einem Haus zum nächsten zu brüllen, um den Verwandten zu versichern, dass alles in Ordnung sei.

„Die Mannschaften rennen in bodenlosen Kanus durch das ausgetrocknete Flussbett."

Die Kenley-on-Todd-Regatta findet im australischen Alice Springs statt – in dem ausgetrockneten Flussbett des Todd-Flusses.

Ein indonesischer Wettbewerbsteilnehmer feuert bei einem Krebsrennen in Jakarta seinen Einsiedlerkrebs an, während die Zuschauer den anderen Schalentieren zujubeln.

SCHWIMMBETON College-Studenten aus den ganzen USA treffen sich einmal jährlich in Virginia zum Betonkanu-Wettbewerb, den die Amerikanische Tiefbau-Gesellschaft veranstaltet. Die Studenten müssen ein schwimmfähiges Kanu aus Beton bauen, das nicht zu schwer sein darf, damit man ohne allzugroße Anstrengung vorwärts kommt.

ES LIEGT WAS IN DER LUFT... Einen Tag lang im Mai ist die Luft im amerikanischen Bundesstaat Vermont jedes Jahr vom Gestank alter Turnschuhe erfüllt! Aus den ganzen USA strömen Kinder zusammen, um ihre geruchintensivsten Turnschuhe bewerten zu lassen. Den Gewinnern winken festverzinsliche Wertpapiere im Wert von 500 Dollar und ein Jahresbedarf von Produkten der Firma Odor-Eater (Geruchsfresser).

KENNEN WIR UNS NICHT? Hunderte von ehrgeizigen Männern nehmen an Blitzflirt-Wettkämpfen teil. Sie haben sieben Minuten Zeit, um einer Gruppe Frauen zu imponieren. Die Männer wandern von Stuhl zu Stuhl und bemühen sich, die mit Bewertungskarten ausgerüsteten Damen durch ihr charmantes Geplauder zu beeindrucken. Hinterher werden die Karten, auf denen „ja" oder „nein" steht, ausgewertet. Männer, die mindestens zwei „Jas" erzielt haben, kommen in die zweite Runde und dürfen ein Flirt-Telefonat führen.

HIMMLISCHER HAFER Jeden September lädt der texanische Ort Oatmeal (Haferbrei) zu einem Haferbrei-Festival ein. Bis zu 10.000 Menschen bauen Haferbrei-Skulpturen und nehmen an Haferflocken-Kochwettbewerben und Haferbrei-Wettessen teil! Frauen über 55 können die Menge bei einer „Miss Hafersack"-Wahl bezaubern. Doch der Höhepunkt ist der Haferflockenregen, für den bis zu 450 kg des Getreides aus einem Flugzeug abgeworfen werden.

RODEL GUT! Im amerikanischen Angel Fire in Neu Mexiko findet jedes Jahr ein internationales Schneeschaufel-Rennen in drei Klassen statt. Teilnehmer der untersten Klasse müssen sich rittlings auf ihre Schneeschaufeln schwingen und darauf mit bis zu 97 km/h Geschwindigkeit eine 305 m lange Abfahrt hinuntersausen. In der fortgeschrittenen Kategorie darf man alles nur Denkbare an seiner Schneeschaufel befestigen – vom Bobschlitten über Rennschlitten bis zum Feuerwerk. In der höchsten Klasse ist dann alles erlaubt! Bisher haben u. a. ein komplettes Wohnzimmer, eine Hundehütte und ein Hühnersandwich die Abfahrt bezwungen!

UNTERWASSER-MARSCH

Die zähen Teilnehmer eines Unterwasser-Rennens in Polynesien schleppen schwere Steine, die sie am Aufsteigen hindern, und benutzen keinerlei Atmungsgerät. Die 64 m lange Rennstrecke ist mit Holzpflöcken auf dem Meeresgrund markiert. Die Konkurrenten müssen die ganze Strecke laufen und dürfen nicht schwimmen. Die Zuschauer sitzen in Booten, da das seichte Wasser sehr klar ist.

Jedes Jahr kommen im bayerischen Laufach etwa 150 Sportler zusammen, um an der Internationalen Fingerhakelmeisterschaft der Alpenländer teilzunehmen. Ziel der Wettkämpfe, die in sämtlichen Gewichtsklassen ausgetragen werden, ist es, seinen Gegner über den Tisch zu ziehen.

SCHNECKENTAUCHER

Während des Edinburgher Stadtmarathons von 2003 stellte ein Sportler in einem 59 kg schweren Tieftauchanzug den Weltrekord für den langsamsten Marathonlauf der Welt auf. Lloyd Scott, ein 41-jähriger ehemaliger Feuerwehrmann aus London, brauchte vom Start bis zur Ziellinie in der schottischen Hauptstadt sechs Tage, vier Stunden, 30 Minuten und 56 Sekunden.

An zukünftigen Marathons möchte Scott in einer mittelalterlichen Rüstung teilnehmen!

Im Jahr davor hatte er in seinem Taucheranzug für die Stadtmarathons von London und New York je fünf Tage gebraucht, in Edinburgh hatte er aber zusätzlich mit einer Lebensmittelvergiftung zu kämpfen. Er lief durchschnittlich neun Stunden täglich und legte pro Stunde etwa 0,80 km zurück, doch an einem Tag schaffte er aufgrund starker Magenschmerzen insgesamt nur 1,60 km. Nicht zufrieden mit seinen gewaltigen Leistungen, verbrachte Scott auch noch zwei Wochen im schottischen Loch Ness. Dort führte er den altmodischen Taucheranzug seinem ursprünglichen Zweck zu und watete 42 km weit durch das sumpfige Wasser!

VERBORGENE TALENTE

- **Der Sänger Billy Joel war in seiner Jugend Boxmeister im Weltergewicht.**
- **Der Schriftsteller Edgar Allan Poe war Weitspringer.**
- **Der Sänger Johnny Mathis hielt 1995 auf der Weltrangliste im Hochsprung den 85. Platz.**
- **Fidel Castro wurde 1944 zum besten Schulsportler Kubas gewählt. Er bewarb sich auch bei der amerikanischen Baseballmannschaft „Washington Senators“ – leider ohne Erfolg.**
- **Sir Arthur Conan Doyle, der Schöpfer von Sherlock Holmes, spielte sowohl Fußball als auch Cricket. In seinem ersten Cricketspiel erzielte er 100 Punkte.**

Lloyd Scott, der langsamste Marathonläufer der Welt, läuft beim Londoner Stadtmarathon 2002 durchs Ziel.

BILLIGFLIEGER

Die Brieftaube Billy wurde in Nordfrankreich freigelassen und sollte zum heimatlichen Dachboden im englischen Liverpool fliegen, doch der Vogel muss auf seinem ersten Ozeanflug wohl falsch abgebogen sein, denn er landete in New York! Statt eines 603 km langen Fluges über den Ärmelkanal flog er einen transatlantischen Marathon von 5.632 km. John Warren, einer der Besitzer Billys, ließ ihn am 6. Juni 2003 in Fourgeres in der Bretagne fliegen und schätzte, er würde etwa sieben Stunden später in Merseyside ankommen. Als Billy zwei Wochen später immer noch nicht eingetroffen war, nahm Warren an, der zweijährige Vogel sei gestorben. Stattdessen erhielt er einen Anruf und erfuhr, dass Billy im Taubenschlag von Joseph Ida auf Staten Island gelandet war. Ida wunderte sich über die britischen Markierungen auf den Metallringen, die der Vogel am Bein trug, und begann eine flächendeckende Suche bei Taubenzüchtervereinen. Schließlich gelang es ihm, Billys Besitzer ausfindig zu machen. Der erschöpfte, schlammbedeckte Vogel wurde in New York über Nacht berühmt und erhielt zur Belohnung von der British Airways einen Gratisflug nach Hause.

Die Sieger der 25. Brieftaubenolympiade genießen ihren Ruhm als „schnellste Brieftaube" und „freundlichste Brieftaube".

Dieser begeisterte Fußballfan ist als „Soccerhead" (Fußballkopf) bekannt, weil er seine Haarfarbe immer dem Spiel anpasst, das er gerade sieht. Er hat sich sogar die Fünfecke eines Fußballs auf die Kopfhaut tätowieren lassen.

BALLVERSCHLEISS Jedes Jahr werden weltweit unglaubliche 820.000 Golfbälle verkauft.

DIE ANDERE WANGE Ohrfeigen war früher in der UdSSR eine Sportart.

GEWEIHFLITZER Vor 3.000 Jahren benutzten skandinavische Schlittschuhläufer Kufen aus Rentierknochen.

UNSCHLAGBARER FISCH Olympische Freistil-Schwimmer können Geschwindigkeiten von bis zu acht Stundenkilometern erreichen. Der schnellste Fisch der Welt, der atlantische Segelfisch, kann auf kurzen Strecken 109 km/h erreichen – er ist 13-mal schneller als ein Mensch.

WACKLIGER KEGEL Um einen Kegel zum Umfallen zu bringen, genügt eine Neigung von 7,5 Grad.

Bob McCambridge, Schüler einer Highschool im amerikanischen Vale in Oregon, schlug bei einem Boxkampf mit einem einzigen Schlag sowohl sich selbst als auch seinen Gegner bewusstlos! Der Gegner fiel nach einem Fausthieb mit solcher Wucht in die Seile, dass ein Eckpfosten aus dem Ring gerissen wurde und McCambridge auf den Hinterkopf schlug. Beide Jungen wurden ausgezählt und der Kampf galt als unentschieden.

DIE ZEIT RAST 1894 erreichte der Wagen des Grafen von Dijon, der das erste Autorennen von Paris nach Rouen gewann, eine Durchschnittsgeschwindigkeit von 18,76 km/h. Als Gil de Ferran 2003 das Rennen von Indianapolis gewann, betrug seine Durchschnittsgeschwindigkeit 251,52 km/h

WER HAT DAS GEZÄHLT? Ein handelsüblicher Golfball hat 336 Grübchen.

BONUS FÜR KROKODILE In einem Golfclub in Uganda bekommt man einen Freischlag, wenn der Ball neben einem Krokodil landet.

WAHNSINNSKICK

Als ein Zehnjähriger auf dem Sportplatz der Wilberlee Junior and Infants School im englischen Huddersfield den Fußball ins Tor zielte, ahnte er nicht, dass er den Ball unglaubliche 19 km weit kickte! Der Ball ging ins Aus, flog über die zwei Meter hohe Mauer des Schulgeländes und rollte draußen einen steilen Abhang hinunter. Ein freundlicher Autofahrer hielt an und wollte den Ball mit einem gezielten Kick zurücktreten, doch dann musste er zusehen, wie der Ball von einer Mauer abprallte und auf einem vorbeifahrenden Lastwagen landete. Der Laster verschwand in der Ferne. Der Fahrer ahnte nichts von seiner zusätzlichen Fracht. Zum Glück entdeckte er den Ball, als er das nächste Mal anhielt, und erriet, woher er stammte. 30 Minuten später brachte er der Schule den Ball zurück.

Mike Horn trieb 1998 den Schwimmsport bis an die Grenzen, als er den Amazonas 7.000 km weit hinunterschwamm. Seine einzigen Hilfsmittel waren ein Schnellboot mit Hydromotor und ein Paar Flossen.

VERLETZTER FLITZER Ein splitternackter Flitzer sprang 2002 in Kanada während eines Eishockeyspiels zwischen den Calgary Flames und den Boston Bruins plötzlich aufs Eis und stürzte so schwer, dass er von Sanitätern weggetragen werden musste. Der Mann, der nur ein Paar rote Socken trug, kletterte über die Glaswand und rutschte aus, als seine Füße das Eis berührten. Er fiel mit einem hörbaren Knall auf den Hinterkopf und wurde auf einer Bahre weggetragen. Die Menge jubelte ihm zu und er erwachte rechtzeitig aus seiner Ohnmacht, um die Faust triumphierend in die Luft zu stoßen.

ROSSTÄUSCHER? Der Jockey Michael Morrissey wechselte einmal mitten im Rennen das Pferd! Als er 1953 im englischen Southwell an einem Hindernisrennen teilnahm, warf sein Pferd ihn ab und er landete auf dem Sattel eines anderen Pferdes.

KNACKIGE TROPHÄE Der erste Preis bei den antiken Olympischen Spielen war ein Stangensellerie.

ANFASSEN VERBOTEN! Der erste Eishockeypuck war ein gefrorener Kuhfladen.

Der deutsche Inline-Skater Jürgen Köhler versucht, seinen eigenen Geschwindigkeitsrekord zu brechen, indem er sich am Spoiler eines 290 km/h schnell fahrenden Porsche festhält.

Der amerikanische Fallschirmspringer Jim Suber sprang 2003 während der Meisterschaft im Extrem-Fallschirmspringen von dem 421 m hohen Turm in Kuala Lumpur.

FOOTBALL-SCHWIMMER E. Cook, Läufer bei der Oklahoma-University-Footballmannschaft, musste einmal schwimmen, um einen Punkt zu erzielen. Weil er abgeblockt wurde, landete der Ball am 6. November 1904 hinter den Torpfosten von Island Park in Guthrie in einem Fluss. Cook schwamm mit dem Ball zurück zum Spielfeld und legte ihn in einem genialen Spielzug ins Torfeld.

BESSER SPÄT ALS NIE! Bei den Olympischen Spielen 1896 in Athen kam das amerikanische Team entsetzlich spät. Sie hatten vergessen, dass die Griechen damals immer noch den julianischen Kalender benutzten, der dem gregorianischen Kalender elf Tage voraus ist!

HALBER KEGEL Der Amerikaner James T. Blackstone aus Seattle erreichte beim Bowling eine Punktzahl von 299,5, als ein Kegel der Länge nach gespalten wurde und die eine Hälfte stehen blieb!

WINZIGER SCHLÄGER Als die Baseballmannschaft Browns aus St. Louis 1951 kurz vor dem Abstieg stand, stellte der Besitzer Bill Veeck als Publicitygag einen 1,09 m kleinen Zwerg namens Eddie Gaedel als Schläger gegen die Detroit Tigers auf.

WURFKÜNSTLER Der Basketballstar Wilfred Hetzel aus Minneapolis traf einmal 92 von 100 Körben – dabei waren seine Augen verbunden und er stand nur auf einem Bein!

GROSSFUSS Der 2,50 m große Kalifornier Brad „Big Continent" Miller hat Schuhgröße 91 und trägt die größten Basketballschuhe, die die Firma Nike je hergestellt hat.

FERNSEHRAGE Der amerikanische Autofan Michael Melo aus Boston war so wütend auf den Fernsehsender Fox, der statt eines NASCAR-Autorennens ein Baseballspiel der Boston Red Sox übertrug, dass er dem Sender über eine halbe Million E-mails schickte.

TIERISCHE SPORTFANS

Sportmannschaften haben oft seltsame und fantastische Maskottchen – von Plüschtieren, wie der Ameisenbärin Millie, die das Symbol der Olympiade 2002 in Sydney war, bis zu lebenden Tieren, wie z. B. Hähnen oder Ziegen!

Diomede, das Maskottchen der französischen Rugbymannschaft, beobachtet das Training.

Das Maskottchen der amerikanischen Marineakademie trägt während eines Spiels gegen die Universität von Virginia in Maryland die Mannschaftsfarben.

SCHMETTERLINGSHELFER Als der kanadische Golfer Jack Ackerman 1934 im Bay of Quinte Club in Ontario Golf spielte, konnte er sein Pech nicht fassen: es war ihm gelungen, seinen Ball mit einem Schlag vom Tee zum Loch zu schlagen, doch dann blieb der Ball am Rand liegen, statt hineinzufallen. Als er laut zu fluchen begann, landete ein Schmetterling auf dem Ball und er rollte ins Loch.

1932 waren die Albee-Schwestern aus Connecticut für ihre Virtuosität im Trickbillard berühmt und traten in Varieteshows in New York und New Jersey mit Doppelmannschaftsspielen auf.

Der Sumo-Weltmeister Emanuel Yarborough setzt während der Offenen Internationalen Sumomeisterschaft im April 2002 seine massiven 350 kg Lebendgewicht gegen die tschechische Ringerin Klara Janu ein.

EINÄUGIGER CHAMPION Harry Greb war drei Jahre lang Boxweltmeister im Mittelgewicht, obwohl er auf einem Auge blind war.

AALGLATTE TAKTIK Vier Spieler des Footballteams der Sacramento State University wurden 2002 angeklagt, ihre Trikots und Hosen vor einem Spiel gegen die Universität von Montana mit glitschigem Bratöl eingesprüht zu haben, damit man sie schwerer zu fassen bekam. Der Plan ging jedoch nicht auf: Montana gewann 31:24.

BLINDLINGS

2002 verliefen sich in England während eines Rennens um Rotherham zwei kurzsichtige Sportler, die ihre Brillen vergessen hatten, und irrten 18 Stunden lang herum. Barry Bedford und Les Huxley machten einen 32 km langen Umweg in die nächste Grafschaft, weil sie weder die Landkarte lesen noch die Schilder sehen konnten, die die Rennstrecke markierten. Als die anderen 140 Läufer längst im Bett lagen, ging das Unglücksduo um 1.30 Uhr morgens endlich ins Ziel, nachdem sie die Rennleitung angerufen und um Abholung gebeten hatten!

KONKURRENZLOSES GOLD Eine Rugby-Mannschaft aus den USA ist seit ihrem Sieg über die französische Nationalmannschaft 1924 amtierender Olympiasieger, denn seitdem ist Rugby keine olympische Disziplin mehr.

SPEZIALFUSS Während eines Unfalls verlor Ben Agajanian vier Zehen seines Trittfußes, wurde aber trotzdem einer der größten Football-Kicker aller Zeiten! Heute sind seine Footballschuhe in der NFL-Ruhmeshalle ausgestellt.

BLUTRÜNSTIG Nachdem die Indonesierin Ruwiyati 1997 während der Südostasiatischen Meisterschaften den Frauen-Marathon gewonnen hatte, gab sie das Geheimnis ihres Erfolges preis: vor jedem Rennen trinkt sie Blut aus dem Finger ihres Trainers Alwi Mugiyanto.

WÜRSTCHENFANS Amerikanische Baseballfans essen jedes Jahr etwa 26 Millionen Hotdogs – genug Würstchen, um ein Baseballfeld 36.000 Mal zu umzäunen.

FITTER OPA Benjamin Gottlieb aus Albuquerque in Neu Mexiko ging dreimal wöchentlich zum Bowling. Mit 91 erzielte er in zwei Ligen immer noch durchschnittlich zwischen 120 und 125 Punkte!

KEIN RINDERWAHN Alle Mitglieder der Frauenhockeymannschaft von Simbabwe erhielten einen lebenden Ochsen als Siegespreis, als sie 1980 olympisches Gold gewannen.

HÖLZERNER TURNER Während der Olympischen Spiele 1904 in St. Louis gewann der amerikanische Turner George Eyser sechs Medaillen, obwohl er auf der linken Seite ein Holzbein trug.

ROBUSTE LÖFFEL Beim Ohrenzerren, einer Sportdisziplin der Indianisch-Eskimoischen Olympiade, wird eine Schnur an den Ohren zweier Kontrahenten befestigt und dann so lange gedehnt, bis einer der beiden „Onkel" ruft.

MIT EINEM BISS Der Bauer Millard Carter hatte sein Gebiss am Ufer des Tickfaw-Küstenflusses in Louisiana abgelegt, um zu trinken, als plötzlich eine riesige Makrele aus dem Wasser sprang und seine Zähne verschluckte! Carter ging nach Hause, holte sein Gewehr, erschoss den Fisch und holte sich sein Gebiss zurück.

SPATZENHIRN John Lambie, Manager der schottischen Mannschaft Partick Thistle, gab zu, dass er einmal einem Spieler eine tote Taube ins Gesicht geschlagen hat! Taubenfreund Lambie hatte eine Schachtel voller Vögel, die gerade an einer Krankheit verendet waren, in sein Büro mitgebracht und schlug mit einem von ihnen den aufmüpfigen Spieler Declan Roche.

KRAFTMEIER

Um sich vor einem Kampf im Jahr 1992 in die richtige Stimmung zu versetzen, schlug sich der amerikanische Boxer Daniel Caruso mit seinen Boxhandschuhen mehrfach ins Gesicht – doch leider übertrieb er, brach sich die Nase und wurde für boxuntauglich erklärt.

Diese 14 m hohen Eisfelsen wurden in Russland aus 22.000 m³ Eis als Trainingseinrichtung für Eiskletterer gebaut.

Der dänische Golfer Anniika Ostberg packte sich gut ein, bevor er zur Weltmeisterschaft im Eisgolfen antrat, an der 20 Golfer aus zehn Ländern teilnahmen.

KURZES SPIELCHEN

Als Andre Tolme am 4. Juni 2003 den Ball vom Tee schlug, begann ein außergewöhnliches Golfspiel. Der Kurs, den Tome sich ausgesucht hatte, war 2.124 km lang und sollte ihn quer durch die mongolische Wüste führen. Der kalifornische Ingenieur mit einem Handicap von 15 suchte sich den ungewöhnlichen Kurs auf der Landkarte aus, nachdem er 2001 in der Mongolei gewesen war. Er meinte, dies sei der natürlichste Golfplatz der Welt und habe auch die größte Sandfalle der Welt: die Wüste Gobi. Ausgerüstet mit 500 Bällen und zwei Schlägern, begann er sein Spiel in Choybalsan an der chinesischen Grenze. Von dort war es 127.000 m weit bis zum ersten „Loch" im Westen. Andres Fortschritte wurden jedoch durch kniehohe Vegetation behindert und er musste den Rest seines Spiels bis zum nächsten Frühjahr verschieben.

Andre Tolme blieb mit Hilfe eines Radios und eines Kompasses auf dem richtigen Kurs. Am 10. August 2003 hatte er mit 5.854 Schlägen neun „Löcher" hinter sich gebracht und dabei 352 Bälle verloren.

LETZTER VERSUCH Ein genialer Spielzug gelang dem schottischen Rugbyspieler Easton Roy im reifen Alter von 80 Jahren während seines Abschiedsspiels. Großvater Roy spielte für die Golden Oldies gegen die Wolfhounds Select und erzielte ein 5:5 unentschieden für seine Mannschaft.

Ahdil ist ein 32-jähriger Extrem-Akrobat. Er kann nicht nur auf dünnen Drahtseilen balancieren, sondern ist acht Stunden und 12 Minuten lang auf einem Drahtseil geblieben, das in 660 m Höhe quer über die chinesische Schlucht von Tiankeng gespannt war.

„für sein Gewicht in Garnelen verkauft"

GARNELENWÄHRUNG 2002 verkaufte ein norwegischer Fußballverein einen seiner Spieler für sein Gewicht in Garnelen! Vor seinem Transfer von den Vindbjarts zu den Flekkerøys wurde Kenneth Kristensen gewogen und dann in Form von Schalentieren bezahlt. Ein Vorstandsmitglied der Vindbjarts sagte: „Kenneth war in Topform, als er uns im Winter verließ, doch dann machte er sich bei Flekkerøy einen faulen Sommer und aß massenhaft Meeresfrüchte. Ich glaube, das war ein gutes Geschäft für uns."

1923 gewann im New Yorker Belmont-Park ein toter Jockey ein Pferderennen. Sekunden, bevor sein Pferd die Ziellinie überschritt, starb Frank Hayes an Herzversagen.

FISCHIGE UHR Beim Angeln fiel dem Kalifornier Leonard A. Smith aus Cucamonga seine Uhr über Bord. Später fand er sie in dem Fisch wieder, den er gefangen hatte.

GOLFKÜSTE Der 17-jährige Bob Aube und der 18-jährige Phil Marrone golften 800 km weit: von San Francisco bis nach Los Angeles. Sie brauchten 16 Tage und 1.000 Golfbälle!

Ripley's
Einfach unglaublich!

UNGLAUBLICHES

WIE DURCH EIN WUNDER ÜBERLEBT

Ivory Hill überlebte einen Autounfall, bei dem ein 70 cm langer Holzpflock seinen Oberkörper durchbohrte und knapp das Herz verfehlte!

Am 17. November 1941 verlor der 28-jährige Plantagenarbeiter aus New Orleans nachts die Kontrolle über sein Auto und stieß bei Thibodeux gegen eine Brücke. Nach dem Unfall ging Hill etwa einen Kilometer zu Fuß und fuhr weitere 25 km in einem anderen Auto, bis er Hilfe fand. Er wurde nicht ohnmächtig und stürzte nicht einmal.

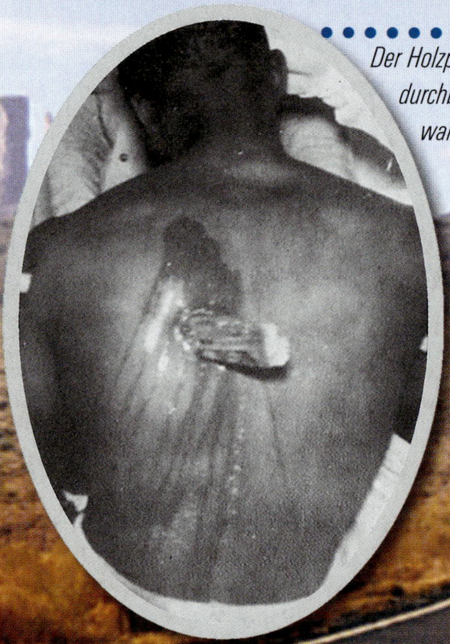

Der Holzpflock verfehlte Hills Herz knapp und durchbohrte eine Lunge. Nach zwei Monaten war er wieder ganz gesund.

Ripley's
Ivory Hill
Exponat Nr. 23.027
Ein Holzpflock durchbohrte Hills Brust. Fünf Krankenhausangestellte mussten ihn gemeinsam herausziehen.

DIE FÜNF

HAUPTURSACHEN FÜR TÖDLICHE UNFÄLLE IN DEN USA

1. AUTOUNFÄLLE
2. STÜRZE
3. VERGIFTUNGEN (AUSGENOMMEN LEBENSMITTELVERGIFTUNGEN)
4. ERTRINKEN
5. FEUER UND VERBRENNUNGEN

Paul Kosky überlebte einen Industrieunfall, bei dem eine acht Meter lange Stahlstange seinen Kopf durchbohrte. Die Stange durchstieß seinen linken Unterkiefer und ragte oberhalb seiner rechten Schläfe aus dem Schädel. Er verlor nicht einmal das Bewusstsein und genas völlig. Bald darauf nahm er seine Arbeit im Stahlwerk wieder auf!

MENSCHLICHES GESCHOSS
Der Amerikaner Irving Michaels aus Pennsylvania wurde 61 m hoch über sein Haus geschleudert, nachdem er in ein Drainagerohr gekrochen war und darin 19 Liter Benzin angezündet hatte. Er hatte das Benzin in das Rohr gegossen, um einen Waschbären auszuräuchern. Erstaunlicherweise erlitt er nur leichte Verletzungen.

INTERNE BOMBE Am 7. April 1984 wurde der Berufsgolfspieler Tony Cosgrave in Baltray bei Dublin während einer Golfrunde vom Blitz getroffen. Im Krankenhaus entdeckten die Chirurgen, dass sein Dickdarm durch explodierende Gase perforiert worden war. Der Blitz war wahrscheinlich über die Messingschnalle seines Gürtels in seinen Bauch gedrungen und hatte dort die Gase entzündet. Cosgrave erholte sich jedoch und golfte bald wieder.

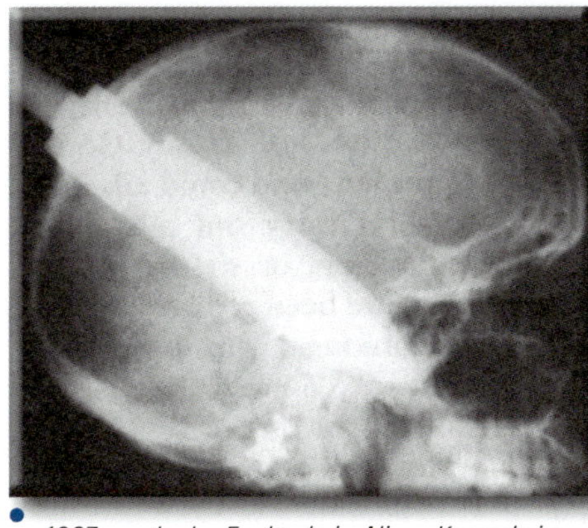

1997 wurde der Engländerin Alison Kennedy im Zug von London nach Guildford ohne jedes Motiv ein Messer in den Kopf gerammt. Die 15 cm lange Klinge verfehlte ihr Stammhirn und alle Hauptblutgefäße. Chirurgen brauchten 2,5 Stunden, um das Messer aus ihrem Schädel zu entfernen. Danach litt sie unter leichter Taubheit in einem Arm und Sehstörungen, aber sie überlebte wie durch ein Wunder.

MASSENSCHOCK Am 22. Juni 1918 wurden im Wasatch National Forest im amerikanischen Utah 504 Schafe durch einen einzigen Blitzschlag getötet.

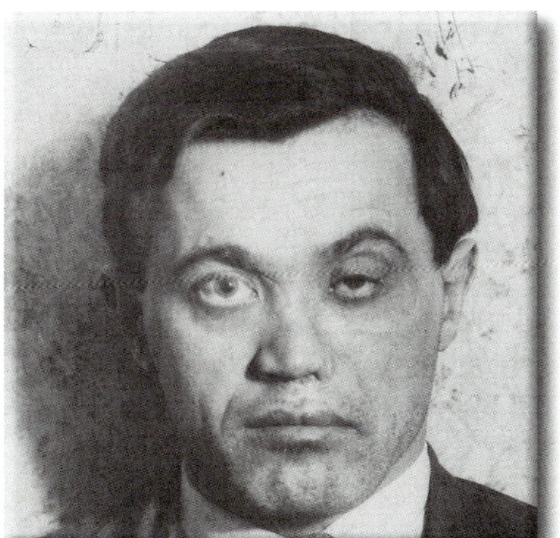

Der „hinfällige" Nicholas Fagnani überlebte eine Vielzahl von Unfällen. Mit fünf Jahren fiel er 17 m, mit zwölf 18 m tief und später stürzte er auch noch 20 Stockwerke vom Gebäude der Liberty Bank in New York hinunter. Einige Jahre danach wurde er von einem Schnellzug erfasst, der ihn 90 m weit durch die Luft schleuderte.

ZUM WOHL!
2002 wurde der Chinese Li von einer eingelegten Schlange gebissen, als er eine Flasche Schnaps öffnete. Der Flaschenkorken war etwas undicht, sodass die Schlange während des Jahres, das sie in der Flasche verbrachte, hatte atmen können.

In China sind alkoholische Getränke mit eingelegten Schlangen und anderen Tieren darin sehr beliebt.

1986 strömte nach einem Ausbruch auf dem Grund des Nyos-Sees in Kamerun tödliches Kohlendioxid 32 km weit in ein Tal und tötete dort über 7.000 Menschen und Tausende von Rindern.

DELIKAT AUFGESPIESST Ein Straßenarbeiter in Österreich wurde von den Lenden bis zur Achselhöhle von einer Eisenstange durchbohrt. Aus dem Krankenwagen rief er seine Frau an und beruhigte sie – es ginge ihm gut. Die 2,13 m lange Stange hatte alle Hauptblutgefäße und Organe verfehlt. Die Ärzte versicherten ihm, dass er völlig genesen würde.

Jack Thompson wurde während eines Autounfalls von einer Metallstange durchbohrt und überlebte.

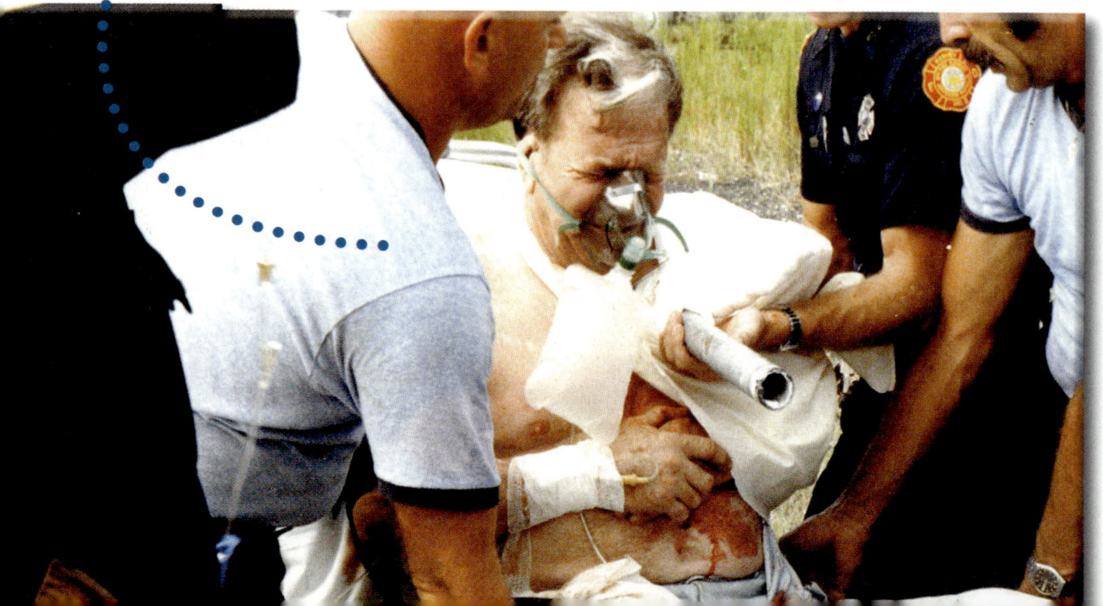

KLARER FALL Der 27-jährige Fensterputzer Kerry Burton stürzte im kanadischen Calgary in Alberta fünf Stockwerke tief, als sein Sicherheitsgurt versagte. Er landete auf einem Eimer Wasser, klemmte darin fest und schnellte damit ca. 60 cm in die Höhe. Der Eimer rettete ihm wahrscheinlich das Leben.

RECHENFEHLER Travis Bogumill wurde von einem Pressluftniethammer angeschossen, der ihm einen acht Zentimeter langen Nagel in den Schädel jagte. Er wurde wieder gesund, kann aber nicht mehr so schnell kopfrechnen wie früher.

GLÜCKSBREMSE 2002 überlebte die berühmte Reiterin Lisa Landau 34 Stunden in einem Sumpf, nachdem ihr Auto im irischen County Wicklow von der Straße abgekommen war. Sie war in dem umgekippten Auto eingeschlossen, fand aber eine Luftblase in der Nähe des Bremspedals und konnte auf diese Weise atmen.

ZWEI KAMEN DURCH Zwei Kinder überlebten 2003 in schwerer See vor den Bahamas, nachdem sie nach einem Flugzeugabsturz im Meer gelandet waren, indem sie sich an der Leiche ihrer Mutter festklammerten. Nach demselben Absturz hielt eine schwimmende Frau ihr Baby eine Stunde lang hoch über ihren Kopf, bis die amerikanische Küstenwache eintraf.

UNFALLGEFAHR EIGENHEIM Gerard Hommel war Bergführer und überlebte sechs Expeditionen auf den Mount Everest. Eines Tages fiel er in seinem Haus im französischen Nantes von der Leiter, als er eine Glühbirne auswechselte, prallte mit dem Kopf gegen das Spülbecken und starb.

Vena Vulovic war Stewardess in einer jugoslawischen DC-9, die im Januar 1972 in der Luft explodierte, und überlebte einen Sturz aus über 10.058 m Höhe. Zunächst war sie von der Taille abwärts gelähmt, doch später genas sie völlig und kann heute wieder gehen.

SCHOCKIEREND Ein 25-jähriger Wilderer aus dem russischen Dorf Tula starb, nachdem er ein unter Strom stehendes Kabel in einen Teich geleitet hatte, um Fische zu töten. Er vergaß, den Strom abzuschalten, bevor er ins Wasser watete, um die Fische einzusammeln.

Die zweijährige Dwanna Lee kam auf wunderbare Weise mit dem Leben davon, als sie von einem Güterzug erfasst wurde und drei Meter durch die Luft flog. Die Lok und sechs Waggons rollten über sie hinweg, ohne sie zu verletzen.

VERKLEMMTER KUSS Ärzte in Kopenhagen brauchten zwei Stunden, um ein Liebespaar, das sich im Kino leidenschaftlich geküsst hatte, wieder zu trennen – ihre Zahnspangen hatten sich ineinander verhakt! Ein Medizintechniker sagte: „Es wäre schneller gegangen, wenn sie zu lachen aufgehört hätten."

BLINDER SCHLANGENPASSAGIER 1991 verlor ein Pilot in der Nähe des amerikanischen Städtchens Rock Hill in South Carolina die Kontrolle über seinen Hubschrauber, als er versuchte, eine Mokassinschlange totzutreten, die aus einem Luftgitter im Boden gekrochen war. Der Hubschrauber stürzte ab und zerschmetterte in den Baumwipfeln. Der Pilot kam mit einigen Blessuren davon.

TODESFLUCHT Im Januar 2003 verfolgten spanische Polizisten 69 km weit mit Geschwindigkeiten von bis zu 180 km/h einen Motorradfahrer, bis dessen Maschine schließlich umstürzte. Die Untersuchung ergab, dass der Fahrer ca. 30 Minuten vor dem Unfall gestorben war. Unglaublich, aber wahr: er war erfroren.

SICHERHEITS-POLSTER

Ein Bierbauch ist der Held dieser Geschichte! Der 120 kg schwere Shaun Reaney aus Birmingham in England erlitt durch eine Motorsäge schwere Bauchverletzungen. Die behandelnden Ärzte vermuten, dass sein Bierbauch ihm das Leben rettete, denn die „Polsterschicht" hielt die Klinge von den inneren Organen ab.

Die Lebensmittel waren noch frisch und die Eiswürfel noch hart: dieser elektrische Kühlschrank überstand als einziger Gegenstand ein Feuer, das das ganze Haus zerstört hatte.

DENKWÜRDIGES QUEUE

Ron Fenwick hatte beinahe ausgespielt, als er in einen Stapel Billardqueues stolperte und eines davon seinen Kopf durchbohrte.

Im Krankenhaus entfernten Chirurgen das Queue, indem sie es vorsichtig herauszogen, denn aufgrund seiner glatten, runden Form konnte es kaum weitere Schäden verursachen. Das Queue hatte keine Organe beschädigt und die einzigen anhaltenden Beschwerden, unter denen Fenwick leidet, sind leichte Kopf- und Zungenschmerzen, die seine Sprache etwas behindern.

Ron Fenwick demonstriert, wo das Queue seinen Kiefer durchbohrte. Es drang auf der rechten Kopfseite ein und ragte knapp hinter seinem linken Ohr heraus. Anscheinend durchstach es auch sein Ohrläppchen.

DIE FÜNF

ÜBERLEBENDEN DER FÜNF TIEFSTEN STÜRZE

1. **VESNA VULOVIC** – fiel 10.000 m aus einem explodierenden DC-9-Jet.
2. **STEVE FOSSET** – fiel 8.840 m aus seinem Heißluftballon.
3. **MIKE HUSSEY UND AMY ADAMS** – fielen 4.100 m mit einem zerrissenen Fallschirm, der sich am Querruder ihres Flugzeugs verfangen hatte.
4. **JULIANE KEOPCKE** – stürzte über 3.000 m tief über Peru aus ihrem Flugzeug.
5. **JILL SHIELDS** – stürzte 2.900 m im freien Fall, als ihr Fallschirm versagte.

ECHTER SCHLANGENKRAGEN!

Biswajit Sawain erwachte in seinem Haus im indischen Bhubaneshwar mit einer Kobra um den Hals. Da seine Freunde nicht wagten, das Tier zu entfernen, fuhr Biswajit einige Stunden später in einer Rikscha zu einem nahen Tempel und betete zum Hindugott Schiwa, ihn von der Schlange zu befreien. Wenig später lockerte die Schlange ihre Umklammerung und kroch davon.

RETTENDES FAST FOOD Als er im Dezember 2002 nach einem Unfall eine Woche lang in seinem Auto eingeschlossen war, überlebte der Amerikaner Robert Ward aus West Virginia die klirrende Kälte, indem er die Bedienungsanleitung des Wagens Seite für Seite verbrannte. Als Nahrung dienten ihm die vielen ungeöffneten Päckchen mit Tomatensauce, Senf und Majonäse aus Fast-Food-Restaurants, die er bis dahin immer auf den Autoboden geworfen hatte, wenn er beim Fahren gegessen hatte.

HASENSCHÜTZE

Der französische Bauer Vincent Caroggio jagte bei Chartres Hasen. Nachdem er fünf Tiere getötet hatte, machte er ein Päuschen und legte sein Schrotgewehr neben sich ab. Ein Hase sprang aus seinem Bau und trat auf den Abzug. Das Gewehr feuerte und tötete den Bauern.

UNFALLNEIGUNG Amerikanische Männer sterben fünfmal öfter bei Unfällen als Frauen.

KILLERAUTOMATEN Zwischen 1978 und 1995 verursachten Münzautomaten in den USA 37 tödliche Unfälle.

SCHICKSALSTAXI 1975 starb Neville Ebin auf den Bermudas, als ein Taxi sein Moped erfasste. Ein Jahr später fuhr sein Bruder auf demselben Moped und wurde von demselben Taxi umgefahren. Derselbe Fahrer saß am Steuer – und im Taxi saß auch noch derselbe Fahrgast.

DRACHENGEWALT 2003 verbot der Bürgermeister von Lahore in Pakistan „Drachenkämpfe", nachdem bei einer Reihe von Unfällen 12 Menschen gestorben und viele verletzt worden waren. Die Glasscherben, die an den Drachen befestigt wurden, um die Schnüre der gegnerischen Drachen zu zerschneiden, hatten den Unfallopfern die Kehle durchgeschnitten.

TRIBUT AN DIE STRASSEN In den USA ist die Anzahl der Menschen, die bei Autounfällen starben, größer als die sämtlicher amerikanischer Soldaten, die seit 1776 in allen amerikanischen Kriegen insgesamt gefallen sind.

STEILER SCHRITT Als Ken Larsen im kalifornischen Walnut Creek auf dem Dach eines fünfstöckigen Gebäudes ein Telekommunikationskabel verlegte, trat er rückwärts über den Dachrand und fiel 20 m tief durch die Baumwipfel. Er trug nur Kratzer und blaue Flecken davon.

Mrs. Hewlett Hodges aus dem amerikanischen Sylacauga in Alabama wurde am 30. November 1954 von einem Meteoriten getroffen. Der vier Kilogramm schwere Brocken durchschlug ihr Dach, prallte von einem Radiogerät ab und traf sie an der Hüfte. Sie erlitt schwere Prellungen.

DAS WUNDER VON CORNWALL Am 6. Juli 1979 stürzte ein Hawker-Hunter-Düsenjäger der Royal Air Force über dem englischen Dorf Tintagel in Cornwall ab. Obwohl das Dorf voller Touristen war und das Flugzeug nur wenige Meter neben einem Benzintankwagen aufschlug, wurde niemand getötet oder ernsthaft verletzt. Sogar der Pilot landete per Schleudersitz im Meer und wurde wohlbehalten geborgen.

IN LETZTER SEKUNDE 1998 rettete der amerikanische Fallschirmspringer Eddie Turner im freien Fall seinem bewusstlosen Kollegen das Leben, indem er zehn Sekunden vor dem Aufprall die Reißleine am Fallschirm seines Freundes zog.

WELCHER ZUG?

In Sjomarken bei Boras in Schweden wurde eine Frau auf einem Bahngleis von einem 96 km/h schnellen Güterzug erfasst. Der Zug hielt und der Lokführer und ein Wächter suchten nach ihrer Leiche. Sie fanden die Frau 200 m vom Zug entfernt: Sie stolperte auf der Böschung herum und war noch am Leben. Zwei Tage später erfuhr man, dass sie eine 59-jährige Patientin aus einem nahe gelegenen Krankenhaus war. Sie konnte sich nicht an den Unfall erinnern und hatte nur ein paar blaue Flecken am linken Arm und an der Stirn.

HEISSER STAHL 1991 wurde der Kopf des Stahlarbeiters Kelvin Page im englischen Kent von einer heißen Stahlstange aufgespießt. Er zog sie mit bloßen Händen heraus, nachdem ein Kollege sie abgesägt hatte.

STEHAUF-FRAUCHEN Die 100-jährige Asuncion Gutirrez erschreckte ihre Familie in Managua in Nicaragua, als sie sich während ihrer Totenwache im Sarg aufsetzte und Essen verlangte. Die Familie wäre bestimmt noch entsetzter gewesen, wenn dies nicht schon das dritte Mal gewesen wäre, dass Asuncion von den Toten erwachte!

KILLER-PERÜCKE Ein 53-jähriger Mann aus Abbeville in Frankreich probierte im Auto seine neue Perücke an. Er trug einen Spezialklebstoff auf, setzte die Perücke auf und zündete sich eine Zigarette an. Die Klebstoffdämpfe entzündeten sich, das Auto explodierte und er starb.

FALLSCHIRMRETTER Als Gareth Griffith im Juni 1997 zusammen mit seinem Lehrer Michael Costello bei Umatilla in Florida einen Tandemsprung wagte, versagten seine beiden Fallschirme. Im freien Fall aus 1.680 m Höhe lenkte Costello seinen Sturz so, dass er unter seinem Schüler landete und dessen Aufprall abfangen konnte. Griffith überlebte, Costello nicht.

BEACHTLICHER KÖDER

Dan Droessler aus Platteville im amerikanischen Wisconsin ließ auf dem Twin-Valley-See ein Bein über die Reling seines Kanus ins Wasser baumeln. Er musste mit 60 Stichen genäht werden, nachdem sich ein 36 cm langer Hecht in seinem Fuß verbissen hatte. Droessler zog den Fuß samt Hecht ins Kanu und musste dem Naturschutzamt von Wisconsin 10,55 Dollar bezahlen, damit er den Fisch behalten und ausstopfen lassen durfte.

BÜROGEFAHREN Im Jahr 1999 ergaben offizielle britische Unfallstatistiken, dass Büros wahre Mördergruben sind: Insgesamt 37 Menschen wurden durch Taschenrechner, 402 durch Gummiringe und weitere 1.317 durch Bürotacker verletzt.

INTIM MIT SCHLANGEN Der türkische Schauspieler Sonmez Yikilmaz schlief in einem Zelt, als eine schwarze Schlange ihm in den offenen Mund kroch. Röntgenbilder zeigten, dass die Schlange noch lebte. Sonmez lehnte es ab, sie operativ entfernen zu lassen. Er zog stattdessen eine uralte Methode vor und hängte sich von einem Baum mit dem Kopf nach unten über einen Topf mit kochender Milch. Die Schlange wurde von dem Geruch der Milch angelockt und kroch wieder aus seinem Mund!

FEHLDIAGNOSE 1930 wurde der Engländer Kenneth Andrews in Hongkong nach einer Blinddarmoperation aus Versehen durch ein falsches Medikament vergiftet, überlebte aber. Die Ärzte meinten, er habe nur noch kurze Zeit zu leben. Im Zweiten Weltkrieg war er immer noch auf den Beinen, wurde zweimal angeschossen, dreimal mit Messern verletzt, von einem tollwütigen Hund gebissen und erkrankte auch noch an Malaria. Er starb 1999 mit 106 Jahren.

SÜSSER TOD Ein 23-jähriger Arbeiter wurde in einer Süßwarenfabrik in Marseille zermalmt, als ein Behälter mit 2.270 kg Marshmallows ihn unter sich begrub.

Dieses Auto wurde durch eine Explosion halbiert, aber die Fenster hatten nicht einmal einen Sprung!

STARKES WASCHMITTEL Ein Mann aus Clermont in Frankreich jagte sein Haus in die Luft, weil er Benzin in seine Waschmaschine gegossen hatte, um einen Fettfleck aus seinem Hemd zu entfernen. Ein Funke entzündete das Benzin, das erste Stockwerk seines Hauses wurde weggesprengt und er fiel in Ohnmacht.

SAUDUMM

Schweineschwarte ist in Transsylvanien eine traditionelle Weihnachtsdelikatesse. Die Bauern pumpen Luft in geschlachtete Schweine, damit sich die Haut ausdehnt, und brennen dann die Borsten ab. 1990 hatte ein Bauer aus Cluj die nicht besonders kluge Idee, sein Schwein mit Butangas aufzupumpen. Als er die Borsten abbrennen wollte, explodierte das Tier und die Wucht schleuderte ihn zu Boden. Er lag drei Tage im Krankenhaus.

ZWILLINGSTRAGÖDIE Im Jahr 2002 kamen finnische Zwillingsbrüder bei zwei tragischen Unfällen ums Leben. Der erste Bruder starb, weil er von einem Lastwagen erfasst wurde, als er auf seinem Fahrrad die Straße überquerte. Zwei Stunden später wurde der zweite Bruder von einem anderen Lastwagen überfahren, als er dieselbe Straße 1,50 km entfernt überquerte.

„zweimal angeschossen, von einem tollwütigen Hund gebissen, vergiftet und an Malaria erkrankt“

FEURIGES HAAR

Der Inder Rajendra Kumar Tiwari kann über ein Dutzend brennende Kerzen auf seinem Schnurrbart balancieren.

Der Performancekünstler aus Allahabad bewegt seinen Schnurrbart zu den Rhythmen traditioneller indischer Musik – ohne auch nur einen einzigen Muskel seines Körpers zu bewegen. Tiwari erklärt: „Mindestens zwei Stunden vor dem Schnurrbarttanz esse und trinke ich nichts mehr, weil die Verdauung das Beherrschen der Atmung erschwert, und dann schmerzt es, das richtige Gleichgewicht für den Schnurrbart herzustellen."

Der Performancekünstler Rajendra Kumar Tiwari ließ sich sogar zwei Zähne ziehen, um seinen Balanceakt mit den Kerzen zu erleichtern.

KORKENMATROSE

John Pollack, früher Redenschreiber für den amerikanischen Präsidenten Clinton, segelte 2002 in einem Boot aus 165.000 Korken 266 km weit auf dem Douro-Fluss in Portugal. Pollack hatte seit 30 Jahren Korken gesammelt, doch erst eine großzügige Spende der kalifornischen Cork Supply Company von 150.000 Korken ermöglichte seine 17-tägige Reise.

PUDELNÄRRISCH Die im amerikanischen Indianapolis lebende Hundeliebhaberin Ilia Macdonald kaufte 2003 ein Luxusbadezimmer für ihren französischen Pudel namens Pierre Deux. Sein Klodeckel ist mit Chiffon überzogen und mit einer Federboa umrandet und an der Wand hängt ein eigens für den Hund kreiertes Gemälde im Wert von 400 Dollar. Darauf ist ein Briefchen zu sehen, das Pierre angeblich an seine Freundin Gigi schrieb. Pierre verrichtet seine Notdurft auf Wegwerfwindeln, die auf dem Boden ausgelegt werden.

ZWANGHAFTES

- Ein Engländer aus dem beschaulichen Yorkshire leidet unter einer übermäßigen Leidenschaft für Betonmischer.
- Ein paranoider Mann aus Oxnard in Kalifornien war überzeugt, dass die Polizei ihn überwachte und sezierte sogar sein Meerschweinchen, weil er meinte, in dem Tier sei eine Kamera versteckt!
- Ein Engländer aus Leicestershire gestaltete sein ganzes Appartement nach dem Interieur des Raumschiffs Enterprise.

LEBEN IN DEN WIPFELN Ein Ehepaar, das 12 Jahre lang bei San Francisco in einem Baumhaus lebte, wurde 2002 zur Räumung gezwungen. Der 58-jährige Besh Serdahely und die 50-jährige Thelma Caballero lernten sich in einer Missionsküche in San Francisco kennen und wollten eigentlich nur ihre Flitterwochen in dem Baumhaus verbringen, doch dann zogen sie ganz dort ein.

WAGEMUTIGER DACKEL Der Fallschirmspringer Ron Sirull trat 2002 in einer Luft- und Weltraumshow im kalifornischen Luftwaffenstützpunkt Vandenburg mit seinem Dackel auf. „Brutus, der Fallschirmspringerhund", wie sein Künstlername lautet, trägt beim Absprung eine Schutzbrille und sitzt in Sirulls Overall. Laut der Aussage seines Herrchens wird der Rüde von den Sprüngen „total angetörnt".

GURKENSTOLZ Die Einwohner des Städtchens Berrien Springs im amerikanischen Michigan veranstalten alljährlich eine Weihnachtsgurken-Parade. Die Spezialität des Festivals sind Essiggurken mit Schokoladenüberzug.

RECHTSPRECHUNG Der Richter des Bezirksgerichts von Baltimore im amerikanischen Maryland war so verärgert darüber, dass die Beweise im Fall eines versuchten Mordes nicht rechtzeitig zur Verhandlung zur Verfügung standen, dass er dem Kriminalbeamten Michael Baier befahl, im Gerichtssaal 25 Liegestütze zu machen!

1934 machte der vierjährige Billy Crawford aus dem amerikanischen Cleveland in Ohio große Sprünge: Er hing an einem Riesenluftballon und war fast schwerelos.

Der spanische Priester Francisco Javier Serra aus Valencia (links) hielt im September 2000 eine Bibellesung unter Wasser. Er tauchte mit zwei Begleitern zehn Meter tief in den Moraig-Bach bei Alicante.

„Bibellesung zehn Meter unter Wasser"

Man kann die Autopflege auch etwas zu ernst nehmen! Torsten Baubach aus Wales überzog seinen Mini mit künstlichem Tigerfell.

SCHAU NIE ZURÜCK Der indische Taxifahrer Harpreet Devi ist einmalig in seiner Zunft: er fährt immer im Rückwärtsgang! Alles begann damit, dass eines Tages der Rückwärtsgang seines Autos klemmte und er 56 km rückwärts nach Hause fahren musste. Seit zwei Jahren fährt er nun sein Taxi im Rückwärtsgang und hat so über 12.070 km mit Geschwindigkeiten bis zu 40 km/h zurückgelegt.

MEISTERLÜGNERIN Im Januar 2003 schlug Sandi Weld mehrere hundert Rivalen und gewann die 72. Weltmeisterschaft im Lügen: sie behauptete, ihre Schafe hätten angefangen, Stahlwolle zu produzieren, nachdem sie mit der Herde nach Iron Mountain (Eisenberg) in Michigan umgezogen war.

NATURDIÄT Hao Fenglan, eine 78-jährige Chinesin, isst seit ihrem achten Lebensjahr Erde. Inzwischen hat sie über zehn Tonnen konsumiert. Sie behauptet, physische Schmerzen zu bekommen, wenn sie nicht jeden Tag etwas Erde isst.

WEIHNACHTSGIER Der amerikanische Geschäftsmann Mike Jeffcoat aus North Carolina spielte über die Feiertage den Weihnachtsmann, indem er 300 Ein-Dollar-Scheine an sein Bürofenster klebte. Daneben hing ein Briefchen mit dem Text: „Nehmen Sie bitte nur so viel, wie Sie brauchen. Denken Sie an Ihre Mitmenschen." Das Geld verschwand innerhalb von 35 Minuten.

GUT EINGELAUFEN Im Oktober 2003 verkündete der 81-jährige Jusuf Sijaric aus dem südserbischen Novi Pazar, dass er seit 60 Jahren ein und dasselbe Paar Schuhe trug! Er sagte, er wolle die Schuhe nach seinem Tod einem Museum vermachen.

CLOWN-AUSSTEIGER 2002 kündigte der Anwalt Alvaro Neil aus dem spanischen Asturias seine Arbeitsstelle und verkaufte sein Auto, um als Clown verkleidet durch Südamerika zu radeln. Innerhalb von 19 Monaten radelte er 31.000 km weit und durchquerte zehn Länder.

KÖRNERDIÄT Der 58-jährige Holländer Gerben Hoeksma folgt einer ungewöhnlichen Diät. Seit elf Jahren nimmt er täglich drei Mahlzeiten aus Taubenfutter zu sich! Er sagt, das Essen sei nahrhaft, gesund, appetitlich und billig.

BEHAGLICHES ZUHAUSE Im Juli 2003 entdeckten Angestellte einer Berliner Mülldeponie einen Mann, der schon seit zehn Jahren dort lebte. Sein 0,90 m hohes Versteck war mit einer Matratze, Regalen und einem Schrank eingerichtet!

Stephanie Larson und Garret Gilley, beide acht Jahre alt, belegten im November 2000 im kalifornischen Santa Monica den ersten Platz in einem von der Waschmittelfirma Tide veranstalteten Wettbewerb für das dreckigste Kinderpaar. Die Teilnehmer mussten ein Fleckenhindernisrennen mit sämtlichen Fleckenmachern absolvieren – vom Schokoladenpudding bis zur Erdnussbutter mit Marmelade.

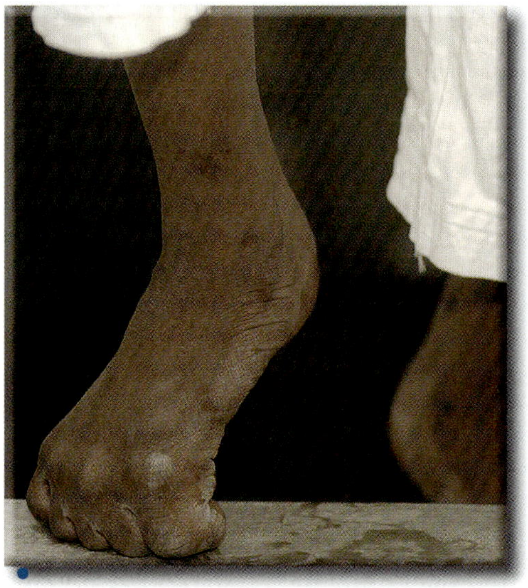

Am 27. März 2003 erklomm der 25-jährige Student K. Vasantha Kumar innerhalb von drei Minuten die 310 Stufen eines 16-stöckigen Gebäudes in Madras – auf seinen geballten Zehen!

HOHES ZIEL Im November 2002 zog der amerikanische Pastor Steve Coad auf das Dach einer großen Reklametafel am Highway 19 in Pinellas Park in Florida. Er wollte erst herunterkommen, wenn er 23.000 Dollar für wohltätige Zwecke gesammelt hat. Er sagte: „Ich habe ein tragbares Klo, ein Zelt, einen kleinen Fernseher, ein Handy, Nasstücher, Zahnpasta und Deodorant."

DONUT-SUCHT

Der Amerikaner Richard Ahern und sein Sohn Christopher verbrachten im Oktober 2002 zwei Nächte in einem Kleinlaster, weil sie unbedingt die ersten Kunden sein wollten, die in einem neuen Laden in Newington in Connecticut eine neue Donutsorte kauften. Als die Zweigstelle der „Krispy Kreme"-Kette endlich öffnete, waren sie tatsächlich die ersten und wurden mit einem Jahresbedarf an Donuts belohnt.

HEISSER HAARSCHNITT Der indische Friseur Aqueel Kiratpuri aus Bombay hat seine Schere weggelegt und stutzt die Haare seiner Kunden nun mit einer brennenden Kerze. Der „Kerzenschnitt" ist eine alte indische Tradition und nimmt ca. eine Stunde in Anspruch. Diese Methode erspart ihm auch das Fegen, denn die Haare werden abgesengt.

MEIN LEBEN ALS PIZZA Mike Uris aus New York aß fünf Jahre lang fast jeden Tag am selben Imbissstand eine mittelgroße Pizza und trank dazu vier Dosen Diätcola! Er schätzt, dass er zwischen 1997 und 2002 ungefähr 2.000 „Domino"-Pizzen vertilgte.

ZEITMASCHINE Ein Amerikaner aus Missouri wurde für schuldig befunden, Transformatoren von einem Elektrizitätswerk gestohlen zu haben. Er wollte daraus eine Zeitmaschine bauen, um die zukünftigen Lottozahlen zu erfahren.

MCZWANGHAFT

Der 40-jährige Peter Holden aus Washington D. C. ist der ultimative McDonalds-Fan. Im Schnitt isst er täglich zwei McDonalds-Mahlzeiten und hatte bis April 2002 in über 11.000 der 13.500 nordamerikanischen McDonalds-Restaurants gegessen. Kürzlich speiste er während einer 54-tägigen Geschäftsreise in 125 neueröffneten McDonalds-Restaurants.

DENKWÜRDIGES Im Oktober 2003 ließ der Künstler Jonathan Keats aus San Francisco sein Gehirn als Skulptur registrieren und verkaufte Warenterminaktien für die sechs Millionen Neuronen seines Gehirns. Er bot potenziellen Käufern die Rechte auf die gesamte Kreativität, die sein Gehirn nach seinem Tod vielleicht noch produzieren wird – falls die Wissenschaft herausfindet, wie man es am Leben erhält.

Echo Grey mit ihrer Deutschen Dogge „Jagger" nach dem Haustier-Maskenwettbewerb, der jedes Jahr während des Fantasy-Festes in Key West in Florida stattfindet. Grey bemalte sich und ihre Dogge mit einer Spritzpistole als Tiger und gewann einen Preis in der Kategorie „am exotischsten".

Obst nimmt neue Formen an. Auf diesem Markt in Tokio werden viereckige Wassermelonen verkauft.

HYPOCHONDER-GENERAL Thomas „Stonewall" Jackson, ein berühmter Südstaatengeneral im amerikanischen Bürgerkrieg, aß keinen Pfeffer, weil er fürchtete, dies könne seinem linken Bein schaden. Er saß stets kerzengerade, weil er glaubte, seine Organe seien falsch platziert. In die Schlacht ritt er mit erhobenem rechtem Arm, weil er meinte, dies würde die Blutzufuhr zu seinem Gehirn verbessern.

SKURRILES VOM TOD

- **Der belgische Rentner Jos Thys ist wohl der einzige Mann, der seine eigene Totenfeier miterlebte. An seinem 68. Geburtstag im Jahr 2003 lud seine Familie 250 Freunde zu seiner Totenfeier ein, obwohl er noch quicklebendig war. Er hatte sich immer gefragt, wie seine Beerdigungszeremonie wohl werden würde.**
- **Ein rumänischer Mann wollte sich aufhängen, doch es gelang seinen Verwandten, das Seil rechtzeitig durchzuschneiden und ihn vom Baum herunterzuholen. Er war so erbost über die schlechte Qualität des Seils, dass er eine Klage beim Verbraucherschutz einreichen wollte.**

KÜRBISKANONE Jim Bristoe, ein 42-jähriger Elektriker aus Elletsville im amerikanischen Indiana, baute 2002 eine Kanone, die einen Kürbis 1,60 km weit schießen soll. Der Lauf ist neun Meter lang, ein 2.600-Liter-Presslufttank liefert die „Feuerkraft" und die Projektile erzielen eine Geschwindigkeit von 1.450 km/h. Während der Testphase schoss die Kanone einen Kürbis durch das Heck eines Pontiac!

FLINKER FINGER Farhat Khan aus Indien kann mit einem einzigen Finger 60 Worte pro Minute tippen! In dieser Geschwindigkeit kann er sowohl auf Hindi als auch auf Englisch schreiben.

„Mais überwucherte den Körper eines Mannes"

Der indische Polizist Shyamial Bundele beschloss, sich hinzulegen und zu warten, bis Mais auf seinem schlammbedeckten Körper wuchs. Er wollte mit dieser Aktion Geld für den Bau eines Tempels in der Nähe von Bhopal sammeln.

Gemeindemitglieder eines niederländischen Dorfes haben ein Modell ihrer Kirche nachgebaut – aus 10.000 Edamerlaiben! Die Käsekirche ist vier Meter hoch und neun Meter lang!

KUHÄUGIG Als eine Familie im amerikanischen Missouri eines Morgens erwachte, lagen 13 Augen in ihrem Hinterhof! Untersuchungen ergaben, dass es sich um Kuhaugen handelte, woher sie kamen, konnte aber nie geklärt werden.

ZEITREISENDER? Der 44-jährige Andrew Carlssin machte an der New Yorker Wall Street in nur zwei Wochen ein Vermögen von 350 Millionen Dollar. Sein Anfangskapital betrug lediglich 800 Dollar! Natürlich wurde das Börsenkomitee misstrauisch und beschuldigte ihn des Insiderhandels. Carlssin gab in einem vierstündigen Schuldbekenntnis zu, dass er ein Zeitreisender aus dem Jahr 2256 sei und deshalb die besten Investitionen kannte. Natürlich glaubte ihm niemand – doch merkwürdigerweise gibt es nirgendwo Akten oder Urkunden über Andrew Carlssin, bevor er 2003 plötzlich als Erwachsener auftauchte!

STOLZ HERUNTERGESCHLUCKT Jahrelang war John „Red" Stuart aus Philadelphia der einzige Mann in den USA, der eine Autoachse verschlucken konnte. Jetzt gab er allerdings bekannt, sein Adamsapfel sei inzwischen so verknöchert, dass er nur noch Samuraischwerter und Bajonette schlucken kann!

DACKELJAGD Um Passanten an der Suche nach seinem entlaufenen Dackel „Knoblauchwurst" zu beteiligen, verkleidete sich der Amerikaner Rick Arbizzani aus Florence in Illinois als Zeichentrickhund „Scooby Doo". Leider gab es neun Monate später immer noch kein Lebenszeichen von seinem Dackel.

WETTSCHULDEN Nachdem er 2002 eine Wette verloren hatte, erschien Mel Rothenburger, der Bürgermeister von Kamloops im kanadischen Britisch Columbia, als rosa Hase verkleidet auf einer Ratsversammlung!

Der Inder Raman Andiappan kann mit seinen Zähnen in 37,67 Sekunden die Schale einer Kokosnuss entfernen. Hier zeigt er in Madras sein Können!

Ganesh Bhagat Chourasia aus Kalkutta lässt zehn Backsteine mit einem Gesamtgewicht von 35 kg von seinem Bart baumeln. Der Ladenbesitzer arbeitet daran, die 50 kg zu „knacken".

HÖHENFLUG HOCHZEIT

Caroline Hackwood und Justin Bunn wurden getraut, während sie in großer Höhe auf den Tragflächen von zwei Doppeldeckern standen.

Manche Paare möchten im Beisein von Elvis Presley heiraten, andere wollen sich unter Wasser trauen lassen – aber diese Möglichkeiten waren Justin Bunn und Caroline Hackwood aus Cirencester in England nicht aufregend genug.

Die Brautleute wurden von Reverend George Bingham in 3.050 m Höhe über dem Flughafen von Rendcombe in England getraut.

KOSTBARER BH

Die japanische Braut Yuko Osawa hatte 2000 bei ihrer Heirat mit Ikuo Kine in Kakegawa gut lachen: Sie trug nämlich den „Millenniums-BH", genäht aus 24-karätigen Goldfäden und bestickt mit Diamanten von 15 Karat. Er ist zwei Millionen Dollar wert.

Dieser BH wurde dem japanischen Paar für die Hochzeit von der japanischen Niederlassung der Dessousfirma Triumph® International geliehen.

ERSTER LIEBESZWIST Das frischgebackene Ehepaar Marcia Alarcon und Carlos Alarcon-Schroder wurde im amerikanischen Des Moines in Iowa verhaftet, weil sie sich darüber prügelten, wessen Eltern sie zuerst besuchen sollten!

FIT FÜR DIE EHE
Die chinesische Braut Xu Fei ist eine solche Fitness-Fanatikerin, dass sie bei ihrem Hochzeitsmahl 2003 einen Bikini trug und den Gästen Fitnessübungen vorführte. Sie hatte ihren Mann Wang Xiaohu in einem Fitness-Studio in Nanjing kennen gelernt.

GEBAGGERTE BRAUT
Elaine Hersketh erwartete, die Kirche im englischen Manchester 2003 nach ihrer Trauung in einer Limousine mit Chauffeur zu verlassen, doch stattdessen fuhr sie mit acht Stundenkilometern in der Schaufel eines riesigen Baggers zur Hochzeitsfeier. Das ungewöhnliche Transportmittel war die Idee des Bräutigams Gary Hesketh, ehemals Fahrer bei J. C. Bamford, einer Fabrik für schwere Baufahrzeuge.

EIN BROCKEN VON EHEMANN
1976 heiratete die Sekretärin Jannene Swift aus Los Angeles ordnungsgemäß und vor 20 Zeugen einen 23 kg schweren Stein.

Die Brautleute Corinna Heimann und Klaus Karrenberg während des Wolkenkratzerfestes von 2001 beim Abstieg vom 141 m hohen Frankfurter Bürozentrum. Ein Priester traute die beiden 30 m über dem Erdboden.

ZEREMONIELLER SPRUNG

Der Hobby-Fallschirmspringer Jason Stieneke traf im Juni 2002 auf sehr originelle Weise bei seiner Hochzeit mit Peggy Sue Cordia ein: er sprang mit einem Fallschirm aus einem Flugzeug und landete auf dem Rasen vor der Kirche von Cape Girardeau in Missouri. Abgesehen von einem Grasfleck auf seinem Smoking sah er tadellos aus. Der Fotograf und der Trauzeuge kamen ebenfalls per Fallschirm, doch die Braut fuhr lieber im Auto vor.

160 chinesische Paare wurden in einer Massenzeremonie am 12. Oktober 2002 am Juyongguanpass an der Großen Mauer nördlich von Peking getraut. Dieses Ereignis war das vierte seiner Art und wurde live im Internet ausgestrahlt.

Die neunjährige Karnamoni Hasda (links) heiratete 2003 in einer speziellen Zeremonie im indischen Khanyan einen Hund. Falls der erste Zahn eines Kindes aus dem Oberkiefer wächst, wie es bei Karnamoni der Fall war, kann es laut der Überlieferung des Santhalstammes nur dann vor schwerer Krankheit bewahrt bleiben, wenn es einen Hund heiratet.

HOCHZEIT MIT KNALLEFFEKT Die serbische Tradition, während einer Trauung Gewehrschüsse in die Luft zu feuern, führte im Oktober 2003 zu einem unerwarteten Unglück. Die Gäste schossen aus Versehen ein kleines Flugzeug ab, das im Tiefflug über die Hochzeitsgesellschaft in Ratina bei Belgrad geflogen war.

RABIATER GAST Während eines Hochzeitsempfangs 1993 in Long Beach in Kalifornien erschoss ein Hochzeitsgast einen anderen, weil ihm die Sitzordnung missfiel.

SPÄTE SCHEIDUNG 1984 ließ sich der 97-jährige Amerikaner Simon Stern aus Wisconsin von seiner 91-jährigen Frau Ida scheiden.

„Trauung unter Wasser“

Eli Cuellar (rechts) und ihr Bräutigam Juan Videgain gaben sich in einem Aquarium bei San Sebastian in Nordspanien am 10. März 2001 unter Wasser das Jawort.

IM EIS EINGESCHLOSSEN

Als der in Irland geborene Forscher Ernest Shackleton und seine 27-köpfige Mannschaft 1914 die Antarktis durchqueren wollten, wurde ihr Schiff Endurance im unerbittlichen Packeis eingeschlossen. Sie verbrachten vier Monate auf einer Eisscholle.

Shackleton lieh sich ein Schiff und rettete nach viermonatigem Kampf gegen das eisige Meer die 22 Männer, die auf der Elefanteninsel gestrandet waren.

Schließlich stiegen sie in die Rettungsboote und überstanden eine gefährliche neuntägige Reise zur Elefanteninsel. Dort wählte Shackleton fünf Männer aus, die mit ihm 17 Tage lang in einem offenen Boot durch eines der stürmischsten Gewässer der Erde nach Südgeorgien segelten, wo er zwei der Männer 36 Stunden lang über tückische Gletscher zu einer Walfangstation führte. Hier konnte er ein Schiff ausleihen, um seine gestrandete Mannschaft zu retten. Er erreichte die letzten Schiffbrüchigen am 30. August 1914 und die gesamte Mannschaft überlebte.

Das Schiff Endurance steckte zehn Monate lang im Packeis fest und sank schließlich.

Eine japanische Fernseh-Show namens „Ausdauer" forderte die Teilnehmer auf, sich ihren schlimmsten Ängsten zu stellen und Aufgaben zu meistern, die sie an die Grenzen ihrer Kraft und Willensstärke trieben. Unter anderem hingen die Kandidaten stundenlang nur wenige Zentimeter über einem Käfig voller Ratten oder wurden in einem Container voll lebender Skorpione festgeschnallt.

FRISCHFLEISCH Im bitterkalten Winter von 1812 überlebten einige Soldaten der französischen Armee den Rückzug aus Moskau, indem sie ihre Pferde als lebende Speisekammern benutzten. Sie säbelten Fleisch aus dem Körper der Tiere und aßen es. Weil die Temperatur so weit unter dem Gefrierpunkt lag, gefror das Blut augenblicklich. Die Pferde waren von der Kälte so betäubt, dass sie den Schmerz gar nicht spürten.

KUH IM KALTEN KRIEG
Im November 1960 kam eine Rakete, die im amerikanischen Cape Canaveral gestartet worden war, vom Kurs ab, schlug auf Kuba auf und tötete eine Kuh. Die kubanische Regierung gab der Kuh als Opfer „imperialistischer Aggression" ein Staatsbegräbnis.

DÖRR-MANN Im Sommer 1905 überlebte der Mexikaner Pablo Valencia sieben Tage ohne Wasser und bei Temperaturen bis zu 95°C in einer Wüste im Südwesten Arizonas. Als man ihn fand, war sein Körper ganz schwarz und verdorrt und seine Augen starrten blicklos ins Leere – aber er erholte sich wieder.

Tanya Streeter, hier in Yogapose, wurde 2003 Weltmeisterin im Freitauchen. Sie tauchte ohne Hilfsmittel bis in 160 m Tiefe.

SELBST-AMPUTATION

Der Steilwandkletterer Aran Ralston schnitt einen Teil seines Armes mit einem Taschenmesser ab, nachdem er fünf Tage lang im Canyonlands National Park im amerikanischen Utah unter einem 454 kg schweren Felsen eingeklemmt gewesen war. Ralston wurde am 26. April 2003 eingeklemmt und bemühte sich drei Tage lang, den Felsen wegzuheben. Als ihm die Nahrung ausging, musste er die Amputation vornehmen. Er nahm den abgeschnittenen Arm mit, seilte sich 18 m bis zum Grund der Schlucht ab und lief acht Kilometer, bevor er Hilfe fand.

FÜNFZEHN WOCHEN IM BOOTSWRACK

Über drei Monate, nachdem er 2002 zu einem dreistündigen Segeltörn nach Catalina Island in See gestochen war, wurde der 62-jährige Richard van Pham aus Long Beach in Kalifornien vor der Küste von Costa Rica gerettet. Van Pham war über 4.000 km weit nach Süden abgetrieben, nachdem in einem Sturm sein Bootsmast abgebrochen war, sein Motor versagt hatte und auch seine Funkstation den Geist aufgegeben hatte. Er hielt sich mit Regenwasser, Fischen und Schildkröten am Leben. Als die McClusky, ein Patrouillenboot der amerikanischen Küstenwache, ihn fand, grillte er gerade eine Möwe – über einem Feuer aus dem Holz seines Bootes.

Van Pham (links) wurde vom US-Patrouillenboot McClusky gerettet, nachdem er dreieinhalb Monate lang hilflos übers Meer getrieben war.

In diesem vom Sturm ramponierten Segelboot trieb Richard van Pham die pazifische Küste hinunter.

BALLONFLUCHT 1979 flüchteten Peter Strelzyk und Günter Wetzel mit ihren Familien aus dem damaligen Ostberlin – in einem aus Bettlaken und Vorhängen genähten Heißluftballon, den sie mit einem selbst gebastelten Gasbrenner aufheizten.

Während einer 1975 vorzeitig beendeten Weltraummission überlebte die russische Mannschaft der Sojus 18A den Druck der 21-fachen Erdschwerkraft – fünfmal mehr, als die meisten Kosmonauten während der üblichen Manöver ertragen müssen.

SKIKANONE Im Extremskisport, bei dem man fast vertikale Pisten hinunterjagt, stellte der Österreicher Harry Egger 1999 einen Weltrekord auf. Er erreichte eine Geschwindigkeit von 250 km/h.

TREUER BRIEFTRÄGER
Der 83-jährige Amerikaner August Sutter verteilte 64 Jahre lang auf derselben Route im ländlichen Illinois die Post. In dieser Zeit legte er über 1,6 Millionen km zurück!

GUT GELANDET Der amerikanische Ballon-Weltumsegler Steve Fosset wurde unverletzt aus dem Korallenmeer gerettet, nachdem sein Heißluftballon in 8.840 m Höhe geplatzt war.

SCHLUCK! Ein 62-jähriger Koreaner erstickte, nachdem er einen lebenden Kraken verschluckt hatte. Kraken sind in Korea ein beliebter Imbiss. Das Tier lebte noch, als Ärzte es entfernten.

HALT DIE LUFT AN! Die japanischen Ama-Perlentaucherinnen tauchen bis zu 100-mal am Tag 20 m tief, ohne irgendwelche Beschwerden davonzutragen.

LUFTRETTUNG Als er im April 1944 aus seinem explodierenden Bomber geschleudert wurde, stieß der australische Pilot Joe Herman mitten in der Luft mit irgendetwas zusammen. Er griff danach und stellte fest, dass er sich an die Beine seines Turmschützen John Vivash klammerte, dessen Fallschirm sich gerade geöffnet hatte. Beide Männer landeten mit demselben Fallschirm und erlitten nur leichte Verletzungen.

WEICHE LANDUNG

Als der englische Luftwaffenunteroffizier Nicholas Alkemade 1944 einen Bombenangriff über Deutschland flog, wurde sein Flugzeug von feindlichen Schüssen getroffen. Er musste sich entscheiden, entweder im brennenden Flugzeug umzukommen oder aus 5.486 m Höhe ohne Fallschirm abzuspringen. Alkemade sprang und wurde im freien Fall ohnmächtig. Er erwachte in einer Schneewehe und hatte lediglich einen verstauchten Knöchel. Baumwipfel hatten seinen Aufprall gemildert. Allerdings tat er sich nicht gerade leicht, der deutschen Patrouille, die ihn aufgriff, zu erklären, wie er ohne Fallschirm dorthin gelangt war.

TRAGISCHER AUFSTIEG 1875 stieg der französische Wissenschaftler Gaston Tissandier in einem Heißluftballon 10.700 m hoch. Der Ballon war zwar mit einem primitiven Sauerstoffgerät ausgestattet, doch Tissandier und seine beiden Kollegen wurden ohnmächtig, bevor sie es benutzen konnten. Tissandier überlebte, aber seine Begleiter starben.

ABENTEUERLICHE HEIMKEHR Sechs Monate, nachdem Frank und Elizabeth Brazier ihren Collie Bobbie im amerikanischen Wolcott in Indiana verloren hatten, kehrte der Hund nach einer unglaublichen Reise von 4.830 km am 24. Februar in ihr Heim in Silverton, Oregon zurück.

MANN SCHLÄGT PFERD 2002 trat der amerikanische Sprinter Tom Johnson in den Vereinigten Arabischen Emiraten bei einem 31 km langen Wettrennen durch die Wüste gegen ein Pferd mit Reiter an. Johnson kam nach fünf Stunden und 45 Minuten über die Ziellinie und schlug das Pferd um knappe zehn Sekunden. Das Pferd hatte das Rennen eine Stunde lang unterbrochen, um auszuruhen, zu essen und zu trinken.

BOEING ABGEWÜRGT Am 24. Juni 1982 flog eine britische Boeing 747 in 11.278 m Höhe durch eine vulkanische Aschewolke aus dem Galanggung-Vulkan auf Java. Die Düsen sogen die Asche ein und alle vier Motoren wurden abgewürgt. In einem 15-minütigen, steilen Gleitflug fiel das Flugzeug auf 3.962 m ab, doch Kapitän Eric Moody und seine Mannschaft konnten die Motoren im letzten Moment erneut zünden und auf dem Flughafen von Jakarta notlanden.

ULTIMATIVER ABSPRUNG Am 16. August 1960 sprang Oberst Joseph W. Kittinger Jr. aus über 31 km Höhe aus einem Heißluftballon und stellte damit einen neuen Weltrekord im Höhenfallschirmspringen auf. Es dauerte über 13 Minuten, bis Oberst Kittinger schließlich landete.

Hans Graas rettete seinen drei Kameraden das Leben, als sie während eines Aufstiegs auf den 3.912 m hohen Piz Palü in der Schweiz von einer Felsnase in eine Spalte abstürzten, indem er während ihres Absturzes auf die andere Seite des Felsens sprang: Da sie alle am selben Seil hingen, erzeugte er dadurch ein „Pendel", das die drei im Gleichgewicht hielt, und verhinderte so, dass die ganze Gruppe auf derselben Seite abstürzte.

Als der Brite Tony Bullimore (rechts) 1997 die Welt umsegelte, kenterte sein Boot im eisigen Südpazifik. Er überlebte fünf Tage unter seinem umgekippten Boot.

FRAUEN EROBERN ASIEN

Die vier Britinnen Sophia Cunnigham, Lucy Kelaart , Alexandra Tolstoy und Victoria Westmacott reisten acht Monate lang zu Pferd und auf Kamelen quer durch Usbekistan, Kirgisien und zwei Drittel von China und durchquerten dabei vier Wüsten und zwei Gebirgsketten.

Während ihrer 6.920 km langen Reise trotzten die Frauen extremen Temperaturen, gefrorenen Kontaktlinsen und nicht zuletzt chinesischen Hirten, die für eine der Frauen 1.000 Kamele eintauschen wollten!

KRIECH UM DEIN LEBEN

Während seines Abstiegs vom Gipfel des 6.355 m hohen Siula Grande in den peruanischen Anden stürzte der britische Bergsteiger Joe Simpson und zerschmetterte sich das Knie. Sein Partner Simon Yates ließ ihn an einem Seil den Abhang herunter, aber Simpson rutschte über eine Klippe und fiel in einen tiefen Spalt. Yates blieb nichts anderes übrig, als das Seil zu kappen, wenn er nicht selbst mitgerissen werden wollte. Nach einer langen, fruchtlosen Suche nach Simpsons Leiche kehrte Yates zum zehn Kilometer entfernten Basislager zurück. Wie durch ein Wunder hatte Simpson den Sturz aber überlebt, hievte sich aus der Spalte und kam nach drei Tagen ins Basislager zurückgekrochen.

Die vier unermüdlichen Reisenden trafen nach ihrem achtmonatigen Abenteuer auf ihren Kamelen im chinesischen Xi'an ein.

ANHALTER ÜBER DEN WOLKEN
Ein 23-jähriger Chinese überlebte am 29. Juli 1998 einen dreistündigen Flug von Schanghai nach Tokio in 9.998 m Höhe im Fahrwerksschacht eines Jumbojets – trotz Temperaturen von – 50 °C und Sauerstoffmangel.

DÜNNLUFTPIONIERE 1862 stiegen die britischen Ballonfahrer James Glaischer und Henry Coxwell ohne Sauerstoff in eine Höhe von 8.770 m auf. Das ist etwa so hoch wie der Gipfel des Mount Everest.

Dieser indische Anhänger Mahatma Gandhis bemalte sich 1992 mit silberner Farbe, um wie eine Statue auszusehen, und wanderte so fast 160 km weit. Er wollte an Gandhis berühmten Freiheitsmarsch erinnern.

KÄLTEFEST
Ein nepalesischer Pilger, der 1960 einer amerikanischen Expedition in den Himalaja folgte, lief in 4.570 m Höhe barfuß durch den Schnee. Er schlief bei Temperaturen bis zu −30 °C im Freien und trug lediglich eine Baumwollhose, ein Hemd und einen Mantel.

KEIN SÜSSES ERWACHEN
Der Amerikaner Chad Dillon aus Indiana schlief nach durchzechter Nacht in einem Müllcontainer, der am nächsten Tag von der Müllabfuhr geleert wurde. Als man auf seine Schreie aufmerksam wurde, hatte er bereits Verletzungen am Kopf, an der Brust und an beiden Armen, da er schon dreimal zusammengequetscht worden war.

GUT AUFGETAUT Die 29-jährige norwegische Skifahrerin Anna Bagenholm war über eine Stunde lang in einem eisigen Fluss eingeklemmt. Als man sie rettete, war ihre Körpertemperatur auf 14 °C gefallen: 23 °C unter der Normaltemperatur. Sie wurde für klinisch tot erklärt und ins Universitätskrankenhaus von Tromsø gebracht, wo ein Wiederbelebungsteam sie ins Leben zurückholte. Acht Monate später war der einzige verbliebene Schaden ein Kribbeln in Annas Fingern.

DOPPELWUNDER Juliane Köpcke, ein deutscher Teenager, kam nicht nur einmal, sondern zweimal mit dem Leben davon, als die Linienmaschine, in der sie saß, am Heiligabend 1971 in einem Sturm über Peru auseinander brach. Erst überlebte sie den Sturz aus 3.000 m Höhe, dann irrte sie trotz eines gebrochenen Schlüsselbeins und anderer Verletzungen elf Tage lang durch den Regenwald, bis sie Hilfe fand.

HITZEBESTÄNDIG Im 18. Jahrhundert ließ sich der englische Wissenschaftler Blagden im Rahmen eines Experiments in ein Zimmer einsperren, das auf 105 °C aufgeheizt worden war! Er hatte einen Hund, Eier und ein rohes Steak bei sich. Eine Viertelstunde später kamen Blagden und der Hund wohlbehalten heraus, aber die Eier waren hart gekocht und das Steak gebraten.

ZÄHER KÄMPFER

29 Jahre nach dem Ende des Zweiten Weltkriegs weigerte sich der japanische Leutnant Hiroo Onoda immer noch, sich zu ergeben. Er behauptete, die Nachrichten über Japans Niederlage seien feindliche Propaganda. Erst, als sein ehemaliger befehlshabender Offizier auf die entlegene philippinische Insel Lubang flog und ihm befahl, seine Waffen niederzulegen, kam er am 19. März 1972 endlich aus dem Dschungel.

BUNGEE-TICKET Ein Kanadier wurde verhaftet, nachdem er vergeblich versucht hatte, mit einem Bungee-Absprung auf einem Kreuzfahrtschiff zu landen, das unter der Brücke von Vancouver hindurchfuhr.

Der 76-jährige Inder Prahlad Jani behauptet, 68 Jahre lang ohne Essen und Trinken gelebt zu haben. Eine Gruppe von Verehrern hat sich um den Mann versammelt, der sein Überleben göttlicher Hilfe zuschreibt. Um zu beweisen, dass er tatsächlich ohne jede Nahrung auskommt, ließ er sich freiwillig zur Beobachtung in ein örtliches Krankenhaus einweisen. Man konnte seine Behauptung nicht widerlegen.

FEURIGE AUFGABE Der amerikanische Vulkanologe Stanley Williams war 1993 mit Messungen im Inneren des Galeras-Vulkans in Kolumbien beschäftigt, als der Vulkan ausbrach. Sechs seiner Kollegen und drei Touristen verbrannten. Williams erlitt unter dem brennenden Schutt einen Schädelbruch und brach sich beide Beine, aber zwei tapfere Vulkanologinnen trotzten der Explosion und trugen ihren Kollegen in einer eindrucksvollen Rettungsaktion ins Tal.

SCHNELLER KLETTERER Die meisten Bergsteiger brauchen vom Basislager bis zum Gipfel des Mount Everest vier Tage, aber im Mai 2003 schaffte der Sherpa Lhakpa Gelu den Aufstieg in weniger als elf Stunden. Er schlug damit die bestehende Bestzeit, die auch von einem Sherpa aufgestellt worden war, um fast zwei Stunden.

Im Juni 2003 tauchte der indonesische Zauberkünstler Alford im Seaworld von Jakarta in einen Tank voller Haie und befreite sich innerhalb von einer Minute und 59 Sekunden von Ketten und Fesseln.

„22 Tage auf dem Drahtseil"

2002 verbrachte der chinesische Seiltänzer Adili Wushouer 22 Tage auf einem Drahtseil, das in einem Vorort von Peking über den Jighai-See gespannt war.

Der Russe Michail Lasjuw lernte, Blindenschrift mit den Lippen zu lesen, nachdem er im Zweiten Weltkrieg sein Augenlicht, beide Hände und sein Gehör verloren hatte.

MÄDCHEN GEGEN PYTHON
Weil sie ihr Kätzchen vor einer Amethystpython gerettet hatte, erhielt die sechsjährige Marlie Colemann aus Cairns in Australien 2003 den Preis des Australischen Tierschutzvereins. Die Schlange hatte das Kätzchen „Sooty" im Garten gepackt. Als Marlie es befreien wollte, verbiss sich die Schlange in ihren Lippen und hielt sie fest, bis ihre Mutter endlich ihre Schreie hörte und die Schlange entfernte.

Der fünfjährige Kanadier Julius Rosenburg aus Winnipeg in Manitoba zerrte seine dreijährige Schwester aus den Kiefern eines Bären und knurrte das Tier an, bis es davonlief.

KLEINER GROSSMEISTER
2002 wurde der 12-jährige Ukrainer Sergej Karjakin der jüngste Schachgroßmeister in der Geschichte des Schachspiels.

GENIALER TRÄUMER Einer seiner Lehrer beschrieb Albert Einstein, einen der größten Wissenschaftler aller Zeiten, als „langsam im Kopf, antisozial und ständig mit albernen Träumereien beschäftigt".

Jim Abbot hatte von Geburt an nur eine Hand, wurde aber in den 1990er Jahren trotzdem Berufsbaseballspieler. Er spielte als Werfer u. a. bei den California Angels, den New York Yankees und den Chicago White Sox. In einem Spiel warf er seine Bälle so geschickt, dass die Gegenmannschaft keinen einzigen Punkt erzielen konnte.

SPÄTZÜNDER John Maynard Keyes, einer der einflussreichsten Ökonomen des 20. Jahrhunderts, erzielte als Student in seinen Ökonomiekursen häufig die schlechtesten Noten.

BETAGTE SPRINGERIN Im Alter von 90 Jahren gewann die Schwimmerin Viola Krahn bei der Hallenbad-Meisterschaft der USA in Brown Deer in Wisconsin den Meistertitel im Sprung vom Dreimeterbrett.

LANGSAM, ABER SICHER Matthew Palframan ist Legastheniker und lernte erst im Alter von drei Jahren sprechen. Auch als Erwachsener liest er mit dem Leseverständnis eines Kleinkindes, aber 2002 erhielt er einen Studienplatz im Fachbereich Chemie an der Oxforder Universität.

SENKRECHTSTARTER Wolfgang Amadeus Mozart komponierte seine ersten Klavierstücke im Alter von fünf Jahren!

ROT EINGEPACKT

Eine bolivianische Straßenhändlerin hängt vor dem großen Silvesterumsatz rote Unterwäsche zum Verkauf aus.

In einigen Ländern, darunter auch in Bolivien, tragen viele Leute in der Silvesternacht rote Unterwäsche. Das soll Glück fürs neue Jahr bringen.

In Polen gilt rote Unterwäsche bei Studenten als Glücksbringer während des Examens. Laut einer Studie, die 2003 in den polnischen Medien veröffentlicht wurde, hatten Studenten in roter Unterwäsche größere Chancen, das Examen zu bestehen als ihre Kommilitonen, die konservativere Farben trugen. Wäscheläden in ganz Polen verzeichneten höhere Umsätze, als ganze Scharen von Studenten rote Unterwäsche kauften, um ihr Examen zu sichern!

Die Henne Lucky überlebte 2002 einen Autounfall, bei dem 2.000 Hühner starben. Der Lastwagen, der die Vögel ins Schlachthaus bringen sollte, kippte auf der Autobahn um und Lucky floh ins Gebüsch.

Dave Clemens hatte unglaubliches Glück: 2001 überlebte er einen Fallschirmabsprung, bei dem sich der Fallschirm nicht öffnete. Er landete auf einem Flugzeughangar und erlitt lediglich einen Armbruch.

LEBENSRETTER LOTTO
Der Amerikaner Patrick Gayle aus Harrisburg in Pennsylvania überlebte eine Schießerei, weil ein Geschoss in den 80 Lottoscheinen stecken blieb, die er in der Brusttasche trug.

KEIN GLÜCKSBRINGER Ein Italiener pflückte auf einer Klippe in Vibo Marina ein vierblättriges Kleeblatt, rutschte auf dem feuchten Gras aus und stürzte 46 m tief in den Tod.

TÖDLICHE GIER 1977 wurde ein Mann in New York von einem Auto angefahren und stürzte, blieb aber glücklicherweise unversehrt. Ein unbeteiligter Zuschauer riet ihm, so zu tun, als sei er verletzt, um Schadenersatz von der Versicherung einzuklagen. Der Mann legte sich wieder vor das Auto, doch kaum hatte er das getan, rollte das Auto vorwärts, überfuhr ihn und er starb.

GLÜCKSVERSTECK 27 % aller bisherigen Gewinnerinnen der Britischen Nationallotterie bewahrten ihr Glückslos in ihrem BH auf.

UNGÜNSTIGES URTEIL Auf dem Weg zu seiner Verhandlung wegen Fahrens trotz Entzugs der Fahrerlaubnis stieß ein 25-jähriger Autofahrer aus Neuseeland mit einem Wagen zusammen, dessen Fahrer sich als der Richter entpuppte, der über seinen Fall urteilen sollte.

TÖDLICHE AUFERWECKUNG Eine herzkranke New Yorkerin wurde für tot erklärt und vor der Beerdigung aufgebahrt. Doch während der Totenwache erwachte sie wieder, setzte sich in ihrem Sarg auf und fragte, was los sei. Ihre Tochter war so entsetzt, dass sie vor Schreck tot umfiel.

BUCHENFLUCH In die Rinde einer Buche bei einem Friedhof im englischen Suffolk war ein Totenkopf geschnitzt und viele Dorfbewohner hielten den Baum für verflucht. Ein Bauer glaubte jedoch nicht an den Fluch und fällte die Buche. Dabei zog er sich mit seiner Kettensäge eine schwere Handverletzung zu und trat auf einen Nagel. Sein Fuß infizierte sich, er erkrankte an Gelbsucht und starb im Krankenhaus.

ZUM SIEG ENTSCHLOSSEN

Die kanadische Weltrang-Ruderin Silken Laumann überlebte beim Training für die Olympischen Spiele von 1992 einen fast tödlichen Zusammenstoß mit zwei anderen Ruderern. Trotz einer Hauttransplantation und fünf Operationen innerhalb von zehn Tagen gelang Silken ein unglaubliches Comeback und sie gewann im selben Jahr die Bronzemedaille im Einzelfinale.

KURZER TRIUMPH Im italienischen Foggia stritt der 70-jährige Armando Pinelli mit einem anderen Mann darüber, wer auf dem einzigen Stuhl im Schatten einer Palme sitzen durfte. Armando siegte, doch als er sich hinsetzte, fiel der Baum um und erschlug ihn.

LIEBLINGSZAHL Die Zahl sieben ist bei Lottospielern am beliebtesten.

Der Hund Bruiser fiel im englischen Dorset 61 m tief von den Klippen und überlebte!

GLÜCKLICHE GOLFER

Die Chancen, beim Golfen mit einem einzigen Schlag einzulochen, stehen 15.000 zu 1 – doch manchen glücklichen Golfern gelingt es trotzdem, darunter auch dem fünfjährigen Mason Aldrege, der 2002 im Eagle's Bluff Country Club im texanischen Bullard mit einem Schlag ein 97 m entferntes Loch traf. Der jüngste Golfer, der je mit einem Schlag einlochte, ist jedoch der dreijährige Jack Paine aus dem kalifornischen Orange County. Die mit 76 Jahren wesentlich ältere Felicity Sieghart lochte im englischen Aldeburgh Golf Club 2003 innerhalb derselben Runde sogar zweimal mit einem Schlag ein.

2001 hatte der achtjährige Greg Law Glück: Er lochte im schottischen Oldmeldrum Club mit einem Schlag ein.

LIPPENLESEN Die 101-jährige Micaela Velasco wurde von einem Arzt im nordwestspanischen Zamora für tot erklärt. Wenige Stunden später sahen die Beerdigungsunternehmer, die sie für ihr Begräbnis vorbereiteten, dass sich ihre Lippen bewegten. Drei Tage später war sie „so fit, wie eine Dame ihres Alters nur sein kann".

HAARSTRÄUBENDER GEWINN Nachdem der kahlköpfige Chris Calver aus dem englischen Newcastle-upon-Tyne bei ungezählten Tombolas Nieten gezogen hatte, gewann er endlich einen Satz Lockenwickler.

FALSCHE HALTESTELLE Ein Mann aus Rio de Janeiro raubte den Passagieren eines Busses über 800 Dollar, doch als er an der nächsten Haltestelle ausstieg, wurde er sofort von einem Polizeioffizier verhaftet: Über 400 Polizisten hatten sich dort zu einer Feier versammelt.

Mohammad Nasib aus Pakistan sagt Passanten auf der Straße mit Hilfe seiner wahrsagenden Papageien die Zukunft voraus!

MÖRDERISCHER SPRUNG Die Tschechin Vera Czermak aus Prag hatte den Verdacht, dass ihr Mann sie betrog. Verzweifelt sprang sie aus ihrem Fenster im dritten Stock und landete ausgerechnet auf ihrem Mann, der gerade unten vorbeiging. Sie wurde verletzt, überlebte aber, doch ihr Mann starb auf der Stelle.

LEBEN IMITIERT KUNST

1838 schrieb Edgar Allan Poe die Erzählung *Die denkwürdigen Erlebnisse des Arthur Gordon Pym*, in der vier Männer hilflos auf einem Floß treiben. Schließlich töten und essen sie den Schiffsjungen Richard Parker. 46 Jahre später trieb die Mannschaft der *Mignonette* tatsächlich hilflos auf See, nachdem ihr Schiff in einem Sturm gesunken war. Nachdem sie 19 Tage gehungert hatten, beschloss der Kapitän, den 17-jährigen Schiffsjungen zu töten. Sein Fleisch hielt die Matrosen 35 Tage lang am Leben, bis sie gerettet wurden. Der Name des unglücklichen Jungen war Richard Parker.

GLÜCKSBRUST Die Brasilianerin Jane Selma Soares geriet 2002 während einer Schießerei zwischen Drogenhändlern und der Polizei ins Kreuzfeuer und wurde angeschossen. Ihre Brustimplantate aus Silikon retteten ihr das Leben: sie bremsten die Kugel ab, sodass sie keine schweren Verletzungen verursachte.

MEHR VERSTAND ALS GLÜCK
1873 sprengte der Engländer Joseph Jaggers die Bank des Beaux-Arts-Kasinos in Monte Carlo. Das war jedoch kein reines Glück: Jaggers hatte viel Zeit investiert und herausgefunden, dass eines der sechs Rouletträder nicht ganz ausbalanciert war. Dadurch siegten neun bestimmte Zahlen öfter als statistisch wahrscheinlich war. Als das Kasino Jaggers System durchschaute und das Roulettrad neu auswuchten ließ, betrug Jaggers Nettogewinn bereits stattliche 325.000 Dollar.

HAGELANGRIFF Ein außergewöhnlicher Hagelschauer schlug fast 5.000 Löcher von Baseballgröße in ein Doppeldecker-Flugzeug. Irgendwie gelang es dem Piloten, seine Maschine trotzdem 445 km weit zu fliegen und sicher zu landen.

JETZT SCHLÄGT'S DREIZEHN!
Der ehemalige amerikanische Präsident Franklin D. Roosevelt litt an Triskaidekaphobie – der Angst vor der Zahl dreizehn. In der englischen Sprache ist elf plus zwei (eleven plus two) übrigens ein Anagramm von zwölf plus eins (twelve plus one).

DA WIRD'S ENG
Der englische Klempner Bill musste von der Feuerwehr befreit werden, nachdem er seinen Kopf in seinem Haus in Puckeridge in Hertfordshire in der Toilettenschüssel eingeklemmt hatte. Sein Name war W. C. Sticks (etwa: „WC klemmt“).

KRIEGSOPFER Die erste Bombe, die die Alliierten während des Zweiten Weltkrieges über Berlin abwarfen, tötete den einzigen Elefanten im Berliner Zoo.

GLÜCKSSTRÄHNEN

Die erstaunliche Glückssträhne des australischen Lastwagenfahrers Bill Morgan begann 1998, als er in einer Rubbel-Lotterie ein Auto gewann. Ein örtlicher Fernsehsender bat ihn, sein Gewinnrubbeln für die Kamera nachzuspielen. Dabei gewann er mit dem neuen Rubbellos noch einmal 250.000 Australische Dollar! Ein Pressesprecher der Lotteriegesellschaft sagte, die Chancen, beide Hauptgewinne zu erzielen, stünden schlechter als 6 Milliarden zu 1. Der Kroate Frane Selak überlebte innerhalb von zehn Jahren relativ unverletzt ein Zugunglück, ein Busunglück, einen Sturz aus einem Flugzeug und drei Autobrände und wurde außerdem in Zagreb von einem Bus umgefahren. Seine außerordentliche Glückssträhne erreichte ihren Höhepunkt jedoch 2003, als er in der kroatischen Lotterie 870.000 Euro gewann!

„Kätzchen überlebt Waschgang von 40 °C!“

DIE RÜCKKEHR DES RINGES

Ein goldener Ring, der in einem Swimmingpool im englischen Colchester verloren ging, tauchte 27 Jahre später in einem Apfel wieder auf! 2002 stieß die 12-jährige Jamie-Louisa Arnold auf den Ring, als sie in einen Apfel biss. Auf einem Zeitungsfoto erkannte Rosalind Pike sofort ihren Ring, den sie 1975 während eines Schulausflugs beim Schwimmen verloren hatte. Ein Gartenexperte meinte, ein Vogel habe den Ring wahrscheinlich aufgepickt und über einem Apfelbaumgarten fallen lassen – und der Apfel wuchs um ihn herum.

Das 12 Monate alte Kätzchen Sugar hatte großes Glück: Es überlebte einen 45-minütigen Waschgang bei 40 °C, nachdem es versehentlich in der Waschmaschine eingeschlossen worden war.

Trabi Duf
CCCP/SU
TRABI
- die Luft des Ostens -

Ripley's

Einfach unglaublich!

SPECIAL: DIE AUSSERGEWÖHNLICHSTEN PHÄNOMENE AUS DEUTSCHLAND, ÖSTERREICH UND DER SCHWEIZ

MERKWÜRDIGE MUSEEN

Gulligantisch! Hans-Gerd Pfister aus Stuttgart sammelt Fotos der originellsten Kanaldeckel der Welt. Beinahe 1.000 Bilder hat er schon gemacht, 564 stammen aus Deutschland, 264 aus Europa, 89 aus Amerika, 78 aus Asien, 1 aus Australien und 9 aus Afrika. Hier zu sehen ist das malerische Exemplar „Kyoto" aus Japan.

SPICE WORLD
Im 1991 gegründeten SPICY'S Gewürzmuseum in Hamburg kann man auf 350 m^2 Ausstellungsfläche über 900 Exponate aus den letzten fünf Jahrhunderten bewundern – für den interessierten Besucher gibt es dazu noch Tipps zur Anwendung, Vorratshaltung und Qualität von Gewürzen! Das Hamburger Gewürzmuseum ist weltweit das einzige seiner Art.

Skurriles wie dieser kolorierte Druck aus dem 19. Jahrhundert und die Todesskulptur „Totentanz" aus Terrakotta werden im Kasseler Museum für Sepulkralkultur ausgestellt.

SCHAUERMUSEUM Im Henkermuseum in Sissach in der Schweiz kann man sich auf drei Stockwerken beim Anblick von Fesseln, Folterinstrumenten und Hinrichtungsutensilien vergangener Zeiten gruseln.

VERSCHNARCHT Im Schnarchmuseum im deutschen Alfeld bei Nürnberg sind Exponate zum Thema Schnarchen aus mehreren Jahrhunderten zusammengetragen worden. Neben Nasenspangen aus aller Welt kann man sich hier über ein ambulantes Schnarchkontrollsystem und ein Schnarchfoltergerät wundern.

Unerhört! Im 1998 gegründeten Museum der unerhörten Dinge in Berlin, das seinem Namen mehr als gerecht wird, findet sich z. B. ein Messgerät für Gedankenblitze, ein weißer Rotwein und die hier zu sehende Oliveneichel, ein Kreuzungsversuch aus – na? Oliven und Eicheln!

KOMM SÜSSER TOD

Im 1967 gegründeten Bestattungsmuseum in Wien kann man über 1.000 Ausstellungsstücke rund um Totenkulte und Bestattungsrituale bestaunen. Konkurrenz macht ihm das Museum für Sepulkralkultur in Kassel: Hier gibt es eine Dauerausstellung, wechselnde Sonderausstellungen und verschiedene Veranstaltungen, die sich mit dem Tod befassen.

HIER GEHT ES UM DIE WURST

Im Deutschen Currywurst-Museum Berlin kann man auf einer Fläche von 1.500 m² alles über die Geschichte und Herstellung der deutschen Lieblingswurst erfahren.

BURGER KING Aus seiner Vorliebe für Burger hat Roland Barthel ein Hobby gemacht: Er sammelt Burgerverpackungen. Mittlerweile türmen sich in seiner Wohnung bereits weit über 100 bunte Papp- und Styroporschachteln aus aller Welt.

SCHRÄGE SAMMLUNGEN

TOTENSCHÄDEL Der 63-jährige Zahntechniker Freddy Z'gragen aus Spreitenbach in der Schweiz sammelt und präpariert Menschen- und Tierschädel. Seine Sammlung umfasst derzeit 57 Exponate.

Gerhard Lang und Thorsten Hecht aus Unterfranken sammeln Kotztüten. Seit 1996 haben sie über 3.500 verschiedene Kotztüten zusammengetragen.

GEJAULE Der 58-jährige Musikforscher und Chef einer Plattenfirma Richard Weize sammelt deutsche Lieder über und rund um den Hund. Auf seiner CD „Auf den Hund gekommen" sind 27 Hunde-Lieder aus den Jahren 1930 bis 1971 zu hören.

FESSELND Markus Atame aus München sammelt Fesseln jeder Art. Rund 150 verschiedene Handschellen, Fußeisen, Knebelketten usw. aus allen Ländern und Zeiten hat er bisher zusammengetragen.

TOTGESAGT
Christian Sprang aus Wiesbaden sammelt seit sechs Jahren die seltsamsten, missglücktesten und skurrilsten Todesanzeigen. Auf seiner Homepage www.todesanzeigensammlung.de finden sich in Rubriken wie „Hassanzeigen" oder „Sprachlich missglückt" die unglaublichsten Anzeigen.

Deutschlands größter lebender Mann trägt den (un)bezeichnenden Namen Konstantin Gerhard Klein. Er wurde 1957 in Hainburg/Hessen geboren und ist beeindruckende 2,23 m groß.

WAHNSINNSKÖRPER, VERRÜCKTE KÖPFE

HISTORISCHE GRÖSSE Der 1887 verstorbene Österreicher Franz Winkelmeier wies angeblich eine Körpergröße von 273 cm auf.

STARKE MÄNNER Paul Trappen, geboren 1887 in Hessen, galt bei seinem Tod 1957 als stärkster Deutscher: Er hob nicht nur lebende Ochsen, die 2.050 kg schwer waren, sondern auch fast drei Fußballmannschaften auf einmal, nämlich 32 Menschen mit einem Gesamtgewicht von 2.370 kg. Der stärkste lebende Deutsche ist Dieter Seidenkranz, Gewinner der Strongmen-Meisterschaft 2005, wo er in 26,5 Sekunden fünf 160 kg schwere Steinkugeln auf ein 1,30 m hohes Podest wuchtete.

Der 1,95 m große und 160 kg schwere Dieter Seidenkranz, hier zu sehen bei einem Wettkampf, ist der stärkste Mann Deutschlands.

DICKES DING Deutschlands dickster Mann ist Peter Krainski aus Meppen in Niedersachsen. Bei einem Gewicht von 300 kg trägt er Jeansgröße 77. Konkurrenz macht ihm ein Stuttgarter, für dessen Krankentransport ein Kran sowie ein Kleinlaster eingesetzt werden mussten, da er nicht durch das Treppenhaus seines Wohnhauses passte.

RAUSCHEBART Den stattlichsten Backenbart Deutschlands trägt wohl Ergen Hasan aus Bienen bei Karlsruhe. Der Bart des seit 1963 in Deutschland lebenden Türken maß im Jahr 1991 beachtliche 192 cm. Bei weitem übertroffen aber wurde er von dem 1567 verstorbenen Braunauer Stadthauptmann Hanns Staininger, der einen 2,07 m langen Kinnbart gehabt haben soll, mit dem er in Form einer Statue verewigt wurde.

SKURRILER TOD Der österreichisch-ungarische Schriftsteller Ödön von Horváth wurde am 1. Juni 1936 auf den Champs-Élysées in Paris während eines Gewitters von einem Ast erschlagen. Er hatte es trotz des starken Sturmes abgelehnt, sich mit dem Auto nach Hause fahren zu lassen, da er Zeit seines Lebens befürchtet hatte, bei einem Autounfall ums Leben zu kommen.

MOZART DER ZWEITE Der 1985 geborene Organist Felix Hell aus Laumersheim in der Pfalz studierte bereits mit 12 Jahren an der Musikhochschule in Heidelberg. Mit 18 legte er 2004 als jüngster Orgel-Absolvent aller Zeiten sein Konzertexamen ab.

SPRACHGENIE Der 1930 verstorbene Berliner Legationsrat Krebs sprach als einziger Mensch der Welt 240 Sprachen. Gefolgt wird er mit 200 Sprachen von dem Münchner Übersetzer und Dolmetscher Dr. Tassilo Schultheiß.

Der Bundesverband der Stiefelwerfer trägt jährlich eine Deutsche Meisterschaft aus. Einziges notwendiges Sportgerät hierfür ist ein Gummistiefel, der möglichst weit geworfen werden muss. So einfach das klingt, gibt es aber ein umfassendes Regelwerk, in dem Größe, Gewicht und Wurfart pedantisch vorgeschrieben werden.

Der Massenmörder Fritz Haarmann, auch der „Vampir von Hannover" genannt, soll das Fleisch seiner Opfer im Ersten Weltkrieg auf dem Schwarzmarkt verkauft haben. Getötet hat er seine 24 Opfer, alles Jungen im Alter zwischen 13 und 20 Jahren, indem er ihnen in den Hals biss.

FANTASTISCHE FÄHIGKEITEN UND IRRE HOBBYS

FARBENFÜHLEN Gaby Simon aus Wallenhorst bei Osnabrück ist in der Lage, die Farben von Textilien zu erfühlen. Über viele Jahre hinweg hat sie gelernt, die verschiedenen Härtegrade, die beim Färben der Stoffe entstehen, zu unterscheiden.

RODELN DE LUXE Jürgen Baumgarten aus Mecklenburg-Vorpommern ist das Autofahren auf normalen Straßen zu langweilig. Lieber befährt er die Naturrodelbahn in Unterammergau (Bayern) und das sogar schneller als der derzeitige Hornschlitten-Europameister Reinhard Wallensteiner.

NUCKELEI Veronika Aut und ihre Cousine Martina Fröhlich aus Würzburg können über 100 Schnuller durch Nuckeln voneinander unterscheiden.

PANZERKNACKER E. V. Seit 1997 trägt der Verein „Sportsfreunde der Sperrtechnik -Deutschland e. V." alljährlich die Deutsche Meisterschaft im Schlossöffnen aus. Klangvolles Ziel des Vereins: Die „Pflege der Sperrtechnik als sportliche Herausforderung".

MÄNNER UND IHRE AUTOS
Von wegen, auf die PS kommt es an: In den diversen deutschen Bobby Car Clubs, deren Urvater bereits 1994 in Silberg im Sauerland gegründet wurde, ist der Einbau von Motoren in die kleinen roten Plastikgefährte streng verboten. Bei der jährlichen deutschen Meisterschaft wurden aber dennoch bereits Geschwindigkeiten von über 100 km/h erreicht.

VERTRAUEN UNTER FREUNDEN
Der Berliner Lars Bochmann und sein Freund Sascha Wawlo haben sich eine äußerst riskante Sportart zum Hobby gemacht: Beim Fallschirmspringen rasiert Bochmann seinem waghalsigen Kumpanen den Bart – im freien Fall.

PFEILSCHNELL Thomas Jüngst aus Braunschweig fährt Motorrad wie der Blitz: Er kann fliegende Pfeile einholen und aus der Luft fangen.

Beim Weihnachtsmanntreffen im Europapark Rust im November 2004 kamen 2.797 Weihnachtsmänner zusammen. Gefeiert wurde dieser Weltrekord mit wehenden Bärten in der Achterbahn.

Silvia Arroyo Camejo, das deutsche Wunderkind der Quantenphysik

TECHNIK TOTAL!

BAUKRÄNE-BALLETT Zum Richtfest ihres neuen Betriebsgeländes in Berlin auf dem Potsdamer Platz ließ die Debis zu den Klängen von Beethovens „Ode an die Freude" sieben Minuten lang 19 Baukräne synchron „tanzen". Dirigiert wurden sie von Daniel Barenboim, Chefdirigent der Deutschen Staatsoper.

SPRECHENDER MÜLL Seit 2004 stehen in Berlin sprechende Abfallkörbe. Die fünf verschiedenen Modelle sollen die Bürger der Stadt mit aufmunternden Worten zu mehr Ordnung motivieren. Modell „Siggi Sport" zum Beispiel dankt den Einwurf von Müll mit dem Ausruf „Volltreffer!", „Kalle Kiez" dagegen hat lockere Sprüche wie „Dufte Leistung, Kumpel!" auf Lager.

KLEIN, ABER OHO! Der Smart ist zwar eines der kleinsten Autos der Welt, wenn man sich etwas Mühe gibt, passen aber, wie Ralph Schäfer aus Bad Abbach bewiesen hat, 18 Personen in das kleine Gefährt.

TICKTACK Zürich in der Schweiz ist die Stadt der Uhrenrekorde: Hier finden sich gleichzeitig die größte Turmuhr im St.-Peters-Turm (das Ziffernblatt hat einen Durchmesser von 8,70 m, die Zeiger sind sechs und vier m lang), die kleinste Uhr der Welt mit einer Größe von 4,85 x 14 mm (Museum der Zeitmessung) und die flachste Uhr der Welt mit einer Dicke von 1,20 mm.

Metaphysik der Würste. Das deutsche Philosophiegenie Immanuel Kant hatte neben seiner extremen Pünktlichkeit und seiner Vorliebe für überheizte Räume auch recht exzentrische Vorstellungen von Bezahlung: Für sein Buch „Kritik der reinen Vernunft" erbat er von seinem Verleger als Honorar: „220 Thaler bares Geld, zwei Pfund Schnupftabak und 16 Göttinger Würste".

Das beschauliche Städtchen Ulm hat ein Wunder der Baukunst vorzuweisen: den höchsten Kirchturm der Welt. Mit 162 m Höhe stellt der 1890 fertig gestellte Turm des Ulmer Münsters alle anderen Kirchtürme in den Schatten.

In diesen schicken Fläschchen konnte Aspirin sich schließlich gegen Heroin durchsetzen.

WAHNSINNIGE WISSENSCHAFT!

HEROIN Heroin wurde im August 1897 11 Tage nach der erstmaligen Herstellung von Aspirin von dem Chemiker Felix Hoffmann, einem Angestellten der Bayer-Werke, entwickelt. Bis in die 30er Jahre wurden Heroin als Hustensaft und Allheilmittel in alle Welt exportiert und kostenlose Proben an Ärzte verteilt. 1931 wurde Heroin dann verboten. Aspirin hingegen wäre vom Bayer-Konzern fast verworfen worden, da man es für zu giftig hielt.

Deutschlands ältester Doktorand hieß Josef Jacobs und hat mit 100 Jahren im Jahre 1996 an der Universität in Frankfurt am Main seine Doktorarbeit eingereicht. Thema: „Rhein-Romantik im Weinbau". Der Promotionsfeier wohnten seine vier Kinder, neun Enkel und zehn Urenkel bei.

DANIEL DÜSENTRIEBS ERBEN
Als Schule mit den kreativsten Köpfen Deutschlands kann sich wohl das Maristengymnasium in Fürstenzell bei Passau bezeichnen: 10- bis 15-jährige Schüler tüfteln in der dortigen Erfinderwerkstatt an ihren Ideen, z. B. einer Handtaschenbeleuchtung, einer Fahrradkehrmaschine oder einem Pflaster für Einhänder. Bisher gibt es mehr als 300 Erfindungen, 18 davon sind patentiert.

WUNDERKIND Die heute 20-jährige Silvia Arroyo Camejo aus Berlin begann mit 17 Jahren, ihr mittlerweile veröffentlichtes Buch über die Quantenphysik, ein Thema, bei dem selbst viele ausgebildete Physiker aufgeben, zu schreiben – selbst Fachleute ziehen den Hut vor ihrer wissenschaftlichen Leistung.

Hallohallo? „Kalle Kiez", einer der sprechenden Mülleimer aus Berlin, beim Plausch mit einer jungen Dame.

KABELSALAT Ein angeblich originalverpacktes Wireless-LAN-Kabel wurde Anfang Januar 2005 bei eBay Deutschland versteigert. Ein technisch wohl eher unterbelichteter Käufer war bereit, für 100 m heiße Luft 10,50 Euro plus Versandkosten von 3 Euro zu bezahlen.

SCHRÄGE PROMIS UND PARA-GRAPHEN

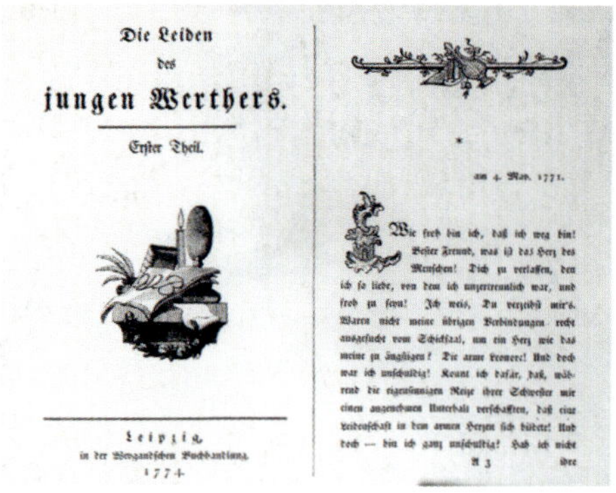

Die Leiden des jungen Werthers.

Erster Theil.

Leipzig, in der Weygandschen Buchhandlung. 1774.

am 4. May. 1771.

Wie froh bin ich, daß ich weg bin! Bester Freund, was ist das Herz des Menschen! Dich zu verlassen, den ich so liebe, von dem ich unzertrennlich war, und froh zu seyn! Ich weis, Du verzeihst mir's. Waren nicht meine übrigen Verbindungen recht ausgesucht vom Schicksaal, um ein Herz wie das meine zu ängstigen? Die arme Leonore! Und doch war ich unschuldig! Konnt ich dafür, daß, während die eigensinnigen Reize ihrer Schwester mir einen angenehmen Unterhalt verschaften, daß eine Leidenschaft in dem armen Herzen sich bildete! Und doch — bin ich ganz unschuldig? Hab ich nicht

A 3 der

Goethe zensiert: Goethes Roman „Die Leiden des jungen Werther" war in seiner Erscheinungsstadt Leipzig zeitweise verboten und musste generell mit dem Vers »Sei ein Mann und folge mir nicht nach« ergänzt werden. Grund: Der Selbstmord der Hauptfigur aus Liebeskummer fand zu viele Nachahmer.

FALCO INTERNATIONAL
Der erste Song im österreichischen Dialekt, der die amerikanischen Charts eroberte, war Falcos „Der Kommissar" aus dem Jahr 1983.

SCHWABENSCHWUCHTEL Harald Schmidt wurde 1998 vom Landgericht Hamburg per einstweiliger Verfügung untersagt, Jürgen Klinsmann in seiner Fernsehsendung als „Schwabenschwuchtel" oder „Warmduscher" zu bezeichnen.

Spätzünder: *Mit mittlerweile fünfzig Jahren und insgesamt um die 500 weltweit erschienenen Platten, auf denen ihre Stimme zu hören ist, ist Nina Hagen nun der Meinung, ihre Karriere habe gerade erst begonnen.*

BOHLEN SERIÖS Die Erkennungsmelodie der ARD-Sportschau wurde von Deutschlands hassgeliebtem Popidol Dieter Bohlen komponiert.

BÜROKLAMMERN-AUSSCHUSS
1965 wurde in Österreich eine Untersuchung durch Fachleute über den Verbleib von 100.000 Büroklammern in Amtsstuben veranlasst. Das Ergebnis: nur 20.000 wurden zweckentsprechend verwendet. Die Übrigen wurden als Spielmarkenersatz bei Kartenspielen (19.413), Schreibmaschinentypenreiniger (15.842), Zahnstocher (5.434), Nagelreiniger (3.196), Schraubenzieher (2.431) und Sicherheitsnadeln (1.112) benutzt. 14.163 Büroklammern wurden beim Telefonieren verbogen und 13.000 von Kindern verschluckt oder von Putzfrauen weggeworfen.

PAPPNASENVERBOT In Deutschland ist es gesetzlich verboten, mit einer Pappnase, einem falschen Bart oder einem bemalten Gesicht an öffentlichen Versammlungen teilzunehmen. Verstöße gegen das so genannte Vermummungsverbot können Gefängnisstrafen bis zu 12 Monaten zur Folge haben.

Trabi-Duft aus der Dose
Wer möchte, kann Trabigeruch jetzt auch in der Dose kaufen: Thorsten Jahn aus Eisenhüttenstadt bei Frankfurt an der Oder verkauft den ostalgischen Duft mittlerweile schon nach Übersee.

WISSENSWERTER WAHNSINN

LEICHENSEE In dem besonders bei Urlaubern beliebten bayrischen Starnberger See schwimmen noch immer 28 Wasserleichen, die nie geborgen werden konnten. Die meisten von ihnen sind durch Selbstmord ums Leben gekommen, wohl inspiriert von ihrem berühmten Vorgänger Ludwig II., der sich 1886 im Starnberger See ertränkte.

MILITÄRCHINESISCH Als „selbstreproduzierende Kleinflugkörper auf biologischer Basis mit fest programmierter automatischer Rückkehr aus beliebigen Richtungen und Distanzen" bezeichnet die Schweizer Armee ihre Brieftauben.

TIERISCH VERRÜCKT

Die kluge Antje spielte in ihrer Freizeit gerne Mundharmonika.

LUXUS-KÖTER Der vermutlich beschäftigtste Hund Deutschlands ist Daisy, die Yorkshire-Terrierhündin des verstorbenen Münchner Modemachers Rudolph Moshammer. Um ihre diversen Presseauftritte glatt über die Bühne zu bringen, verfügte sie zu Glanzzeiten ihrer Karriere über einen eigenen Chauffeur, einen eigenen Leibwächter sowie eine Pressebetreuerin.

SCHRÄGE VÖGEL Im Zoo Bremerhaven leben insgesamt sechs männliche Pinguine in schwulen Lebensgemeinschaften. Da sie keine Eier legen können, brüten sie eiförmige Steine. Der Versuch der Zooleitung, sie durch die Ansiedlung weiblicher Pinguine zu bekehren, rief weltweite Proteste der Schwulenbewegung hervor.

COOLE KUH Wir alle kennen und lieben sie: die Milka-Kuh. Eine Anfang der 90er Jahre in deutschen Kindergärten durchgeführte Umfrage ergab, dass rund die Hälfte aller Kinder glauben, dass es lila Kühe gibt. Mittlerweile standen bereits über 20 Rinder Milka-Modell. Schwalbe, das wohl bekannteste Modell, verbrachte ihren Lebensabend auf Kosten der Firma Suchard, die ihr jährlich 6.000 Schweizer Franken Rente für Kost und Logis zahlte.

UNDERCOVER-SAU Einer der erfolgreichsten Drogenhunde Deutschlands war in Wirklichkeit ein Schwein: Die Wildsau Luise war von 1985 bis 1987 verbeamtetes Spürwildschwein der Hundestaffel Hildesheim (Niedersachsen). Sie legte nicht nur diverse Film- und Fernsehauftritte hin, sondern ist auch ein Literaturstar: 1988 erschien ihre Biografie „Luise - Karriere einer Wildsau".

TIERISCHE PROMINENZ Nach welchen deutschen Prominenten wurden wohl diese beiden Tiere von ihren Entdeckern benannt: a) Bufonaria borisbeckeri (eine Meeresschnecke), b) Anophthalmus hitleri (ein brauner, blinder Höhlenkäfer)?

WALROSSGENIE Eine der größten Attraktionen des Hamburger Tierparks Hagenbeck war das Walross Antje. Die im Sommer 2003 verstorbene 750 kg schwere Dame ist nicht nur das Maskottchen des Norddeutschen Rundfunks (NDR) und Heldin ihrer eigenen Zeichentrickserie, sondern bewies auch außerordentliches musikalisches Talent beim Mundharmonikaspielen.

Miss Daisy und ihr Chauffeur

ELEFANTÖS Der berühmteste Fahrgast der Wuppertaler Schwebebahn war wohl eine junge Elefantendame namens Tuffi. 1950 sollte sie zu Werbezwecken für einen Zirkus über die Stadt fahren. Offensichtlich gefiel ihr die Idee weniger, denn schon nach wenigen Minuten durchbrach sie die Seitenwand der Bahn und flüchtete in die Wupper. Bei dem Sprung zog sie sich glücklicherweise nur eine Schramme am Hinterteil zu.

Das wohl kleinste Huhn der Welt legt seine Eier im Vogelpark Heiligenkirchen in Nordrhein-Westfalen. Das Hühnchen ist etwa so groß wie eine Faust und seine Küken haben die Größe einer Hummel.

Action Press/REX: 96 (u) Adrian Dennis/AFP/GETTYIMAGE: 142 (o) (m) AFP/GETTYIMAGE: 14 (o) / 50 (u/l) / 61 (r) / 92 (u) / 95 (o/l) / 97 (u) / 105 (o) / 106 (o/r) / 113 (u) / 122 (o) / 138 (o/r) / 140 (u) / 148 (o) / 149 (u) / 156 (o) / 167 (o/r) / 191 (o) / 194 (u) 201 (o) / 210 (o) / 213 (o) / 217 (u) / 223 (o) / 227 (u) / 231 (u) / 235 (o) (u) / 238 (o) (m/r) / 239 (r) (u) / 241 (u) / 242 (u) / 244 (o) Alex Sudea/REX: 45 (o) Alistair Berg/Katz: 212 (u/l) Amos Nachoum/CORBIS: 73 (u) Anatoly Maltsev/AFP/GETTYIMAGE: 216 (u/l) Andy Newman/AFP/GETTYIMAGE: 230 (u/r) Antonio Bat/AFP/GETTYIMAGE: 196 (m/o) Anupam Nath/AFP/GETTYIMAGE: 135 (o) Ashley Gilbertson/AFP/GETTYIMAGE: 165 (o/l) Bay Ismoyo/AFP/GETTYIMAGE: 242 (o) Bettmann/CORBIS: 54 (l) (r) / 102 (u) / 111 (u) / 154 (u/l) / 225 (o) / Biju Boro/AFP/GETTYIMAGE: 106 (u/l) Bill Keogh/AFP/GETTYIMAGE: 174 (u) / 175 (o) (u) Brownie Harris/CORBIS: 117 (o) Carl de Souza/AFP/GETTYIMAGE: 23 (m/l) / Carsten Rehder/AFP/GETTYIMAGE: 180 (o) Charles Sykes/REX: 36 (m/l) (u) Charles u. Josette Lenars/CORBIS : 123 (u) Chris George/CORBIS: 190 (u) Christian Thalheimer/AFP/GETTYIMAGE: 201 (u) Christophe Simon/AFP/GETTYIMAGE: 237 (u) Christopher Gerigk/AFP/GETTYIMAGE: 62 (o) Ciro Fusco/AFP/GETTYIMAGE: 40 (u) / 157 (o) Cliff Crook/FLP: 34 (o) Columbia/Goldcrest: 184 (u)Courtesy of Andre Tolme: 217 (o/l) (o/m)Courtesy of Chris Pritchard: 205 (u) (o) Courtesy of Michael Vine Associates/Nicky Johnson: 116 (m) Courtesy of NASA: 97 (o) Courtesy of Polygram: 183 (o/r) (m/r) Courtesy of South West News Service: 151 (t) Courtesy of Warner: 170 (u) Craig Beruldsen/AFP/GETTYIMAGE: 154 (o) Damien Meyer/AFP/GETTYIMAGE: 214 (u/m) Dave Bebber/REX: 119 (m/r) David A. Northcott/CORBIS: 89 (m/l) David Hartley/REX: 130 (o/r) David Hill/REX: 47 (o) Davis Factor/CORBIS: 48 (u) Deshakal Yan Chowdury/AFP/GETTYIMAGE: 107 (o/r) / 253 (l/m) Dibyangshu Sarkar/AFP/GETTYIMAGE: 230 (l/m) / 232 (u/l) DiMaggio/Kalish/CORBIS: 49 (u/r) Doc White/Seapics.com: 72 (o) Doug Kanter/AFP/GETTYIMAGE: 22 (o) / 211 (o/r) Dr. B. E. Schwarz/FLP: 28 (m) Dr. Elmar R. Gruber/FLP: 31 (u/r) (u/l) Dragon/REX: 56 (u) E. Coxon/FLP: 25 (o) / Emanuel Ilan/AFP/GETTYIMAGE: 16 (o) /Entertainment/New Line: 183 (u) / 184 (o/r) / 186 (u/l) / 187 (o/l) Epa European Press Agency/PA Photos: 203 (u) FLP: 15 (l) / 16 (u) / 18 (o) / 20 (o) / 21 (u) / 24 (o/r) (u) / 32 (o) (u) / 35 (m) / 37 (o/l) / 101 (m/l) / 110 (u) / Frank Mächler/AFP/GETTYIMAGE: 208 (o) Frederic J. Brown/AFP/GETTYIMAGE: 155 (u) / 168 (o) Galen Rowell/CORBIS: 76 (u) / 198 (u) Gamma/Katz : 124 (o) / 207 (o) Gary Roberts/REX: 101 (o) Gary Trotter/REX: 119 (u/l) Gerard Malie/AFP/GETTYIMAGE: 195 (o) Gero Breloer/AFP/GETTYIMAGE: 140 (o) / 149 (o) Gerry Penny/AFP/GETTYIMAGE: 211 (u) Gideon Mendel/CORBIS: 163 (o) Giorgio Benvenuti/AFP/GETTYIMAGE: 150 (u/r) Gred Garay/AFP/GETTYIMAGE: 62 (m/r) Greg Williams/REX: 118 (u) Gregory Ochocki/Seapics.com: 70 (m) Gunner Ask/AFP/GETTYIMAGE: 88 (u) Hector Mata/AFP/GETTYIMAGE: 150 (o) / 199 (u) Helen Osler/REX: 246 (o) Henny Ray/AFP/GETTYIMAGE: 202 (o) Henry McInnes/REX: 136 (o) Herbert Spies/AFP/GETTYIMAGE: 213 (u) Hulton-Deutsch-Collection/CORBIS: 26 (r) IBL/REX: 44 (u) / Idranil Mukherjee/AFP/GETTYIMAGE: 144 (u) / 172 (l) INS News Group/REX: 85 (o) IPC Magazines:Whats on TV/REX: 224 (u) Issouf Sanogo/AFP/GETTYIMAGE : 126 (o/l) (o/r) / 126 (m) ITD/REX: 13 (u) J. Fesl/AFP/GETTYIMAGE: 198 (o/r) J.C. Cardenas/AFP/GETTYIMAGE: 197 (o) J.G. Morell/AFP/GETTYIMAGE: 228 (u) JAC/REX: 59 (o) James Fraser/REX: 182 (u/l) James Leynse/CORBIS: 168 (o) Jeanpierre Clatot/AFP/GETTYIMAGE: 152 (o) Jeffrey L. Rotman/CORBIS: 74 (r) (u) / 77 (m) Jens Buettner/AFP/GETTYIMAGE: 52 (o) Jeremy Durkin/REX: 245 (o) Jeroen Oerlemans/REX: 232 (o/l) Jerry Daws/REX: 127 (o) Jewel Samad/AFP/GETTYIMAGE: 246 (o) Jiji Press/AFP/GETTYIMAGE: 138 (u) / 231 (o) Jim Erikson/CORBIS: 86 (u) Jimin Lai/AFP/GETTYIMAGE: 133 (u) / 214 (o) Joe McDonald/CORBIS: 82 (u) Joel Nito/AFP/GETTYIMAGE: 192 (u) John McLellen/REX: 117 (u) John T. Barr/AFP/GETTYIMAGE: 229 (u) John Zich/AFP/GETTYIMAGE: 243 (u) Jörn Pollex/AFP/GETTYIMAGE: 167 (u) Joseph Barrak/AFP/GETTYIMAGE: 106 (o/l) Katja Lenz-Pool/AFP/GETTYIMAGE: 243 (u) Kay Nietfield/AFP/GETTYIMAGE: 71 (o) Ken McKay/REX: 29 (r) Ken Webster/FLP: 19 (o) (u) Keren Su/CORBIS: 93 (u) Kevin Braithwaite/FLP: 29 (o/l) Kevin Schafer/CORBIS: 62 (u) Kimmo M. Nytl/AFP/GETTYIMAGE: 206 (o/l) Larry E. Arnold/FLP: 20 (r) Layne Kennedy/CORBIS: 160 (u) Lindsey Hebberd/CORBIS: 241 (o) Lloyd Cluff/CORBIS: 43 (o) Lowell Giorgia/CORBIS: 214 (u/r) Lucy Kelaart/REX: 240 (u) Ludovic Maisant/CORBIS: 156 (u) Marc Alex/AFP/GETTYIMAGE: 105 (u/l) (u/r) Marcus Führer/AFP/GETTYIMAGE: 193 (o/r) Maria Laura/REX: 180 (u) Marina Jackson/FLP: 20 (u) / Mark Campbell/REX: 121 (o) Martial Trezzini/AFP/GETTYIMAGE: 146 (o) Martin Harvey, Gallo Images/CORBIS: 80 (u) / 83 (o) Mary Evans Picture Library: 17 (u) Matt Cambell/AFP/GETTYIMAGE: 22 (u) Matt Morton/REX: 245 (u) Matthias Schrader/AFP/GETTYIMAGE: 72 (u) Michael and Patricia Fogden/CORBIS: 81 (o) Michael Freeman/CORBIS: 82 (o/r) Michael Friedel/REX: 104 (u) Michael Kupferschmidt/AFP/GETTYIMAGE: 212 (o) Mike Nelson/AFP/GETTYIMAGE: 147 (o/l) Miura Dolphins/AFP/GETTYIMAGE: 46 (u) / Mohammed Ibrahim/AFP/GETTYIMAGE: 85 (u) Mohammed Sarji/AFP/GETTYIMAGE: 202 (m/r)Moma/AFP/GETTYIMAGE: 181 (u)NASA/AFP/GETTYIMAGE : 41 (l) / 238 (u) Neil Hall/REX: 247 (u) Nicholas Asfouri/AFP/GETTYIMAGE: 23 (u) / 144 (o) Nigel Snowdon/REX: 148 (u/r) Nijmegen University/AFP/GETTYIMAGE: 139 (o) Nils Jorgensen/REX: 120 (u) / 179 (o) Nokia: 209 (o/l) Olivier Morin/AFP/GETTYIMAGE: 191 (u) Oregon State University/AFP/GETTYIMAGE: 141 (o) PA Photos: 203 (o/r) Paolo Cocco/AFP/GETTYIMAGE: 199 (o) Patrick Barth/REX: 67 (u) Patrick Bernard/AFP/GETTYIMAGE: 143 (u) Patrick Ward/CORBIS: 209 (u) Paul A. Souders/CORBIS: 67 (o) / 79 (u) Paul Cooper/REX: 122 (u) Paul J. Richards/AFP/GETTYIMAGE: 89 (u) Paul Villa/AFP: 17 (o) Paul Watts/REX: 244 (u) Peter MacDiarmid/REX: 233 (m) Peter Parks/AFP/GETTYIMAGE: 177 (u/r) Peter Turnley/CORBIS: 222 (o) Petra Masova/AFP/GETTYIMAGE: 215 (u/l) Philipp Dunn/REX: 237 (o) Philippe Hays/REX: 63 (u) Pictorial Press Ltd: 178 (o/r) / 184 (o/l) / 185 (m) / 186 (o/r) / 187 (u) / 236 (o/r) (u) picture-alliance/akg-images: 256 (l/o) picture-alliance/dpa/dpaweb: 253 (u/m) / 254 (l/o) / 256 (l/u) / 257 (m/r) (u/m) picture-alliance/dpa: 252 (l/o) / 253 (l/o) (r/o) / 254 (m/u) / 255 (l/o) (r/o) (m/u) picture-alliance/KPA/HIP/Oxford Science Archive: 254 (r/o) Pierre Verdi/AFP/GETTYIMAGE: 58 (o) PNS/REX: 221 (o/r) Pornchai Kittiwongsakul/AFP/GETTYIMAGE: 84 (u) / 114 (o) Rabih Mograbi/AFP/GETTYIMAGE: 138 (o/l) Raed Qutena/AFP/GETTYIMAGE: 86 (o) Raveendran/AFP/GETTYIMAGE: 204 (u) REX: 130 (u) Richard Sowersby/REX: 66 (u) Richard T. Nowitz/CORBIS: 192 (o) Rick Doyle/CORBIS: 65 (u) Ripley's Believe it or not! Archives, Sony Pictures Television: 109 (m) (u) / 110 (o/l) / 111 (m) / 137 (u) Robert Holmes/CORBIS: 154 (u/r) Robin Utrecht/AFP/GETTYIMAGE: 82 (o/l) Robyn Beck/AFP/GETTYIMAGE: 165 (u) / 166 (u) Roger Garwood & Trish Ainslie/CORBIS: 79 (o) Roger Wilmhurst/FLPA/CORBIS: 95 (u) Roman Soumar/CORBIS: 221 (u) Roy Garner/REX: 50 (o) Royalty-Free/CORBIS: 75 (r) Rus/Rex : 23 (o) / Saeed Khan/APF/GETTYIMAGE: 29 (u) Sam Yeh/AFP/GETTYIMAGE: 95 (o/r) Simon Walker/REX: 64 (r) Simon Ward/REX: 131 (o) Sipa Press/REX: 18 (u) / 46 (o) / 60 (u) / 120 (o) / 132 (o) / 173 (o) / 204 (o) Sourav/AFP/GETTYIMAGE: 169 (o/r) / 232 (u/r) Stefan Puchner/AFP/GETTYIMAGE: 176 (u) Stephen Frink/CORBIS: 157 (u) Stephen Jaffe/AFP/GETTYIMAGE: 191 (m/r) STF/AFP/GETTYIMAGE: 71 (u/r) / 84 (Hintergrund) Sunday Time/CORBIS SYGMA: 55 (u) Sutcliffe News/REX: 133 (o) Sven Nackstrand/AFP/GETTYIMAGE: 176 (o) SWS/REX: 33 (o) (u) / 229 (o) TA/REX : 153 (o) TDY/REX: 134 (u) Thierry Zoccolan/AFP/GETTYIMAGE: 190 (m/l) Tierpark Hagenbeck: 257 (r/o) Tim Rooke/REX: 109 (o) Tom Bean/CORBIS: 51 (o) Tom Brakefield/CORBIS: 76 (o) Tom Kidd/Katz: 91 (m) Tommi Korpihalla/AFP/GETTYIMAGE: 207 (u) Tony Healy/FLP: 34 (u) / 35 (u) Tony Kyriacou/REX: 161 (u) Torsten Blackwood/AFP/GETTYIMAGE: 139 (u/l) (u/r) Toru Yamanaka/AFP/GETTYIMAGE: 137 (o) Ulrich Perrey/AFP/GETTYIMAGE: 165 (o/r) Universal/Miramax: 186 (m) Universal: 73 (u/r) Uta Rademacher/AFP/GETTYIMAGE: 108 (o/r) Valerie Hach/AFP/GETTYIMAGE: 193 (u/l) Victor Drachev/AFP/GETTYIMAGE: 206 (u/r) Victor Vasenin/AFP/GETTYIMAGE: 57 (u) William West/AFP/GETTYIMAGE : 42 (o) (u) Wolf-Dietrich Weissbach/AFP/GETTYIMAGE: 210 (u) Yoshikazu Tsuno/AFP/GETTYIMAGE: 88 (o) / 131 (u) / 145 (l) / 147 (u/r) / 234 (o) ZZ/XXH/SPL/REX: 27 (u)

FPL – Fortean Picture Library

Alle weiteren Abbildungen stammen von Corel, MKP Archives, Ripley's Entertainment Inc. und privat.

WORLD COPYRIGHT RESERVED
© DER ORIGINAL-AUSGABE: RIPLEY ´S BELIEVE IT OR NOT® BY RIPLEY ENTERTAINMENT INC.
© DER DEUTSCHEN ÜBERSETZUNG: HOFFMANN & CAMPE VERLAG GMBH, HAMBURG.
This edition of RIPLEY ´S BELIEVE IT OR NOT ® is published by arrangement with RIPLEY ENTERTAINMENT INC. "Ripley's" and "Believe It or Not!" are registered trademarks of Ripley's Entertainment Inc.
Die Vervielfältigung, Speicherung und Übertragung, auch einzelner Textabschnitte und Bilder, ist ohne schriftliche Zustimmung des Rechteinhabers nicht zulässig. Dies gilt für alle mechanischen, chemischen oder elektronischen Vervielfältigungs-, Übertragungs- und Speichersysteme inklusive Fotokopien.

ISBN [10] 3-455-80000-9
ISBN [13] 978-455-80000-5

INTERNATIONALE AUSGABE
Developed and produced by Miles Kelly Publishing

PUBLISHING DIRECTOR	Anne Marshall
SENIOR EDITOR	Jenni Rainford
ASSISTANT EDITOR	Teri Mort
DESIGNERS	John Christopher Jo Brewer
COPY EDITOR	Rosalind Beckman
SUB EDITOR	Jim Murphy
TEXT	Clive Carpenter Windsor Chorlton Peter Eldin John Farndon Geoff Tibballs
INDEXER	Lynda Watson
JACKET DESIGN	Dick Skelt for Out of House
COLOR SEPARATION	DPI Colour Digital, Ltd, Essex, U.K.

DEUTSCHE AUSGABE

PRINTED IN GERMANY

REDAKTIONS- UND OBJEKTLEITUNG	Nina Arrowsmith
GESTALTUNG	Franziska Rust Design, Hamburg
REDAKTIONELLE MITARBEIT	Sarah Heidelberger
ÜBERSETZUNG	Vincenzo Benestante Sabina Trooger
REDAKTION ÜBERSETZUNG	Dorothea Friedemann Michael Korth
HERSTELLUNG	Stephan Born
REPRODUKTIONEN	Dequa Repro GmbH, Hamburg
DRUCK UND VERARBEITUNG	GGP Media, Pößneck

VERLAGSANSCHRIFT
HOFFMANN UND CAMPE VERLAG GMBH
Harvestehuder Weg 42
20149 Hamburg
www.ripleys.de

HOFFMANN UND CAMPE

Ein Unternehmen der
GANSKE VERLAGSGRUPPE